中國學術思想 研究輯刊

四 編
林慶彰 主編

第 5 冊
王龍溪心學易研究

陳明彪 著

花木蘭文化出版社

國家圖書館出版品預行編目資料

王龍溪心學易研究／陳明彪 著 — 初版 — 台北縣永和市：花木
蘭文化出版社，2009〔民 98〕

目 4+296 面；19×26 公分

（中國學術思想研究輯刊 四編；第 5 冊）

ISBN：978-986-6449-04-8（精裝）

1. 易經　2. 易學　3. 研究考訂

121.17　　　　　　　　　　　　　　　　　　98001831

ISBN - 978-986-6449-04-8

9 789866 449048

中國學術思想研究輯刊
四 編 第 五 冊　　　　　　　ISBN：978-986-6449-04-8

王龍溪心學易研究

作　　者　陳明彪
主　　編　林慶彰
總 編 輯　杜潔祥
出　　版　花木蘭文化出版社
發 行 所　花木蘭文化出版社
發 行 人　高小娟
聯絡地址　台北縣永和市中正路五九五號七樓之三
　　　　　電話：02-2923-1455／傳真：02-2923-1452
網　　址　http://www.huamulan.tw 信箱 sut81518@ms59.hinet.net
印　　刷　普羅文化出版廣告事業
封面設計　劉開工作室
初　　版　2009 年 3 月
定　　價　四編 28 冊（精裝）新台幣 46,000 元　　版權所有·請勿翻印

王龍溪心學易研究

陳明彪　著

作者簡介

陳明彪，祖籍福建省金門縣，1972 年生於馬來西亞，國立臺灣師範大學國文研究所博士。曾任世新大學、高苑科技大學兼任講師，現任屏東教育大學中文系助理教授。主要研究領域為易學及中國哲學，著有〈牟宗三《周易哲學演講錄》義理試詮〉、〈錢穆的易學研究〉、〈「陰陽」觀念在《黃帝內經》中使用的考察〉等論文。

提　　要

　　王龍溪之學雖以「四無」說最聞名，但他在《全集》中有許多從心學的角度去解釋《易》學的觀點，頗有可觀，然現今較有系統去研究龍溪易學思想者，除朱伯崑的《易學哲學史》外，並不多見。因此，本論文遂選擇龍溪的易學，作為研究對象，觀察他如何以心學滲入《易》學，如何「以心解易」。

　　本文全文內容共分六章：

　　第一章為緒論，言研究動機與方法、前人研究成果述評、論文架構、龍溪傳略。

　　第二章闡述龍溪的心學思想，著重在他的一念之微、一念萬年、「四無」說的論述。

　　第三章闡述龍溪心學易的思想淵源，得出其淵源自周敦頤、張載、程顥、陸九淵、楊簡、王宗傳、王守仁之心學易理。

　　第四章闡述龍溪心學易中的象數思想。從他對「河圖、洛書」、「伏羲八卦方位圖、文王八卦方位圖」和「天根、月窟」的論述中，展示了如何以良知去貫串以上諸圖。

　　第五章闡述龍溪心學易中的義理思想，其中論太極、以〈乾〉知為良知，以良知為《易》道，這是天道面的探討；而論及學《易》之目的、藉用各卦來詮釋心學、治國和修身思想、以《易》融通三教，這是人事上的探討，故龍溪是自天道、人事兩面去發揮他的義理思想。此章最後也反省他《六經》註我、我註《六經》的見解和意義。

　　第六章為結論，檢討本文之貢獻、限制和展望。

第一章 緒 論

第一節 研究動機與目的

　　經典是文化的源頭活水，作為群經之首的《周易》，更是眾源之源，《漢書‧藝文志》曰：「六藝之文：《樂》以和神，仁之表也；《詩》以正言，義之用也；《禮》以明體，明者著見，故無訓也；《書》以廣聽，知之術也；《春秋》以斷事，信之符也。五者，蓋五常之道，相須而備，而《易》為之原。」〔註1〕雖然這是依古文學家的說法，以《六經》產生的時代前後而排序，故立最先產生的《周易》為其他五經之源，但《易》道廣大，無所不備，推天道以言人事，確實堪為《六經》之魁，《四庫全書總目提要‧經部‧春秋小序》曰：「蓋《六經》之中，惟《易》包眾理，事事可通」，〔註2〕誠哉斯言！由於《周易》是中國文化之源頭，它又富含人生智慧和高度的哲學思想，基於文化上的嚮往與哲理探索的興趣，本文遂選擇《周易》作為研究的主題，除藉此以了解中國文化深藏之內蘊外，更希望在鑽研《周易》的過程中所得到的一些心得和領悟，能提供後來者一些微末的幫助，這也算是對日漸沒落的中國文化貢獻一分心力吧！此為本論文的研究動機之一。

　　那為何在犖犖諸種《易》學著作中，專挑王龍溪之《易》學來研究呢？

〔註1〕 班固：《漢書‧藝文志》（臺北：鼎文書局新校本，1981年11月2版），卷三十，頁455。

〔註2〕 《四庫全書總目提要‧經部‧春秋小序》（北京：中華書局，1965年6月第1版），卷二十六，頁210。

我們知道王龍溪是王陽明的高足，他不到三十歲就領悟良知教的大旨，並提出了「四無」說將師學調適上遂，對陽明之學是既有繼承又有發展，而一般學術界的研究，多只偏重在他心學的焦點上去發揮。固然龍溪是以其心學的成就聞名於世，但他在《全集》中有許多地方從心學的觀點去詮釋《周易》，這些觀點使得《周易》的內容更加豐富和深刻，是頗有可觀之處的。換言之，龍溪之心學《易》理的加入，使得《周易》詮釋學的陣容更加壯大。

龍溪之《易》學，屬「兩派六宗」義理《易》的一支。就《易》學發展史上，《周易》從卜筮之書，經過後人的不斷探研，呈現出不同的面貌來，這些研究者從不同的進路去抉發其義蘊，是所謂的「兩派六宗」之說，《四庫全書總目提要‧經部‧易類小序》就此曰：「《左傳》所記諸占，蓋猶太卜之遺法。漢儒言象數，去古未遠也；一變而為京（房）、焦（贛），入於機祥；再變而為陳（摶）、邵（雍），務窮造化，《易》遂不切於民用。王弼盡黜象數，說以老、莊；一變而為胡瑗、程子，始闡明儒理；再變而為李光、楊萬里，又參證史事。《易》遂日啟其論端。此兩派六宗，已互相攻駁。」〔註3〕從《提要》對於《周易》發展的歸納，可知兩派者，指象數和義理，此依《周易》之主要組成內容來劃分，六宗之研究可歸納入兩大派中；六宗者，指占卜宗、機祥宗、圖書宗、老莊宗、儒理宗、史事宗，前三宗屬象數《易》，後三者屬義理《易》。此六宗中亦只是大略劃分而已，其內容可容許再劃分下去。相較於其他各宗，以《周易》作為儒家的典籍而言，儒理宗可謂是《易》學中的正統，龍溪之《易》學是屬於義理《易》中的儒理宗，故對於龍溪《易》學的研究，確實有助於我們對《周易》和儒家有一更確切與深入的了解。然而環顧現今較有系統去研究龍溪《易》學思想者，除了朱伯崑的《易學哲學史》外，寥寥無幾。基於此點，本論文遂選擇王龍溪的《易》學，作為研究的對象，觀察他如何以心學滲入《易》學，闡明他「以心解《易》」、以良知學的立場解《易》的心學《易》特色，希望通過對龍溪心學《易》特殊內容的分析，能起拋磚引玉之效。此為本論文的研究動機之二。

至於本論文的研究目的，希望通過對龍溪的《易》學著作的全面性探討，設法建立其體系，闡明其《易》學內涵和意義，希冀通過這樣的努力，能夠稍微補充《易》學史上「以心解《易》」這派探討的不足。

〔註3〕同上，卷一，頁1。

第二節　研究範圍與方法

一、研究範圍

　　本論文主要探討的對象，是以《王龍溪全集》中所見之《周易》的文獻或相關論述爲主，故本論文在研究範圍的擇取上，亦以寫作時涉及到的此二者爲主。

　　關於王龍溪方面，有四種主要參考資料，第一種是 1970 年，臺灣華文書局據清道光二年壬午（公元 1820 年）會稽刻本影印出版的《王龍溪全集》，此刻本乃依明萬曆戊子（公元 1588 年）蕭刻本（宛陵蕭良榦所刻）重印，共二十卷。次者，〈大象義述〉一卷，這是根據日本江戶年間和刻本影印的《龍溪王先生全集》，此書共二十一卷，是歸爲岡田武彥和荒木見悟所編的「近世漢籍叢刊」之一種。它的內容和萬曆四十七年二十卷的丁刻本完全相同，只是它把丁刻本的附錄〈大象義述〉另列爲一卷，是爲第二十一卷，而將徐階撰寫的〈龍谿王先生傳〉，〔註4〕趙錦寫的〈龍谿王先生墓志銘〉〔註5〕和張元忭寫的〈祭王龍谿先生文〉，〔註6〕放在卷首而已。本文在引用時，爲避免混淆，稱前者爲《全集》，稱後者爲《龍溪王先生全集》。第三種是明萬曆四年丙子（公元 1576 年）刊刻的六卷查刻本（龍溪門人涇縣查鐸）《龍溪王先生會語》中的佚文，此書現存於北京大學圖書館善本室，它是現今唯一的在龍溪生前所刊刻的版本，保存了龍溪思想的最早材料，它最寶貴之處就在於，它收錄了後來刊刻本中所沒有的六十九條佚文。〔註7〕第四種是明嘉靖甲子刊本的《雙江聶先生文集》，此書現存於臺灣國家圖書館的善本書室中，有微卷影印，在書中第十一卷，其中有十六則未見於《王龍溪全集》中，此十六則曾爲劉桂光於其碩士論文《王龍溪與聶雙江、羅念菴論辯之研究 —— 以陽明

〔註4〕　見《全集》，卷首，頁 61～75。

〔註5〕　同上，頁 77～90。

〔註6〕　同上，頁 91～93。

〔註7〕　關於龍溪文集的版本概況和佚文部分，可詳參彭高翔〈明刊《龍溪會語》及王龍溪文集佚文 —— 王龍溪文集明刊本略考〉，原收錄於《中國哲學》十九輯（湖南：新華書店，1998 年 9 月第 1 版），頁 330～376。另外，彭文尚收錄在《鵝湖》（臺北：鵝湖月刊社）第 286 期（1999 年 4 月，頁 32～38）、287 期（1999 年 5 月，頁 33～40）、288 期（1999 年 6 月，頁 27～35），此爲本文在運用時的主要依據。

學爲判準》〔註8〕引用過，亦一併參考之。以上後兩種文獻可參見附錄。

　　《周易》部分，則是以《十三經注疏本》〔註9〕爲主，並參酌了宋程頤的《伊川易傳》與朱熹的《周易本義》，唐李鼎祚編纂的《周易集解》，清李道平編纂的《周易集解纂疏》等相關《易》學專著。

二、研究方法

　　本論文的研究方法是採用哲學研究法中的發生研究法、解析研究法、比較研究法和系統研究法。所謂「發生研究法」，「即著眼於一個哲學家的思想如何一點點發展變化，而依觀念的發生程序作一種敘述。」〔註10〕而「解析研究法」，「只是解析已往哲學家所用的詞語及論證的確切意義」〔註11〕去做一客觀的分析。「比較研究法」，其著眼點「則在一哲學思想之本身之內容或系統，與其他哲學思想之內容或系統之異同。……而比較法之價值，則在由比較，而使同異皆顯出。」〔註12〕至於「系統研究法」，「就是將所敘述的思想作系統的陳述的方法。」〔註13〕陽明針對朱子詮釋《大學》格物之缺失反省，另外提出了「致良知」教，此是採用發生研究法和解析研究法研究。龍溪承繼陽明之「良知教」，提出「一念之微」、「一念萬年」和「四無」說，針對前二者的分析是採取解析研究法。至於「四無」說則是先運用發生研究法述其背景；次以比較研究法比較「四無」和「四有」之不同；再以解析研究法探討「四無」說的內容；最後再以比較研究法比較陽明心目中之「四無」、「四有」和龍溪之「四無」與緒山之「四有」之同異，並探討龍溪「四無」和緒山「四有」如何去合會。龍溪是心學家，心學家必以「心即理」爲依歸，「心即理」雖先由陽明拈出，但實傳承自先秦孔孟及南宋象山，故先追溯其

〔註8〕　詳參氏著第五章〈以陽明學爲判準的論辯分析〉、第二節〈王龍溪與聶雙江之論辯（一）致知議辨〉，中國文化大學哲學研究所碩士論文，1995 年 8 月，頁110～119，。

〔註9〕　《十三經注疏・周易正義》（臺北：藝文印書館，影印清嘉慶南昌府學重刊注疏本，1993 年 9 月 12 刷）。

〔註10〕　詳參勞思光：《新編中國哲學史》（一）（臺北：三民書局，1984 年 1 月增訂初版），頁 8。

〔註11〕　同注上，頁 10。

〔註12〕　唐君毅：《哲學概論》（上）（臺北：臺灣學生書局，1985 年 10 月初版）第一部、哲學總論、第十章〈哲學之方法與態度〉，頁 187～188。

〔註13〕　同注 10，頁 6。

來源和發展。而「以心解《易》」並非始於龍溪，遠在宋周敦頤時就有端倪，故論文在展開時，必須先作一歷史溯源之工作，往上追溯的結果，從周敦頤、張載、程顥、陸九淵、楊簡、王宗傳，一直到王守仁這七人，皆可歸爲心學《易》的代表，此是對龍溪心學《易》理淵源之探討，所用之研究法爲發生研究法和比較研究法。龍溪的心學《易》理，包括了象數和義理。在象數的研究上，龍溪涉及了「河圖、洛書」、「先、後天八卦方位圖」、「天根、月窟」。首先即以發生研究法對此數者的來源作一說明，並以解析研究法分析其內容，接著詳述龍溪如何藉此數圖去闡述其良知說。在《易》學義理的研究上，則以上述四種研究法，交互運用來探討龍溪的太極觀、以〈乾〉知爲良知、以良知爲易道、論學《易》之目的與藉用各卦來詮解心學、〈大象義述〉中之治國、修身思想、以《易》融通三教諸觀點，並對他以良知註《六經》作一檢討，期望藉從象數和義理的研究途徑，呈顯出他以良知貫串《周易》之特色和精微之處。

在研究進路上，採取精讀原典，參酌古代、時人的詮釋的準備功夫，並秉持客觀謹愼、凡事求取本末的態度，如此方開始探討其心學內容，接著述及其《易》學淵源，當對於其《易》學本源有所掌握之後，再進入本論文之核心，深入的闡明其心學《易》中象數和義理的含蘊。

第三節　前人研究成果述評

截至目前爲止，近代學界對於王龍溪《易》學的專門研究，屈指可數，只有兩本研究專著、一篇學位論文和一篇單篇論文論及而已。

就專著而言，大陸的朱伯崑在他的《易學哲學史》中，分明代《易》學爲義理派、心學派，所討論的《易》學家有薛瑄、蔡清、羅欽順、王廷相、湛若水、王龍溪、來知德、張介賓、方以智等人。在書中，朱氏分三部分來討論王龍溪的《易》學思想：一、論《易》爲君子謀。二、《易》爲心易。三、先天統後天。此三部分基本上是依義理和象數二部分來劃分的，前二者爲心學義理的闡述，後者主要是對《易》圖：「伏羲八卦方位圖」（先天圖）、「文王八卦方位圖」（後天圖）二圖，「天根、月窟」的討論。〔註14〕《易學哲學

〔註14〕詳參氏著《易學哲學史（三）‧王畿的易說》（臺北：藍燈文化事業公司，1991年9月初版），頁246～281。

史》是首部對龍溪《易》學作較有系統的論述者，對於龍溪《易》學的抉發和建構，有不可埋沒之功，本文之作亦多有參考自此書者。然或許是因朱著重在闡述《易》學發展史的部分，故許多論點只是點到爲止，殊爲可惜。而另一本是大陸方祖猷所著的《王畿評傳》，書中第十二章〈《易》學〉是主要論述所在，第十三章〈良知範圍三教〉則稍有涉獵。在〈《易》學〉中他亦分三部分討論：一、易學淵源。二、易即良知。三、易爲君子謀。〔註15〕方氏之內容主要根據朱伯崑而來，但因著作是專門評論王龍溪，故其論點較朱著深入精采，此是其可取之處。

就學位論文言，臺灣中興大學中文研究所的周古陽於 2000 年撰有碩士論文 ——《王龍溪的心學與易學》。此文基於朱著的基礎上，試圖建立龍溪的《易》學體系，用心可嘉，然一則在資料的蒐集上遺漏了《龍溪王先生會語》中的佚文，一則在論述上雖已稍能著眼於良知學的觀點去探討，但處處點到爲止，不能作進一步的探討，使得在論述時有不能盡情暢論之情形發生，殊爲可惜。至於蔡家和的〈明儒王龍溪的易學〉，則本於「致良知」教而論述，惜爲篇幅所限，不能盡情開展。

總而言之，王龍溪的《易》學是一片值得開墾的天造草昧之地。

第四節　論文架構

本文全文內容共分六章：第一章和第六章分別爲緒論和結論，其餘四章爲正文。

第一章緒論，言研究動機與目的、研究範圍與方法、前人研究成果述評、論文架構及王龍溪之學行傳略。

第二章闡述王龍溪的心學思想，著重在他的「四無」說。王陽明依《大學》而開展了他的致良知教，龍溪以其穎悟，本於陽明而提出「四無」說，此是陽明學問原本蘊藏之意，賴龍溪而爲世人所知。

第三章闡述王龍溪心學《易》的思想淵源。首先說明心學的內涵，接著探討龍溪心學《易》的淵源：北宋爲周敦頤、張載、程顥；南宋爲陸九淵、楊簡、王宗傳；明代爲王守仁，這是從義理的繼承上來加以討論的。

〔註15〕詳參氏著《王畿評傳》（江蘇：南京大學出版社，2001 年 5 月第 1 版），頁 304～348。

　　第四章闡述王龍溪心學《易》中的象數思想。從他對「河圖」、「洛書」、「先、後天八卦方位圖」和「天根、月窟」的探討中，展示了如何以良知去貫串以上諸圖。

　　第五章闡述王龍溪心學《易》中的義理思想，其中論太極、以〈乾〉知為良知，以良知為天地之道等，這是天道面的探討；而論及學《易》的目的、藉用各卦來論說心學、治國和修己、以《易》融通三教等，這是人事上的探究，因此龍溪是自天道和人事兩面去發揮他的心學《易》義理的。並在此章之末附帶反省他「《六經》註我、我註《六經》」的方法和意義。

　　第六章為結論，檢討本文之限制、貢獻和展望。

第五節　王龍溪之學行傳略

　　王龍溪是王陽明之高足，名畿，字汝中，世居浙江山陰縣。父王經，任貴州按察副使，母陸氏，兄王邦。龍溪生於公元 1498 年（明孝宗弘治十一年五月六日），卒於公元 1583 年（明神宗萬曆十一年六月七日），享年八十六。〔註16〕學者稱之為「龍溪先生」。

　　公元 1515 年（明武宗正德十年），龍溪十八歲，與張氏完婚。公元 1519 年（明武宗正德十四年），龍溪中舉。中舉後會試失敗，性格又落魄不羈，見有儒者講學，私下竊罵，雖與陽明為鄰，不曾相見。陽明識其高材，多方計誘，欲納入門下。〔註17〕公元 1521 年（明武宗正德十六年），王陽明始揭

─────────────────────

〔註16〕有關王龍溪的生平學行，可參見《龍溪王先生全集》卷首徐階的〈龍溪王先生傳〉（頁 61～75），趙錦的〈龍溪王先生墓志銘〉（頁 77～90），張元忭的〈祭王龍溪先生文〉（頁 91～93）、《明儒學案・浙中王門學案二・王龍溪先生傳》（臺北：里仁書局，1987 年 4 月初版），卷十二，頁 238～240、《明史・列傳・儒林二》（臺北：鼎文書局新校本，1975 年 6 月初版），卷二百八十三，頁 7274，彭高翔的〈王龍溪先生年譜〉（刊於《中國文哲研究通訊》第七卷第四期，臺灣：中央研究院中國文哲研究所，1997 年 12 月初版），頁 99～127，及方祖猷《王畿評傳》第二章〈「無日不講學」的一生〉，頁 17～82。

〔註17〕袁宗道《白蘇齋類集・雜說》（臺北：偉文書局，1976 年 9 月初版）曰：「于時王龍溪妙年任俠，日日在酒肆博場中，陽明極欲一會，不來也。陽明卻令門人弟子六博投壺，歌呼飲酒。久之，密遣一弟子瞰龍溪所至酒家，與共賭。龍溪笑曰：『腐儒亦能博乎？』曰：『吾師門下日日如此。』龍溪乃驚，求見陽明，一睹眉宇，便稱弟子矣。」卷二十二，頁 676。《明儒學案・江右王門學案四・魏良器學案》則記載：「時龍溪為諸生，落魄不羈，每見方巾中衣往來講學者，竊罵之。居與陽明鄰，不見也。先生多方誘之，一日先生與同門友投壺雅歌，龍溪過而見

「致良知」之教，錢緒山與龍溪入門受業，時龍溪二十四歲。公元 1523 年（明世宗嘉靖二年），龍溪二十六歲，赴禮部不第，嘆曰：「學貴自得，吾向僅解悟耳」，歸而請卒業於陽明。第二年，「大悟，盡契師旨」，故自曰：「我忝師門一唯參。」〔註18〕又云：「師門致良知三字，人孰不聞，惟我信得及。」〔註19〕

公元 1526 年（嘉靖五年），龍溪二十九歲時，禮部復試，本不欲往，因陽明欲龍溪闡揚師學於天下而敦促前往。〔註20〕途中所談，只是圍繞「良知」二字，所閱只是《六經》、《四書》、《傳習錄》而已，進入試場，亦是直書己見，不顧時式。然而閣部大臣，多不喜其學，龍溪以為非仕之時，不就廷試而歸。後因陽明弟子漸多，龍溪被分授教導之責，是為「教授師」。〔註21〕

公元 1527 年（嘉靖六年），陽明五十六歲時，起征思、田，〔註22〕出征前夕，即九月初八日，龍溪和緒山論辯師門教法，他依循陽明的四句教：「無善無惡心之體，有善有惡意之動，知善知惡是良知，為善去惡是格物。」更提出了「四無」說，以為「體用顯微，只是一機。心意知物，只是一事。若悟得心是無善無惡之心，意即是無善無惡之意，知即是無善無惡之知，物即是無善無惡之物。蓋無心之心則藏密，無意之意則應圓，無知之知則體寂，無物之物則用神。」緒山以為四句教是「師門教人定本，一毫不可更易。」二人爭辯不下，晚間齊向陽明請教，此是為有名的「天泉證道」（詳見論文第二章龍溪論學要旨），時龍溪三十歲。第二年十一月，陽明平思、田歸，卒於南安，時龍溪和緒山本赴廷試，因陽明之歸，不就廷試而返，龍溪自請服斬

之曰：『腐儒亦為是耶？』先生答曰：『吾等為學，未嘗擔板，汝自不知耳。』龍溪於是稍相暱就，已而有味乎其言，遂北面陽明。」卷十九，頁 465。

〔註18〕《全集・襲封行》，卷十八，頁 1335。

〔註19〕《全集・遺言付應斌應吉兒》，卷十五，頁 1103。

〔註20〕文成曰：「吾非欲以一第榮子。顧吾之學，疑信者猶半，而吾及門之士，樸厚者未盡通解，穎慧者未盡敦毅，能闡明之者，無踰子。今當覲試，仕士咸集，子其往焉。」見《全集・王龍溪先生傳》，卷首，頁 20。

〔註21〕《全集・緒山錢君行狀》曰：「惟夫子還越，惟予與君二人最先及門，……壬午癸未以來，四方從學者始眾，……凡有來學者，夫子各以資之所近，分送會下，滌其舊見，迎其新機，然後歸之於師以要其成，眾中稱為教授師。」卷二十，頁 1376。

〔註22〕思、田一般學者誤為一地，實際上乃指兩地，據陳榮捷：《王陽明傳習錄詳註集評》（臺北：臺灣學生書局，1992 年 10 月修訂版）考證：思位於今廣西省武鳴縣北，田位於今廣西省田陽縣北，頁 365。

衰，並扶櫬歸越，經紀喪事，心喪三年。對陽明之子，則極力照顧，爲他娶妻。

公元 1532 年（嘉靖十一年），龍溪三十五歲，與緒山共赴廷對，授南職方主事，後遷爲南武選郎中。因時相夏貴溪惡之，詆爲僞學，便再疏乞休。之後專注於闡揚師學，林下講學四十餘年，無日不講學，雖年八十餘仍不止。其足跡遍及東南，吳、楚、閩、越之地皆有講舍，江浙尤盛，有數百之眾。人或勸止其出遊者，則對曰：「不肖豈眞好勞，但欲究極自己性命，不得不與同志相切劘，若同志中因此有所興起，則是眾友自能取益，非吾有法可以授之也。」又曰：「不肖百念已灰，而耿耿苦心，不容自已者，師門晚年宗說，非敢謂已有所得，幸有所聞，衰年日力有限，若祕而不傳，後將復晦，師門之罪人也。思得偕志友數輩，相與辨析折衷，舉所聞大旨奧義，編摩纂輯，勒爲成典藏之名山，以俟聖于無窮，豈惟道脈足徵，亦將以圖報師門于萬一。知我者謂我心憂，不知我者謂我何求。」〔註23〕其發揚維護師門之教，用心良苦如斯。嘗自云：「志若迂而自信，行若蹇而自強。才于于而若拙，識混混而若藏。處世若汙若潔，聞道若存若亡。即其見，若將洞照千古而不逾於咫尺；充其量，若將俯視萬物而不異於尋常。壺邱幻身，若且示之天壤；方皋神相，若或眩於驪黃。」〔註24〕此雖是夫子自道，然亦可謂其一生之寫照。

龍溪死後，張元忭作〈祭王龍溪先生文〉，文中說：「惟先生早事門墻，微言密授，神解心承，直窺閫奧，何止升堂。……數十年來，總持三教，狎主宗盟，江之左右，浙之東西，或一聆其謦欬，輒興嘆于望洋，俾文成之脈綿延不絕者，實先生爲之表章也。」甚至認爲：「先生未死，文成猶生；先生死矣，文成其不復生也。」〔註25〕趙錦作〈龍溪王先生墓志銘〉，文中引用龍溪內弟張元益對龍溪的評述曰：「尙友于古，寧爲闊略不掩之狂士，毋寧爲完全無毀之好人；寧爲一世之囂囂，毋寧爲一時之翕翕。」趙錦以爲張元益之說「蓋皆得先生之深者」。〔註26〕黃宗羲說：「文成之後不能無龍溪」、「而先生疏河導源，於文成之學，固多所發明也。」〔註27〕三人皆對龍溪善於繼承陽明之學和其人格，給予了高度的評價。

〔註23〕 《全集・王龍溪先生傳》，卷首，頁 26～27。
〔註24〕 《全集・若贊（先生像贊也）》，卷十五，頁 1106。
〔註25〕 《龍溪王先生全集》，卷首，頁 91～92，頁 93。
〔註26〕 同上，頁 86。
〔註27〕 《明儒學案・浙中王門學案二・王龍溪先生傳》，卷十二，頁 240。

第二章　龍溪論學要旨

　　龍溪的心學義理主要承自陽明，故首先須對陽明的「致良知」教作一簡要了解，接著論述龍溪心學內容中的「一念之微」、「一念萬年」，最後著重在他「四無」說的探討。

第一節　陽明就《大學》提出「致良知」教

　　《大學》本是《禮記》中的一篇，地位本不凸出。北宋時，二程開始討論《大學》的文本錯簡問題。到了南宋，朱子將《大學》和《中庸》從《禮記》中抽出來，為之重新分章作注，再加上《孟子》、《論語》的集注，四者合編為《四書集注》。在《大學》中，朱子不只作了「格致補傳」，〔註1〕且就此提出

〔註1〕　此處的《大學》，是就朱子的改本說（在他之前，程顥程頤亦曾改動《大學》），朱子認為《大學》本身有一套緊密的結構。岑溢成說：「他（朱子）發覺《大學》本身實呈現著一種結構：開始的一大段，大致是全文的提綱，表述『大學之道』的綱領和條目，後面各段則是給這些綱領和條目所作的引證或說明；因此，他斷言開始的一段是經，後面各段是傳。傳就是經之註釋；而作為經之註釋，傳的先後次序自然要跟經文所述內容的先後次序相一致。朱子就是按照這個原則來編定他的《大學》改本，並據此將他的《大學》改本分成經一章、傳十章等十一個段落。經過改編分段之後，經文和傳文的內容，大致上有以一種順序的對應關係，唯一的例外就是傳文的第五章。傳文的第五章應該是說明經文中的『格物』和『致知』兩個條目，今傳文第五章對於這兩個條目既無引證，亦無說明，站在嚴格結構立場的朱子，遂認定這裏一定有闕漏，並根據程頤對『格物』和『致知』的理解，補上一段傳文，這就是所謂『格致補傳』或簡稱『補傳』。」參見《大學義理疏解》（臺北：鵝湖出版社，1985年7月修訂再版），頁13～14。

了他的「格物」說。陽明早年是以朱子學為入學的門徑，後來從朱子的「格物」說反省到此說析心與理為二之弊，就轉而提出「致良知」教。此教收攝而言為一「致良知」，展開來則為四句教，所謂：「無善無惡心之體，有善有惡意之動，知善知惡是良知，為善去惡是格物」也，這四句其實也是「致良知」教下的工夫論。以下在論述時，先對朱子「格物」說作一分析，接著再論述四句教。

一、朱子的格物說

朱子的「格物」說，是依《大學》立論，《大學》曰：

> 古之欲明明德者，先治其國；欲治其國者，先齊其家；欲齊其家者，先修其身；欲修其身者，先正其心；欲正其心者，先誠其意；欲誠其意者，先致其知；致知在格物。

朱子於「致知在格物」句下注云：

> 致，推極也。知，猶識也。推極吾之知識，欲其所知無不盡也。格，至也。物，猶事也，窮至事物之理，欲其極處無不到也。

復次，朱子在鑽研《大學》的過程中，發現到《大學》傳第五章獨缺對經文「格物、致知」的解釋，於是便參考程伊川之義理而作「格致補傳」。其文云：

> 所謂致知在格物者，言欲致吾之知，在即物而窮其理也。蓋人心之靈莫不有知，而天下之物莫不有理，惟於理有未窮，故其知有不盡也。是以《大學》始教，必使學者即凡天下之物，莫不因其已知之理而益窮之，以求至乎其極。至於用力之久，而一旦豁然貫通焉，則眾物之表裏精粗無不到，而吾心之全體大用無不明矣。此謂物格，此謂知之至也。〔註2〕

朱子談「格物致知」是要說明他的理學工夫，所謂「致知」是指「致吾之知」，「格物」是指「即物而窮理」，原本吾心之知是無所不明的，因受物欲之蔽而昏，故必須推致一己之知以復吾心之明，欲要推致就須從物上去窮致其理，以成就大人之學。「物」，據程伊川所說有其廣泛的涵意，舉凡一切眼前的存在物、個人的行為等都是，而每一物都有其所以然之理，如火有所以熱之理，水有所以寒之理，君臣有所以相待之理，父子有所以慈孝之理，工夫下手處

〔註2〕 《四書集注·大學章句》（臺北：漢京文化，1983 年 11 月初版），〈格致補傳〉，頁 17～18。

是落在某事某物之然去窮盡其所以然之理，或讀書講明義理，或論述古今人物之是非，或學習應事接物。〔註3〕朱子以為實際下手去做，今日格一物，明日格一物，累積日多，就會有豁然貫通的一天，此時自己的心知之明就完全彰顯出來，不會再受到物欲所蔽了，是為「知之至」、「物格」，二者一時並了。

朱子的「格致」之說，是基於「以心窮理」的立場，通過窮理來彰明人心之知，使人能在行事上順理而行，不會犯錯。問題是這套「格物致知」的工夫路數，是否真有助於道德實踐呢？

就「格物致知」而言，知是能知，物理是所知，心知與物理的關係是能所的認知攝取關係，這樣的認知活動是在經驗界中進行。然而心所要窮究之理是物之所以然之理，此所以然之理，依朱子之意是指「太極」，「所謂太極，則是『所以然而不可易者』」，〔註4〕它是創生之理，乃形而上的、超越的，使萬物得以存在的「存在之理」、「實現之理」，而不是知識上如形狀、構造等的類概念，即「形構之理」。〔註5〕就心去認知理的過程言，它如何從經驗界中出發去探求超越界之理呢？這時已不免有一滑轉。再者，在「即物窮理」的歷程中，一切事物都當做認知的對象去窮其理，而不區分它是應然的價值或實然的自然。固然經驗知識的形構之理，有助於我們去把握實然之事物，加深對自然界萬物的認識，亦能提供知識，幫助我們去從事道德行為，例如要孝順父母時，知道如何去照顧父母的生活起居，但這些知識只是一些孝之德行的助緣而已。另一方面，就應然言，道德行為的產生，必須先訴諸一己的

〔註3〕 程伊川曰：「天下物皆可以理照。有物必有則，一物須有一理。」（（宋）程顥、程頤：《二程集》，臺北：漢京文化，1983 年 9 月初版）卷十八，頁 193。又曰：「凡眼前無非是物，物物皆有理。如火之所以熱，水之所以寒，至于君臣父子閒皆是理。」同上，卷十九，頁 247。又曰：「物則事也，凡事上窮極其理，則無不通。」同上，卷十五，頁 143。又曰：「格猶窮也，物猶理也，猶曰窮其理而已也。窮其理，然後足以致之，不窮則不能致也。格物者適道之始：欲思格物，則固已近道矣。是何也？以收其心而不放也。」同上，卷二十五，頁 316。「或問：進修之術何先？」曰：「莫先於正心誠意。誠意在致知，致知在格物。格，至也，如『祖考來格』之格。凡一物上有一理，須是窮致其理。窮理亦多端：或讀書，講明義理，或論古今人物，別其是非，或應接事物而處其當然，皆窮理也。」同上，卷十八，頁 188。

〔註4〕 《朱子語類・大學五（或問下）》（臺北：文津出版社，1986 年 12 月初版），卷十八，頁 415。

〔註5〕 《心體與性體（一）》（臺北：正中書局，1968 年 5 月初版），第二章〈簡別與異濫〉，第三節、存在之理與形構之理之區別，頁 89～92。

道德心的呈現，但格物窮理之說，是先向外去窮究一理，此理也許是「形構之理」或「存在之理」。若是「形構之理」，只能起輔助道德行為的作用；如果窮究的恰是「存在之理」，然因內心無所根據，亦不能保證道德行為的必然產生。換言之，父慈子孝、兄友弟恭等應然之理不是格物窮理下所能盡的。朱子由於混淆二者之分野，有關成德之教所成就的也只是他律道德而已。

由於朱子在談論道德實踐時，是取泛認知主義的立場，故論及誠意時，亦是著眼於先認知後踐行而說。

> 大學所謂『知至、意誠』者，必須知至，然後能誠其意也。……（問）
> 「致知所以先於誠意者，如何？」曰：「致知者，須是知得盡，尤要親切。尋常只將『知至』之『至』作『盡』字說，近來看得合作『切至』之『至』。知之者切，然後貫通得誠意底意思。如程先生（伊川）所謂真知者是也。〔註6〕

「知至而後意誠」，表示格物致知到知之「極盡」又「切至」（所謂「真知」）時，意自然就誠。這是從「真知」的角度去說「誠意」，誠意粘附於「知」而見，因而誠意只是「知之誠」，即是實心實意的知，此時意之誠就為真知所限，與真知同一，自身無獨立性。然而《大學》中的「意」一是道德行動的機能，和朱子的「知」一是認知的機能，二者機能不同，若要以真切的知去作為道德行動之源，這樣的動力來源是很薄弱不足的。〔註7〕

朱子的格物說，走的是向外窮理的途徑，他不曾反省到此道德之理其實已內具於人心之中，無法有效去證成道德行動之源，以致有後來陽明的反省。

二、陽明的致良知教

明代時，朱學大盛，科舉考試莫不以朱子的《四書集注》為範本，一般學子亦以熟稔朱注為首要，對孔孟的心性義理反忽略不顧。在「此一亦述朱，彼亦一述朱」的氛圍下，陽明十八歲就接觸朱子的學說，〔註8〕二十一歲時對朱子的「格物」說，下過一番工夫去探究，曾就官署中的竹子去格其理，不

〔註6〕 《朱子語類・大學二（經下）》，卷十五，頁299。

〔註7〕 《心體與性體（三）》（臺北：正中書局，1968年5月初版），第五章〈中和新說與「仁說」後以大學為規模〉，第三節、論格物致知，頁402。

〔註8〕 《年譜》「孝宗弘治二年己酉，先生十八歲寓江西」條下載：至廣信，謁婁一齋諒，語宋儒格物之學。參見《陽明全書》（臺北：中華書局，四部備要本，1966年3月初版），卷三十二，頁三。

成而生病。〔註9〕此次經驗雖以失敗收場，然並不以此告終，反而在他心中沉
澱二十年之久，以致有後來龍場的大悟。龍場之悟發生於陽明三十七歲，時
貶官到貴州，龍場位於貴州西北，地屬蠻荒。身處這樣的絕境，生命朝不保
夕，卻提供陽明以「聖人處此，當復何爲」之深度課題以磨練思想的機會，
他「忽中夜大悟格物致知之旨」、「始知聖人之道，吾性自足，向之求理於事
物者誤也」。〔註10〕由是他領悟到聖人之道，人人可爲，就將朱子那套向外窮
理之格物路徑，返回到自己心上來做工夫，並藉《大學》「格物、致知、誠意、
正心」的解說，來闡述自己的「致良知」教，展現出和朱子相異的理論，相
關的說明散見於〈大學問〉，〔註11〕《傳習錄》各卷、〈大學古本序〉，〔註12〕
茲以此三者相互參照論述之。

（一）正心在誠意

《大學問》曰：

> 何謂身？心之形體運用之謂也。何謂心？身之靈明主宰之謂也。何
> 謂修身？爲善去惡之謂也。吾身自能爲善而去惡乎？必其靈明主宰
> 者欲爲善而去惡，然後其形體運用者，始能爲善而去惡也。故欲修
> 其身者，必在於先正其心也。然心之本體則性也，性無不善，則心
> 之本體本無不正也，何從而用其正之之功乎？蓋心之本體本無不
> 正，自其意念發動，而後有不正。故欲正其心者，必就其意念之所
> 發而正之。凡其發一念而善也，好之眞如好好色；發一念而惡也，
> 惡之眞如惡惡臭；則意無不誠，而心可正矣。

《大學》所謂身是指耳目口鼻四肢。修身就是要爲善去惡，使目非禮勿視，
耳非禮勿聽，口非禮勿言，四肢非禮勿動，一切行爲合乎道德標準。修身的

〔註9〕 《年譜》「孝宗弘治五年壬子，先生二十一歲條」載：是年爲宋儒格物之學。
　　　 先生始侍龍山公于京師，遍求考亭遺書讀之。一日，思先儒謂眾物必有表裡
　　　 精麤，一草一木，皆涵至理。官署中多竹，即取竹格之。沈思其理不得，遂
　　　 遇疾。同上注。
〔註10〕 詳參《年譜》「武宗正德二年戊辰，先生三十七歲在貴陽」條下，同上，頁七。
〔註11〕 錢德洪說：「吾師接初見之士，必借《學》、《庸》首章以指示聖學之全功，使知
　　　 從入之路。師征思、田，將發，先授大學問，德洪受而錄之。」蓋〈大學問〉，
　　　 乃陽明五十六歲起征思、田前，就《大學》首章發揮其見解之作，陽明在平定
　　　 亂事後不久卒，故此篇可視爲陽明晚年最後的教法。同上，卷二十六，頁三～
　　　 五。
〔註12〕 同上，卷七，頁十二。

下手處落在正心上，因為心是身體活動之主宰，心正則視聽言動皆合禮，身亦修矣。心在陽明的道德哲學中，是當作「本體」看的，是謂「心體」，它是天命之性的發現處，超越的道德根源，本身無善無惡（至善無對）的。〔註13〕扣在四句教來說，是指首句「無善無惡心之體」，這句話是形式的說，先抽象地描述一個潛存的本體，這是存有層上先作一肯定。〔註14〕而第三句「知善知惡是良知」，則是心之內容的說，此二層意義，下文將有詳論。關於「無善無惡」之義，蔡仁厚先生詳述曰：

> 1 這心體乃是「理」，不是「事」。事有相，而理沒有相，理自無不善，但卻無有善相可見。所以陽明又說：「無善無惡者理之靜，有善有惡者氣之動。不動於氣，即無善無惡，是謂至善。」至善之心體無善惡之相可見，故曰「無善無惡」。
>
> 2 說「無善無惡心之體」，與告子所謂「性無善無不善」並不相同，二者不可混視。無善無惡的「無」，意在遮撥善惡相對的對待相，以指出這潛隱自存的心體不落於善惡對立之境，藉以凸顯其超越性、尊嚴性、與純善性。
>
> 3 這純善的心體，是未經分割的那個本源的原始之絕對（絕對善，善本身）。究極地說，它是不能用任何名相（善與惡皆是名相）加以指述的。一用名相指述，便限定了它，它便成為相對的，而不是超越的絕對的本體了。〔註15〕

由於心是本體，無善無惡、無言無相，工夫無法從本體下手，必須就心的發動處「意」去著力。心之發動，本無不善，然因人的意念之發，總受氣質私欲的影響，使到心體不能維持本來平和的狀態。或者依理而發，是為善念；或順軀殼起念，是為惡念。此意扣在四句教來說，是指次句「有善有惡意之動」而言。因此，正心並不是要去正此心體，而是要去正「心所發的意念」，使它能「凡其發一念而善也，好之真如好好色；發一念而惡也，惡之真如惡惡臭」，純

〔註13〕對心體無善無惡之義，南宋胡五峰有所體會，他在《知言》曰：「性也者，天地鬼神之奧也，善不足以言之，況惡乎哉？」又曰：「孟子之道性善，嘆美之詞，不與惡對也。」此處的「性」指「性體」，其意同心體。見《四庫全書·子部一·儒家類》，第703冊，卷四，頁133。

〔註14〕楊師祖漢曾於課堂上言：「就表現上來說，心體是自然而然、流行的，這是作用層上的無心無念。」由此可見，心體不只具有本體義，亦能就作用層說。

〔註15〕《王陽明哲學》（臺北：三民書局，1992年8月修訂三版），第七章，〈四句教與天泉證道〉，頁126～127。

化它，若它能眞切的如去好好色、惡惡臭一般，不受氣質私欲左右，則能眞實的去好善惡惡，此是謂「誠意」，故工夫到誠意時方才有著落處也。

（二）誠意在致知

《大學問》曰：

> 然意之所發，有善有惡，不有以明其善惡之分，亦將眞妄錯雜，雖欲誠之，不可得而誠矣。故欲誠其意者，必在於致知焉。……凡意念之發，吾心之良知無有不自知者；其善歟？惟吾心之良知自知之。其不善歟？亦惟吾心之良知自知之；是皆無所與於他人者也。……今欲別善惡以誠其意，惟在致其良知之所知焉爾。何則？意念之發，吾心之良知，既知其爲善矣，使其不能誠有以好之，而復背而去之，則是以善爲惡，而自昧其知善之良知矣。意念之所發，吾心之良知，既知其爲不善矣，使其不能誠有以惡之，而復蹈而爲之，則是以惡爲善，而自昧其知惡之良知矣。若是，則雖曰知之，猶不知也，意其可得而誠乎？今於良知所知之善惡者，無不誠好而誠惡之，則不自欺其良知而意可誠也已。

意念之動，有種種眞妄錯雜的可能：或爲依心體而發的善念；或爲隨軀殼起念的惡念，是爲「有善有惡是意之動」。然因意念之動是後天的產物，自身不能決定善惡的方向，故須另一標準來衡量它，這標準就是「良知」。良知本身是虛靈明覺、神感神應，超越於經驗界的意念之上，故能照臨意念，自知其所發爲善念或爲惡念，不假他人。良知的照臨不是空照，而是「在其照臨的一覺中隱然自決一應當如何之方向」。〔註16〕就這一點而言，它是前文談到抽象說的心體的具體顯用。在存有論的先後言，先有心體的存在，才有良知的活動。在認識論的先後而言，則人是經過道德實踐才能體驗覺察到心體，此即因良知的照臨才證實了心體之至善。然而，若良知知得意爲善，不能好之，是爲「以善爲惡」；知得意爲惡，不能惡之，是爲「以惡爲善」，是爲良知之被蒙昧、受遮蔽。因此必須「致良知」，將良知之「知」擴充到底、向前推致，使它能眞誠著實的去知是知非、好善惡惡，這樣人就不會因自欺而不爲善、不去惡了。如此意就可誠了。以上即是對「知善知惡是良知」的說明，它亦是四句教的正眼法藏，最爲重要。

〔註16〕《從陸象山到劉蕺山》（臺北：臺灣學生書局，1979 年 8 月初版），第三章〈王學之分化與發展〉，頁 238。

（三）致知在格物

《大學問》曰：

> 然欲致其良知，亦豈影響恍惚而懸空無實之謂乎？是必實有其事
> 矣，故致知必在於格物。物者，事也。凡意之所發，必有其事，意
> 所在之事謂之物。格者，正也，正其不正，以歸於正之謂也。正其
> 不正者，去惡之謂也；歸於正者，爲善之謂也，夫是之謂格。《書》
> 言「格于上下」，「格于文祖」，「格其非心」；格物之格，實兼其義也。
> 良知所知之善，雖誠欲好之矣，苟不即其意之所在之物而實有以爲
> 之，則是物有未格，而好之之意猶爲未誠也。良知所知之惡，雖誠
> 欲惡之矣，苟不即其意之所在之物而實有以去之，則是物有未格，
> 而惡之之意猶爲未誠也。

所謂「致知在格物」，致知不是懸空無實的「影響之言」、「恍惚之談」，而是
在實事上去致良知。

「格物」之「格」義，陽明在一般使用上是解釋「格」爲「正」，「物」爲
「事」。然「格」字之義，陽明以爲實兼有「至」、「正」、「感通」數義，他依《尚
書》而釋，〈堯典〉「格於上下」，格，至也；上下，指天地，言堯之德行「既有
四德又信恭能讓，故其名聞充溢四外，至于天地」。〔註17〕〈舜典〉「格於文祖」，
格，至也；文祖，指堯文德之祖廟，言「舜服堯喪三年畢，將即政，故復至文
祖廟告」。〔註18〕然因吾人「純孝誠敬，幽明之間，無一不得其理」，〔註19〕故
能以精誠和先人的神靈相感通、相來往，故又有感通之義。〈冏命〉「格其非心」
句中，孔安國以爲：格，檢正也；非心，君王非妄之心。〔註20〕格釋爲「正」
又見於陽明據孟子：「惟大人能格君心之非」之釋，〔註21〕所謂「格物如孟子『大
人格君心』之格，是去其心之不正，以全其本體之正」，這是陽明釋「格」爲「正」
的直接根據。綜上所述，格物時需即事而格，故須先「至」於物而「正」之，
在這過程，吾人與物，主客體起一感通，故「格」字兼有三義。

〔註17〕《十三經注疏·尚書正義·堯典》（臺北：藝文印書館，1993 年 9 月 12 刷），
卷二，頁 19。

〔註18〕同上，頁 43。

〔註19〕《王陽明傳習錄詳註集評》，卷中，第 137 條，頁 177。

〔註20〕《十三經注疏·尚書正義·冏命》，卷十九，頁 294。

〔註21〕《十三經注疏·孟子注疏·離婁上》（臺北：藝文印書館，1993 年 9 月初版）
第二十章曰：「惟大人爲能格君心之非。君仁莫不仁，君義莫不義，君正莫不
正，一正君而國定矣」趙注：「格，正也。」卷七上，頁 9。

　　「物」不只指具體的物，也通指「事」。凡意念之起，必是對事而發，事是意之所在，乃意念的內容，亦即吾人日常生活中所成就的各種行為，擴大而言，一切所見、所知、所行，莫不是物、莫不是事，故牟宗三先生以為「事」有「行為物」之意涵。〔註22〕陽明說「物」曰：

　　　　意之所用，必有其物。物即事也。如意用於事親，即事親為一物。
　　　　意用於治民，即治民為一物。意用於讀書，即讀書為一物。意用於
　　　　聽訟，即聽訟為一物。凡意之所用，無有無物者。有是意，即有是
　　　　物。無是意，即無是物矣。〔註23〕

事親、治民、讀書、聽訟是生活中的「事」，以事親為例，它是一物，因意念所繫，它便成為一事親之事，成為了事親的行為。

　　格物是「誠意工夫實下手處」，因它要「正其不正，以歸於正」，其所正者為意念所在之事，即所純化的是意念之內容，如意在於為善，便就此事去真切完成，無有不盡；意在於去惡，就依良知來正，著實去之，使不正歸正，此為「致知在格物」，扣在四句教說是「為善去惡是格物」也。另外，陽明在《傳習錄》又發揮此義，他說：「若鄙人所謂致知在格物者，致吾心之良知於事事物物也。吾心之良知即所謂天理也。致吾心良知之天理於事事物物，則事事物物皆得其理矣。致吾心之良知者，致知也。事事物物皆得其理者，格物也。是合心與理而為一者也」〔註24〕可見「致知在格物」是要致良知，將良知（天理）推致至極於事事物物上，使事物皆合天理。誠能如此，良知便不受私欲障蔽、無有虧缺，充塞流行，而意之所發莫不誠，而物莫不格矣。於是物格、知致、意誠、心正，身就修了。

　　格物、致知、誠意、正心，分別來說，雖是工夫條理的先後次序，但四者能以「致良知」來加以貫通。王陽明說：

　　　　《大學》之要，誠意而已矣；誠意之功，格物而已矣；誠意之極，
　　　　止至善而已矣；止至善之則，致知而已矣。……故致知者，誠意之

〔註22〕　此「行為物」擴而言之，亦可以是「存有物」。見牟宗三先生，《從陸象山到
　　　　劉蕺山》，第三章〈王學之分化與發展〉，頁233～239。另外牟先生之《圓善
　　　　論》（臺北：臺灣學生書局，1985年7月初版）說明曰：「意之所在為『物』，
　　　　如意在于『事親』，事親即為一物，此物顯然即是行為也，故吾亦名之曰『行
　　　　為物』，康德所謂派生的行動，由根源的行動（存心起意）而決定之者。」頁
　　　　314。
〔註23〕　同註19。
〔註24〕　同註19，卷中，第135條，頁172。

本也；格物者，致知之實也。……不務於誠意，而徒以格物者，謂

之支；不事於格物，而徒以誠意者，謂之虛；不本於致知，而徒以

格物誠意者，謂之妄，……乃若致知則存乎心悟，致知焉盡矣。（《大

學古本序》）

隨時就事上致其良知，便是格物；著實去致良知，便是誠意；著實

致良知，而無一毫意必固我，便是正心。〔註25〕

超越的心體，不能下工夫，故只能以「誠意」為著落處，而誠意必本於「致

知」，以「致知」為關鍵也。這是因為若是一味的去格物，沒有良知作準則，

如何使意得誠而物得正呢？工夫亦無方向可言？故格物可說是就事上致良

知，使不正之行動歸正；誠意是就意念之發去致良知，使意念由不善歸善；

心體本至善，因依於意而有意必固我之相，故致良知來正意，使心體恢復其

本然之貌，因此此四者是既相互關聯但又集中於一點上，此點就是「致良知」，

只要能致良知，物莫不正，意莫不誠，心莫不正。〔註26〕總之，《大學》所言

之格物、致知、誠意、正心，皆是一致良知之事而已。

第二節　「良知教」之承繼

陽明之學是反省朱子「格物說」之弊而起，其學可以「致良知」一語概

括，其中「良知」是指道德本心而言，它是人在實踐道德行為時的動力，其

來源則出自《孟子・盡心上》。所謂：

人之所不學而能者，其良能也；所不慮而知者，其良知也。孩提之

童，無不知愛其親者；及其長也，無不知敬其兄也。親親，仁也；

敬長，義也。無他，達之天下也。〔註27〕

人幼時知孝親，長而知敬兄，這些行為無需經過思索學習，而在良知良能的

〔註25〕同注19，卷中，第187條，頁268。

〔註26〕蔡仁厚先生曰：「分別地說，格物、致知、誠意，甚至加上正心，都是工夫，
但卻不是四者本身各有一套獨特的工夫，而是步步逼緊集中於一點而又互相
關聯義來說，因此，只能是一個工夫。在朱子，是步步逼緊而集中於格物，
而格物是即物而窮其理，能窮理則知自致、意自誠、心自正。在陽明，是步
步逼緊而集中於致知，而致知是致良知，吾心良知之天理一旦擴充出來，則
物自格（正）、意自誠、心自正。故工夫用力處在『致知』而不在『格物』。」
同注15，第二章，〈陽明學的基本義旨〉，頁41，註十四。

〔註27〕《十三經注疏・孟子注疏・盡心上》，卷十三上，頁232。

作用下即表現。良知良能本是一事，良知是人心本具的明覺，當它一呈現時必定要求實現道德的行為；良能則是良知自然要求實現而沛然不能擋的力量。孟子在這是要藉親親敬長之心，指點出人有自發去知仁知義的良知。擴而言之，知仁知義是良知，知禮知是非（道德上的是非）也是良知。順此愛親敬長的良知良能，推擴出去，可以應用及於天下萬事萬物。

陽明據孟子而提出「良知」，他將「良知」的地位上昇到「本心」的地位，並以之綜括孟子的「四端之心」，即特別突顯出「是非之心，智也」這一面以統攝其他三端。陽明曰：

> 良知只是箇是非之心，是非只是箇好惡。只好惡，就盡了是非。只是非，就盡了萬事萬變。又曰：「是非兩字是箇大規矩，巧處則存乎人。」〔註28〕
>
> 是非之心，不慮而知，不學而能，所謂良知也。〔註29〕
>
> 良知只是一箇天理自然明覺發見處。只是一個真誠惻怛，便是他本體。故致此良知之真誠惻怛以事親，便是孝；致此良知之真誠惻怛以從兄，便是弟；致此良知之真誠惻怛以事君，便是忠。只是一箇良知，只是一箇真誠惻怛。〔註30〕

依孟子，惻隱、辭讓、羞惡、是非是「四端之心」，它們是仁、義、禮、智之端倪。孟子並特舉人「乍見孺子將入於井」之例，點明了從惻隱之心之呈現，就能見到仁之理，此惻隱之心是為人心之善，它的呈現其實就能推證到人性之本善。至於其他三者，孟子不言以其是一理之不同面向，既能證人之有仁心，三者就可依理而推。陽明言良知是個是非之心，且是非只是個好惡，這是把孟子「是非之心，智也」、「羞惡之心，義也」二者合而為一，收於良知上來談。這合一的基礎在於良知的是非之「智」，就是它的好惡之「義」，蓋是非之心之是非，純是道德上之是非，它也是在羞惡（好惡）上的合義不合義的是非，二者之義是相同的。陽明再以「真誠惻怛」說良知。從「真誠」來說，是「恭敬之心，禮也」；從「惻怛」來說，是「惻隱之心，仁也」。綜上所論，陽明論良知時是把「四端之心」收攝進來講。這良知時時知是知非，能隨際遇不同自然呈現去成就萬事，所謂見父自然知孝，見君自然知忠。

〔註28〕同注19，卷下，第288條，頁341。
〔註29〕同上，卷中，第179條，頁258。
〔註30〕同上，卷中，第189條，頁270。

對於陽明之教，龍溪體會深刻真切。他說陽明是以「知統四端」，這是特就其「是非之心，智也」說。再者，它非徒作，乃針對時弊而發，因為那時眾人迷於朱學，汲汲於向外窮理，對於孔孟的仁義之道本義，早已是習焉而不察，更遑論去談如何恢復本心。〔註 31〕陽明之說平易可行，令人有一簡易的下手處，對時人去實踐道德助益頗大。

自陽明提出「良知教」後，以其真切易簡之故，天下相傳，從者甚眾。而龍溪，更深契良知的真諦，他屢屢以「一念之微」、「一念萬年」〔註 32〕來闡明良知之義，令人對良知有一番新的體認。

一、一念之微（見在良知）

所謂「一念之微」是以良知生起之狀指稱良知，龍溪有時亦以「一念之微」、「一點虛明」、「一點靈明」、「一念靈明」等稱良知，〔註 33〕但此處有其特指，蓋「念」是指人的意念，人之意念本來有善有惡，但在此一念（念頭）之深隱地幾微之處，良知靈明可以突破時、地、人、事等因素的限制，當下呈現出來，是為「一念之微」，又名「見在良知」。龍溪曰：

> 先師提出良知兩字，本諸一念之微。微諸愛敬，而達諸天下，乃千古經綸之靈樞。諸君果信得良知及時，只從人念上理會照察，安本末之分，循始終之則，從心悟入，從身發明，更不從前種種向外尋，篤其近而遠自舉，守其易而難自乘。〔註34〕

> 先師提出良知二字，正指見在而言。〔註35〕

〔註31〕 先生（龍溪）曰：「仁統四端，知亦統四端。良知是人身靈氣，醫家以手足痿痹爲不仁，蓋言靈氣有所不貫也。故知之充滿處，即是仁；知之斷制處，即是義；知之節文處，即是禮。說箇仁字，沿習既久，一時未易覺悟。說箇良知，一念自反，當下便有歸著，喚醒人心尤爲簡易，所謂時節因緣也。」《全集・東遊會語》，卷四，頁 290。

〔註32〕 詳參楊祖漢先生〈王龍溪對王陽明良知說的繼承與發展〉，《鵝湖學誌》第十一期，1993 年 12 月，頁 39～49。

〔註33〕 如：「千古學術，只在一念之微上求。」（《全集・水西會語》，卷三，頁 231）「只此一點虛明，便是入聖之機。」（《全集・留都會紀》，卷四，頁 315）「吾人心中一點靈明，便是眞種子。」（《全集・留都會紀》，卷四，頁 329）「一念靈明，隱而見、微而顯，天實啓之。」（《全集・竹堂會語》，卷五，頁 355），引文中「一念之微」、「一點虛明」、「一點靈明」、「一念靈明」皆指良知而言。

〔註34〕 《全集・閩講書院會語》，卷一，頁 102。

〔註35〕 《全集・與獅泉劉子問答》，卷四，頁 284。

龍溪之所以要提出「一念之微」，乃是針對人的生命中最隱微的意念而發。蓋人的生命充滿了欲望，種種意念更是相續不斷。常人一念之發中，有善有惡，不純是天理流行。若盲然昏瞶，順從惡念而行，良知此時雖在，已是昏蔽蒙昧了。因此要時時察識自己的一念，在一念之發時反省念頭，去察見隱微中的良知之躍動，並以良知去判斷此念頭是否合於善惡。故人只要一念時自反，當下就能回歸到本心，由本心作一道德的是非判斷，便能不謬聖賢。〔註36〕龍溪曰：

> 只從一念入微，神感神應，時時見有過可改，時時見有善可遷，便是入聖真血脈路。〔註37〕

> 師門所傳學旨，至易至簡，當下具足，一念自反，即得本心，可以超凡入聖。〔註38〕

即使是生命最駁雜的人而言，亦不妨礙他成聖賢，此因他的「一念之微」中仍有良知靈明，關鍵在於他是否察見了它。因此若他能在一念中反諸良知，即得本心，就能立躋聖地了。他說：

> 雖萬欲騰沸之中，若肯反諸一念良知，其真是真非，尚然未嘗不明，只此便是天命不容滅息所在，只此便是人心不容蔽昧所在，此是千古入賢入聖真正路頭，舍此更無下手用力處矣。〔註39〕

> 良知在人，本無污壞。雖昏蔽之極，苟能一念自反，即得本心。

〔註40〕

既然「萬欲騰沸之人」都能藉由「一念之微」成為聖賢，可見常人當下呈現的良知和聖人本無異樣，所不同的是常人不能致其良知，聖人能致而已。〔註41〕常人之不能致，並非良知不足，乃因他們平日不曾立下聖賢之志，故使良知長年為欲望習氣所染。〔註42〕為了使生命能脫離負面因素之糾纏，就必須對治它，

〔註36〕黃宗羲曰：「自姚江指點出『良知人人現在，一反觀而自得』，便人人有個作聖之路。」《明儒學案·姚江學案》，卷十，頁179。

〔註37〕《全集·與張陽和》，卷十一，頁759。

〔註38〕《全集·與徐成身》，卷十二，頁857。

〔註39〕《全集·答茅治卿》，卷九，頁642。

〔註40〕《全集·致知議辨》，卷十一，頁416。

〔註41〕龍溪曰：「見在良知與聖人未嘗不同，所不同者，能致與不能致耳，且如昭昭之天與廣大之天，原無差別，但限於所見，故有小大之殊。若謂見在良知，與聖人不同，便有污染，便須修証，方能入聖。」《全集·與獅泉劉子問答》，卷四，頁284～285。

〔註42〕龍溪曰：「一念靈明，洞徹千古，一切世情習氣，原自湊泊不上。但吾人不曾

因此首先要立志成聖賢，再用致良知的工夫，對良知時時保任，警覺察識，循此而往，舊習日消，生命就能純淨化了。他說：

> 若肯發必爲聖人之志，循其本，執其要，只奉行一念獨知，朝乾夕惕，不放些子出路，新功得手，舊習自消，生機不息，熟境自忘，所謂易簡直截根源。〔註43〕

> 一友問致良知工夫，如何用？先生曰：「良知是天然靈竅⋯⋯須辨箇必爲聖人之志，從一點靈竅實落致將去。」〔註44〕

龍溪的「一念之微」論，它藉由當下一念呈現出來的良知，指點了實踐道德的源泉，又有致良知工夫的配合，這樣說「良知」是很簡易直截。然同門對見在良知的理解，卻隨人各有不同，以致有三種異解。龍溪曰：

> 先師首揭良知之教以覺天下，學者靡然宗之，此道似大明於世，凡在同門，得於見聞之所及者，雖良知宗說，不敢有違，未免各以其性之所近，擬議攙和，紛成異見。有謂良知非覺照，須本於歸寂而始得，如鏡之照物，明體寂然，而妍媸自辨，滯於照，則明反眩矣。有謂良知無見成，由於修證而始全，如金之在鑛，非火符鍛鍊，則金不可得而成也。有謂良知是從已發立教，非未發無知之本旨。〔註45〕

上述三種說法是針對見在良知的懷疑，主要是江右王門諸人所發。第一種說法：「良知非覺照，須本於歸寂而始得」爲聶雙江〔註46〕首先提出，後爲羅

立得必爲聖賢之志，甘心墮落，自傾自蔽，世情習氣，始乘間而入，乃不能致知之過，非良知有所不足也。」《全集・與蕭來鳳》，卷十二，頁841。

〔註43〕 《全集・與鄭石淵》，卷十一，頁792～793。

〔註44〕 《全集・留都會紀》，卷四，頁326～327。

〔註45〕 《全集・撫州擬峴臺會語》，卷一，頁151～153。類似的見解還見於〈滁陽會語〉，文曰：「慨自哲人既遠，大義漸乖，而微言日湮，吾人得於所見所聞，未免各以性之所近爲學，又無先師許大鑪冶，陶鑄銷鎔，以歸於一，雖於良知宗旨，不敢有違，而擬議卜度，攙和補湊，不免紛成異說。有謂良知落空，必須聞見以助發之，良知必用天理，則非空知，此沿襲之說也。有謂良知不學而知，不須更用致知，良知當下圓成無病，不須更用消欲工夫，此凌躐之論也。有謂良知主於虛寂，而以明覺爲緣境，是自窒其用也。有謂良知主於明覺，而以虛寂爲沈空，是自汩其體也。」參見《全集》，卷二，頁172～173。關於陽明弟子對良知之異解，參見唐君毅：《中國哲學原論・原教篇》（臺北：臺灣學生書局，1990年9月全集校訂版），第十三章，〈王學之論爭及王學之二流（上）〉，頁362～363。

〔註46〕 聶豹（公元1487年～1563年），字文蔚，號雙江，江西人。據《明儒學案・江右王門學案二・聶豹傳》卷十七載：陽明在越，雙江以御史按閩，過杭州時，

念菴〔註47〕所從。第二種說法：「良知無見成，由於修證而始全」爲劉師泉〔註48〕所倡。第三種說法：「有謂良知是從已發立教，非未發無知之本旨」，此視良知爲已發，不是未發之本體，這類似第一種說法，也是不識良知即是「未發之中、已發之和」之特質，茲不再贅論。

　　關於第一種說法，聶雙江和羅念菴主要是從「已發」、「未發」的角度去區分良知。雙江說：「獨知是良知的萌芽處，與良知似隔一塵。此處著功，雖與半路修行不同，要亦是半路的路頭也。致虛守寂，方是不睹不聞之學，歸根復命之要」〔註49〕又說：「良知本寂，感於物而後有知。知其發也，不可遂以知發爲良知，而忘其發之所自也。心主乎內，應於外而後有外。外其形也，不可以其外應者爲心，而遂求心於外也。故學者求道，自其主乎內之寂然者求之，使之寂而常定。」〔註50〕雙江將獨知之知（知善知惡的良知）視爲已發，已發之知不是良知，本身作不得主，故須通過致虛守寂的工夫，返回到未發的寂體上，這才是眞正的良知，正如覺照是用，非良知本體，唯有致虛守寂，回到良知寂然的狀態，才能得其體。這好比鏡之照物，須先求鏡體之寂然，無任何影象停留其上，方有照物之用，若徒求其照物之用，忽略了鏡體之寂，明反不顯，「故學者求道，自其主乎內之寂然者求之，使之寂而常定」。因此，雙江以已發的良知不足爲憑，故當下呈現的良知是不充足的。

見而大悅。後來，陽明征思、田，雙江問「勿忘勿助之功」。陽明答書，編入《傳習錄》卷中。陽明辛時，雙江時官蘇州，於是設位，北面再拜，始稱門生，以錢緒山爲證。雙江之學，獄中閒久靜極，忽見此心眞體，光明瑩徹，萬物皆備，乃喜曰：「此未發之中也。守是不失，天下之理皆從此出矣。」及出，與來學立靜坐之法，使之歸寂以通感，執體以應用。著有《雙江轟先生文集》。

〔註47〕羅洪先（公元1504年～1564年），字達夫，號念菴，江西人。據《明儒學案・江右王門學案三・羅洪先傳》卷十八載：念菴十四歲時，聞陽明在虔臺講學，欲往受業，父母不允。比《傳習錄》出，讀之至忘寢食。念菴雖宗陽明之說，然終身未嘗及陽明門下。陽明辛後，門人錢緒山編《陽明年譜》，念菴爲之訂正。《年譜》既定，念菴自稱後學不稱門人，後經緒山力勸，方於《年譜》中稱門人。念菴嘗闢石蓮洞居之，默坐半榻間，不出戶者三年。一生安貧樂道，有顏子之風。其學宗雙江，主歸寂主靜。著有《念菴文集》。

〔註48〕劉邦采（約公元1490年～1578年），字君亮，號師泉，江西人。據《明儒學案・江右王門學案四・劉邦采傳》卷十九載：陽明居越，偕劉兩峰入越謁陽明，稱弟子，陽明契之曰：「君亮會得容易。」陽明亡後，學者承襲口吻，浸失其眞，以揣摩爲妙悟，縱恣爲樂地，情愛爲仁體，因循爲自然，混同爲歸一，師泉憂之，而主「悟性修命」之論。著有《易蘊》。

〔註49〕《全集・致知議辨》，卷六，頁418。

〔註50〕《明儒學案・江右王門學案二・與歐陽南野》，卷十七，頁374。

　　念菴之意類似雙江，他說：「往年見談學者，皆曰『知善知惡即是良知，依此行之，即是致知』。予嘗從此用力，竟無所入，久而後悔之。夫良知者，言乎不學不慮，自然之明覺，蓋即至善之謂也。吾心之善，吾知之，吾心之惡，吾知之，不可謂非知也。善惡交雜，豈有爲主於中者乎？中無所主，而謂知本常明，恐未可也。知有未明，依此行之，而謂無乖戾於既發之後，能順應於事物之來，恐未可也。故知善知惡之知，隨出隨泯，特一時之發見焉耳。一時之發見，未可盡指爲本體，則自然之明覺，固當反求其根源。」〔註51〕此處念菴提及他早年是遵循陽明的良知教，後因「嘗從此用力，竟無所入」，遂作罷另外主張「反求其根源」。依念菴之意，知善知惡的知、獨知之知，它是已發。此「一時之發見」之知，不能「盡指爲本體」，此即否定已發之知是眞正的良知，而以「反求其根源」去求取一可作主宰的寂體，視此寂體之良知爲眞正的良知。而且，念菴又將良知拆解爲知，視知爲知覺，此知覺無所主，隨善念惡念而流轉，故曰：「中無所主，而謂知本常明，恐未可也。知有未明，依此行之，而謂無乖戾于既之後，能順應于事物之來，恐未可也」。念菴以知爲已發，良知爲未發，因此他的致良知就是「致吾心之虛靜而寂」，並「非逐感應以求其是非」，所謂：「致良知者，致吾心之虛靜而寂焉，以出吾之是非，非逐感應以求其是非，使人擾擾外馳，而無所於歸以爲學也。夫知其發也，知而良則其未發，所謂虛靜而寂焉者也。吾能虛靜而寂，雖言不及感，亦可也。」〔註52〕

　　龍溪針對雙江、念菴此種分良知爲未發、已發而主歸寂之說辨白說：

　　　寂者心之本體，寂以照爲用，守其空知而遺照，是乖其用也。……

　　　良知原是未發之中，無知而無不知。若良知之前復求未發，即爲沈空之見矣。〔註53〕

此處龍溪批評雙江、念菴分良知爲二截之說，固然龍溪不反對良知本體是寂然之說，但良知是即寂即感、即體即用、體用兼備的，〔註54〕離照之用，寂體就不能顯；離寂之體，照就不能起用。若只守住寂體，遺棄照用，那只是重視了良知「體」的意義而已，這和師門之學就不相應。蓋良知本身就是未

〔註51〕《明儒學案・江右王門學案三・甲寅夏遊記》，卷十八，頁415〜416。

〔註52〕《明儒學案・江右王門學案三・雙江七十序》，卷十八，頁423。

〔註53〕《全集・撫州擬峴臺會語》，卷一，頁153。

〔註54〕陽明曾在《傳習錄》卷中，〈答陸原靜書第二書〉盛發良知即有事即無事、即未發即已發、即動即靜、即中即和、即體即用等諸義。詳參牟宗三先生，《從陸象山到劉蕺山》，第四章〈「致知議辨」疏解〉，頁339〜341。

發之中（天理），已發之和，故不能在它之前再去求一個中；再者，未發之中顯其用於已發之和（感通）上，已發之和的用不離未發之中而獨存，體用本是一體的。換言之，良知雖寂，但隨事感通，故人的一念只要有它照臨，當下就能呈現本心，所發無不中節，就其呈現而言，它和良知自體是相同的，這也是體在用顯、由用見體之意。

第二種說法是說良知不能當下呈現，必須經過不斷的修證才得其全體。龍溪曾問劉師泉有關見在良知和聖人之良知同異之問題。師泉回答說：「不同。赤子之心，孩提之知，愚夫婦之知能，如頑鑛未經鍛煉，不可名金。其視無聲、無臭、自然之明覺，何啻千里！是何也？為其純陰無其陽也。復真陽者，更須開天闢地，鼎立乾坤，乃能得之。以見在良知為主，決無入道之期矣。」〔註55〕這是上文「有謂良知無見成，由於修證而始全，如金之在鑛，非火符鍛鍊，則金不可得而成也。」的詳說。依師泉之意，見在良知和聖人之良知是不同的，其不同處在於一是未經鍛鍊之金礦，一是已經鍛鍊之真金。見在良知純陰無陽，不能據之入道。人要入道，也只有通過功夫的修證而已。龍溪則曰：「以一隙之光，謂非照臨四表之光，不可。今日之日，非本不光，雲氣掩之耳。以愚夫愚婦為純陰者，何以異此。」〔註56〕龍溪不同意師泉之見，蓋因眾人生命雖是為欲望所深蔽而純陰無陽，但不表示生命中之良知也是純陰無陽，良知實是純陰中的一點真陽。再者，眾人之見在良知和聖人之良知本質上並無不同，雖一為「一隙之光」，一為「照臨四表之光」，但皆是能照之光。只要眾人在良知呈現時，在此作時時致之的功夫，終究能由初始時之照臨一隙，進而「照臨四表」了。

關於見在良知和聖人之良知之義，龍溪又詳說曰：「……先師提出良知二字，正指見在而言。見在良知與聖人未嘗不同，所不同者，能致與不能致耳。且如昭昭之天與廣大之天，原無差別，但限於所見，故有小大之殊。若謂見在良知與聖人不同，便有污染，便須修証方能入聖。良知即是主宰，即是流行。良知原是性命合一之宗，故致知功夫只有一處用。若說要『出脫運化』，要『不落念、不成念』，如此分疏，即是二用，二即是支離。只成意象紛紛，到底不能歸一，到底未有脫手之期。」〔註57〕這更直接點出眾人和聖人之良知未嘗相同，

〔註55〕《明儒學案・江右王門學案四・同知劉師泉先生邦采》，卷十九，頁438～439。
〔註56〕同上，頁439。
〔註57〕《全集・與獅泉劉子問答》，卷四，頁284～285。

所不同者只在人能不能致而已。而說到「出脫運化」「不落念、不成念」,「如此分疏,即是二用,二即是支離」,這是針對師泉「悟性修命」之批評。劉師泉因不信見在良知,故另提出「悟性修命」之論。〔註58〕所謂「悟性修命」,師泉曰:「人之生,有命有性。吾心主宰謂之性,性無爲者也,故須出脫。吾心流行謂之命,命有質者也,故須運化。常知不落念,所以立體也。常運不成念,所以致用也。二者不可相離,必兼修而後可爲學。」〔註59〕此處指出性是吾心主宰,妙於無爲,故須立性以爲體,此立體是通過「常知不落念」之功夫,此即常常總是知明呈現而不落于意念中。性因無作無爲,無聲無臭,故只能「悟」不能「修」。命是「吾心流行」,流行是在氣中,它具體表現爲質。一有質,不免隨時有所停滯,此時須加之以「運化」,此即「常運不成念」,以得致命修命之用。劉師泉試圖通過「主宰爲性,流行爲命」、「悟性修命」的理論,由「立體」「致用」兩處著手,以爲可以得出眞良知。然由劉氏之論,吾人可進一步追問:其所立之體究竟由誰去立,由誰去悟性,而人之致用又何以能一直「常運不成念」呢?〔註60〕此都未見他有進一步的闡明,在義理交待上不免有含糊之處,因此一經龍溪點出他支離之毛病以後,也自承「近來亦覺破此病,但用得慣熟,以爲得力,一時未忘得在」。總之,師泉由不承認見在良知之說,而繞出去另提一套「悟性修命」之論,是不合乎師門之學的。

復次,龍溪之所以如此強調見在良知,是要凸顯出人良知的自由。龍溪說:

> 見入井之孺子而惻隱,見嘑蹴之食而羞惡,仁義之心,本來完具,
>
> 感觸神應,不學而能也。若謂良知由修而後全,撓其體也。〔註61〕

這表示良知可以在現實因素的種種綑綁下,不受蒙蔽,自身掙脫而呈現出來。例如「人乍見孺子將入於井」時,怵惕惻隱之心當下即現;在生死存亡之際,

---

〔註58〕 師泉曰:「是說也,吾爲見在良知所誤,極探而得之。」《明儒學案·江右王門學案四·同知劉師泉先生邦采》,卷十九,頁438。

〔註59〕 《全集·與獅泉劉子問答》,卷四,頁284。黃宗羲則記載:(師泉)謂:「夫人之生,有性有命,性妙於無爲,命雜於有質,故必兼修而後可以爲學。蓋吾心主宰謂之性,性無爲者也,故須首出庶物,以立其體。吾心流行謂之命,命有質者也,故須隨時運化以致其用。常知不落念,是吾立體之功,常運不成念,是吾致用之功,二者不可相離。常知常止,而愈常微也。」同上注。

〔註60〕 詳參牟宗三先生,《從陸象山到劉蕺山》,第五章〈兩峰師泉與王塘南〉,頁409~417。

〔註61〕 《全集·撫州擬峴臺會語》,卷一,頁153。

雖有人給與你食物，但他粗魯的「嘑爾與之，蹴爾與之」時，人亦會頓時湧現出羞惡之心來拒絕。無論是惻隱之心或羞惡之心，都是不經思慮、不需學習，猝然之間的神感神應，它是純粹的道德本心，不受任何因素影響而能當下呈現的。這當下呈現的良知和聖人的良知並無異。如果有人對於這「感觸神應，不學而能」之心起疑，不信其爲純粹的良知，尚欲再求修證，不只是「撓其體」也，亦「幾於自誣」。龍溪曰：

> 因舉乍見孺子入井怵惕，未嘗有三念之雜，乃不動于欲之眞心，所
> 謂良知也，與堯舜未嘗有異者也。若於此不能自信，亦幾於自誣矣。
> 〔註62〕

此外，或有人不肯時時去致良知，其人之本心總和欲望相雜。此時，人便會認爲現成良知爲虛見，出現了以摻雜欲望的良知，視同聖人之良知，這就是自欺。順此而往，不免有情識虛玄而蕩之毛病。龍溪說：

> 苟不用致知之功，不能時時保任此心，時時無雜念，徒認現成虛見，
> 附和欲根，而謂即與堯舜相對，未嘗不同者，亦幾于自欺矣。〔註63〕

總之，龍溪以見在說良知，又要人去致良知，這使人在道德實踐時不只有體可循，且能實際去作工夫。

二、一念萬年

良知不只是人實踐道德的根據，也是宇宙萬物存在的根據，它具有永恒常存性。陽明說：

> 良知是造化的精靈。這些精靈，生天生地，成鬼成帝，皆從此出，
> 眞是與物無對。人若復得他，完完全全，無少虧欠，自不覺手舞足
> 蹈，不知天地間更有何樂可代？〔註64〕

> 良知之在人心，亙萬古，塞宇宙，而無不同。〔註65〕

> 天理在人心，亙古亙今，無有終始。天理即是良知。〔註66〕

良知是萬物之根源，也是天理。在空間上說，它遍於萬物中，無論是天地、

〔註62〕《全集·松原晤語》，卷二，頁190～191。
〔註63〕《全集·松原晤語》，卷二，頁192。
〔註64〕《王陽明傳習錄詳註集評》，卷下，第261條，頁323。
〔註65〕同上，卷中，第171條，頁244～245。
〔註66〕同上，卷下，第284條，頁337。

草木、瓦石、人禽皆具，〔註67〕差異在於是否能致而已。能致，則爲聖人；不能致，則爲凡人。至於草木瓦石，因不能呈現出良知，故不存在著能不能致的問題，但它可因人的良知的呈現，而遍潤之，就此而言，人就可感受到天地萬物與我是一體了。就時間上說，良知不是方生方滅的，它永恒存在於天地萬物之中，無論今人後人，其所具的良知是同一的，不會受到任何因素的影響，即使是有一天天地毀了，它仍是存在的。

　　陽明說良知是永恒之意，龍溪則以「一念萬年」去說之：人如果能就此一念下呈現的良知，去好善惡惡，雖然人的生命有限，但當價值一旦體現出來時，仍能感受到生命意義的無限。龍溪說：

> 若果信得良知及時，不論在此在彼，在好在病，在順在逆，只從一念靈明，自作主宰，自去自來，不從境上生心。時時徹頭徹尾，便是無包裹，從一念生生不息，直達流行，常見天則，便是眞爲性命。從一念眞機，綿密凝翕，不以習染情識參次攪和其間，便是混沌立根。良知本無起滅，一念萬年，恒久而不已。〔註68〕

> 見在一念，無將迎、無住著，天機常活，便是了當，千百年事業，更無剩欠，故曰：一念萬年。〔註69〕

人的良知無論在何種情況下都能自作主宰，當視人能否從一念中去契悟。人若能從「一念之微」中去契入良知，以良知爲超越的主宰故，本身並不在氣化中生滅，故能在當下之一念中，體會到永恒無限的意義來。此即當良知呈現時，「無將無住」，依循它去實踐道德，便能藉由道德的活動，見到天德的充滿流行，從而體驗到天道的無窮無盡，於是小我的生命便融入在大我中，與天地萬物爲一體，是以當下就是永恒，有限即是無限。關於此意，龍溪又發揮曰：

> 夫天積氣耳，地積形耳，千聖過影耳。氣有時而散，形有時而消，影有時而滅，皆若未究其義。予所信者，此心一念之靈明耳。一念靈明，從混沌立根基。專而直，翕而闢。從此生天生地，生人生物，

〔註67〕陽明說：「人的良知，就是草木瓦石的良知。若草木瓦石無人的良知，不可以爲草木瓦石矣。豈惟草木瓦石爲然？天地無人的良知，亦不可爲天地矣。蓋天地萬物，與人原是一體。其發竅之最精處，是人心一點靈明。風雨露雷，日月星辰，禽獸草木，山川土石，與人原只一體。」就宇宙本體論來說，良知是生化之本體，是所有存在物的存在根據。同上，第274條，頁331。

〔註68〕《全集・答周居安》，卷十二，頁858。

〔註69〕《全集・水西別言》，卷十六，頁1122。

是謂大生廣生，生生而未嘗息也。〈乾〉〈坤〉動靜，神智往來，天

地有盡，而我無盡，聖人有爲而我無爲。〔註70〕

天地聖賢皆是氣化所生，會隨時間而滅。只有人心一念靈明，亙萬古存在。
此一念靈明，不可以私欲、習氣擾和，否則不能在混沌人世間立根，性命之
源亦不得以確立。龍溪又以〈乾〉、〈坤〉喻良知，他以爲良知具有如〈乾〉、
〈坤〉之創造性的作用，〈乾〉卦陽剛，靜時專一，動時剛正，就在一靜一動
時使物大生；〈坤〉卦陰柔，靜時收斂，動時開闢，就在一靜一動時使物廣生。
良知既然有如此之作用，因此人要時時致良知，緝熙之、保任之，使這「造
化的精靈」，宇宙萬物生化之本體，一直發揮其生生不息的作用，遍潤一切，
此謂大生廣生，亦爲天地之大德也。若人能不憂一生之短暫，反而不斷實踐
道德，在這過程中就能漸漸朗現出天道的意義來，因而就能在有限的生命中，
開創出無限的價值來。

再者，人如果眞能時時去致良知，就能看破生死、超越生死。龍溪說：

只將自己一點靈明，默默參究，無晝無夜，無閒無忙，行立坐臥，
不論大眾應酬，與棲心獨處，時時理會照察。念中有得失，此一點
靈明，不爲念轉；境上有逆有順，此一點靈明，不爲境奪；人情有
向有背，此一點靈明不爲情遷。緣此一點靈明，窮天窮地，窮四海，
窮萬古，本無加損，本無得喪，是自己性命之根，盡此謂之盡性，
立此謂之立命。生本無生，死本無死，生死往來，猶如晝夜，應緣
而生，無生之樂，緣盡而死，無死之悲，方爲任生死，超生死，方
能不被生死魔所忙亂。生死且然，況身外種種世法好事，又烏足爲
吾之加損哉！〔註71〕

古云：一念萬年。平時感應，於物物頭上，萬境忘情，念念無雜，
無昏無散，臨時始能不昏不散，不爲境轉，所謂通晝夜之道而知。
知晝夜則知生死矣。〔註72〕

良知靈明是人生命的主宰，它不因意念而轉；不因環境而改；不因人情而遷。
只要人無論處於何時何地，推致一己之良知，使它照臨到意念之發上，令意
念眞實而行，這便是盡性立命，掌握住生命的本根了。此意龍溪又曰：「千緒

〔註70〕《全集・龍南山居會語》，卷七，頁499。
〔註71〕《全集・留都會紀》，卷四，頁311。
〔註72〕《全集・與呂沃洲》，卷九，頁617。

萬端，皆此一念爲之主宰，念歸於一，精神自不至流散」〔註73〕就是指人有一念靈明作主宰下，諸種意念，才能眞好善眞惡惡，在無欲的情況下歸於良知，〔註74〕由良知貞定住不使之四散流逸。如此，吾人的生命才不會有各種意念之紛擾。良知作主時，對於人生諸事只是理性對待，不會摻入情緒上的執著，即使是死生大事，亦視它爲因緣聚而生，因緣盡而滅之事，正如晝夜的往來般自然，因此生不可樂，死亦無所悲，此是爲「超生死」。生死都能超越，更遑論它事？

「念歸於一」是理想的生命的狀態，但人的意念流轉不息，不純是「一念」，時時會有「二念」之生。此「二念」就是生死之根，對生死之執著。龍溪曰：

> 平時一切毀譽得喪諸境，纔有二念，便是生死之根。毀譽得喪能一，則生死一矣。苟從軀殼起念，執吝生死，務求長生，固佛氏之所呵也。〔註75〕

「二念」雖是執著的意念，但仍有其存在價值，不能徒然棄置，而須以良知去照臨它。龍溪曰：

> 知慈湖不起意之義，則知良知矣。意者，本心自然之用，如水鑒之應物，變化云爲，萬物畢照，未嘗有所動也。惟離心而起意，則爲妄。千過萬惡，皆從意生。不起意，是塞其過惡之原，所謂防未萌之欲也。不起意，則本心自清自明，不假思爲，虛靈變化之妙用，固自若也。……隨感而應，未始不妙，固自若也，而實不離於本心自然之用，未嘗有所起也。馮子曰：「或以不起意爲滅意何如？」先生曰：「非也，滅者有起而後滅。不起意，原未嘗動，何有於滅？」
>
> 〔註76〕

意是心之所發，順軀殼起念方有其妄。因此一切過惡皆從此生，故要不起意，以防塞其原。然而不起意不是去「滅意」，因爲一則意是「本心自然之用」，隨境而感應，本無所起；一則滅此意彼意就起，永難完全消滅。因此不起意

〔註73〕《全集・趨庭謾語付應斌兒》，卷十五，頁1099。
〔註74〕龍溪說：「若楊慈湖不起意之說，善用之未爲不是。蓋人心惟有一意，始能起經綸，成德業。意根於心，心不離念。心無欲則念自一，一念萬年。」《全集・答季彭山龍鏡書》，卷九，頁604。
〔註75〕《全集・天柱山房會語》，卷五，頁378。
〔註76〕《全集・慈湖精舍會語》，卷五，頁362～363。

就是就著當下此意，以良知照察保任。此時意便不是妄意，而是提昇上來，到了超越層上之意念了。這樣之意，就有價值性、永恒性，是謂「一念萬年」。

三、「四無」說之開創

除了以「一念之微」、「一念萬年」來說良知外，龍溪據陽明的「四句」教而提出「四無」說，是爲王學的一大公案。以下先述「四無」說提出的背景，接著是呈現相關文獻，再從這些記載中，參互論述「四無」說的理論意義。

（一）「四無」說提出的背景和相關文獻的探討

嘉靖六年丁亥（1527）年夏五月，廣西思恩、田州地區的少數民族發生暴亂，王陽明時五十六歲，受命爲總督兩廣及江西湖廣軍務兼都察院左都御史，以征討思、田。陽明本上疏堅辭，然不被允，遂於九月啓程前往。啓程前夕，〔註77〕陽明在越城天泉橋上，與二位高足錢緒山〔註78〕、王龍溪討論爲學的宗旨，其中錢緒山主「四有」，王龍溪主「四無」，〔註79〕陽明對兩人之說加以調和，史稱「天泉證道」。關於此次討論，記載於文獻的共有八處，分別是：一、《王龍溪全集》卷一首篇〈天泉證道紀〉。二、《王龍溪全集》卷

〔註77〕「天泉證道」的日期有九月初七日和九月初八日兩種說法。陳來以爲應是九月初七日，其據陽明丁亥十二月初一日所作〈赴任謝恩遂陳膚見疏〉（參見《陽明全書》奏疏，卷十四，頁11），文中「已於九月初八日扶病起程」一語而斷定，見氏著《有無之境～～王陽明哲學的精神》（北京：人民出版杜，1991年3月第1版），第八章〈有與無〉，頁195下註1。然而《陽明年譜》嘉靖六年「九月壬午發越中」條下曰：「是月初八日，德洪與畿訪張元沖舟中，因論爲學宗旨。……畿曰：『明日先生啓行，晚可同進請問。』是日夜分，客始散，先生將入內，聞洪與畿候立庭下，先生復出，使移席天泉橋上，德洪舉與畿論辯請問。」詳見《陽明全書》，卷三十四，頁十七～十八。茲依《年譜》所載，以「天泉證道」之日爲九月初八日。

〔註78〕錢洪甫（公元1496年～1587年），名德洪，號緒山，浙江人。他與龍溪爲陽明之教授師，其爲人，龍溪曰：「歸田三十年，未嘗以私事入公門。人有冤負，則挺身爲之伸雪，不以嫌爲避。尤篤於孝友。」（《全集·緒山錢君行狀》，卷二十，頁1390）其爲學凡經「三變」而成，據《明儒學案·浙中王門學案一·錢德洪傳》卷十一載：初時，以爲善去惡來致良知。後來以爲良知是無善無惡的，又何須執以爲有，而爲之而又去之。最後又以爲，無善無惡者見也，非良知也。吾惟即吾所知以爲善者而行之，以爲惡者而去之。著有《陽明先生年譜》三卷、《濠園記》等。

〔註79〕「四句教」是由陽明直說的教法，而「四有」、「四無」之區分則始於龍溪的〈天泉證道紀〉，其他未見。以下爲求行文的方便，就以之各別代表錢緒山、王龍溪的主張。

二十，〈刑部陝西司員外郎特詔進階朝列大夫致仕緒山錢君行狀〉（以下引用時簡稱〈錢緒山行狀〉）。三、《傳習錄》卷下，門人錢緒山所載錄者。〔註80〕四、錢緒山等所編的《陽明年譜》，五十六歲，嘉靖六年九月壬午發越中條下。五、鄒東廓的《東廓鄒先生文集》卷二〈青原贈處〉。六、《王龍溪全集》卷前，徐階的〈王龍溪先生傳〉。七、《明儒學案》卷十〈姚江學案〉。八、《明儒學案》卷十二〈浙中王門學案二〉。茲將相關文獻列出以方便討論。

1. 〈天泉證道紀〉所記載的

陽明夫子之學，以良知為宗。每與門人論學，提四句為教法：「無善無惡心之體，有善有惡意之動，知善知惡是良知，為善去惡是格物。」學者循此用功，各有所得。緒山錢子謂：「此是師門教人定本，一毫不可更易。」先生謂：「夫子立教隨時，謂之權法，未可執定。體用顯微只是一機，心意知物只是一事。若悟得心是無善無惡之心，意即是無善無惡之意，知即是無善無惡之知，物即是無善無惡之物。蓋無心之心則藏密，無意之意則應圓，無知之知則體寂，無物之物則用神。天命之性，粹然至善，神感神應，其機自不容已，無善可名，惡固本無，善亦不可得而有也，是謂無善無惡。若有善有惡，則意動於物，非自然之流行，著於有矣。自性流行者，動而無動；著於有者，動而動也。意是心之所發。若是有善有惡之意，則知與物一齊皆有，心亦不可謂之無矣。」緒山子謂：「若是，是壞師門教法，非善學也。」先生謂：「學須自證自悟，不從人腳跟轉。若執著師門權法，以為定本，未免滯於言詮，亦非善學也。」

時夫子將有兩廣之行，錢子謂曰：「吾二人所見不同，何以同人？盍相與就正夫子？」晚坐天泉橋上，因各以所見請質。夫子曰：「正要二子有此一問。吾教法原有此兩種，四無之說，為上根人立教；四有之說，為中根以下人立教。上根之人悟得無善無惡心體，便從無處立根基，意與知物，皆從無生，一了百當，即本體便是工夫，易簡直截，更無剩欠，頓悟之學也。中根以下之人，未嘗悟得本體，未免在有善有惡上立根基，心與知物，皆從有生，須用為善去惡工

〔註80〕此條本作黃省曾錄，然依陳榮捷《王陽明傳習錄詳註集評》的考證，清俞嶙所編的《陽明全集》和通行本於此條後有「右門人錢德洪錄」等字，且內容上是用德洪之名，故應是錢氏所錄，參見陳書頁365註13、頁317註1。

夫，隨處對治，使之漸漸入悟，從有以歸於無，復還本體。及其成功一也。世間上根人不易得，只得就中根以下人立教，通此一路。汝中所見，是接上根人教法；德洪所見，是接中根以下人教法。汝中所見，我久欲發，恐人信不及，徒增躐等之病，故含蓄到今，此是傳心祕藏，顏子明道所不敢言者，今既已說破，亦是天機該發泄時，豈容復祕？然此中不可執著，若執四無之見，不通得眾人之意，只好接上根人，中根以下人無從接授；若執四有之見，認定意是有善有惡的，只好接中根以下人，上根人亦無從接授。但吾人凡心未了，雖已得悟，仍當隨時用漸修工夫，不如此，不足以超凡入聖，所謂上乘兼修中下也。汝中此意，正好保任，不宜輕以示人，概而言之，反成漏泄；德洪卻須進此一格，始為玄通。德洪資性沉毅，汝中資性明朗，故其所得，亦各因其所近。若能互相取益，使吾教法，上下皆通，始為善學耳。」

自此海內相傳天泉證悟之論，道脈始歸于一云。

2 《傳習錄》下所記載的

丁亥年九月，先生起，復征思、田。將命行時，德洪與汝中論學。汝中舉先生教言曰：「無善無惡是心之體，有善有惡是意之動，知善知惡是良知，為善去惡是格物。」德洪曰：「此意如何？」汝中曰：「此恐未是究竟話頭。若說心體是無善無惡，意亦是無善無惡的意，知亦是無善無惡的知，物亦是無善無惡的物矣。若說意有善惡，畢竟心體還有善惡在。」德洪曰：「心體是天命之性，原是無善無惡的。但人有習心，意念上見有善惡在。格致誠正修，此正是復那性體工夫。若原無善惡，工夫亦不消說矣。」

是夕，侍坐天泉橋，各舉請正。先生曰：「我今將行，正要你們來講破此意。二君之見，正好相資為用，不可各執一邊。我這裡接人，原有此二種。利根之人，直接本源上悟入。人心本體原是明瑩無滯的，原是箇未發之中。利根之人，一悟本體，即是工夫，人己內外，一齊俱透了。其次，不免有習心在，本體受蔽，故且教在意念上實落為善去惡。工夫熟後，渣滓去得盡時，本體亦明盡了。汝中之見，是我這裡接利根人的；德洪之見，是我這裡為其次立法的。二君相

取爲用，則中人上下，皆可引入於道。若各執一邊，眼前便有失人，便於道體各有未盡。」

既而曰：「以後與朋友講學，切不可失了我的宗旨：無善無惡是心之體，有善有惡是意之動，知善知惡的是良知，爲善去惡是格物。只依我這個話頭，隨人指點，自沒病痛。此原是徹上徹下工夫。利根之人，世亦難遇。本體工夫，一悟盡透，此顏子、明道所不敢承當，豈可輕易望人？人有習心，不教他在良知上實用爲善去惡工夫，只去懸空想箇本體，一切事爲，俱不著實，不過養成一個虛寂。此箇病痛不是小小，不可不早説破。」是日，德洪汝中俱有省。

3. 《陽明年譜》嘉靖六年丁亥九月壬午發越中條下所記載的

是月初八日，德洪與畿訪張元沖舟中，因論爲學宗旨，畿曰：「先生說知善知惡是良知，爲善去惡是格物，此恐未是究竟話頭。」德洪曰：「何如？」畿曰：「心體既是無善無惡，意亦是無善無惡，知亦是無善無惡，物亦是無善無惡。若說意有善有惡，畢竟心亦未是無善無惡。」德洪曰：「心體原來無善無惡，今習染既久，覺心體上見有善惡在，爲善去惡，正是復那本體工夫。若見得本體如此，只説無工夫可用，恐只是見耳。」畿曰：「明日先生啓行，晚可同進請問。」

是日夜分，客始散，先生將入內，聞洪與畿候立庭下，先生復出，使移席天泉橋上，德洪舉與畿論辯請問，先生喜曰：「正要二君有此一問，我今將行，朋友中更無有論證及此者。二君之見，正好相取，不可相病。汝中須用德洪工夫，德洪須透汝中本體。二君相取爲益，吾學更無遺念矣。」

德洪請問，先生曰：「有只是你自有，良知本體原來無有。本體只是太虛，太虛之中，日月星辰、風雨露雷、陰霾晴氣，何物不有？而又何一物得爲太虛之障？人心本體亦復如是。太虛無形，一過而化，亦何費纖毫氣力？德洪工夫須要如此，便是合得本體工夫。」

畿請問，先生曰：「汝中見得此意，只好默默自修，不可執以接人。上根之人，世亦難遇，一悟本體，即見工夫，物我內外，一齊盡透，此顏子明道不敢承當，豈可輕易望人？二君已後與學者言，務要依我四句宗旨：『無善無惡是心之體，有善有惡是意之動，知善知惡

是良知，爲善去惡是格物。』以此自修，直躋聖位。以此接人，更無差失。」畿曰：「本體透後，於此四句宗旨如何？」先生曰：「此是徹上徹下語，自初學以至聖人，只此工夫。初學用此，循循有入，雖至聖人，窮究無盡。堯舜精一工夫，亦只如此。」

先生又重囑付曰：「二君以後再不可更此四句宗旨，此四句中人上下無不接著。我年來立教，亦更幾番，今始立此四句。人心自有知識以來，已爲習俗所染，今不教他在良知上實用爲善去惡工夫，只去懸空想箇本體，一切事爲俱不著實，此病痛不是小小，不可不早說破。」是日洪、畿俱有省。

4. 鄒東廓〈青原贈處〉所記載的

陽明夫子之平兩廣也，錢、王二子送於富陽。夫子曰：「予別矣，盍各言所學。」德洪對曰：「至善無惡者心，有善有惡者意，知善知惡是良知，爲善去惡是格物。」畿對曰：「心無善而無惡，意無善而無惡，知無善而無惡，物無善而無惡。」夫子曰：「洪甫須識汝中本體，汝中須識洪甫工夫，二子打併爲一，不失吾傳矣。」

〈天泉證道紀〉、《傳習錄》卷下和《陽明年譜》，是王龍溪和錢緒山當事人的直接紀錄，可信度高，可資參考，因而以此三者爲基礎來討論龍溪的「四無」說。而〈錢緒山行狀〉是重述了〈天泉證道紀〉的意思，故不贅引。至於鄒東廓的〈青原贈處〉記載粗略，不能見到陽明、龍溪、德洪三人論學的細節，恐非當事人，而得於聽聞之故。〔註81〕徐階的〈王龍溪先生傳〉所記簡略。《明儒學案》的〈姚江學案〉和〈浙中王門學案二〉則是分別摘錄自《傳習錄》

〔註81〕 關於此事，王師財貴和陳來曾加以考證，王師財貴說：「據《陽明年譜》所載，天泉證道之日是丁亥九月壬午，該條中有：『畿曰：『明日先生啓行，晚可同進請問』之語，可見隔日陽明即出征，而《王龍溪全集・緒山錢君行狀》，繼記陽明起程時，龍溪與緒山送陽明至嚴灘而別，並云「過江右，東廓、南野、獅泉、洛村……諸同志二三百人候于南浦請益，夫子云：『軍旅匆匆，從何處說起，我此意畜之已久，不欲輕言，以待諸君自悟，今被汝中拈出，亦是天機該發泄時……』，可見東廓前時不在陽明身邊也。」參見王師財貴：《王龍溪良知四無說析論》（臺灣師範大學國文研究所1990年碩士論文），第三章〈「四無說」析論〉，頁131，註1。陳來說：「按東廓非丁亥九月天泉證道的當事者，他把天泉證道與嚴灘有無之辯混爲一事，故誤以天泉爲富陽。富陽即指嚴灘，蓋錢、王送陽明至嚴灘，再論有無，其詳亦見於《傳習錄》下。」參見陳來：《有無之境 — 王陽明哲學的精神》第八章〈有與無〉，頁201下註1。

和〈天泉證道紀〉。總之，後四種皆是得自於聽聞，或輾轉引述，屬於間接的資料，理論效力較弱，故不予採用。

從以上的文獻陳述可知：龍溪和緒山是因「四句」教「無善無惡心之體，有善有惡意之動，知善知惡是良知，爲善去惡是格物。」而起爭議。然而後來學者像劉蕺山、黃宗羲，卻對有沒有「四句」教表示懷疑。劉蕺山以爲「四句」教法是龍溪之說，陽明未定之見。他說：「四句教法，考之陽明集中，並不經見，其說乃出於龍溪，則陽明未定之見，平日間嘗有是言，而未敢筆之於書，以滋學者之惑。」〔註82〕而劉蕺山之弟子黃宗羲，則以爲「四句」教是出自錢緒山之言，理由是陽明的文集中不曾明言「無善無惡心之體」，他說：「此與龍溪〈天泉證道紀〉同一事，而言之不同如此。蕺山先師嘗疑陽明天泉之言與平時不同。平時每言『至善是心之本體』。又曰：『至善只是盡乎天理之極，而無一毫人欲之私』。又曰：『良知即天理。』《錄》（《傳習錄》）中言天理二字，不一而足，有時說『無善無惡者理之靜』，亦末嘗徑說『無善無惡是心體』。今觀先生所記，而四有之論，仍是以至善無惡爲心，即四有四句亦是緒山之言，非陽明立以爲教法也。今據〈天泉〉所記，以無善無惡議陽明者，盍亦有考於先生之記乎？」〔註83〕

關於「四句」教是不是陽明教法的問題，不只龍溪強調說：「陽明夫子之學，以良知爲宗。每與門人論學，提四句爲教法。」（〈天泉證道紀〉）陽明另一弟子錢緒山也在他重編刊刻的《傳習錄》下（本稱《傳習續錄》）說「四句」教是「先生教言。」〔註84〕至於陽明本人更說「四句」教是他的「宗旨」（《傳習錄》下），並且再三叮囑龍溪、緒山「不可更此四句宗旨。我年來立教，亦更幾番，今始立此四句。」而由錢緒山主編，經羅念菴「相與刊正」，王龍溪等人「互精校閱」，以求不違背陽明師說，「罔或有所增損」的《陽明年譜》，〔註85〕也紀錄陽明「務要依我四句宗旨」之言。另外，陽明門人朱得之〔註86〕

〔註82〕《明儒學案・師說・王龍溪畿》，頁8。
〔註83〕《明儒學案・江右王門學案一》，卷十六，頁334～335。
〔註84〕此條據陳榮捷考證，爲錢緒山所記，其中的「教言」雖是汝中（龍溪）所說，實爲緒山所肯定，否則就不會筆錄記下。參見《王陽明傳習錄詳註集評》，頁317，註1。
〔註85〕錢緒山在〈陽明先生年譜序〉曰：「……返見羅達夫，閉關方嚴，及讀譜，……遂相與刊正。越明年正月，成于懷玉書院，以復達夫。比歸，復與王汝中、張叔謙、王新甫、陳子大賓、黃子國卿、王子健，互精校閱，曰：『庶其無背師說乎！』命壽之梓，然其事則核之奏牘，其文則稟之師言，罔或有所增損。」

的「稽山承語」〔註87〕也收錄了此說法。《稽山承語》收陽明的之語共四十五條，其中第二十五條曰：楊文澄問：「意有善惡，誠之將何稽？」師（陽明）曰：「無善無惡者心也，有善有惡者意也，知善知惡者良知也，爲善去惡者格物也。」曰：「意固有善惡乎？」曰：「意者心之發，本自有善而無惡，惟動於私欲而後惡也。惟良知自知之，故學問之要曰致良知。」因此劉蕺山、黃宗羲二人之疑是不能成立的。

　　「四句」教既然確定是陽明的教法，陽明又不容他人更改，則爲何當錢緒山堅持說：「此是師門教人定本，一毫不可更易」時，龍溪會質疑這是「權法，未可執定」，進而提出「體用顯微只是一機，心意知物只是一事。若悟得心是無善無惡之心，意即是無善無惡之意，知即是無善無惡之知，物即是無善無惡之物」這「四無」的理論呢？其中的關鍵何在？以下試析論之。

（二）「四無」和「四有」的爭論

　　陽明的「四句」教是一套完整的工夫論，對於這教法，緒山堅守不移，龍溪則是除第一句和緒山相同外，從第二句開始，一路就以「無善無惡」（超越的至善）說之，作了一層翻轉。這樣的翻轉若和陽明之教相比，有何特殊的意義呢？

　　依龍溪之說，根據「體用顯微，只是一機，心意知物，只是一事」這命題的推論，「若悟得心是無善無惡」的話，自然的意、知、物皆是「無善無惡」的，此因心體是人存在的本體，居於最重要的地位，意、知、物只是心之所生，故當悟入心體是無善無惡的話，則依心而生之意、知、物亦是無善無惡的。此時原本分開說的爲體，爲微之心、知；爲用，爲顯之意、物，已在明覺之感應下，成爲一機一事，於是心、意、知、物四者之相不顯，心是無心之心，意是無意之意，知是無知之知，物是無物之物，四者皆是一機一事之申展，是天命之流行。故雖是四無，其實只是一無。接著龍溪又作另一命題的推論，他說：「意是心之所發。若是有善有惡之意，則知與物一齊皆有，心亦不可謂之無矣。」意是心之發用，如果意是有善有惡的話（此時是就經驗

　　　　參見《陽明全書》，卷三十六，頁十一。

〔註86〕朱得之，字本思，號近齋，南中王門王學學者，著有《參玄三語》、《老子通義》、《莊子通義等》，生卒年不詳。詳參《明儒學案・南中王門學案一》，卷二十五，頁586。

〔註87〕《中國文哲研究通訊》，第31期，1998年9月，頁62。「稽山承語」由日本學者水野實、永富青地、三澤三知夫校注，張文朝翻譯，全文刊於31期頁53～68。

界而論），知、物亦是有善有惡，心是意、知、物之所根，故亦不可說是無善無惡，而是有善有惡的。

從以上兩個推論可知，龍溪是直線而推，第一個命題是由心之無善無惡，推論出意、知、物皆是無善無惡。第二個命題是從意之有善有惡，推論出心、知、物亦是有善有惡的。因此「意」是關鍵所在：因為意一有，心、知、物一齊皆有；意一無，心、知、物一齊皆無。如此，龍溪對意的理解就有兩種意涵：經驗義和超越義，而這樣的規定是否合乎陽明之教法呢？

就陽明而言，他在說意時，本來就賦予它「經驗義」和「超越義」兩種身分。他在〈答魏師說〉中曰：

> 意與良知當分別明白。凡應物起念處皆謂之意，意則有是有非，能知得意之是與非者，則謂之良知。〔註88〕

意是「應物起念」，因外物所感而生，故意念之發有善念惡念之別，此為「經驗義」之意。另外，陽明在〈答羅整菴少宰書〉曰：

> 理一而已。以其理之凝聚而言則謂之性；以其凝聚之主宰而言則謂之心；以其主宰之發動而言則謂之意；以其發動之明覺而言則謂之知；以其明覺之感應而言則謂之物。〔註89〕

此處陽明從「理一」的角度談論性、心、意、知、物。性是理之凝聚；心是理之凝聚之主宰；意是心之發動；知是意發動之明覺；物是良知明覺之感應所在。「理」當然指天理，它是超越至善的，因而理所帶的性、心、意、知、物亦是超越至善的，沒有一絲感性的雜染。就意而言，原本順軀殼起念的經驗之意，因直承至善心體而動，故已沒有相對的善惡可言，純粹是至善而已，此為「超越義」之意。

陽明談意時「經驗義」和「超越義」二者皆取，然因他著重的是對現實人生毛病的對治，故談到意時是較偏重於「經驗義」，少取「超越義」。就龍溪來說，他以無善無惡說意，取其「超越義」，固然這是他穎悟的體會，其實這也揭開了陽明四句教隱藏的一個路數，就是有順軀殼起念的意，但亦有直承心體而動之意。但他從「意是有善有惡」，推論出「心亦不可謂之無」，進而規定四句教首句應是「有善有惡心之體」，這樣一種直線而推的方式，其實已犯了推論上的毛病。牟宗三先生針對此曰：

〔註88〕《陽明全書》，卷六，頁十二。
〔註89〕《王陽明傳習錄詳註集評》，卷中，第174條，頁250。

若說意是心之所發動的，所發動出的既有善有惡，則發動出此意的
根亦必不能純淨，亦必有可善可惡的傾向或種子。此是直線而推。
如是，則心之體成善惡混的中性，不過未經發動而分化出來而已。
但，這不是陽明說無善無惡是謂至善之「心之體」之意，亦不是王
龍溪之意。因王龍溪明說「天命之性，粹然至善，神感神應，其機
自不容已，無善可名，惡固本無，善亦不可得而有」。然則自心之發
動言意，必不是直線地推說，乃是曲折地說。在這曲折地說中，必
認定心之體爲超越的本心自己，發動而爲意是在感性條件下不守自
性歧出而著于物或蔽于物，因而成爲意。如是，則意自意，而心體
自心體，不能因意有善惡，而心體亦有善惡也。〔註90〕

龍溪推論的危險是在於由意之有善有惡，推論出心體之有善有惡，這就和陽
明說心體是至善的相衝突，亦不符龍溪所說的「天命之性，粹然至善」。因此，
從心之發動爲意，不能直線而推，應是「曲折地說」，此即心體無論何種條件
下都是超越至善的，而意之有善有惡，乃是心體受感性條件影響下之歧出。
龍溪從「有善有惡之意」推論「心體之有善有惡」是不能成立的。

龍溪從意的無善無惡，以之來說心、知、物的無善無惡，而錢緒山對此
不苟同，他以爲「四句」教是陽明「教人定本，一毫不可更易」。當龍溪說這
是「權法」，緒山又反駁曰：「若是，是壞師門教法，非善學也。」如此說之
原因，乃在於二人對意之體認差異所致。他說：

心體是天命之性，原是無善無惡的。但人有習心，意念上見有善惡
在。格致誠正修，此正是復那性體工夫。若原無善惡，工夫亦不消
說矣。(《傳習錄》下)

心體原來無善無惡，今習染既久，覺心體上見有善惡在，爲善去惡，
正是復那本體工夫。若見得本體如此，只說無工夫可用，恐只是見
耳。(《陽明年譜》)

此處緒山對意念之詮釋，是取經驗義，而他對龍溪把意提昇上來，和心、知
同屬超越層，表示懷疑。此因心體是天命之性，本是無善無惡的，但因人有
習心，故意念之發有善惡之別，意怎會無善無惡呢？再者，就工夫而論，因
意有善惡，故要從此著實去下工夫，恢復本體，而緒山以爲龍溪以悟入心體

〔註90〕《從陸象山到劉蕺山》，第四章〈「致知議辨」疏解〉，頁 268～269。

之無善無惡，連帶意、知、物皆無善無惡，既然否定意念之無善無惡，亦是否定了於意念上去用工夫。這樣其實是忽略工夫之用，是一種「意見」，是不作工夫。因而緒山基於維護「四句」教的立場，主張為善去惡的工夫。

然而緒山之批評妥當否？從前述的討論中，吾人可知陽明對於意的規定為經驗義和超越義二種，有時意是應物起念，有時意是直承心體而動。意有兩種，物亦有「意之所在為物」、「明覺之感應為物」兩種。緒山於意只取其經驗義，故工夫只落在對治意的毛病上，希望通過格物、致知、誠意、正心去求「復那天命之性」。緒山之說，乃承陽明平日的教法而來，也不容龍溪否定，只是龍溪以為這教法是「權法」，「恐未是究竟話頭」，要人「勿執為定本」，再進一格，這樣說其實是著眼於緒山在詮解意時，把意看死了，忽略了意的超越面而言。因就現實存在而言，固然有許多人須作對治意念的工夫，但某些人的意確能直承心體而發，就那人而言根本不存在著對不對治的問題，此時是否仍需要格致誠正修的工夫，不無疑問。另外，龍溪所說並不是不用工夫，只是他所用的不是一般的工夫，乃是直接悟入本體之工夫，這種工夫乃上根人所有，平常人難以了解，更遑論嘗試。緒山「資性沉毅」，不能體會到龍溪工夫之真義，實不足怪。以下正式進入龍溪的「四無」說。

（三）「四無」說的內容

王師財貴在其碩士論文《王龍溪良知四無說析論》，詳細分析了「四無」說的內涵，他從體（實踐之根據）和用（實踐之工夫）的觀點去加以區分，理出了「體四無」、「用四無」兩個理路。所謂「體四無」，「自本體上說，即體而言全用在體，則悟得本體，即可說到四無，而工夫已在其中，所謂因賅果海也」；〔註91〕所謂「用四無」，「自工夫上說，即用而言全體在用，則工夫脫化，亦可說到四無，而本體已在其中，所謂果徹因原也」。〔註92〕本體、工夫二者合起來說就是「四無」說的全貌了。以下在展示龍溪的「四無」說時，筆者借用了王財貴老師的觀點來說明之。

1. 從本體上說

龍溪以先悟入心體之無善無惡，連帶的意、知、物皆無善無惡，來說其「四無」，這是所謂的「先天正心之學」。

〔註91〕《王龍溪良知四無說析論》第三章〈「四無說」析論〉，頁 92～93。
〔註92〕同上，頁 93。

> 先生語遵巖子（王遵巖）曰：正心，先天之學也；誠意，後天之學
> 也。遵巖子曰：必以先天、後天分心與意者，何也？先生曰：吾人
> 一切世情嗜欲，皆從意生。心本至善，動于意始有不善。若能在先
> 天心體上立根，則意所動，自無不善。一切世情嗜欲，自無所容，
> 致知工夫，自然易簡省力，所謂後天而奉天時也。若在後天動意上
> 立根，未免有世情嗜欲之雜，纏落牽纏，便費斬截，致知工夫，轉
> 覺繁難，欲復先天心體，便有許多費力處。顏子有不善，未嘗不知，
> 知之未嘗復行，便是先天易簡之學；原憲克伐怨慾不行，便是後天
> 繁難之學，不可不辨也。〔註93〕

龍溪分正心爲「先天之學」；誠意爲「後天之學」。前者易簡省力；後者繁難
莫致，這樣的區分乃著眼於意念之弊。意念會帶來的欲望，欲除之，有兩套
工夫可用：工夫如落在去除惡的意念上的話，所謂「後天動意上立根」，會有
意念斬除不盡的毛病，此因人的意念彼此相互牽纏，一念方息，他念又生，
永無止息；但如從先天心體上的悟入著手，所謂「先天心體上立根」，只要心
體一呈現則意之動順理而生，自無欲望之礙。接著，龍溪又以顏子、原憲爲
例，說明了先、後天學之區分乃在於人根器的不同。顏子天資穎悟，故能從
心體上立根，本身無一毫意念上的凝滯；原憲氣質較濁，故只好在意念上不
斷起對治，牽纏於念念相續中。

　　龍溪的「先天正心之學」是從「先天心體上立根」，這是從本體根源處入
手，唐君毅先生從這角度切入說：

> 此中王龍溪思想之發展，則逕向以悟無善無惡之心體去發展，亦即悟
> 本體即工夫之方向去分展，而以此爲第一義之先天之正心之學，更以
> 只在由知意之善惡之動，而爲善去惡者，爲第二義之誠意之學。此即
> 謂致良知之學，應先見得此良知本體，方可言推致之于誠意之功。若
> 徒泛言爲善去惡以誠意，則一切世儒之教，亦教人爲善去惡以誠意，
> 此固不必即是致良知之學。既是致良知之學，固當先悟得此良知，亦
> 必先已有良知之見成在此，愈能悟得此良知本體，即愈有致良知工
> 夫。則悟此本體之正心之學，即應爲第一義之學也。〔註94〕

〔註93〕《全集・三山麗澤錄》，卷一，頁110～111。同樣的説法亦見於《全集・陸五
　　　　臺贈言》，卷十六，頁1109～1110。
〔註94〕《中國哲學原論・原教篇》，第十三章〈王學之論爭及王學之二流（上）〉，頁

龍溪直接從無善無惡之心體悟入，而這樣的悟入，其作用是先認識、挺立人的道德主體，有了根本之後，再去致吾良知，故是直截了當的。當一己的良知所悟愈入，愈是能感受到良知的真切，以及從中湧現的要求為善去惡不容已的力量，因此就越能有致良知之工夫。因此，從本體之悟入，自然的會帶出一套「悟本體即工夫」之工夫來，是為「由體以開用」。

龍溪之所以說從良知本體悟入，除了他穎悟所致外，還深刻體會到良知所湧現的力量，在《全集》中他屢屢談及對良知的體悟。

> 一友謂涵養工夫，當如雞之抱卵，全體精神，都只在這卵上，含覆煦育，無些子間斷，到得精神完足後，自成變化，非可以襲取而得也。先生曰：涵養工夫，貴在精專接續，如雞抱卵，先正嘗有是言。然必卵中原有一點真陽種子，方抱得成，若是無陽之卵，抱之雖勤，終成假卵。學者須識得真種子，方不枉費工夫，明道云：學者須先識仁，吾人心中一點靈明，便是真種子，原是生生不息之機，種子全在卵上，全體精神只是保護得，非能以其精神助益之也。〔註95〕

> 楚侗子曰：今日所謂良知之學，是箇真正藥方，但少一箇引子，所謂欲明明德於天下是也，有這箇引子，致知工夫方不落小家相。先生曰：這一箇引子，是良知藥物中原有的，不從外得。良知是性之靈，原是以萬物為一體，明明德於天下，原是一體不容已之生機，非以虛意見承當得來。古之欲明明德於天下，不是使天下之人，各誠意正心以修身，各親親長長以齊家之謂也。是將此靈性，發揮昭揭於天下，欲使物物皆在我光明普照之中，無些子昏昧間隔，即仁覆天下之謂也，是舉全體一句道盡。〔註96〕

良知是真陽種子，含蘊了生生不息之機，工夫雖是落在專精的涵養上，但也要先識這真種子，對它先有把握，否則工夫即是虛擲。良知又是藥引，它使明明德於天下為可能，此因良知自有其感通性，是以萬事萬物皆能在其朗潤下，成為一體。然而有這樣體悟的人畢竟不多，因為一般人不是顏子，不能先識良知，對它善加把握，反而因為後天意念紛雜，受其影響。當人一落入意念的不斷對治中時，意念的善惡相紛呈，便不能是「四無」了。是以「四

365～366。

〔註95〕《全集・留都會記》，卷四，頁329。

〔註96〕《全集・留都會記》，卷四，頁305～306。

無」的成立，當先要著眼於意是否爲「本心自然之用」。若能信得此點，意由心體直接流出，良知不顯其用，而物不過是明覺之感應而已，此謂「四無」。龍溪曾借楊簡「不起意」之說來說明意之「本心自然之用」之義。

> 馮子叩闡師門宗說。先生曰：「知慈湖不起意之義，則知良知矣。意者，本心自然之用，如水鑒之應物，變化云爲，萬物畢照，未嘗有所動也。惟離心而起意，則爲妄。千過萬惡，皆從意生。不起意，是塞其過惡之原，所謂防未萌之欲也。不起意，則本心自清自明，不假思爲，虛靈變化之妙用，固自若也，空洞無體，廣大無際，天地萬物，有像有形，皆在吾無體無際之中，範圍發育之妙用，固自若也。其覺爲仁，其裁制爲義，其節文爲禮，其是非爲知，即視聽言動，即事親從兄，即喜怒哀樂之未發，隨感而應，未始不妙，固自若也，而實不離於本心自然之用，未嘗有所起也。」或以不起意爲滅意，何如？先生曰：「非也。滅者有起而後滅，不起意，原未嘗動，何有於滅？」
> 馮子曰：「或以不起意爲不起惡意，何如？」先生曰：「亦非也。心本無惡，不起意，雖善亦不可得而名，是爲至善。起即爲妄，雖起善意，已離本心，是爲義襲，誠僞之所分也。」〔註97〕

清明的本心，不假思爲，自然隨感而應，起虛靈變化之妙用。順本心而生之意，因是「本心自然之用」，就如水、鏡之照物，物來則應，種種變化，如如呈現，故本身未有所動、未有所起。另有一種離心而起之意，是爲妄意，它是千過萬惡之根源。因此，龍溪欲人「不離心而起意」，是指「不離心而起妄意」而言。人不起妄意，則可阻塞過惡之源頭，防範欲望於未萌之際。另外，不起意不是指去「滅意」或「不起惡意」而言，此因意本順本心而生，未有所起，不須有滅，且心體是自然感應，其發用本無善惡之別，不只「不起惡意」不可說，就連「不起善意」亦不能言。

此外，龍溪又有「良知、識神」之說，龍溪曰：

> 人之有生死輪迴，念與識爲之祟也。……識有分別。識者，發智之神，條而滅，起滅不停，便是生死根因。……識變爲知。至人無知，則識空，自無生死。〔註98〕

請問良知、知識之異，先生曰：「知，一也。根於良，則爲本來之眞：

〔註97〕《全集·慈湖精舍會語》，卷五，頁362～363。
〔註98〕《全集·新安斗山書院會語》，卷七，頁444。

依於識，則為死生之本，不可以不察也。知無起滅，識有能所；知無方體，識有區別。……變識為知，識乃知之用，認識為知，識乃知之賊。」〔註99〕

人心莫不有知，古今聖愚所同具，直心以動，自見天則，德行之知也。泥於意識，始乖始離。夫心本寂然，意則其應感之跡；知本渾然，識則其分別之影。萬欲起於意，萬緣生於識，意勝則心劣，識顯則知隱。故聖學之要，莫先於絕意去識。絕意，非無意也；去識，非無識也。意統於心，心為之主，則意為誠意，非意象之紛紜矣。識根於知，知為之主，則識為默識，非識神之恍惚矣。譬之明鏡照物，體本虛而妍媸自辨，所謂天則也。若有影跡留於其中，虛明之體反為所蔽，所謂意識也。〔註100〕

此處龍溪分辨了良知、意識之不同。良知與意識雖是二物，其實乃源自同一本體，只是良知是天則，直心以動；意、識是心、知的感應之跡、分別之影，其中跡和影不能離本、離體而獨存。依良知而行，自無生死之懼的問題；順意識而行，則由於「萬欲起於意，萬緣生於識」，不見天理之流行，而有生死之問題。欲脫離生死，當須「絕意去識」。「絕意去識」並非完全斬除意、識，而是使意為心所統轄，此時之意就是「誠意」也，而無紛然而起的「意象」；再者，識若以知為其主，則識為「默識」，即識而知、即知而識，識不應拋棄，而要棄絕者為離知而起的「識神」。

龍溪從「良知、識神」的分辨，說明了意、識有兩種可能的情況，或為心知所主，或脫離心知之制。前者和慈湖的「不離心起意」之說相同，皆表明意可由心體直接流出，此時之意是超越義的，這也是龍溪所偏重的。而後者是人為的執著所致。再者，若就體用之觀點而言，意為心之自然之發用，此用是即體起用之用，此用可攝歸於體中。而後者則是因人的執著所起，令人落入生死輪迴之中，不能復歸本體之用。

在前述討論「四無」和「四有」的爭論時，我們談到「意」是問題關鍵所在：意一有，心、知、物一齊皆有；意一無，心、知、物一齊皆無。可見意能否提昇到超越層來關係到「四無」說的成立，否則就是「四句」教的格局了。然從上文中，吾人可知意有直承心體而動者，這樣的意念不是離心之

〔註99〕《全集·金波晤言》，卷三，頁244。
〔註100〕《全集·意識解》，卷八，頁557～558。

念，而是可攝歸於心，連同所在之物一齊提昇到超越層中的意。故一旦能悟入無善無惡的心體，並在「一機一事」的貫通下，心、意、知、物就一體而化，同為天理流行，同為無善無惡。於時心就是「無心之心」；意就是「無意之意」；知就是「無知之知」；物就是「無物之物」，心、意、知、物，皆如如呈現，不凸顯其特有之相。此時「無心之心則藏密」，心已退藏於密；「無意之意則應圓」，意已圓感任轉；「無知之知則體寂」，知已歸體而寂；「無物之物則用神」，物已應用神妙。「藏密」、「應圓」、「體寂」、「用神」皆是粹然至善的天命之性的神感神應，這也原是天命之性自身不容已的流行。天命之性，既是至善，善、惡皆不可名之，只是無善無惡的，而順著天命之性的流行，心意知物自然也會呈現出無善無惡、無執無為的狀態來。

2. 從工夫上說

龍溪的先天正心之學，是以先悟入超越的心體為要，所謂「若悟得心是無善無惡之心，意即是無善無惡之意，知即是無善無惡之知，物即是無善無惡之物。」這樣的一種工夫是「悟本體即工夫」之「悟」的工夫，它是「見體」的工夫，只是「本體」之自悟而已。另外，人在做工夫時，不免有所執著，此時必須忘掉做工夫之一念，去除掉此執著，是為「忘工夫之工夫」。〔註101〕

就「悟本體即工夫」之「悟」的工夫而言，「悟」其實是對良知的深刻體認。龍溪曰：

> 君子之學，貴於得悟。悟門不開，無以微學。入悟有三：有從言而入者；有從靜坐而入者；有從人情事變鍊習而入者。得於言者，謂之解悟，觸發印正，未離言詮，譬之門外之寶，非己家珍。得於靜坐者，謂之證悟，收攝保聚，猶有待於境，譬之濁水初澄，濁根尚

〔註101〕王師財貴分「四無」的工夫論為兩種。一、「悟本體之工夫」：是先從此「體」上說，問如何去見體，即在「見體」上做工夫，而此「工夫」不是用一套什麼工夫去見體，乃是「悟本體即是工夫」之「悟本體」的工夫，「悟」非是一套什麼先行的工夫，乃只是「本體」之自悟，此「自悟」之工夫是一「非工夫」的工夫，非工夫才是最首要的工夫。二、是就己有的工夫而言，須知所以有如此如此的工夫，背後都有「本體」為其根據，只要放下工夫之執著，那本體便明明白白呈現出來，且唯有放下「做工夫」之一念，本體才能完全恢復，故工夫到此地步，須做一個「合本體的工夫」，乃是忘工夫之工夫，忘工夫之工夫乃是一「無工夫」的工夫，無工夫才是最後之工夫。參見《王龍溪良知四無說析論》，第五章〈四無下的工夫論〉，頁177～178。筆者在談龍溪四無的工夫論時主要據此申論。

在，纔遇風波，易於淆動。得於鍊習者，謂之徹悟，磨礱鍛鍊，左
右逢源，譬之湛體冷然，本來晶瑩，愈震盪愈凝寂，不可得而澄淆
也。根有大小，故蔽有淺深，而學有難易，及其成功一也。〔註102〕
此處談論到三種悟：「解悟」、「證悟」、「徹悟」。「解悟」是通過語言文字的觸
發去認識本體，實際上尚未體證到本體爲何，由此而有的工夫，亦只是執持
一思理中所描述的本體而已。「證悟」是從靜坐的過程中去把握本體，這特別
需要一安靜的環境爲條件，而當一接觸到繁雜的人事時，本體就隱沒不顯，
不能當下和工夫相配合，這也不算是體證到本體。「徹悟」是從世事人情去鍛
鍊，通過這不斷鍛鍊的歷程，使「本來晶瑩之冷然湛體」不斷有工夫的實踐，
如此本體就在工夫上呈現，而工夫也不離本體而獨存，是爲「工夫不離本體，
本體不離工夫」也，這是眞正的體證、悟入。

「解悟」和「證悟」雖不是眞正的「悟」，但可以視爲是「徹悟」前的預
備，因爲最終二者必定走向「徹悟」。這是因爲「解悟」或許是小根人走的路，
但不能否認他有超脫言語文字束縛，了悟到其中所言明記載者實爲己心本
具，而付諸實踐的一天；「證悟」或許是中根人走的路，但不能否認他有斬斷
濁根，體悟到的心體不只是一超越性而已，而是能自起實踐的本體的一天。
因此基於「解悟」、「證悟」、「徹悟」的不同的適用性，三者不能偏廢，只是
「徹悟」之路較簡易直接，可以當下實現而已。

此外，龍溪也有以「信得及」來說明「徹悟」之義的。他說：

夫養深則跡自化，機忘則用自神。若果信得良知及時，即此知是本
體，即此知是工夫，固不從世情嗜欲上放出路，亦不向玄妙意解內
借入頭。良知之外，更無致法；致知之外，更無養法；良知原無一
物，自能應萬物之變，譬之規矩無方圓，而方圓自不可勝用，貞夫
一也。有意有欲，皆爲有物，皆屬二見，皆爲良知之障。于此消融
得盡，不作方便，愈收斂，愈精明，愈超脫，愈神化，變動周流，
不爲典要，日應萬變，而心常寂然。無善無不善，是爲至善。無常
無無常，是爲眞常。無迷無悟，是爲徹悟。此吾儒不二之密旨，千
聖絕學也。〔註103〕

若信得良知及時，時時從良知上照察，有如太陽一出，魑魅魍魎，

〔註102〕《全集·悟說》，卷十七，頁 1223～1224。
〔註103〕《全集·不二齋說》，卷十七，頁 1221～1222。

自無所遁其形，尚何諸欲之為患乎，此便是端本澄源之學。〔註104〕

信得良知及，時時是脫灑，時時是收歛，方不對治。〔註105〕

「信得及」良知不是一般的單純相信，而是別有一番工夫在內，它是在信的當下就時時致良知，故似易而實難，否則龍溪也不會有「致良知三字，及門者誰不聞，唯我信得及」之嘆，〔註106〕可見他對良知的確是有一番深刻的體悟。若能「信得及」良知，了悟到良知是吾人之本體，就能即此本體去作工夫，而不需從人情嗜欲、語言思想等處去下手。如此自能隨物應變照察，消除萬欲諸念，良知越致越明。實際上，並不是真有一本體可去致，而是良知本身有其妙用性，它能自我照明、自起作用，自察到意念的善惡，故在良知下雖有工夫，其實是良知的自致自養，是良知本體的自悟到意念的善惡而已。

再者，就「忘工夫之工夫」而言，它是要提醒人在做工夫時，勿因忙著對治一己的毛病，呈現出緊張相來，反而必須當下去除所執著的做工夫的那一念，如此本體才能明顯呈現出來，所謂：「學者不可用心太緊，深山有寶，無心於寶者得之。」〔註107〕用心太緊，執著太深，良知不能當下呈顯，這些都是必須戒除掉的。

就執著而言，每個人情況不一，「下者溺於嗜好攀援，高者泥於見聞格套，高下雖殊，其為心有所向，則一而已。夫心有所向，則為欲；無所向，則為存。將有所向，覺之早而亟反之，是為寡欲之功，存之之法。」〔註108〕無論是高者或下者，只要心有所向是欲，這些欲是執著，故須在心有所向時覺之、反之，忘掉這些執著，良知自然呈露。龍溪曾針對唐順之〔註109〕在做工夫時的執著批評曰：

　　荊川唐子，開府維揚，邀先生往會，時已有病。遇春汛，日坐治堂，
　　命將遣師，為防海之計。一日退食，笑謂先生曰：「公看我與老師之
　　學有相契否？」先生曰：「子之力量，固自不同。若說良知，還未致

〔註104〕《全集・金波晤言》，卷三，頁244。
〔註105〕《全集・水西精舍會語》，卷三，頁233。
〔註106〕《全集・王龍溪先生傳》，卷首，頁19。
〔註107〕《全集・撫州擬峴臺會語》，卷一，頁136。
〔註108〕《全集・子榮惟仁說》，卷十七，頁1253。
〔註109〕唐順之（公元1506年～1560年），字應德，號荊川。據《明儒學案・南中王門學案》卷二十六載：順之善車事、工詩文，其學得自龍溪，以天機為宗，無欲為工夫，著有《儒編》、《文編》、《稗編》等。

得在。」荊川曰：「我平生佩服陽明之教，滿口所說，滿紙所寫，那些不是良知？公豈欺我耶？」先生笑曰：「難道不是良知，只未致得眞良知，未免攙和。」荊川憤然不服，云：「試舉看。」先生曰：「適在堂遣將時，諸將校有所稟呈，辭意未盡，即與攔截，發揮自己方略，令其依從，此是攙入意見，心便不虛，非眞良知也。將官將地方事體，請問某處該如何設備，某事卻如何追攝，便引證古人做過勾當，某處如此處，某事如此處，自家一點靈明，反覺凝滯，此是攙入典要，機便不神，非眞良知也。及至議論未合，定著眼睛，沈思一回，又與說起，此等處認作沈幾研慮，不知此已攙入擬議安排，非眞良知也。有時奮掉鼓激，屬聲抗言，使若無所容，自以爲威嚴不可犯，不知此是攙入氣魄，非眞良知也。有時發人隱過，有時揚人隱行，有時行不測之賞，加非法之罰，自以爲得好惡之正，不知自己靈根，已爲搖動，不免有所作，非眞良知也。他如製木城，造銅面，畜獵犬，不論勢之所便，地之所宜，一一令其如法措置，此是攙入格套，非眞良知也。嘗曰：『我一一經營，已得勝算，猛將如雲，不如著一病都堂在陣。』此是攙入能所，非眞良知也。若是眞致良知，只宜虛心應物，使人人各得盡其情，能剛能柔，觸機而應，迎刃而解，更無些子攙入，譬之明鏡當臺，妍媸自辨，方是經綸手段。纔有些子才智伎倆，與之相形，自己光明，反爲所蔽，口中說得十分明白，紙上寫得十分詳盡，只成播弄精魂，非眞實受用也。」

荊川憮然曰：「吾過矣！友道以直諒爲益，非虛言也。」〔註110〕

唐荊川平日服膺陽明的教晦，「滿口所說，滿紙所寫」，皆是良知。龍溪以爲他有「攙和」，不算「致得眞良知」。這是有鑑於他在調兵遣將、議論軍情時，不免有「意見、典要、擬議、氣魄、作意、格套、能所」的毛病，這些皆是習氣的「攙和」，非良知的自然呈露。因爲若是良知呈露，待人接物自無不適得其情。然而荊川在做工夫時，有所執著，不能忘記自己在做工夫，以致任由才智伎倆牽纏，阻蔽了光明的良知。

就忘而言，它不是人人勉強可求得的。若有人在工夫上無所得而強求忘，是爲「妄」。因此眞正的忘是連忘的執著都要忘，惟有在「忘無可忘」時，才能「得無所得」，此時方見到良知本體之呈顯，這樣的境界是須要心悟的。龍

〔註110〕《全集・維揚晤語》，卷一，頁103～106。

溪曰：

> 惟忘無可忘，斯得無所得，得且不可，而況於住乎。若此者，存乎
> 心悟，未有所悟而求得，與未有所得而求忘，皆妄也。〔註111〕

詳言之，所謂的「忘無可忘」，是指順應良知明覺的自然呈露，隨物圓應，不
有一毫造作於其間。當人能做到忘時，就不會執著於世間的好惡、是非，反
而因其是本心自然之流露，皆能平視之。龍溪曰：

> 忘好惡，方能同好惡；忘是非，方能公是非。蓋好惡是非，原是本
> 心自然之用，惟作好惡，任是非，始失其本心。所謂忘者，非是無
> 記頑空，率其明覺之自然，隨物順應，一毫無所作無所任，是謂忘
> 無可忘，在知道者，默而識之。〔註112〕

總之，從忘掉做工夫的一念到「忘無可忘」，皆是要提醒人不可一直顧著工夫
的實踐，反而應該時時注意到自己的實踐，是否沾染上了一絲一毫的造作，
苟能如此，就能去除掉這些造作而致良知了。

　　以上從本體、工夫的討論中，展示了「四無」說的全部內涵。自本體上
言，「四無」是指心、意、知、物皆是無善無惡的，或者四者可說是超越的至
善。自工夫上說，「四無」的「無」是「無作無執」的，無論是「悟本體即工
夫」之「悟」的工夫，或是「忘工夫之工夫」，其意皆是要以無作無執的方式，
令良知本體自然流露出來，這樣人通過此就可體現那最高的化境，就能成聖
成賢了。

（四）「四有」與「四無」之會通

　　關於陽明的「四句」教，龍溪主張「四無」，緒山的「四有」則堅持陽明
之說，二人爭論不下，遂一齊就教於陽明。陽明曰：

> 吾教法原有此兩種，四無之說，為上根人立教；四有之說，為中根
> 以下人立教。上根之人悟得無善無惡心體，便從無處立根基，意與
> 知物，皆從無生，一了百當，即本體便是工夫，易簡直截，更無剩
> 欠，頓悟之學也。中根以下之人，未嘗悟得本體，未免在有善有惡
> 上立根基，心與知物，皆從有生，須用為善去惡工夫，隨處對治，
> 使之漸漸入悟，從有以歸於無，復還本體。及其成功一也。（〈天泉
> 證道紀〉）

〔註111〕《全集‧別言贈周順之》，卷十六，頁1129。
〔註112〕《全集‧三山麗澤錄》，卷一，頁115。

《傳習錄》則記載爲：

> 利根之人，直接本源上悟入。人心本體原是明瑩無滯的，原是箇未
> 發之中。利根之人，一悟本體，即是工夫，人己內外，一齊俱透了。
> 其次，不免有習心在，本體受蔽，故且教在意念上實落爲善去惡。
> 工夫熟後，渣滓去得盡時，本體亦明盡了。汝中之見，是我這裡接
> 利根人的；德洪之見，是我這裡爲其次立法的。

此處陽明提到兩種教法和兩種根器之人：「四無」說和「四有」說、上根和中下
根之人。其中「四無」說適用於上根人；「四有」說適用於中下根之人。而上、
中下根之人之區分，不是在於他們的聰明與否，而是各人私欲多寡的問題上。
上根之人，是所謂「堯舜性之也」的人，私欲較少，故能頓時悟入本體，即此
而作工夫，「雖有欲念，一覺便化」，這樣的工夫是「即本體便是工夫」的工夫，
〔註113〕乃「頓悟（本體）之學」也。中下根之人，是所謂「湯武反之也」的人，
本身因有習心在，故使得本體受到遮蔽，不能當下悟入本體，此時就要用「致
良知」的工夫去對治意念，這是「用工夫以復本體」。〔註114〕此法需時雖久，
但在不斷努力下，私欲淨盡，本體之明亦終可呈現出來，是爲「漸修之學」。二
者所用的工夫雖不同，然而皆能達到成聖的目標。由此可見，陽明是同意二人
所說的內容，只是這是就著兩種不同的層次來說。

以上所說教法有「四無」、「四有」兩種，並有其不同的適用性，則爲何
陽明不提「四無」，而每以「四句」教來教誨門人呢？是否他心中根本就沒有
「四無」的體驗，反而須由龍溪去提出來呢？

從陽明的學思歷程來看，他的學說是帶有「四無」的因子的，只是這套
理論他沒有去加以發展而已。陽明在三十七歲時於龍場悟道，以爲「聖人之
道，吾性自足」（《年譜》）。三十八歲時，始揭「知行合一」（《年譜》）之說。
「知行合一」說雖簡易明白，然因其過於新穎，以致一般承襲朱子舊說的人
難以接受，不能把握其義，反而流於口舌的爭辯，陽明於是在三十九歲時，
提出了「靜坐」之法以矯其弊。這裏的「靜坐」，不是佛教意義上的「坐禪入
定」，而是指人設法去收拾放心，以求悟入超越的性體（就陽明而言性體即心

〔註113〕龍溪曰：「夫聖賢之學，致知雖一，而所入不同。從頓入者，即本體爲功夫，
天機常運，終日就業保任，不離性體，雖有欲念，一覺便化，不致爲累，所
謂性之也。」《全集·松原晤語》，卷二，頁 192～193。

〔註114〕龍溪曰：「從漸入者，用工夫以復本體，終日掃蕩欲根，祛除雜念，以順其天
機，不使爲累，所謂反之也。」同上，頁 193。

體，皆指道德本體）中，使心體在「事物紛拏」之中呈露出來之意。〔註115〕
一旦人能靜坐下來，接著就去進行「省察克治」的工夫。所謂「省察克治」，
其用意就是要在不間斷的過程中，掃除各種私欲之根，使它們永不再起，如
此心體就能得到廓清。〔註116〕「靜坐」之法雖頗有其效，然日子一久，卻造
成人「漸有流入空虛，爲脫落新奇之論」，〔註117〕不但沒有實踐到「知行合一」，
反而有的人犯了喜靜厭動、喜出奇論之病。有鑑於此，陽明後來才提出「存
天理、去人欲」之法來。

　　由「靜坐」來體悟自家心體，雖然不是由之直接開出工夫，但陽明當時
已有「四無」的「悟得心是無善無惡」的含意在內，只是因其有弊病，故不
主張學者走向「悟心體」這條路。然而這「四無」之教，他並沒放棄，反而
默藏心中，這從他後來所達到的境界可知一二。根據龍溪的敘述，陽明的晚
年是：

> 逮居越以後，所操益熟，所得益化，信而從者益眾。時時知是知非，
> 時時無是無非，開口即得本心，更無假借湊泊，如赤日麗空，而萬
> 象自照，如元氣運於四時，而萬化自行，亦莫知其所以然也。〔註118〕

以上是陽明晚年圓熟境界的展示。他良知「所操益熟」，故其用「所得益化」。
此時的工夫已是非常純熟，因而良知時時呈現，自我作主，故能「時時知是
知非」；無執無著，心中不摻雜一絲私意欲望，因而不會因主觀的好惡，自以
爲是、自以爲非，故能「時時無是無非」。開口所言，無不是天理流行，不須
假借古人之說或書本之典故來湊合己見。總之，一切言行，無不在良知的朗

〔註115〕《年譜》「三十九歲條」下記云：「悔昔在貴陽舉知行合一之教，紛紛異同，
　　　　周知所入。茲來乃與諸生靜坐僧寺，使自悟性體，顧恍恍若有可即者。……
　　　　所云靜坐事，非坐禪入定也。蓋因吾輩平日爲事物紛拏，未知爲己，欲以此
　　　　補小學求放心一段功夫耳。明道云：『纔學便須知有用力處，既學便須知有得
　　　　力處。』諸友宜於此處著力，方有進步，異時始能有得力處也。」《陽明全書》，
　　　　頁八～九。
〔註116〕陽明曰：「初學時，心猿意馬，拴縛不定，其所思慮，多是人欲一邊，故且教
　　　　之靜坐息思慮。久之，俟其心意稍定，只懸空靜守，如槁木死灰，亦無用，
　　　　須教他省察克治。省察克治之功，則無時而可間，如去盜賊，須有箇掃除廓
　　　　清之意。無事時，將好色好貨好名等私，逐一追究搜尋出來，定要拔去病根，
　　　　永不復起，方始爲快。……纔有一念萌動，即與克去。」《王陽明傳習錄詳註
　　　　集評》，卷上，第39條，頁75。
〔註117〕同注115，《年譜》「四十三歲」條下，頁十三。
〔註118〕《全集·滁陽會語》，卷二，頁171～172。

潤之中。這樣的境界，令人有「神龍見首不見尾」之感！雖沒有任何一詞「四無」加於其上，但無一不是「四無」境界的流露。就此來看，陽明是有「四無」的體會的！

　　陽明的生命固然處處流露出「四無」的意味來，然卻不見他明言「四無」，此一因上根人少，一因恐一般人因此而有「躐等」之病也。陽明說：

> 世間上根人不易得，只得就中根以下人立教，通此一路。汝中所見，是接上根人教法；德洪所見，是接中根以下人教法。汝中所見，我久欲發，恐人信不及，徒增躐等之病，故含蓄到今，此是傳心祕藏，顏子明道所不敢言者，今既已說破，亦是天機該發泄時，豈容復祕？
> （〈天泉證道紀〉）

《傳習錄》記載曰：

> 利根之人，世亦難遇。本體工夫，一悟盡透，此顏子、明道所不敢承當，豈可輕易望人？人有習心，不教他在良知上實用為善去惡工夫，只去懸空想箇本體，一切事為，俱不著實，不過養成一個虛寂。此箇病痛不是小小，不可不早說破。

《年譜》記載曰：

> 上根之人，世亦難遇，一悟本體，即見工夫，物我內外，一齊盡透，此顏子明道不敢承當，豈可輕易望人？

「四無」之說，一悟本體，即是工夫，二者一時俱了，此固然簡易直截，然而穎悟如顏回、明道者，也不敢明言從本體言工夫，更何況是指望平常人能如此。由於上根之人不易得，陽明是以不提「四無」，而專說「四句」教，以適應一般人的要求。而且「四無」真的提出來的話，一般人見了，或許因喜其簡易直截，又自恃為上根之人，就會捨棄原有適於自己的教法，不再從後天的意念對治上下工夫，而整天去懸想一個虛幻的本體，這就犯了不切實際的空寂枯槁之病。這種情形就是「躐等」，這正和陽明前提出「靜坐」之法後，學生所犯的毛病是一樣的。

　　另外，對緒山而言，他雖然本著師教，主張「四有」，但他的「四有」和陽明相比，不若陽明的深入。此因他只見得工夫，尚未徹悟本體，是以陽明對他有所點醒。陽明說：

> 有只是你自有，良知本體原來無有。本體只是太虛，太虛之中，日月星辰、風雨露雷、陰霾晴氣，何物不有？而又何一物得為太虛之

障？人心本體亦復如是。太虛無形，一過而化，亦何費纖毫氣力？

德洪工夫須要如此，便是合得本體工夫。(《年譜》)

緒山走的是爲善去惡的路子，這是從工夫去復本體，而忽略了有自本體開的工夫。其實，良知本體有若太虛，本來是明徹無滯的，故雖有聲色貨利之存在，只要依良知的發用而行，並無一物可妨礙它的無滯。這是說，良知有自起知是知非的作用，這種自起的工夫，其實就是良知自然的發用，它可以衝破現實上的障礙，是「一過而化」的，不需「費纖毫氣力」。因此，工夫固然重要，也要悟入本體，二者不可分爲兩截，此方是「合本體工夫」。若能悟入本體，工夫就在其中了。

綜上所述，龍溪的「四無」說，雖然簡易直截，但頓悟入心體之法，一般人較難了解，反而易招致入「躐等」、「蕩越」之弊；至於緒山的「四有」說，則有分本體、工夫爲二截之病，更須提防。二者之說皆有執著，不可效法，是以陽明對之合會曰：

二君相取爲用，則中人上下，皆可引入於道。若各執一邊，眼前便有失人，便於道體各有未盡。(《傳習錄》)

《年譜》記載曰：

二君之見，正好相取，不可相病。汝中須用德洪工夫，德洪須透汝中本體。二君相取爲益，吾學更無遺念矣。

〈天泉證道紀〉記載曰：

然此中不可執著，若執四無之見，不通得眾人之意，只好接上根人，中根以下人無從接授；若執四有之見，認定意是有善有惡的，只好接中根以下人，上根人亦無從接授。

依龍溪，「四無」只能接引上根人；依緒山，「四有」只能接引中下根人，二者各有所漏，不能執著於某一種，必須隨機靈活運用，工夫本體皆不可忽略，如此才能顧全各種根器之人。陽明接著說：

以後與朋友講學，切不可失了我的宗旨：無善無惡是心之體，有善有惡是意之動，知善知惡的是良知，爲善去惡是格物。只依我這個話頭，隨人指點，自沒病痛。此原是徹上徹下工夫。(《傳習錄》)

《年譜》記載曰：

二君已後與學者言，務要依我四句宗旨：「無善無惡是心之體，有善有惡是意之動，知善知惡是良知，爲善去惡是格物。」以此自修，

　　　　直躋聖位。以此接人，更無差失。

此處陽明言明「四句」教為其學問之「宗旨」，它「原是徹上徹下工夫」，適
於各種根器之人起修。〈天泉證道紀〉不提此義，是因為龍溪當時仍將「四句」
教視為權法，還不是究竟的工夫。然而「四句」教的地位為何？陽明雖然明
言有兩種教法，嚴格來說，真正的教法只是「四句」教一種，，「四無」並不
能成為一獨立的教法。蓋「四無」的使用者是上根之人，他們本是天縱之聖，
已沒有現實上的對治問題，既無對治，就不須「致良知」，此又有何教法可言
呢？進一步說，上根之人一旦悟入本體，工夫已在其中，此時內外皆透，本
體已無本體相，工夫已無工夫相，只是一無執無著境界而已，這已是化境，
而化境是不能作為教法的。

　　　陽明揭示其為學宗旨後，龍溪似乎以為「四句」教仍不究竟，問曰：

　　　　本體透後，於此四句宗旨如何？（《年譜》）

其意以為本體一悟，就可一直停留在「四無」中，無須再提「四有」，再用工
夫。陽明接著說：

　　　　此是徹上徹下語。自初學以至聖人，只此工夫。初學用此，循循有

　　　　入，雖至聖人，窮究無盡。堯舜精一工夫，亦只如此。（《年譜》）

順著「四無」的進路，照理應能永住於化境中，這是一種理境。然而，現實
的人易受感性影響，只要稍有不慎，就會下墮，又怎會永不退轉呢？陽明曾
說：「聖人只是保全無些障蔽。兢兢業業，矗矗翼翼，自然不息，便也是學。」
〔註119〕可見即使如聖人，有戒於感性之誘人墮落，尚須用保全的工夫，時時
為善去惡，使心體不受欲望所染。因此，陽明雖然肯認「四無」的化境，但
著手起修時，仍要立基於「四句」教。「四句」教的工夫，既簡易入手，雖愚
夫愚婦亦可為之；它又難以窮盡，以至堯舜都不能完全達致。但只要堅持不
懈，終能以之成聖的！總之，「本體透後」，工夫仍不可廢也！

〔註119〕《王陽明傳習錄詳註集評》，卷下，第221條，頁299。

第三章　龍溪心學《易》理之淵源

　　王龍溪之學以心學爲宗，其《易》學亦從心學的角度來解《易》，走的是「以心解《易》」的路子，故欲了解其《易》學，不能不探究其心學意涵，而欲了解其心學內容，不能不研究其所承自的心學傳統，所秉持的「心即理」之義和其「四無」說對「心即理」義的開發，因「四無」說之探討已見前章，故不再論，以下就專門對心學傳統、「心即理」之意涵作探討。

第一節　儒家的心學傳統與「心即理」

一、心學在先秦的發展和「心即理」之意義

　　錢穆先生曾說：「心學乃爲儒學之骨幹所在。」〔註1〕由此可見心學之重要性，所謂「心學」，本屬心性之學之一支，它是以道德心爲根源的實踐之學，乃儒家的成德之教之「顯教」。而凡講「心學」者，必以「心即理」爲依歸。「心即理」之義爲何，隨文將加以討論，以下依歷史程序敘述心學在先秦發展之情況。陽明四十九歲時撰有〈象山文集序〉，其中就提到心學之源流和內容。他說：

　　　　聖人之學，心學也。堯、舜、禹之相授受曰：「人心惟危，道心惟微；
　　　　惟精惟一，允執厥中。」此心學之源也。中也者，道心之謂也。道
　　　　心精一之謂仁，所謂中也。孔孟之學，惟務求仁，蓋精一之傳也。
　　　　而當時之弊，固已有外求之者，故子貢致疑於「多學而識」，而以「博

〔註1〕　參見〈孔子之心學〉一文，收入高明等著《孔子思想研究論集》（臺北：黎明
　　　　文化，1983 年初版），頁 156。

施濟眾」爲仁。夫子告之以一貫，而教以「能近取譬」，蓋使之求諸
心也。迨於孟氏之時，墨氏之言仁，至於「摩頂放踵」；而告子之徒
又有「仁內義外」之說，心學大壞。孟子闢義外之說，而曰：「仁，
人心也。」「學問之道無他，求其放心而已矣。」又曰：「仁義禮智，
非由外鑠我也，我固有之，弗思耳矣。」蓋王道息而伯術行，功利
之徒，外假天理之近似以濟其私，而以欺於人曰：「天理固如是。」
不知既無其心矣，而尚何有所謂天理者乎？〔註2〕

陽明以爲聖人之學即心學，「學，以求盡其心而已」，〔註3〕這其實也是儒學的
特質。至於心學的源頭可追溯到堯、舜、禹之十六字心傳，〔註4〕孔子之仁學，
孟子之四端，不外就是此精一之學之傳。心學雖只是簡易的求盡一己之心，
然孔門子貢卻外求之，他疑孔子之學爲「多學而識」，孔子遂告之以「一以貫
之」；子貢又以「博施濟眾」爲仁，孔子就告之以「己欲立而立人，己欲達而
達人。能近取譬，可謂仁之方也已。」多方設法令其返求內心，而勿以外在
的功用爲仁。孟子時，墨子談兼愛，「摩頂放踵，利天下爲之」；告子持「仁
內義外」之說，然前者之求一視同仁，忽略了人因有親疏之異，故施愛要有
遠近之序之需求；後者則以義爲外，不知義由仁出，則所發之行爲不免徇外
而失其準則，實則或有求遂私欲之嫌，因而引來孟子的大力抨擊，也難怪陽
明會譏諷爲「外假天理之近似以濟其私」、「不知既無心矣，而尚何有所謂天
理者乎」了。

　　陽明以堯、舜、禹爲心學之源，然他們並沒有對心學作一具體的說明，
陽明之列舉這三人應是爲了道統上的要求。眞正使心學之內容得以呈顯者，
實屬孔子，孔子從對仁的討論中，點出了心學之涵義。他說：

〔註2〕　《陽明全書・象山文集序》，卷七，頁十三。
〔註3〕　《陽明全書・重修山陰縣學記》，卷七，頁二十一。
〔註4〕　十六字心傳本出自《僞古文尚書・大禹謨》，而《僞古文尚書》乃東晉豫章內
　　　　史梅賾所撰。此四句據清閻若璩考證實由《荀子》、《論語》之文字雜湊而成。
　　　　閻若璩曰：「今既證太甲稽首之不然，而不能減虞廷十六字爲烏有，猶未足服
　　　　信古文者之心也。余曰此蓋純襲用《荀子》而世舉未之察也。《荀子・解蔽篇》：
　　　　『昔者舜之治天下也云云，《道經》曰：『人心之危，道心之微。』危微之幾，
　　　　惟明君子而後能知之。』此篇前又有『精於道』、『一於道』之語，遂檃括爲
　　　　四字，復續以《論語》『允執厥中』以成十六字，僞古文蓋如此。」見閻若璩：
　　　　《尚書古文疏證》（《四庫全書・經部二・書類》，臺北：臺灣商務印書館，第
　　　　66冊），卷二，頁197。雖然閻氏考證出這十六字是僞造的，但文字之假，實
　　　　不妨礙其中眞義理的表達。

　　仁遠乎哉？我欲仁，斯仁至矣。〔註5〕

　　顏淵問仁。子曰：「克己復禮爲仁。一日克己復禮，天下歸仁焉。爲

　　仁由己，而由人乎哉？〔註6〕

孔子在《論語》中處處說到仁，在他和宰我關於「三年之喪」〔註7〕的談論中，由孝子之不安不忍點出了人之本心。而「我欲仁，斯仁至矣」、「爲仁由己」，更表明了人之實踐仁道，只要一念警省，自覺本有之仁心即可。因此仁不須外求，自心上求即是。

　　到了孟子，他繼承孔子之仁學，發揚光大。孟子談「四端之心」，以之說明人之本心，他說：

　　所謂人皆有不忍人之心者，今人乍見孺子將入於井，皆有怵惕惻隱

　　之心。非所以內交於孺子之父母也，非所以要譽於鄉黨朋友也，非

　　惡其聲而然也。由是觀之，無惻隱之心，非人也；無羞惡之心，非

　　人也；無恭敬之心，非人也；無是非之心，非人也。〔註8〕

　　惻隱之心，仁也；羞惡之心，義也；恭敬之心，禮也；是非之心，

　　智也。仁、義、禮、智，非由外鑠我也，我固有之也。〔註9〕

孟子以「乍見孺子將入於井」爲例，說明人之怵惕惻隱之心（即本心）是可以當下呈現的。這呈現是不受任何條件、任何私欲所影響，純粹且自然的。而惻隱、羞惡、恭敬、是非，是人本心自然之明覺，由此發現內在本具的仁、義、禮、智等道德之理，換句話說，所有的道德之理，非由外鑠，乃是皆從本心之流露而可體證到的，這就是「心即理」，亦是「仁義內在」〔註10〕之說。

　　以上曾提及，凡言「心學」，必歸宗於「本心即性、本心即理」，這也是

〔註5〕　《十三經注疏・論語注疏・述而》，卷七，頁64。

〔註6〕　《十三經注疏・論語注疏・顏淵》，卷十二，頁106。

〔註7〕　《十三經注疏・論語注疏・陽貨》載：宰我問三年之喪：「期已久矣。君子三年不爲禮，禮必壞；三年不爲樂，樂必崩。舊穀既沒，新穀既升，鑽燧改火，期可已矣。子曰：『食夫稻，衣夫錦，於女安乎？』曰：『安。』『女安則爲之。夫君子之居喪，食旨不甘，聞樂不樂，居處不安，故不爲也。今女安，則爲之。』宰我出。子曰：『予之不仁也，子生三年，然後免於父母之懷。夫三年之喪，天下之通喪也。予也有三年之愛於其父母乎？』」卷十七，頁157～158。

〔註8〕　《十三經注疏・孟子注疏・公孫丑上》，卷三下，頁65。

〔註9〕　《十三經注疏・孟子注疏・告子上》，卷十一上，頁195。

〔註10〕　參見牟宗三先生：《圓善論》（臺北：臺灣學生書局，1985年7月初版），頁16～19。

「心學」之特質。換言之,唯有由「心即不即理」這角度,方能眞正判別出何者爲「心學」,何者不是。「心即理」是道德實踐最明白切要的根據,蓋心是生命的活動處,而它自具道德理則,則道德實踐自得其根源,不須外求,於是人的一切行爲,就有一坦然親切的根據可依循,所做方不致無所依歸或依歸於遙不可知之「性理」。再者,此道德行爲之根據既不是由外所得來,而是人本來所具有的,則道德之實踐便簡易直截,只是返求己心而已,因此人人皆是道德之存在。蓋因任何人都可警省此本心,而即可順之而行的道德,便是「自律道德」,此乃唯一的道德哲學之進路。

　　西哲康德,〔註 11〕在分析道德之概念時,有「意志底自律」和「意志底他律」之說,通過此二者之比較,有助於我們對「心即理」之了解。首先,關於「意志底自律」,他說:

> 意志底自律就是意志底那種特性,即因著這種特性,意志對於其自己就是一法則(獨立不依於決意底對象之任何特性而對於其自己就是一法則)【牟宗三先生案:這個意思簡單言之是如此,即:意志之有這特性,即其自身對於其自己就是一法則,這特性,即是意志底自律性。此恰如陸、王所謂「心即理」也】。依是,自律底原則乃是:你應當總是如此作選擇以至於同一決意將包含我們的選擇底諸格準皆爲一普遍法則。〔註12〕

「意志」在康德哲學中爲道德實踐之主體。所謂「意志底自律」,是「意志對自己就是法則」,換言之,意志對自己立法,本身乃是道德法則之制定者。而意志所立之法非依感性性好而有,乃是一普遍之法則,對凡有理性者皆有效。由於道德之自律是意志的自己立法,自己遵守,不是受其他外在法則之決定而行,故我們自身是自由的,如此所實踐的道德才是眞正的道德。相反於此,是「意志底他律」,它所成就的是假的道德。康德說:

> 如果意志尋求決定意志之法則不在「它的格準之合宜於成爲它自己的決斷(裁定)底普遍法則」中尋求,而卻在任何別處尋求,因而結果也就是說,如果它走出其自己之外而在它的任何對象之特性中

〔註 11〕 康德(Immanuel Kant, 1724～1804),德國哲學家,著有《純粹理性批判》(談知識)、《實踐理性批判》(談道德)和《判斷力之批判》(談美)等書。

〔註 12〕 參見康德原著、牟宗三先生譯注:《道德底形上學之基本原則》,頁 85,此書收錄在《康德的道德哲學》(臺北:臺灣學生書局,1982 年 9 月初版)。

> 尋求這法則，則結果其所成者總只是（意志之）他律。在這種情形
> 中，意志（自身）並不給它自己以法則，而是這法則乃為對象通過
> 其對意志之關係所給與。這種關係，不管基於性好，抑或基於理性
> 底概念，總只許有假然的律令：我應當去作某事是因為我願望某種
> 別的事。反之，那道德的，因為也就是定然的律令則說：我應當如
> 此如此作，縱使我並不願望任何別的事。〔註13〕

意志之法則若是向外求索，則所成就的只是「意志之他律」。意志之法則因是繫屬於外在的私欲利害或高遠的形上理念，故道德實踐之動力就由外發動，道德上之善惡亦由之決定，如此道德行為就沒有普遍性、必然性，或喪失其坦然明白的親切性，因而造成人在實踐道德時的或因利害遷就現實，或因渺不可知而無所適從。這就是對道德的敗壞和違反。因此，講到道德實踐就必須以「意志自律」為首出，「意志自律」不但是道德的最高原則，也是道德之所以可能的唯一原則。

「意志底自律」是講道德法則自內尋求，而「心即理」之「理」是「我固有之，非由外鑠」，由此點視之，彼此有其相通處。孟子曰：「君子以仁存心，以禮存心」，〔註14〕「由仁義行，非行仁義也」，〔註15〕君子以仁義存心，所行亦依於仁義，這些道德之理皆是自己本心給出的，而非由外在的利害決定，如此的道德行為也才方為純正。然而這不是說「意志底自律」就是「心即理」，蓋「意志底自律」是康德分析道德而得出概念，但意志是否真能自律，是否是自由的，則非分析所必然可得。況且所謂的自由，康德是把它繫屬於智思界，人對之不能有任何知識，它只是一設準（假設），不一定會呈現。至於儒家之「心即理」，理就在心中，本心不是一個設準，只要人能當下一念警策，就能真實的呈現出來。

二、心學在宋明的發展

心學自先秦發軔後，歷經漢、唐，宋、明時繼續發展。漢、唐諸儒對心學的體會，並不深刻，可堪稱道者唯有宋明儒。宋儒以北宋的周敦頤、張載、程顥和南宋的胡宏、陸九淵為代表。明儒則是以王守仁為典範。

〔註13〕同上，頁 86。
〔註14〕《十三經注疏・孟子注疏・離婁下》，卷八下，頁 153。
〔註15〕同上，頁 145。

周敦頤曰：

> 誠者，聖人之本。「大哉〈乾〉元，萬物資始」，誠之源也。「乾道變
> 化，各正性命」，誠斯立焉……。聖，誠而已矣。誠，五常之本，百
> 行之源也。靜無而動有，至正而明達也，五常百行，非誠非也，邪
> 暗塞也。故誠則無事矣，至易而行難。果而確，無難焉。故曰：「一
> 日克己復禮，天下歸仁焉」。〔註16〕

此處周敦頤是以《中庸》之誠體合釋《易傳》的〈乾〉元。「大哉〈乾〉元，萬
物資始」，此表示〈乾〉元是創生原則，乃萬物所資以為始者，而〈乾〉元又為
誠體發用之源。「〈乾〉道變化，各正性命」，在〈乾〉道的變化流行、生化萬物
之過程中，誠體就自我建立了。本來誠是諸德目之一，《中庸》則賦與它本體、
工夫之義。《中庸》二十章曰：「誠者，天之道；誠之者，人之道。」由此見之，
誠是天道、本體，名曰誠體，而人因不能直接朗現誠體，故須通過誠之的工夫
去逐步體現天道。周敦頤除了承《中庸》，強調誠之重要性外，所謂誠是百行之
源，聖人成聖之本，還進一步將誠收歸於仁之中，點出了人要由主體之仁心、
主體之道德實踐去體證客觀之天道，如此天道方不空洞而孤懸。

張載曰：

> 大其心則能體天下之物，物有未體，則心為有外。世人之心，止於
> 聞見之狹。聖人盡性，不以見聞梏其心，其視天下無一物非我，孟
> 子謂盡心則知性知天以此。天大無外，故有外之心不足以合天心。

〔註17〕

張載言心，則以聖人之大心和世人之小心對比。就前者而言，聖人之心不受
聞見之狹之限，故能如天般廣大，為天心，也是孟子說的「本心」。世人則因
受見聞之知之梏，故小其心，成為經驗界之心。超越的道德本心是無所不體
的，此亦是仁心之感通無外。「聖人盡性」，就是盡這個仁心。由盡己之性進
而盡人、盡物之性，則能參贊天地，與天地並立。

程顥曰：

> 學者須先識仁。仁者，渾然與物同體。義、禮、知、信皆仁也。識
> 得此理，以誠敬存之而已，不須防檢，不須窮索。若心懈則有防，

〔註16〕《周子通書・誠上第一、誠上第二》（臺北：中華書局，四部備要本，1965
年初版），頁一。
〔註17〕《張載集・正蒙・大心》（臺北：漢京文化，1983年9月初版），頁24。

心苟不懈，何防之有？理有未得，故須窮索。存久自明，安待窮索？
此道與物無對，大不足以名之，天地之用，皆我之用。孟子言「萬
物皆備於我」，須「反身而誠」，乃爲大樂。若反身未誠，則猶是二
物有對，以己合彼，終未有之，又安得樂？〔註18〕

明道指出爲學首要乃在識仁，能識仁則道德實踐之根源就得以確立，道德實
踐之方向就貞定住了，而後再以誠敬的簡易工夫踐行即可。如此可免除爲防
範心之懈怠和紛馳之「防檢」，以及強索令理得於心之「窮索」之病。如此，
一經反省，「反身而誠」，一己之生命即和天地之道相通，故曰「天地之用，
皆我之用」。若反身不能誠，則尚與物而不能相通。可見明道是以仁去通天道。

胡宏曰：

天命之謂性。性，天下之大本也。堯、舜、禹、湯、文王、仲尼六
君子，先後相詔，必曰心，而不曰性，何也？曰：心也者，知天地
宰萬物以成性者也。六君子者盡心者也，故能立天下之大本。〔註19〕

五峰之說，是先分開心性，再以心形著性，彰顯出性之內容來。性是形而上
之實體，超越的客觀原則，「天下之大本」，其奧秘自不可言。然性之內容，
若不經道德實踐之根據——人主觀之心之彰顯，則將永遠潛存。故聖人之了
解性，必由心出發，以求盡心。心能盡，則能「知天地宰萬物」，「天下之大
本」就得以證成，是爲「盡心以成性」。

五峰以心性分說，再心性合一，這是他的特色。到了象山、陽明時，二
人直承孟子的「本心即性」之義，直接呈現「心即理」之義。以下先述象山，
後及陽明。

《象山年譜》記象山之穎悟云：

因讀古書，至宇宙二字，解者曰：「四方上下曰宇，古往今來曰宙。」
忽大省曰：「元來無窮，人與天地萬物皆在無窮之中者也」，乃接筆
書曰：「宇宙內事，乃己分內事，己分內事，乃宇宙內事。」又曰：
「宇宙便是吾心，吾心即是宇宙。東海有聖人出焉，此心同也，此
理同也。西海有聖人出焉，此心同也，此理同也。南海、北海有聖
人出焉，此心同也，此理同也。千百世之上至千百世之下，有聖人

〔註18〕《二程集》（臺北：漢京文化，1983 年 9 月初版），卷二上，頁 16～17。
〔註19〕《知言》（《四庫全書·子部一·儒家類》第 703 冊，臺北：臺灣商務印書館，
　　　　1983 初版），卷一，頁 112。

出焉，此心此理，亦莫不同也。」〔註20〕

「宇宙內事」和「己分內事」本不相隔，且「宇宙便是吾心，吾心即是宇宙」，
顯示出宇宙之無限之理即吾無限之心，而吾心之無限發用即可以證知宇宙之
無限之理，可知心是普遍之心，理是普遍之理。因為此心此理是人所皆同的，
故無論是東、西、南、北之聖人，或千百世之上、千百世之下之聖人所體證
之心之理，是毫無二致的。象山又說：

「天之所以與我」者，即此心也。人皆有是心，心皆具是理，心即
理也。〔註21〕

孟子當來，只是發出人有是四端，以明人性之善，不可自暴自棄。
苟此心之存，則此理自明，當惻隱處自惻隱，當羞惡，當辭遜，是
非在前，自能辨之。〔註22〕

「心即理」之心乃天之所與之自具道德理則之本心，當本心呈現時，本心就
是理，人即依之以從事道德實踐。孟子說的四端之心，就是由道德理則去自
定道德實踐之方向，故當惻隱即能惻隱，當羞惡即能羞惡，當辭遜即能辭遜，
當是非即能是非。

王守仁曰：

心即理也。天下又有心外之事，心外之理乎？……心即理也，此心無
私欲之蔽，即是天理，不須外面添一分。以此純乎天理之心，發之事
父便是孝，發之事君便是忠，發之交友、治民便是信與仁。〔註23〕

「心即理」本是象山的話，陽明承之。陽明以為天下事物雖繁，但是以道德之
理去對待的話是頗簡易的，因為它存於吾人心中，乃心之所發，故反求諸己即
可。當此心一呈現，在事父、事君、交友、治民時自然就有相應的孝、忠、信、
仁之理。只要心無私欲之蔽，天理就出現，故人要時時行去蔽之工夫。

以上之所以不惜贅言介紹自先秦到宋明的心學傳統，實為了在探討龍溪
心學《易》之淵源之各家的《易》說時，不止欲明其學有本由，更欲由「心
即理」來作為判定各家是否為心學《易》之標準。以下即進入心學《易》之
正式溯尋。

〔註20〕《陸九淵集·年譜》（臺北：里仁書局，1981年1月初版），卷三十六，頁482
～483。
〔註21〕《陸九淵集·與李宰書》，卷十一，頁149。
〔註22〕《陸九淵集·語錄上》，卷三十四，頁396。
〔註23〕《王陽明傳習錄詳註集評》，卷上，第3條，頁30。

第二節　北宋心學《易》之濫觴

一、周敦頤之心學《易》理

　　周敦頤（公元 1017 年～1073 年），北宋人，字茂叔，又稱爲「濂溪先生」。濂溪之學得力於《易傳》、《中庸》，而他認爲《周易》能發掘聖人之蘊，所謂：「聖人之精，畫卦以示；聖人之蘊，因卦以發。卦不畫，聖人之精不可得而見；微卦，聖人之蘊，殆不可悉得而聞。」〔註 24〕濂溪「默契道妙」，抉發了儒家的形上智慧，討論了聖人之境界和功夫，成爲了宋明理學的先驅。〔註 25〕著有《通書》四十篇和《太極圖說》，著作經後人整理編有《周子全書》。

（一）以誠體釋〈乾〉元

　　濂溪以誠體解釋〈乾〉元，透露出他對本體的體悟。他說：

> 誠者，聖人之本。「大哉〈乾〉元，萬物資始」，誠之源也。「〈乾〉道變化，各正性命」，誠斯立焉。純粹至善者也。故曰：「一陰一陽之謂道，繼之者善也，成之者性也。」「元亨」，誠之通。「利貞」，誠之復。大哉《易》也，性命之源乎！〔註26〕

「誠者，聖人之本」，是說聖人的生命，只是一誠，這本於《中庸》而來，《中庸》曰：「唯天下至誠，爲能盡其性；能盡其性，則能盡人之性；能盡人之性，則能盡物之性；能盡物之性，則可以贊天地之化育；可以贊天地之化育，則可以與天地參矣。」〔註27〕此處是以「至誠盡性」來規定聖人。聖人是至誠的，其生命全體只是眞實無妄；「至誠」，則又是「盡性」的，因他在至誠的境界中，能完全實現上天賦於他的本性。而盡性不只是盡己性而已，而是在無限的道德心的要求下，連他人之性、他物之性，都一齊要求實現。故至誠者可以贊助天地之化育，與天地並立爲參。至誠是聖人的境界，而一般人

〔註24〕《周子通書‧精蘊第三十》，頁六。

〔註25〕黃百家曰：「孔、孟而後，漢儒止有傳經之學，性道微言之絕久矣。元公崛起，二程嗣之，又復橫渠諸大儒輩出，聖學大昌。故安定、徂徠卓乎有儒者之矩範，然僅可謂有開之必先。若論闡發心性義理之精微，端數元公之破暗也。」參見《宋元學案‧濂溪學案（上）》（臺北：河洛圖書，1975 年 3 月初版），卷十一，頁 96。

〔註26〕《周子通書‧誠上第一》，頁一。

〔註27〕《四書集注‧中庸章句》第二十二章，頁 85～86。

則要通過「誠之」的功夫至於至誠，以體現天道，所謂「誠者，天之道。誠之者，人之道。」由此可見，誠不只是人的功夫，亦是天道、誠體。誠體既是道德創造的眞幾，〔註28〕亦是宇宙的生化本體。《中庸》曰：「天地之道，可一言而盡也。其爲物不貳，則其生物不測。」〔註29〕即指天道本身，只是一誠，故是「可一言而盡」。它又是專精純一的，是「不貳」的，亦即是誠，故能化育萬物而不息，有其不可測的創生萬物之作用。由於誠是天道（此處的誠已由形容詞轉爲實體義的誠體），故可用以解釋〈乾〉元。

所謂〈乾〉元，《周易・乾・彖》曰：「大哉〈乾〉元，萬物資始」，是說它是萬物創生之機，乃萬物所資以爲始者。就在〈乾〉元的創生之始處，可以見到誠體的發用流行之源，即誠體自己。「〈乾〉道變化，各正性命」本出自《周易・乾・彖》，意即在〈乾〉道的變化流行下，萬物得以各自端正自己的性命，濂溪以此來說明「誠斯立」，點出了〈乾〉道的變化流行其實就是誠體的流行發用。關於此，《中庸》曰：「誠則形，形則著，著則明，明則動，動則變，變則化。唯天下至誠爲能化。」從「形、著、明、動、變、化」來看，它雖是在說道德的生化，而此創生道德之誠體，與天道之創生同其質性，故亦可視爲是一本體宇宙論生化過程的展現，整個天道創生過程由誠體貫徹其中的，故是誠體的流行。此流行過程是「純粹至善」的，從《周易・繫辭上》「一陰一陽之謂道，繼之者善也，成之者性也」可知，這表示從一陰一陽的氣化流行中，道體朗現它自己，能繼續這流行而不斷者爲善，而道落在個體使它完成者，即爲此物之性。

接著，濂溪以〈乾〉卦之德：「元亨利貞」來說誠體流行的終始過程。「『元亨』，誠之通」，「元」表示誠體即〈乾〉元；「亨」表示它的亨通不滯。「『利貞』，誠之復」，「利」表示誠體的通而有定向；「貞」表示它的貞定完成。「誠之復」的復，「是由自建自立而自見其自己，自見其自己即復其自己」。〔註30〕因此，誠體通過「利」、「貞」，見到它的自我挺立。總之，周子以誠體〈乾〉元作爲萬物存在的根源，視之爲「性命之源」，亦是《周易・說卦》：「昔者聖人之作《易》也，將以順性命之理。」的展示。

〔註28〕牟宗三先生：《心體與性體（一）》，第二部、分論一：濂溪與橫渠，第一章〈周濂溪對于道體之體悟〉，第一節、濂溪《通書》（《易通》選章疏解），頁324。

〔註29〕同上，第二十六章，頁90。

〔註30〕同注28，頁326。

前文提到濂溪視誠體爲道德創造的眞幾，此義他說：

> 聖，誠而已矣。誠，五常之本，百行之源也。靜無而動有，至正而
> 明達也。五常百行，非誠非也，邪暗塞也。故誠則無事矣。〔註31〕

「聖，誠而已矣」，這是就聖人的盡誠見出誠體爲道德創造之源，故曰：「誠，五常之本，百行之源也」、「五常百行，非誠非也」，皆點出了眾行因誠而成，這意思有如說《易》是《五經》之源，聖人之精蘊因之而得悉。〔註32〕如果不誠，則人沒有眞正的道德行爲，是「邪暗塞」。而有誠體貫串其中的話，則可破除邪暗，故「誠則無事」。

至於「靜無而動有，至正而明達」，則是對誠體的描述。「靜無」不是靜時成一死體，而是它未發用時的狀態，「動有」是指它在動時起感應，動時不妄動，符應本體而動。「靜無」時其至正，「動有」時則明達。進一步說，「靜無而動有」，不是「動而無靜，靜而無動」之「物」，而乃是「動而無動，靜而無靜」之「神」。而「動而無動，靜而無靜，非不動不靜也。物則不通，神妙萬物。」〔註33〕此即誠體在動時是動而無動相，靜時是靜而無靜相，無論何時都是動靜合一，這就是它的神用，而萬物只能動就固定在動，靜就固定在靜。誠體之用是神妙萬物的，能帶來萬物之生成變化，所謂「水陰根陽，火陽根陰；五行陰陽，陰陽太極；四時運行，萬物終始；混兮闢兮，其無窮兮。」〔註34〕水爲陰，其陰之靜根於陽之動而來；火爲陽，其陽之動根於陰之靜而來。五行亦不外是陰靜陽動的相生變化，而陰靜陽動就是誠體神用呈現的充塞流行，所謂：「太極動而生陽，動極而靜；靜而生陰，靜極復動。一動一靜，互爲其根。分陰分陽，兩儀立焉。陽變陰合，而生水、火、木、金、土。五氣順布，四時行焉。」〔註35〕以上引文中的「陰陽太極」雖是扣在陰陽二氣說，其實是指誠體神用之兩相，车先生說：「如太極眞意指一極至之實體，非太極之外別有實體，則太極除即是天道誠體之外，不會是別的」，〔註36〕二者既然都是形上的實體，故太極即是誠

〔註31〕《周子通書・誠下第二》，頁一。

〔註32〕《周子通書・精蘊第三十》曰：「《易》何止《五經》之源？其天地鬼神之奧乎！」頁七。

〔註33〕《周子通書・動靜第十六》，頁三。

〔註34〕同上，頁三～四。

〔註35〕《周敦頤全書・太極圖說》（江西：江西教育出版社，1993年9月第1版），卷二，頁31。

〔註36〕《心體與性體（一）》，第二部、分論一：濂溪與橫渠，第一章〈周濂溪對于道體之體悟〉，頁349。

體。此外，萬物生化之過程或彰或幽，非靈明之誠體妙運其中難以知曉，而五行本於陰陽，陰陽本於太極，太極是一，萬物之殊來自此一，一又分殊為萬物，萬物在太極中各得其正的，且自有其小大之分，這又說明了太極的意涵。〔註37〕總之，由於誠體之神用，四時得以運行，萬物得以生長終成。其生成變化之始時幾微難測，及其完成也是無窮無盡的過程，這就是天道誠體的生生不息，〈乾〉、〈坤〉的大生廣生的作用。

（二）由知幾、無欲之功夫以復誠體

濂溪除以誠體解釋〈乾〉元，並反省人為何不能順承誠體。他說：

> 誠無為，幾善惡。德：愛曰仁，宜曰義，理曰禮，通曰智，守曰信。性焉安焉之謂聖，復焉執焉之謂賢。發微不可見，充周不可窮之謂神。〔註38〕

「誠無為」，說明誠體本身自然不造作。但對人而言，人感於物而動，遂有念頭之生，念頭是動心之幾微處，它或能順承誠體，是為善；或不能順承，為物欲所影響，是為惡。朱子注云：「幾者，動之微，善惡之所由分也。」〔註39〕說明了在幾動之處就決定了善惡行為的產生，是以在幾動時須小心分辨。可見人不能順承誠體，乃因其不能「知幾」，把握住幾。人若能順著誠體而行，則表現出五種德行，這又說明了誠體為各種道德行為之根源。就體現誠體說，聖人是「性之」、「安而行之」，天性自然就是誠，故不須用功夫，自然順應誠體而成其行為，成其「微妙不可見，充周不可窮」。而賢人則須復善，擇善固執。這復善就要用上功夫，這求復本體之功夫就是「知幾、思誠」。〔註40〕濂溪說：

> 〈洪範〉曰：「思曰睿，睿作聖」。無思，本也；思通，用也。幾動於彼，誠動於此，無思而無不通，為聖人。不思則不能通微，不睿則不能無不通，是則無不通生於通微，通微生於思，故思者聖功之

〔註37〕《周子通書·理性命第二十三》曰：「厥彰厥微，匪靈弗瑩。剛善剛惡，柔亦如之，中焉止矣。二氣五行，化生萬物。五殊二實，二本則一。是萬為一，一實萬分。萬一各正，小大有定。」頁四～五。

〔註38〕《周子通書·誠幾德第三》，頁一～二。

〔註39〕《周敦頤全書·誠幾德第三》，卷三，頁99。

〔註40〕《周子通書·家人暌復无妄第三十二》曰：「身端，心誠之謂也；誠心，復其不善之動而已矣。不善之動，妄也；妄復，則无妄矣；无妄，則誠矣。故〈无妄〉次〈復〉，而曰：『先王以茂對時，育萬物。』深哉！」可見去妄亦是恢復誠體之功夫，頁七。

本，而吉凶之幾也。《易》曰：「君子見幾而作，不俟終日」。又曰：
「知幾其神乎！」〔註41〕

聖人對誠體有所體會，又能知幾，而知幾是達到聖人的功夫，此處濂溪引《尚書‧洪範》來說明知幾的意義。作聖之功夫本來要從心上開始，而思是心之作用，它要思誠（誠體），乃作聖之關鍵，而思的下手處就在知幾，從知幾就可回到誠體。固然思是以無思為最高境界，但思不能一直停留在無思中，否則就是死思，它必須發用起來，其用就是「通微」。思以「通微」為最高極致，若能「通微」則無不至，是為「睿」。所謂「通微」是「通幾之微」，即知幾，慎於幾。幾是動之微處，由此產生善或惡，吉或凶，故須多加謹慎警惕。而「幾動于彼，誠動于此」，是說在幾動時，以誠體為根據之思就會隨感隨應，使幾之動全合乎善，於是誠體就朗現起來。以顏回為例，他是知幾的，故一有不善之念之生起，未曾不知，知之即改之，此正如《周易‧繫辭下》說的「顏氏之子，其殆庶幾乎！有不善未嘗不知，知之未嘗復行也。」亦是王龍溪「纔動纔覺，纔覺即化」之意。像顏回的生命，是「無思而無不通」之「睿」，就是誠體之流行。人如果能知幾，即在惡念初動時能馬上覺察，從而化之，用功一久，則生命就得以淨化，就能成聖了，故曰：「思者，聖功之本」，思則吉，不思則凶。一個君子「見幾而作，不俟終日」，正是顏子的精神，而在幾之動處，由誠體神用所主宰，其所行就無不善，這也就是聖人了。

人能知幾，則為聖人。所謂：

「寂然不動」者，誠也；「感而遂通」者，神也。動而未形，有無之間者幾也。誠精故明，神應故妙，幾微故幽，誠神幾，曰聖人。

〔註42〕

《周易‧繫辭上》曰：「易，无思也，无為也，寂然不動，感而遂通天下之故。非天下之至神，其孰能與於此？」就誠體說，「『寂然不動』者，誠也」，是指誠體之當體；「『感而遂通』者，神也」，是指誠體之神用。而幾是人的念頭，它雖已產生，但未成為行為，是在「有無之間」。誠體是純一的，是為明；又是即寂即感、神感神應的，是為妙；而念頭是隱微難見的，是為幽。誠神幾三者，唯有聖人方能實現，所以說「誠神幾，曰聖人」，此三者亦是聖人的生

〔註41〕《周子通書‧思第九》，頁二～三。
〔註42〕《周子通書‧聖第四》，頁一。

命內容，即是說聖人之生命既是寂感一如，又能隨時知幾。王陽明曾於《傳習錄》下發揮此理曰：「誠是實理，只是一箇良知。實理之妙用流行就是神。其萌動處就是幾。誠、神、幾曰聖人。」陽明所論和濂溪相同，只是以良知來取代誠體而已。

再者，無欲也能助人復其誠體。濂溪說：

> 聖可學乎？曰：「可。」曰：「有要乎？」曰：「有。」請問焉。曰：「一為要。一者，無欲也。無欲則靜虛動直，靜虛則明，明則通；動直則公，公則溥。明通公溥，庶矣乎！」〔註43〕

> 孟子曰：「養心莫善於寡欲，其為人也寡欲，雖有不存焉者，寡矣；其為人也多欲，雖有存焉者，寡矣。」予謂養心不止於寡焉而存耳，蓋寡焉以至於無。無則誠立、明通。誠立，賢也；明通，聖也。是聖賢非性生，必養心而至之。養心之善有大焉如此，存乎其人而已。〔註44〕

> 君子乾乾不息於誠，然必懲忿窒欲、遷善改過而後至。〔註45〕

成聖不只是要養心寡欲，尚要以無欲為要，無欲故靜，無欲才能「主靜」。〔註46〕無欲則誠立、明通，無欲則心靜時虛靈動時正直，靜虛則心明，明則通於萬物；動直則合乎公理，周普天下。而君子要能乾乾惕屬於復誠體，就當懲忿窒欲以期無欲，能無欲則可復其誠體。

綜上所述，濂溪對誠的討論是他學問的重要組成內容，由誠的討論中，可知它具有本體功夫義，本體者，即誠體；功夫者，即誠之。由道德上的誠，到運用來解《易》，是為以心學解《易》。黃宗羲評論其學曰：「周子之學，以誠為本。從寂然不動處，握誠之本，故曰：『主靜立人極』。本立而道生，千變萬化，皆從此出。化吉凶悔吝之途，而反覆其不善之動，是主靜真得力處。靜妙於動，動即是靜。無動無靜，神也，一之至也，天之道也。千載不傳之祕，固在是矣。」〔註47〕

〔註43〕《周子通書・聖學第二十》，頁四。
〔註44〕《周敦頤全書・雜著・養心亭說》，卷五，頁275。
〔註45〕《周子通書・乾損益動第三十一》，頁六。
〔註46〕《周敦頤全書・太極圖說》載：「聖人定之以中正仁義而主靜，立人極焉。」頁31。
〔註47〕《宋元學案・濂溪學案（下）》，卷十二，頁133。

二、張載之心學《易》理

張載（公元 1020 年～1077 年），北宋人，字子厚，人稱「橫渠先生」。其學以《易》爲宗，以《中庸》爲的，以《禮》爲體，以孔、孟爲極。〔註 48〕嘗曰：「爲天地立心，爲生民立命，爲往聖繼絕學，爲萬世開太平。」著有《正蒙》（以〈西銘〉最爲聞名）、《橫渠易說》、《經學理窟》等，其中以前二者爲最重要，後人整理有《張子全書》。

（一）論天道

張載曰：「《易》乃是性與天道，其字日月爲《易》，《易》之義包天道變化。」〔註 49〕又曰：「不見《易》，則何以知天道？不知天道，則何以語性？」〔註 50〕此說明了《易經》所揭示的道理涵蓋了天道的變化與性的奧義，且二者有某種程度的關聯。關於天道，張載在《正蒙》中是以太和、太虛神體來論述的，以下先說明二者之涵義，而性體之涵義則留於下一小節說明之。

所謂太和，張載曰：

> 太和所謂道，中涵浮沈、升降、動靜、相感之性，是生絪縕、相盪、勝負、屈伸之始。其來也幾微易簡，其究也廣大堅固。起知于易者〈乾〉乎！效法於簡者〈坤〉乎！散殊而可象者爲氣，清通而不可象爲神。不如野馬、絪縕，不足謂之太和。語道者如此，謂之知道；學《易》者見此，謂之見《易》。〔註 51〕

此處張載是以太和來規定天道，文云「太和，所謂道也」，這是總持的說，道與氣二者綜合圓融的說。分解而言，道實具有創生義、帶氣化之行程義和理則義。〔註 52〕「中涵浮沈」至「其究也，廣大堅固」之句，說的是太和的創生義和帶氣化之行程義，換言之，太和在創生時，是帶著陰陽氣化之行程進行，它通過陰陽二氣的浮沈、升降、動靜來表現它的大生廣生。由於二氣之相感變化，故呈顯出陽伸而勝（浮、升、動），陰屈而負（沈、降、靜）。二氣一直處於不斷的聚散變化的過程，是爲「絪縕相盪」。由於太和之道的創生，

〔註 48〕《宋元學案・橫渠學案（上）》，卷十七，頁 3。
〔註 49〕《張載集・橫渠易說・繫辭上》，釋「乾坤其《易》之蘊邪」句下注，頁 206。
〔註 50〕同上注。
〔註 51〕《張載集・正蒙・太和》，頁 7。
〔註 52〕《心體與性體（一）》，第二章〈張橫渠對于「天道性命相貫通」之展示〉，第一節、《正蒙》「〈太和篇〉第一」疏解：道體義疏解，頁 439。

玄妙難知，唯有通過〈乾〉、〈坤〉二卦來了解，所謂「起知于易者，〈乾〉乎！效法於簡者，〈坤〉乎！」這是張載根據《周易・繫辭上》首章：「〈乾〉知大始，〈坤〉作成物。〈乾〉以易知，〈坤〉以簡能」而來，〈乾〉卦主萬物之創生，故為「大始」，而其方式是「易」；〈坤〉卦順〈乾〉卦而終成萬物，故名「成物」，其方式是「簡」。張載言〈乾〉卦，是說它以易的方式表現其大始之主；言〈坤〉，是說它以簡的方式表現其終成之能，二者的描述合而表現出太和之道、天道的創造過程。接著，張載又談論到「氣」和「神」，所謂「散殊而可象者為氣，清通而不可象為神」，依牟先生之意「吾人可本《易傳》，於〈乾〉知之易處說神，於〈坤〉能之簡處說氣」，〔註53〕這是說〈坤〉之道雖至簡，但總有象有跡，有其各種散列殊異之形象，故為氣之事。而〈乾〉之道是易而無象無跡，故一片清明通透，是「不可象」之神體。張載又以「野馬、絪縕」說太和，此並非說「野馬、絪縕」等於太和，而是對太和之形容。「野馬」本出自《莊子・逍遙遊》，是指「春月澤中的游氣」，此是藉指道體所帶著的氣化的生機充滿；「絪縕」見於《周易・繫辭下》，〔註54〕指交密之狀，此是藉指二氣的相互激盪，一直生生不息。由於在氣化的過程中，二氣有道體作用其中，故形至變至賾而不亂，是為太和之理則義。

關於太虛，張載曰：

> 太虛無形，氣之本體，其聚其散，變化之客形爾；至靜無感，性之
> 淵源，有識有知，物交之客感爾。客感客形與無感無形，惟盡性者
> 一也。〔註55〕

前文說太和是總持的說，而太虛則是在概念分解下、相對於氣而說，所謂「太虛無形，氣之本體」，是指無形的形上之道——太虛為氣之本體，氣之超越之形上根據，即創生不已之道體。由於氣有太虛之體貫通其間，故氣之聚散、浮沉升降等，不過是暫存的狀態（客形）。〈乾稱〉篇亦載明此義，其曰：「太虛者，氣之體。氣有陰陽，屈伸相感之無窮，故神之應也無窮。」〔註56〕此

〔註53〕 同上，頁442。

〔註54〕 《周易・繫辭下》云：「天地絪縕，萬物化醇。男女媾精，萬物化生。《易》損六三曰：『三人行，則損一人。一人行，則得其友。言致一也。』」朱子注云：「絪縕，交密之狀。醇，謂厚而凝也，言氣化者也，化生，形化者也。此釋損六三爻義。」《易本義》（臺北：文津出版社，1987年6月初版），頁621。

〔註55〕 同註51。

〔註56〕 《張載集・正蒙・乾稱》，頁66。

處說陰陽二氣之所以有無窮之屈伸相感，正由於氣之背後有太虛之神感神應的作用，故它正如《易傳》說的能「範圍天地之化而不過，曲成萬物而不遺」，表現得恰如其分。就此而言，太虛可名曰神體，是爲太虛神體。〔註57〕太虛神體「至靜無感」，這是《周易‧繫辭上》說的：「寂然不動」，它落於人言即爲人之性而爲性體，故它的「寂然不動」是指性體的寂然，它自身又是性體之最深奧處。由此語句可見橫渠論學，實有天道性命相貫通之義。太虛神體雖「至靜無感」，但不能永遠停留在寂然不動的狀態，必須起用，否則即是一死體，因此它必有感，呈現出和外物相接觸而起之識知之暫時形態，是名「客感客形」。太虛神體固然是神感神應，但落於人身則此本具之性體和現實外境相接時，則不能免於受人之氣質之限，不能完全朗現其內容，〔註58〕此時唯

〔註57〕一般而言，大陸學者因張載有「太虛即氣」（《張載集‧正蒙‧太和》，頁8）之語，遂以張載爲唯氣論（宇宙本原爲氣）、氣本論的代表，侯外廬以爲張載「是把『氣』作爲宇宙的本體」（《宋明理學史》上冊（北京：人民出版社，1984年4月第1版，頁95），陳俊民亦以張載爲氣本氣化說（《張載哲學思想及關學學派‧張載哲學邏輯範疇體系論》，臺北：臺灣學生書局，1990年11月初版，頁139～173），陳來《宋明理學》（臺北：正中書局，1994年9月初版，頁39～46）亦主氣一元論，朱伯崑言張載以氣爲最高範疇，此即「氣之生即是道，是《易》」（《易學哲學史》（臺北：藍燈文化，1991年9月初版）修訂本第二卷，第六章〈宋易的形成和道學的興起〉第六節〈張載《易說》，頁293）。港台學者中勞思光主張氣「既爲萬物之根源，又爲有形上意味之實有」（《中國哲學史》（臺北：三民書局，1981年2月初版，第三卷上，頁175），乃氣本論之代表；唐君毅以爲「虛氣不可分說。虛即氣之虛，無即道之無，而氣則萬古不息。故虛氣不二之道爲常道」，主張由虛氣相即去把握張載（《哲學論集》，臺北：臺灣學生書局，1990年2月初版，《唐君毅全集》第十八卷，頁363）；牟宗三先生主張「太虛本體」，所謂「太虛一詞，是由清通不可象爲神而說者，吾人即可以清通無象之神來規定太虛」（《心體與性體（一）》，頁443），又言「橫渠天道性命相貫通爲其思參造化之重點，此實正宗之儒家之思理，決不可視之爲唯氣論者」（同上，頁437），反對「唯氣論」而言太虛神體，從張載自身看，他說：「若謂虛能生氣，則虛無窮，氣有限，體用殊絕，入老氏『有生於無』自然之論。」（《張載集‧正蒙‧太和》，頁8）、「太虛者，氣之體。氣有陰陽，屈伸相感之無窮，故神之應也無窮；其散無數，故神之應也無數。」（《張載集‧正蒙‧乾稱》，頁66），如太虛即氣，則太虛無窮，氣亦應無窮，然現實中之氣卻是有限的，試問無窮之太虛怎會生出有限的氣？再者，氣是有限的，然它能起無窮的變化是因其中有神體之作用，太虛無窮，氣就無窮了，二者體用不離。由此可知，張載不是氣本論者，其言氣，氣中即有太虛神體，茲依牟先生之詮解。至於太虛和氣的關係，應視爲太虛對氣起了作用，而作用是以妙運的方式進行的。

〔註58〕《張載集‧正蒙‧誠明》曰：「性於人無不善，繫其善反不善反而已，過天地之化，不善反者也。」頁22。

有盡性之聖人，方能使客感客形與無感無形通而爲一。

（二）天道性命相貫通

　　前一小節說到《易經》闡述的道理是性與天道，這其實表達了天人一體的精神，所謂：「天人不須強分。《易》言天道，則與人事一滾論之，若分別則只是薄乎云爾。自然人謀合，蓋一體也，人謀之所經畫，亦莫非天理。」〔註59〕又曰：「《易》即天道，獨入于爻位繫之以辭者，此則歸于人事。蓋卦本天道，三陰三陽一升一降而變成八卦，錯綜爲六十四，分而有三百八十四爻也。因爻有吉凶動靜，故繫之以辭，存乎教誠，使人動則觀其變而玩其占，其出入以度，內外使知懼，又明于憂患與故，无有師保，如臨父母。」〔註60〕《易》言天道即是言人事，人事見於卦辭爻辭中，此亦是天道之展現。當人遇事而不能決時，則占卜求卦，就在爻位之吉凶變化中，觀其變而玩其占，設法去求得趨吉避凶之智慧，此是爲人謀之所經畫。而天道之變化與人謀之經畫，皆是天理呈現，故曰一體。關於天人一體，張載又以「天道即性」說之：

　　天道即性也，故思知人者不可不知天，能知天斯能知人矣。知人知天，與窮理盡性以至于命同意。〔註61〕

此處是張載對「窮理盡性」的解釋，他明白的揭示天道即是性體之義，二者的內容是一樣的，只不過詮釋的角度不同，蓋天道是自客觀面說，性體是自主觀面的人這邊說，但這不是說其他物都不具有此性，關鍵是在於唯有人能自覺此性，並將它體現出來而已。而從天道說性，和從每一類存在物的本質說性是不同的，蓋從每一類存在的本質說性，性是多的，例如人性不同於犬性馬性，但從天道說性，性只有一。〔註62〕再者，人若能窮盡天之理，即能充分實現一己之性、人物之性，以至於人物之命，此是爲能知天即能知人，因爲天和人在此時是同一的。

　　張載又說：

　　天所性者通極於道，氣之昏明不足以蔽之；天所命者通極於性，遇之吉凶不足以戕之。〔註63〕

〔註59〕《張載集・橫渠易說・繫辭下》，頁232。
〔註60〕《張載集・橫渠易說・繫辭上》，頁181～182。
〔註61〕《張載集・橫渠易說・說卦》，頁234。
〔註62〕《中國哲學史》（臺北：空中大學，1995年8月初版），第二十章〈宋明儒學總論、濂溪與橫渠〉，頁534。
〔註63〕《張載集・正蒙・誠明》，頁21。

這裏明白展示天道性命相貫通之意涵。人之本性，其根源通貫於天地之性（道），人以天道爲性，道體不斷創造萬物，人的道德本性或性體，亦是處於一不斷創造的過程，只是它所創造的是道德行爲，且性體之創造性並不會因爲氣質之昏明、清濁而被遮蔽。再者，天命是於穆不已的，人所「通極於性」之命，亦是於穆不已的，並不會因遭遇之吉凶禍福而有所減損。

同樣的，「至誠，天性也；不息，天命也。人能至誠則性盡而神可窮矣，不息則命行而化可知矣。」〔註64〕亦展示了天道性命相貫通之內涵。《中庸》曰：「至誠不息」，可見至誠必涵不息，此處是以「至誠」說明天性，即至誠必然涵創生之不息，「不息」即天命之於穆不已。人若能至誠不息，則「盡性」而窮「神」，「命行」而知「化」，此時人與天渾爲一體。換句話說，就在道德實踐時能時時感受到於吾人之性命，和於穆不已之天命是合而爲一的。所以說「性與天道合一存乎誠」〔註65〕、「儒者則因明致誠，因誠致明，故天人合一」，〔註66〕「人能至誠，則性盡而神可窮矣」。〔註67〕

雖然人有性體，但易爲氣質所掩蓋，使其不顯，故須通過變化氣質〔註68〕、盡性之功夫，所謂「盡性然後知生無所得則死無所喪。」〔註69〕而盡性的關鍵須由心去盡，張載說：

> 心能盡性，「人能弘道」也。性不知檢其心，「非道弘人」也。〔註70〕

「心能盡性」，謂盡一己之道德心以成性也，「成性則躋聖而位天德」。〔註71〕爲何心能盡性成性呢？此因心本身自主自律，故能彰顯性體之內容，此即性體之內容在盡心之過程中即全部呈現，此時心性渾然爲一。而「性不知檢其心」，是性體若不通過心之呈現，則它是永處於潛存的狀態，無法起用。因此說到最後，道德實踐的關鍵實落於心之上。

〔註64〕《張載集・正蒙・乾稱》，頁63。
〔註65〕《張載集・正蒙・誠明》曰：「天所以長久不已之道，乃所謂誠。仁人孝子所以事天誠身，不過不已于仁孝而已。故君子誠之爲貴。」，頁20。天之長久不已，乃誠使之然，故誠爲天道；仁人孝子欲取法天道，不外是以仁孝誠身而已。
〔註66〕《張載集・正蒙・乾稱》，頁65。
〔註67〕同上，頁63。
〔註68〕《張載集・正蒙・誠明》曰：「形而後有氣質之性，善反之則天地之性存焉。故氣質之性，君子有弗性焉。」頁23。
〔註69〕《張載集・正蒙・誠明》，頁21。
〔註70〕同上，頁22。
〔註71〕《張載集・正蒙・大易》，頁51。

總之，藉心之作用，人道與天道得以契合。當人盡其心時，即是盡性，性即天道，盡心即是呈現出天道之涵義，此時心、性、天通而為一，是為天道性命相貫通。故橫渠之說《易》也，終必以「心」為本。

三、程顥之心學《易》理

程顥（公元 1032 年～1085 年），北宋人，字伯淳，人稱「明道先生」。其學以「識仁」為先，以「定性」為功夫。他闢佛老、辨異端，乃孟子以後第一人。〔註72〕著作不多，有《語錄》和《文集》，皆由後人編入《二程全書》中。

（一）以《易》體說天道

明道資性聰穎，對道體有獨特的領會。他說：

> 『天地設位，而《易》行其中』，何不言人行其中？蓋人亦物也。若言神行乎其中，則人只於鬼神上求矣。若言理言誠，亦可也，而特言易者，欲使人默識而自得之也。〔註73〕

明道於此欲人從「天地設位」中去識《易》之道。「天地設位，而易行其中」原出於〈繫辭上〉，意指天地定位之後，便可見《易》道在其間表現其變化流行。那為何不直說天地人三極中之人行於其中？此因人對天地有參贊之作用，人一拖拉進來的話，會造成人之參贊之不顯。再者，若是人行於其中的話，則會誤為人也是萬物之一，人既然可行，萬物當然亦可行。若代之以「神」行乎其中，則人會往鬼神之神想，而非是有寂感妙用之神體。若代之以「理」、以「誠」，則可。但「理」有多義，故理應是扣在於穆不已之實體之理言。而「誠」，本是動詞或形容詞，此扣在實體說。進一步說，此於穆不已之實體，即是易體、道體、天道。總之，「『易、誠、理、神』是一，而以易體為本，為天命實體之當體自己」。〔註74〕關於此易體，明道曰：

> 「忠信所以進德」，「終日乾乾」，君子當終日對越在天也。蓋上天之載，無聲無臭，其體則謂之易，其理則謂之道，其用則謂之神，其命于人則謂之性，率性則謂之道，修道則謂之教。孟子去（筆者案：

〔註72〕 程頤曰：「周公沒，聖人之道不行；孟軻死，聖人之學不傳。……先生出，倡聖學以示人，辨異端，闢邪說，開歷古之沉迷，聖人之道得先生而後明，為功大矣。」參見《二程集・明道先生墓表》，卷十一，頁640。

〔註73〕 《二程集・明道先生語一》，卷一，頁118。

〔註74〕 《心體與性體（二）》，第一章〈程明道之一本論〉，第一節、天道篇，頁35。

《宋元學案・明道學案》作「在」）其中又發揮出浩然之氣，可謂盡矣。故說神「如在其上，如在其左右」，大小大事而只曰「誠之不可揜如此夫」。徹上徹下，不過如此。形而上爲道，形而下爲器，須著如此說。器亦道，道亦器。但得道在，不繫今與後，己與人。〔註75〕

此表示他對天道的圓頓體悟。《周易・乾・文言》曰：「九三曰：『君子終日乾乾，夕惕若，厲，无咎。』何謂也？子曰：『君子進德修業。忠信，所以進德也；修辭立其誠，所以居業也。』」對於〈乾〉九三爻之「終日乾乾」，孔子以爲這是勉勵一個君子，要通過盡忠信、修辭來進德修業。明道則指出「終日乾乾」，是說「君子當終日對越在天」。「對越在天」本出於《詩經・周頌・清廟》，意指「對越（面對）文王在天之神」，這裏借用來說君子要「終日以乾健忠信之態度去面對上帝」，此處的「上帝」經孔、孟之轉化，已非指人格神，而是超越之上天（天道），它是能起「宇宙生化或道德創造之寂感眞幾」，〔註76〕故此是指人去面對這眞幾，並內化在其生命中。人若能如此，對道體自然有體悟。

接著，明道又對天道作進一步的闡釋，它是「上天之載，無聲無臭」，存在於上天之實體，無聲臭、無形象可求。它無始無終，不因某物而有或無，遍及一切的。而「其體則謂之易，其理則謂之道，其用則謂之神」，皆是針對「上天之載」（天道）說。分別而言，「其體則謂之易」，是指天道自身即是易，這是扣在〈繫辭上〉「神无方易无體」、「生生之謂易」、「易，无思也，无爲也，寂然不動，感而遂通天下之故」〔註77〕之易講。以下分述之。

「神无方易无體」，據孔穎達之解，「无方」者，是指「不見其處所云爲；周遊運動，不常在一處」；〔註78〕「无體」者，是指「自然而變，而不知變之所由；隨變而往，无定在一體」。〔註79〕換言之，「无方」是神體之鼓盪萬物時，不在一定常處，莫知其所云爲也；「无體」是易體之感應變化，屢遷周流，

〔註75〕《二程集・二先生語一》，卷一，頁4。《宋元學案》則列此條於〈明道學案〉，見是書卷十三，頁118。

〔註76〕同注74，頁23。

〔註77〕三則皆見於《十三經注疏・周易正義・繫辭上》，卷七，頁147、149、154。

〔註78〕《十三經注疏・周易正義・繫辭上》曰：「凡无方无體，各有二義：一者，神則不見其處所云爲，是无方也。二則周遊運動，不常在一處，亦是无方也。」同上，頁148。

〔註79〕《十三經注疏・周易正義・繫辭上》曰：「无體者，一是自然而變，而不知變之所由，是无形體也。二則隨變而往，无定在一體，亦是无體也。」同上。

不可典要，無一定之體相可求也。

「生生之謂易」，是表示天道之創生萬物，乃是一直處於陰了又陽、陽了又陰，二氣相互的變化運轉中，這是永不止息的，是一種神用。〔註 80〕〈繫辭下〉曰：「天地之大德曰生」，亦指陳了宇宙之生化，即是這生生不息的過程。明道又曰：「『生生之謂易』，是天之所以為道也。天只是以生為道，繼此生理者，即是善也。善便有一箇『元』底意思。『元者，善之長』。萬物皆有春意，便是『繼之者善也』。」〔註81〕這是以生生之神用來規定道的內容，所謂天道即創生之道、創生之理也。此生道、生理即以易體說之。而能繼承此生理，加以呈現出來，就是善。此善因是周而復始去呈現生生之道，故是「『元』底意思」。以元說善是指它的呈現是好的開始，是眾善之源。而從萬物之表現有春意、有生機言，可見到天道之於穆不已，即是「繼之者善也」。對這生生的過程，唐君毅先生曾詳言曰：「萬物之生，並非只由生而返其所自生之本而止；而是由返本以再生。則萬物即在一生而化、化而生之大化流行或生生不息歷程中。在此生生不息之歷程中，由陰之必繼以陽，則見陽之不屈於陰，而恆能自陰再出，以成相續不斷之陽。此之謂陽性至健之乾德，而陰之恆承陽而起，固為使顯者隱，使生出之物返於所自生之本而歸藏；然此亦即為物之生而又生之所本，所以順成繼起之生者。此之謂陰性至順之坤德。而就此陰陽相繼，以使萬物生生不息言，則見善之相繼流行。」〔註 82〕可見萬物之生死相繼，實由陰陽二氣之相續鼓動所致，這就是天地長養萬物之大德了，是謂生生。

而「易，无思也，无為也，寂然不動，感而遂通天下之故」，是表示易體非經驗界的思慮作為可限制，而是自起感通的。它雖是寂然不動，此不動不是不動不為，而是就濂溪說的「動而無動、靜而無靜」的神用言，然只要起了感應，就能通天下萬物。

綜上所述，易无方體，乃寂感之真幾，以生生不息為其妙用，而天道之內容就是易體之內容。至於「其理則謂之道」，是說天道之理有一套遵循的秩序和法則。而「其用則謂之神」，是說天道之創生作用是神妙難測的。從易體、

〔註80〕 明道曰：「『生生之謂易』。生生之用則神也。」《二程集·明道先生語一》，卷十一，頁 128。

〔註81〕 《二程集·二先生語二上》，卷二，頁 29。

〔註82〕 《哲學概論（下）》（臺北：臺灣學生書局，1985 年 10 月初版），第五章〈生生之天道論與陰陽五行之說〉，頁 534。

理道、神用，明道扼要說明了道體之特色。

　　明道又引《中庸》「天命之謂性，率性之謂道，修道之謂教」，說明人與道體一貫的關係。道體藉其神妙的創生作用，賦於人本性，而人通過道德實踐可以呈現此天命之性的內容，使其內在於人的生命，因此它雖超越，但又內在，人與天是相貫的。人依循本性而行，是合於道的。然人因有私欲之雜，總不能率性而行，故須加以修治之，通過修道明善之功夫，本性才能呈現出來。而孟子所謂的「浩然之氣」，亦是人的行為完全契合天道而生的。以上從易、理、神、性、道，詳盡描述了道之本質，故曰「可謂盡矣」。由於道遍在於萬物中，道德實踐中的所有事為，亦不外是真實無妄之誠體（道體）之流行發用，故曰「徹上徹下」。

　　〈繫辭〉曰：「形而上者謂之道，形而下者謂之器」，明道以為在論述上雖要有一區分以顯出道器之異，然道器實是不離的，蓋因形上之道總不能懸空存在，它須要落在形下之器上表現，而形下之器無非就是道之所有內容，所以說「器亦道，道亦器」。這樣的一種表示是圓頓的，此即道無所不在，人當下可以體悟到這最高的理境，若真透悟，當下就是道體的呈現，當下就是古今恒一而人我一體，故云「但得道在，不繫今與後，己與人。」

　　關於道器之相即不離，明道又曰：

> 《繫辭》曰：「形而上者謂之道，形而下者謂之器。」……又曰：「一陰一陽之謂道。」陰陽亦形而下者也，而曰道者，惟此語截得上下最分明，元來只此是道，要在人默而識之也。〔註83〕

明道固然承認道與器、道與陰陽，有形上形下之別（道是形而上之實體，陰陽是形而下之氣）。然二者雖異，實相即不離，蓋因對道的體悟，是要落在一陰一陽的變化中的。也只有通過陰陽二氣莫測的變化，道才能顯出其於穆不已之意義來。

　　復次，「一陰一陽之謂道」此話，並無明顯區分何者為形上形下，而明道說「惟此語截得上下最分明」，就頗令人費解，其實他不是要說「一陰一陽就是道」，而是指點人要從道的神用、陰陽之變化中體悟到道體，這是由用見體，亦有形上在形下見之意。若能即於陰陽見道，就在相即中見其相異，如此反而可以真實地明白形上形下的確義，故謂截得最分明。

〔註83〕《二程集·明道先生語一》，卷十一，頁118。

（二）從仁體以證悟天道（從一本觀來解《易》）

天道創生萬物，地道長養萬物。這樣的意義，若不經人的參贊，難以突顯出來。明道曰：

> 天位乎上，地位乎下，人位乎中。無人則無以見天地。《書》曰：「惟天地萬物父母，惟人萬物之靈。」《易》曰：「天地設位，而易行乎其中；〈乾〉、〈坤〉毀，則無以見易。易不可見，則〈乾〉、〈坤〉或幾乎息矣。」〔註84〕

> 唯人氣最清，可以輔相裁成，「天地設位，聖人成能」，直行乎天地之中，所以為三才。天地本一物，地亦天也。只是人為天地心，是心之動，則分了天為上，地為下，兼三才而兩之，故六也。〔註85〕

當天地定位時，易道就行於其中。而易道無體，須藉〈乾〉、〈坤〉二卦來體現之。〈繫辭下〉曰：「子曰：『〈乾〉、〈坤〉，其《易》之門邪？』〈乾〉，陽物也；〈坤〉，陰物也；陰陽合德而剛柔有體，以體天地之撰，以通神明之德。」此處說通過〈乾〉、〈坤〉以通神明之德，亦即通易道。進一步說，〈乾〉卦創生萬物，〈坤〉卦繼而終成，此創生終成就是天地化育萬物之道，亦即是易道之展現。因此，若二卦損毀，自不能見易道。又倘若沒有易道立於其中，〈乾〉、〈坤〉的作用也將止息。表面上明道是就《易傳》來描述易道之變化，實則是要突出人在天地中的地位，此因人是天地人三才之一，其氣最清，因而只有人才可體貼天地化育之道，對之裁理、輔助，孔子說：「人能弘道，非道弘人」，《中庸》曰：「苟不至德，其道不凝」，都顯示人對天道的重要性。那為何人有體貼天地之能？因為聖人之心就是天地之心，它是靈明之所聚，故其心能感通，能依易道來畫卦，畫時以天為上二爻，地為下二爻，人為中二爻，所以卦才有三才而成六畫。要是聖人不存於世上，天地之道就隱沒不可見，「則〈乾〉、〈坤〉或幾乎息矣」。

人能體會天道之生生，這樣的體會其實是通過道德實踐入手的。此時就須掌握住方向與關鍵，故明道要人先去「識仁」，逆覺仁體。他說：「學者須先識仁。仁者，渾然與物同體。義、禮、智、信，皆仁也。識得此理，以誠敬存之而已。不須防檢，不須窮索。」〔註86〕所謂仁，是指與萬物感通不隔

〔註84〕《二程集‧明道先生語一》，卷十一，頁117。
〔註85〕《二程集‧二先生語二下》，卷二下，頁54。
〔註86〕《二程集‧二先生語二上》，卷二上，頁16～17。

之感。而仁者之境界，就是與物無隔，與天地萬物爲一體。仁是全德，故曰「義、禮、智、信，皆仁也。」它又是體，故曰仁體。它原內在於吾人生命之中，故不須去刻意提防與窮索，只須以誠敬之工夫存養即可。仁既是以感通爲性，故若是麻木不覺，即是不仁。〔註87〕不仁者，天地萬物和己相隔。若不麻木，即是心有所覺，有不安不忍之感，這就是仁心之呈現，仁體之顯露。能體現仁體者，自然視宇宙萬物和我息息相關，整個宇宙的生命即是我生命之一部分，彼此相通不隔。

當人識得仁體後，再以誠敬工夫存養，就能從此中，感受到一己生命之「純亦不已」，與於穆不已之天道是一，此謂「一本」。他說：

> 「天地設位而易行乎其中」，只是敬也。敬則無間斷，體物而不可遺
> 者，誠敬而已矣，不誠則無物也。《詩》曰：「維天之命，於穆不已，
> 於乎不顯，文王之德之純」，「純亦不已」，純則無間斷。〔註88〕

天道的流行發用遍及一切，它生成萬物，是生生不息，體物而不遺的。此生生不息，沒有間斷，故曰「純亦不已」。若就人言，天道的生生不息就是道德上的敬，人能敬則專一而無間斷也，而文王之德之所以純粹不雜，亦是他的誠敬不息所致。人若能時時誠敬，其仁德則不間斷，「純亦不已」，自然可體物不遺。由此可知，天道是不遠離人的，只要通過誠敬之實踐，就可體會到它的意義。總之，仁體的「純亦不已」，其實就是於穆不已之天道，天人是一本。「一本」是明道哲學思想中頗有特色者，關於此，他屢屢闡發其義。他說：

> 天人本無二，不必言合。〔註89〕

> 合天人，已是爲不知者引而致之。天人無間。夫不充塞，則不能化
> 育，言贊化育，已是離人而言之。〔註90〕

> 嘗喻以心知天，猶居京師往長安，但知出西門，便可到長安，此猶

〔註87〕 此條下注一「明」字，爲明道語。明道曰：「醫書言手足痿痺爲不仁，此言最善名狀。仁者以天地萬物爲一體，莫非己也。認得爲己，何所不至？若不有諸己，自與己不相干。如手足不仁，氣已不貫，皆不屬己。故博施濟眾，乃聖人之功用。」手足麻木（痿痺），血氣不通，無所知覺，不感到手足是我生命之一部分，是爲麻木不仁。《二程集‧二先生語二上》，卷二上，頁15。

〔註88〕 《二程集‧明道先生語一》，卷十一，頁118。

〔註89〕 《二程集‧二先生語六》，卷六，頁81，此條未注明是何人語，《宋元學案》則列入〈明道學案〉中，見《宋元學案‧明道學案》，卷十三，頁26。

〔註90〕 《二程集‧二先生語二上》，卷二上，頁33，此條未注明是何人語，《宋元學案》則列入〈明道學案〉，同上。

> 是言作兩處。若要誠實（筆者案：《宋元學案》作「至誠」），只在京
> 師，便是到長安，更不必別求長安。只心便是天，盡之便知性，知
> 性便知天，當處便認取，更不可外求。〔註91〕

天道的內容和人德性的內容，二者本質相同，故不須言合。若言合，如天人合
一、或合天人，則易令人誤會爲天人本來爲二。而猶云合天人，是爲了體諒現
實上的人，因爲他們不是聖人，不能自己呈現出天道，故須爲這些不知者提供
一漸進的方法，所謂「已是爲不知者引而致之」。這樣說，骨子裏其實是二本。
就聖人生命而言，他是天人無間的，他的生命，通體就是天道的展現，通體就
是天理的充塞，因而他本身能自起化育，而他的化育本就是天地的化育了，故
不須再說贊了。〔註92〕若說是「贊化育」的話，人就有如獨立在天地之外，所
贊的化育亦是其他天地之化育，如此易讓人誤會爲天人爲二。另外，明道雖少
談到心，但他處處藏有心性天是一之意，處處涵著心即是天的一本觀，他說若
言「以心知天」，則是分心天爲兩截，有如從京師往長安。若是至誠的話，則心
即是天，只在京師，便即是長安。依孟子，心性天是有距離的，而明道以心即
是天，是一種圓說，此即當下此心即可是天，不須外求。

　　明道的一本圓融思想，表明了人天密不可分的關係。這個觀點，在他詮
解《周易》時，時時流露出來。他說：

> 冬寒夏暑，陰陽也。所以運動變化者，神也。『神無方』，故『易無
> 體』。若如或者，別立一天，謂人不可以包天，則有方矣，是二本也。

冬夏寒暑，即陰陽二氣之變化。而造成陰陽變化的神體，即是易體、道體，
它無方所、無形跡可求、無所不包。相同的，聖人化育萬物時，其特性亦如
神體，《中庸》說「洋洋乎發育萬物，峻極於天」，即指聖人之德化涵蓋一切。
至於張載說：「天包載萬物于內，所感所性，乾坤陰陽二端而已，無內外之合，
無耳目之引取，與人物蕞然異矣」，將人與天看成相異之二物，這是於人之外，
別立一天，以爲人不可以涵蓋天，如此的話，人的化育即自成一套，不是神
體之化育，神體就不能無所不包了。這樣說，就是強分天與人爲二，就造成

〔註91〕同上，頁15，此條未注明是何人語，《宋元學案》則列入〈明道學案〉中，同
　　　　上，頁16。

〔註92〕明道曰：「至誠可以贊天地之化育，則可以與天地參。贊者，參贊之義，『先
　　　　天而天弗違，後天而奉天時』之謂也，非謂贊助。只有一箇誠，何助之有？」
　　　　亦同樣表明了至誠的聖人，其德性的內容就是天地化育，故不須再說參贊之
　　　　意。見《二程集‧明道先生語一》，卷十一，頁133。

二本的毛病。

天人既是一本，聖人的生命亦即是天道內容的完全展現。明道曰：

「大人者與天地合其德，與日月合其明」，非在外也。〔註93〕

若不一本，則安得「先天而天弗違，後天而奉天時」？〔註94〕

〈乾·文言〉曰：「夫大人者，與天地合其德，與日月合其明，與四時合其序，與鬼神合其吉凶，先天而天弗違，後天而奉天時」，大人即聖人，本來大人和天地、日月、四時、鬼神，是須相配合的，然基於一本的觀點，明道以為，大人化育萬物之德即是天地無不覆載之德，他之聖明即是日月無不普照之明，他之行事之序即是四時運轉之序，他的賞善罰惡、示人吉凶即是鬼神福善禍惡之吉凶，這是可以圓融說的。而「先天而天弗違，後天而奉天時」，亦基於一本而發。就「先天而天弗違」說，聖人的生命遙契天道，其所作所為即合於天道，故雖先於天，天尚不能違；就「後天而奉天時」說，聖人是現實的存在，有其侷限性，故須作工夫去體悟天道，此為「奉天時」，即奉天地之化也。一旦工夫圓熟，他遵守的自己的教化，其實就是天地之化，就不須言「奉」了，此時二者已是一體相融，這就是一本了。關於這點，牟宗三先生詳言曰：

大人生命通體是天，通體是理。自理、道言，透體立極，天亦不能違之。……此是大人之先天性。先天是指其生命之體現理、道言。自此而言，只大人就是理、道。然大人雖是大人，一方仍有其個體生命之現實性與局限性。自此而言，便是「後天而奉天時」。此是大人之後天性。奉天時即是奉天地之化也。……進一步，圓融言之，奉天時即是奉其自己之化，天地之化與其自己之化一體不離而為一也。再進一步，圓頓言之，即「奉」字亦不必要，即大人便是天地之化，便是天時。盡其先天性之理、道，不是抽象的、空懸的理、道，乃是具體的、生化的理、道，即與其現實生命通潤而為一。凡其現實生命所應有之一切姿態皆是其一「體」之化育流行也。此時先天後天之分即泯。此是澈底的一本論，亦即圓頓之教之一本論。〔註95〕

〔註93〕同上，頁120。

〔註94〕《二程集·二先生語二上》，卷二上，頁43。

〔註95〕《心體與性體（二）》（臺北：正中書局，1968年10月初版），第一章〈程明

總之，天即是人，人即是天，天人一體而化，一本而現，故無謂去說以此合彼。設若天人眞是二本的話，又怎能說「先天而天弗違，後天而奉天時」呢？

同樣的，《易經》之成書亦是基於一本而生。明道說：

「範圍天地之化而不過」者，模範出一天地耳，非在外也。如此曲成萬物，豈有遺哉？〔註96〕

《易經》此書是「與天地準，故能彌綸天地之道。……範圍天地之化而不過，曲成萬物而不遺」，〔註97〕這是說《易經》中的道理是準擬萬物而有，而萬物之各種存在的情況，即是天地的道理，故《易》經能普遍涵蓋天地的道理而不差誤。《易》經模範之道理，對其書而言固然是在外的，但其所載恰是天地之道，故不外於天地之道，是「非在外也」的。《易》經中之道理既然是天地之道，自然能「範圍天地之化而不過，曲成萬物而不遺」了。

〈說卦〉曰：「窮理盡性以至于命」，明道亦本於一本論曰：

「窮理盡性以至于命」，三事一時並了，元無次序。不可將窮理作知之事。若實窮得理，即性命亦可了。〔註98〕

窮理、盡性、至于命三事中，以窮理最爲關鍵，而窮理不是去認知理，卻是以生命去體會理，知之某理即行某理。換言之，窮理是澈知吾人性命之理。當澈知後加以朗現出來，即是「盡性」，即是充分展現上天賦於吾人之本性。一旦理窮了、性盡了，命自然至（此處命之至無直接工夫可用，其工夫只落在「窮」、「盡」言），此時三者是同時達致，故是不分次序，一時了當的，是爲一本。

由於天道即是人事，故只要實踐敬義，即能了悟天道。明道說：

學者不必遠求，近取諸身，只明人理，敬而已矣，便是約處。《易》之〈乾〉卦言聖人之學，〈坤〉卦言賢人之學。惟言「敬以直內，義以方外，敬義立而德不孤」。至於聖人，亦止如是，更無別途。穿鑿繁累，自非道理。故有道有理，天人一也，更不分別。〔註99〕

〈乾〉卦代表生生不已的健行之德，〈乾・大象〉曰：「天行健，君子以自強不息」，〈乾〉九三爻曰：「君子終日乾乾」，皆發揮此義，這些就是聖人之學，

道之一本論〉，第四節、一本篇，頁94。

〔註96〕《二程集・明道先生語一》，卷十一，頁118。

〔註97〕《十三注疏・周易正義・繫辭上》，卷七，頁147。

〔註98〕此條下注有一「明」字，乃明道語，見《二程集・二先生語二上》，卷二上，頁15。

〔註99〕《二程集・二先生語二上》，卷二上，頁20。

因爲唯有聖人才能「純亦不已」，乾乾不息。〈坤〉卦六二〈文言〉曰：「君子敬以直內，義以方外，敬義立而德不孤」，這是明人理，說的是賢人之學。然而聖賢並不相隔，其學亦並非有二，因爲聖是基於賢的基礎上前進的，故聖人之學的內容，其實即是賢人之學的「敬以直內，義以方外」，只是聖人所掌握的較賢人精純而已。當人通過人理之敬義實踐，自然呈現出天道來，此時聖人之生命，即是天道的流行，二者已是一，更不用加以分別了。

第三節　南宋心學《易》之展現

一、陸九淵之心學《易》理

　　陸九淵（公元 1139 年～1193 年），南宋人，字子靜，號「象山居士」，世稱「象山先生」。其學是「因讀《孟子》而自得之」，〔註100〕主張「先立乎其大者」，提倡心即理、辨志、辨端緒、去己私等。他曾與朱子論學於鵝湖，是所謂的「鵝湖之會。」其著作由子陸持之編輯成《象山先生全集》三十六卷傳世。

　　象山對於《周易》並沒有專門的論述，而是散見於他的各種著作中。雖然未自成一體系，但亦能呈現出他以心解《易》的特色。至於對象數之態度，他雖有所排斥，曾曰：「後世言《易》數者，多只是眩惑人之說。」〔註101〕又曰：「《易》之書所以不可以象數泥而浮虛說也。」〔註102〕但在其著作中，卻有頗多相關之討論，〔註103〕這和其他以心解《易》諸家相比，頗爲少見。

（一）以理（心）詮解《易》之理

　　象山之心學可以「心即理」作歸結，他在幼年時提出了「心同理同」，〔註104〕已見此義的發端。後來象山明確提出「心即理」之說，所謂「『天之所以與我者』，即此心也。人皆有是心，心皆具是理，心即理也。所貴乎學

〔註100〕《陸九淵集・語錄下》，卷三十五，頁 471。
〔註101〕《陸九淵集・語錄上》，卷三十四，頁 410。
〔註102〕《陸九淵集・程文》，卷二十九，頁 341。
〔註103〕象山有〈易數〉一文，文中談論到如何以河洛之數說明八卦的形成。詳參朱伯崑：《易學哲學史》，第二卷，第七章〈南宋時期易學哲學的發展〉，頁 595-597。
〔註104〕象山曰：「四方上下曰宇，往古來今曰宙。宇宙便是吾心，吾心即是宇宙。千萬世之前，有聖人出焉，同此心同此理也。千萬世之後，有聖人出焉，同此心同此理也。東南西北海有聖人出焉，同此心同此理也。」《陸九淵集・雜著》，卷二十二，頁 273。

者，爲其欲窮此理，盡此心也。」〔註105〕「人心至靈，此理至明，人皆有是心，心皆具是理。」〔註106〕可知心是指人人皆有之本心、仁義之心、道德實踐之主體，理則是一切存在的根據，又是道德之理、普遍的道德法則。「心即理」就是本心自己建立自我依循的道德法則。而當說到「心即理」時，心即涵理，理即涵心，二者不容分割。在其《易》學中，他對《周易》各方面的討論是以理、心的觀點切入。在論述八卦的起源時，他說：

> 塞宇宙一理耳，學者之所以學，欲明此理耳。〔註107〕

> 塞宇宙一理耳。上古聖人先覺此理，故其王天下也，仰則觀象於天，俯則觀法於地，觀鳥獸之文與地之宜，近取諸身，遠取諸物，於是始作八卦，以通神明之德，以類萬物之情。於是有辭有變有象有占，以覺斯民。後世聖人雖累千百載，其所知所覺，不容有異，曰：「若合符節」，曰：「其揆一也」。非真知此理者，不能爲此言也。〔註108〕

> 此理充塞宇宙，天地鬼神，且不能違，況於人乎？〔註109〕

> 此道塞宇宙，天地順此而動，故日月不過，而四時不忒；聖人順此而動，故刑罰清而民服。古人所以造次必於是，顛沛必於是也。〔註110〕

充塞於宇宙中只是一理，它既是道，乃爲宇宙之本體，又是理，遍運於宇宙萬事萬物中，是一切存在必須遵循的規律。聖人在制作八卦的過程中，是先覺悟此理，方能近取諸身，遠取諸物，制作八卦。順著此理，卦爻辭、變化規律、卦爻象、占筮一一得以產生，人民之智亦得以開啓。由於此理的普遍常存性，故後之聖人之所知所覺，亦只是此理，與它若合符節。

　　對於各卦各爻的討論，他亦以理之角度貫串之，這見於對〈晉〉卦之各爻、〈坤〉卦六二爻、〈乾〉、〈坤〉二卦之論述中。他說：

> 此理塞宇宙，誰能逃之，順之則吉，逆之則凶。其蒙蔽則爲昏愚，通徹則爲明智。昏愚者不見是理，故多逆以致凶。明智者見是理，故能順以致吉。說《易》者謂陽貴而陰賤，剛明而柔暗，是固然矣。

〔註105〕《陸九淵集・與李宰》，卷十一，頁149。
〔註106〕《陸九淵集・雜著》，卷二十二，頁273。
〔註107〕《陸九淵集・與趙詠道書四》，卷十二，頁161。
〔註108〕《陸九淵集・與吳斗南》，卷十五，頁201。
〔註109〕《陸九淵集・與吳子嗣之八》，卷十一，頁147。
〔註110〕《陸九淵集・與黃康年》，卷十，頁133。

今〈晉〉之爲卦，上〈離〉，六五一陰，爲明之主，下〈坤〉，以三陰順從於〈離〉明，是以致吉，二陽爻反皆不善。蓋〈離〉之所以爲明者，明是理也。〈坤〉之三陰能順從其明，宜其吉，無不利。此以明理，順理而善，則其不盡然者，亦宜其不盡善也。不明此理，而泥於爻畫名言之末，豈可與言《易》哉！〔註111〕

敬，此理也；義，亦此理也。内，此理也；外，亦此理也。故曰：「直方大，不習无不利」。孟子曰：「所不慮而知者，其良知也；所不學而能者，其良能也。此天之所以與我者，我固有之，非由外鑠我也。」故曰：「萬物皆備於我矣，反身而誠，樂莫大焉」，此吾之本心也。〔註112〕

〈乾〉、〈坤〉，同一理也。孔子於〈乾〉，曰：「大哉！〈乾〉元」，於〈坤〉，則曰：「至哉！〈坤〉元」。堯舜，同一理也。孔子於堯曰：「大哉！堯之爲君」，於舜，則曰：「君哉！舜也」。〔註113〕

理充塞宇宙，《周易》所揭示的陽貴陰賤、剛明柔暗，雖是論《易》理之基本原則，但不能固持，亦須視爻位所在是否明理、順理，若能順能明此理則吉，違之則凶。以〈晉〉卦爲例，其成卦是〈坤〉下〈離〉上，表「明出地上」之意，其中上卦〈離〉卦之所以爲明，因所明者不外乎此理。〈晉〉卦主爻爲六五爻，〈晉・六五〉曰：「悔亡，失得勿恤；往吉，无不利」，此爻是以陰爻居上卦〈離〉之尊位之中，爲〈離〉卦大明之主，故无不利。〈晉〉卦之下卦，〈坤〉之初六、六二、六三爻因能順從〈離〉卦所明之理，故爻辭亦吉而無不利。而九四、上九則因違逆此理，又因前者失位不中，後者處於〈晉〉卦之終極，過於剛強，故皆不盡善。因此，象山以爲能順理之爻即善，不能順理則不盡善。就此而言，人要先明此理，先明人之本心，再以之來論述卦爻，方不會爲卦爻之畫、卦爻之辭所拘泥。再者，〈坤・六二〉曰：「直方大，不習无不利」，〈坤・文言〉曰：「直，其正也；方，其義也。君子敬以直內，義以方外，敬義立而德不孤。」這是說一個人若以敬使內心正直；以義使行爲端正，以此接人，人亦以敬以義待之，如此則德不孤。象山以爲〈坤・文言〉所說的敬、義、內、外，其實皆是說此理，此理即孟子說的「良知」、「良能」、

〔註111〕《陸九淵集・雜著・易說》，卷二十一，頁257。
〔註112〕《陸九淵集・與曾宅之》，卷一，頁5。
〔註113〕《陸九淵集・與趙詠道第四書》，卷十二，頁161。

「本心」。復次，〈乾〉、〈坤〉之理和聖人之理皆是同一個理。〈乾〉是天道之創生，〈坤〉是萬物之終成，〈乾〉、〈坤〉代表了天道之生生不息。而聖人之德性之純亦不已，自強不息，亦是天道生生不息之展現，故從聖人之道德實踐，可以得知天道之奧秘，就此可說天道的內容和聖人之德性是一樣的，這就是天人一本，而象山則以同一理說之。

另外，在討論「〈乾〉以易知，〈坤〉以簡能」時，他是以先知此理、後行此理述之。他說：

> 「〈乾〉以易知，〈坤〉以簡能。」先生常言之云：「吾知此理即〈乾〉，行此理即〈坤〉。知之在先，故曰：『〈乾〉以易知』。行之在後，故曰：『〈坤〉作成物』。」〔註114〕

「〈乾〉以易知，〈坤〉以簡能」，〈乾〉卦列在〈坤〉卦之先，是因為〈乾〉卦是先知此理，而〈坤〉卦是後行此理，故在〈乾〉卦之後。此處象山以為要有先知之實方能有後循之行，或許亦蘊含了要先體悟心體，道德實踐方有可能、方有價值之意。

在總論《周易》時，象山以為《周易》所探討的不外是一心一理。他說：

> 聖人贊《易》，卻只是個『簡易』字道了。〔註115〕

> 後世言《易》者以為易道至幽至深，學者皆不敢輕言。然聖人贊《易》則曰：「〈乾〉以易知，〈坤〉以簡能。易則易知，簡則易從。易知則有親，易從則有功。有親則可久，有功則可大。可久則賢人之德，可大則賢人之業。易簡而天下之理得矣。」……蓋心，一心也；理，一理也，至當歸一，精義無二，此心此理，實不容有二，故夫子曰：「吾道一以貫之。」孟子曰：「夫道一而已矣。」又曰：「道二，仁與不仁而已矣。」如是則為仁，反是則為不仁。仁即此心也，此理也。求則得之，得此理也；先知者，知此理也；先覺者，覺此理也。

〔註116〕

《周易》一書，所窮究的雖是天地鬼神之奧，其書至幽至深，然其內容實可以一理來通貫之，這就是「易簡」精神的發揮。而此理不外乎人，它即是人之本心、仁心、道德實踐之源頭，求則得之，人之所知所覺者，就是此心此

〔註114〕《陸九淵集・語錄上》，卷三十四，頁401。

〔註115〕《陸九淵集・語錄上》，卷三十，頁423。

〔註116〕《陸九淵集・與曾宅之》，卷一，頁4～5。

理，亦只有此心此理而已。

（二）以卦德爻義恢復本心和以九卦論心學工夫

　　從上述的討論中可知，象山是以此心此理來通貫《周易》全書，以爲《周易》所呈現的只是人之本心、道德之理，而因《周易》中之道理和人心一致，故能將之運用於人心上。他在論述〈繫辭上〉「聖人以此洗心，退藏於密」時，即以爲蓍卦之德，六爻之義是用以洗滌人心的。他說：

> 滌人之妄，則復乎天者自爾微；盡己之心，則交乎物者無或累。蓍
> 卦之德，六爻之義，聖人所以復乎天交乎物者，何其至耶？以此洗
> 心，則人爲之妄滌之而無餘。人妄既滌，天理自全，退藏於密微之
> 地，復乎天而已。由是而吉凶之患，與民同之，而己之心無不盡。
>
> 心既盡，則事物之交，來以神知，往以知藏，復何累之有哉？〔註117〕

蓍卦之德，六爻之義，可洗滌人欲之妄，這是「以此洗心」。洗心之用意，是要除去憧憧頻復往來之私心，令它勿爲私欲所害，恢復本然之感通。〔註118〕至於「退藏於密」，是指人妄既滌，天理之全即復而言。一旦人能洗心、退藏於密，吉凶之事就可和民同患，己之本心得以充盡發揮。當靈明之本心一發揮出來，則與事物相交涉時，能知來藏往，故心雖日涉萬機，但本心卻不會受事物所累。象山又曰：

> 以此洗心，信乎其復於天矣。雖六、七、八、九之錯綜無窮，〈乾〉、
> 〈坤〉六子之摩蕩不息，而五十之數，所謂不用之一者，實於是乎
> 見之，則聖人退藏之地，豈所謂過而溺焉者哉！得失之象形，悔吝
> 之情著，則爻之所以爲吉凶者，吾之所以與民同患者也。至誠如神，
> 受命如響，事物之來，神以知之，無以異於蓍之圓也。物各付物，
> 所過者化，事物之往，知以藏之，無以異於卦之方也。夫聖人之同
> 乎民、交乎物者，亦異於不及而膠焉者矣。〔註119〕

〔註117〕《陸九淵集・程文》「聖人以此洗心，退藏於密」條下，卷二十九，頁340。
〔註118〕象山曰：「嘗考於〈咸〉之卦，而得聖人洗心之妙。……至於九四一爻，聖人以
　　　　其當心之位，其言感通爲尤至。曰：『正吉悔亡』，而〈象〉以爲未感害也。蓋
　　　　未爲私感所害，則心之本然，無適而不正，無感而不通。曰：『憧憧往來，朋從
　　　　爾思』，而〈象〉以爲未光大也。蓋憧憧往來之私心，其所感必狹，從其思者獨
　　　　其私朋而已。聖人之洗心，其諸以滌去憧憧往來之私，而全其本然之正也與？」
　　　　《陸九淵集・程文》「聖人以此洗心，退藏於密」條下，卷二十九，頁342。
〔註119〕同上，頁341。

聖人能洗心，復其天理，其心就是大衍之數五十，其用四十有九，那不用之一。此心堅定，不爲物累，就如在卦爻象的變化中，雖千變萬化，不用之一仍是定然不動的，故曰「豈所謂過而溺焉者哉」，這也是聖人退藏之地。再者，他又以大衍之數四十有九，爲聖人濟世之用。四十九根蓍策揲筮成卦爻，由卦爻中可知曉事物得失之象、吉凶悔吝之情形，爻象示人以吉凶，聖人就能以此和人民同憂患。聖人之心至誠如神，故事物之往來，皆能曉知，這就是「蓍之德圓而神，卦之德方以知」。以此心而行，故能與民同患、交物而不爲物制，此時聖人之德嘉惠眾人，不偏愛一方，故曰：「亦異於不及而膠焉者矣」。

復次，象山在討論九卦之排列秩序時，以九卦發明本心，並闡述了他的修養工夫。他說：

〈復〉是本心復處，如何列在第三卦，而先之以〈履〉與〈謙〉？蓋〈履〉之爲卦，上天下澤，人生斯世，須先辨得俯仰乎天地，而有此一身，以達於所履。其所履有得有失，又繫於謙與不謙之分。謙則精神渾收聚於內，不謙則精神渾流散於外。惟能辨得吾一身所以在天地間舉錯動作之由，而斂藏其精神，使之在內而不在外，則此心斯可得而復矣。次之以常固，又次之以〈損〉、〈益〉，又次之以〈困〉。蓋本心既復，謹始克終，曾不少廢，以得其常，而至於堅固。私欲日以消磨而爲〈損〉，天理日以澄瑩而爲〈益〉。雖涉危陷險，所遭多至於困，而此心卓然不動。然後於道有得，左右逢其原，如鑿井取泉，處處皆是。蓋至於此則順理而行，無纖毫透漏，如〈巽〉風之散，無往不入，雖密房奧室，有一縫一罅，即能入之矣。〔註120〕

〈復〉者陽復，爲復善之義。人性本善，其不善者遷於物也。知物之爲害，而能自反，則知善者乃吾性之固有，循吾固有而進德，則沛然無他適矣。故曰：「〈復〉，德之本也。」〔註121〕

〈繫辭下〉三次反覆闡述〈履〉、〈謙〉、〈復〉、〈恆〉、〈損〉、〈益〉、〈困〉、〈井〉、〈巽〉九卦之意義，其曰：「《易》之興也，其於中古乎？作《易》者，其有憂患乎？是故〈履〉，德之基也；〈謙〉，德之柄也；〈復〉，德之本也；〈恆〉，

〔註120〕《陸九淵集・年譜》「淳熙二年乙未，先生三十七歲」條下，卷三十六，頁490。
〔註121〕《陸九淵集・語錄上》，卷三十四，頁416～417。

德之固也；〈損〉，德之脩也；〈益〉，德之裕也；〈困〉，德之辨也；〈井〉，德之地也；〈巽〉，德之制也。〈履〉和而至，〈謙〉尊而光，〈復〉小而辨於物，〈恆〉雜而不厭，〈損〉先難而後易，〈益〉長裕而不設，〈困〉窮而通，〈井〉居其所而遷，〈巽〉稱而隱。〈履〉以和行，〈謙〉以制禮，〈復〉以自知，〈恆〉以一德，〈損〉以遠害，〈益〉以興利，〈困〉以寡怨，〈井〉以辯義，〈巽〉以行權。」這就是「三陳九卦」。孔穎達說：「六十四卦悉爲脩德防患之事，但於此九卦最是脩德之甚，故特舉以言焉，以防憂患之事。」〔註122〕這是說《易經》之作本於憂患意識，而〈繫辭下〉三陳九卦之意義，則指示人們如何藉由修德去防憂杜患。所謂憂患意識，據徐復觀先生說：「憂患意識，不同於作爲原始宗教動機的恐怖、絕望。……『憂患』與恐怖、絕望的最大不同之點，在於憂患心理的形成，乃是從當事者對吉凶成敗的深思熟考而來的遠見；在這種遠見中，主要發現了吉凶成敗與當事者行爲的密切關係，及當事者在行爲上所應負的責任。憂患正是由這種責任感來的要以己力突破困難而尚未突破時的心理狀態。……這種憂患意識，實際是蘊蓄著一種堅強地意志和奮發的精神。……在憂患意識躍動之下，人的信心的根據，漸由神而轉移向自己本身行爲的謹慎與努力。這種謹慎與努力，在周初是表現在『敬』、『敬德』、『明德』等觀念裏面。……周初所強調的敬，是人的精神，由散漫而集中，並消解自己的官能欲望於自己所負的責任之前，凸顯出自己主體的積極性與理性作用。」〔註123〕簡言之，人因爲憂患意識之作用，要求修明己德，由此擺脫對神之依賴，呈顯出人的主體性來。至於此九卦之陳述方式，孔穎達指稱是「明九卦各與德爲用也」、「辨九卦性德也」、「論九卦各有施用而有利益也」，此即初陳是敘述九卦之德，如「〈謙〉，德之柄也」，「言爲德之時，以謙爲用。若行德不用謙，則德不施用，是謙爲德之柄，猶斧刃以柯柄爲用也。」；再陳是敘述九卦之性質，如「〈謙〉尊而光」，「以能謙卑，故其德益尊而光明也」；三陳是敘述九卦之功用，如「〈謙〉以制禮」，「性能謙順，可以裁制於

〔註122〕《十三經注疏・周易正義・繫辭下》，卷八，頁173。

〔註123〕徐復觀：《中國人性論史・先秦篇》（臺北：臺灣商務印書館，1969年1月初版）第二章〈周初宗教中人文精神的躍動〉，頁20～22。關於憂患意識，另詳參牟宗三：《中國哲學的特質》（臺北：臺灣學生書局，1963年6月初版），頁9～14、楊陽光：《易經憂患意識研究》（臺灣師範大學國文研究所1985年碩士論文）、高明等：《憂患意識的體認》（臺北：文津出版社，1987年4月初版）、王新華：《周易繫辭傳研究》（臺北：文津出版社，1998年4月初版）第十章〈憂患意識〉，頁238～264。

禮。」〔註124〕

　　從〈履〉至〈巽〉的排列，象山則以爲是要闡明本心之由恢復到無入而不自得之過程。〈履〉是要辨明人在天地間一切行爲之源由，以求所踐履者合乎禮義。人所履者得失之分，須謙以助成之，能謙則精神收斂，故〈履〉後繼之以〈謙〉。能知行爲之由，又能收斂精神使心不外放，不遷於物而能自反，則本心就能逐漸恢復。本心既復，謹始克終，片刻不懈，是爲恒。能恒則其德日進而固，所謂「〈恆〉，德之固也」。當人之德行日修，私欲就日消，天理本心就日漸呈現，這就是〈損〉卦和〈益〉卦接續出現之原因。人在踐德過程中，也許會身處危難，有如〈困〉卦所表示者，但只要心堅不移，必能領悟大道，左右逢源，這有如〈井〉卦所示之鑿井日久，處處得泉之義。最後，用力一久，本心即刻朗現，時無往不自得，此時之言行就像〈巽〉風之無處不入，令人讚揚。以上就是他在討論九卦之順序時，所帶出來的工夫論。

二、楊簡之心學《易》理

　　楊簡（公元1140年～1226年），南宋人，字敬仲，因築室於慈湖上，故人又稱「慈湖先生」。他是陸象山的大弟子，和象山不同的是，他特別著重對「意」的討論。在他的學思歷程中，對心體經歷了數次體悟：二十八歲時，有萬物與我一體之感；〔註125〕三十一歲時，象山過富陽，楊簡問何謂本心，象山以仁義禮智四端之心指示之，簡始終不省。時有鬻扇者訟於庭，慈湖因而斷其曲直，象山據此剖析扇訟，因而指其本心，楊簡忽覺心體之澄然清明、無所不通，遂悟本心；〔註126〕三十二歲時，遇母喪，而悟心體之「寂然不動」；

〔註124〕同注122。關於此九卦之涵義，除見於孔疏外（頁173），可詳參注121引王著，頁252～264。

〔註125〕楊簡曰：「某之行年二十有八也，居大學之循理齋。時首秋，入夜，齋僕以燈至，某坐於床，思先大夫嘗有訓曰『時復反觀』。某方反觀，忽覺空洞無內外、無際畔，三才、萬物、萬化、萬事、幽明有無，通爲一體，略無縫罅。」參見《慈湖先生遺書·炳講師求訓》（山東：孔子文化大全編輯部編輯，山東友誼出版社，1991年12月第1版），卷十九，頁963。

〔註126〕《慈湖先生遺書·慈湖先生行狀》載：「文安公（陸九淵）新第歸來富陽。……夜集雙明閣上，數提本心二字，因從容問曰：『何爲本心？』適平旦嘗聽扇訟，公即揚聲答曰：『且彼訟扇者必有一是有一非，若見得孰是孰非，即決定謂某甲是，某乙非矣。非本心而何？』」先生聞之，忽覺此心澄然清明，亟問曰：『止如斯邪？』公竦然端屬，復揚聲曰：『更何有也！』先生不暇他語，即揖而歸拱。達旦質明，正北面而拜，終身師事焉。每謂，某感陸先生尤是，再

〔註127〕五十多歲時，悟「離意象」之法，因而「覺而益通，縱所思爲，全體全妙」。〔註128〕在他之前，心學家是零星的以心來解《易》；從他開始，方有系統的援心學去解《易》，其《易》學著作《楊氏易傳》可說是典型的心學《易》之代表。〔註129〕除《楊氏易傳》外，尙著有《慈湖遺書》、《慈湖詩傳》等。其心學解《易》觀點主要有人心即《易》之道和天人一本。

（一）人心即《易》之道

楊簡以爲《易》之道即指人之本心。在他的《易》學中，屢稱此義：

善學《易》者，求諸己，不求諸書。古聖作《易》，凡以開吾心之明而已。〔註130〕

人心即《易》之道也。〔註131〕

人心即大《易》之道，自神自明。〔註132〕

《易》道不在遠，在乎人心不放逸而已矣。〔註133〕

《易》之道一也，亦謂之元。……此元非遠，近在人心念慮未動之

答一語更云云便支離。」卷十八，頁 917～918。

〔註127〕《楊氏易傳》（《四庫全書・經部一・易類三》，第 14 冊）載：「居姚氏喪，哀慟切痛，不可云喩，既久略省察，曩正哀慟時，乃亦寂然不動，自然不自知，方悟孔子哭顏淵至於慟矣而不自知，正合無思無爲之妙，益信吾心有此神明妙用。」卷二十，頁 213。

〔註128〕慈湖曰：「學者初覺，縱心之所之，無不玄妙，往往遂足，不知進學，進而舊習難遽消，未能念念不動。……予自三十有二微覺已後，正墮斯病。後十餘年，念年邁而德不進，殊爲大害，偶得古聖遺訓，謂學道之初，繫心一致，久而精純，思爲自泯。予始敢觀省，果覺微進。後又於夢中獲古聖面訓，謂某未離意象。覺而益通，縱所思爲，全體全妙。其改過也，不動而自泯，泯然無際，不可以動靜言。」《慈湖先生遺書・家記九・泛論學》，卷十五，頁 761～762。

〔註129〕《四庫全書總目提要・經部一・易類三・楊氏易傳提要》曰：「簡之學出陸九淵，故其解《易》惟以人心爲主，而象數事物皆在所略，甚至謂《繫辭》中『近取諸身』一節，爲不知道者所僞作，非孔子之言。……考自漢以來，以老、莊說《易》，始魏王弼。以心性說《易》，始王宗傳及簡。……顧宗傳人微言輕，其書僅存，不甚爲學者所誦習。簡則爲象山弟子之冠，如朱門之有黃榦；又歷官中外，政績可觀，在南宋爲名臣，尤足以籠罩一世，故至於明季，其說大行。……特簡等專明此義，遂流於恍惚虛無耳。」卷三，頁 13。

〔註130〕《慈湖先生遺書・家記一・己易》，卷七，頁 302。

〔註131〕《楊氏易傳・復・卦辭》，卷九，頁 302。

〔註132〕《楊氏易傳・履・初九》，卷五，頁 54。

〔註133〕《楊氏易傳・需・初九》，卷四，頁 40。

始，其元乎？〔註134〕

人之本心是謂道心。道心無體，非血氣，澄然如太虛，隨感隨應，
如四時之變化，故當躍斯躍，當疑斯疑，無必進之心，故雖躍而未
離淵。〔註135〕

善學《易》者，乃求諸己心，而不拘泥於文字的解釋上。《易》之創作，不過
開通吾本心之明。人之本心即是《易》之道。它是自神自明、不放逸的，乃
念慮未動之始。本心又稱道心，非指血氣之心，它無形無體，明澄如太虛，
寂然不動、感而遂通的。既然《易》道是指人心，則卜筮之用、繫辭之制、
八卦、六十四卦之變化皆是要闡明人心。楊簡說：

卜筮者，民之利用；聖人繫之辭，因明人之道心，是謂正德。人心
即道，故舜曰：「道心」。〔註136〕

天地之道，其爲物不二。八卦者，《易》道之變化也，而六十四卦者，
又變化中之變化也。物有大小，道無大小；德有優劣，道無優劣。
其心通者，洞見天地人物，盡在吾性量之中；而天地人物之變化，
皆吾性之變化，尚何本末、精粗、大小之間？〔註137〕

道固有如是曲折萬變也，此其所以名之曰《易》。《易》有變之道也，
是道不離乎人心。人之道心自剛，自無不應，自能順動。諸卦象辭
多言曲折變異之形，聖人所以明大《易》之道也。或者往往溺諸人
情事狀，不悟其即天下何思何慮之妙也。〔註138〕

卜筮和繫辭是《尚書》說的「正德、利用」之事，繫辭尤用以來發揚人心。
而八卦、六十四卦的爻象辭既呈現出《易》道之變化，亦指陳出吾心吾性中
之變化，所謂「象也者，像此者也；爻也者，傚此者也」，《易》道與吾心是
本一的。《易》所描述的陰陽變化之道，一日都不離乎人心，所謂「陰陽變化
無一日不自道心而生者」。〔註139〕這人心是自然而剛，自然無不應物，自然順
理而動。而諸卦象辭中隱微的道理，其實就是聖人用來闡明人心的。具體而

〔註134〕《楊氏易傳・蠱・卦辭》，卷七，頁77。
〔註135〕《楊氏易傳・乾・九四》，卷一，頁11。
〔註136〕《楊氏易傳・乾・卦辭》，卷一，頁5。
〔註137〕同上。
〔註138〕《楊氏易傳・豫・象》，卷七，頁71。
〔註139〕《楊氏易傳・臨・卦辭》，卷八，頁43。

言，各卦的卦爻、傳文在在都是發揮此理。慈湖曰：

> 包犧氏欲形容《易》是己而不可得，畫而爲━。於戲！是可以形容
> 吾體之似矣。又謂是雖足以形容吾體，而吾體之中，又有變化之殊
> 焉，又無以形容之，畫而爲━。━者，吾之━也，━━者，吾之━━
> 也。━者，吾之全也……━━者，吾之分也。〔註140〕

> 無虞他日之吉凶，但觀一念慮之得失。當〈乾〉之初而不肯潛，此
> 心放也。當五而不能飛，此心固也。當三而不惕，此心慢也。當四
> 而不疑，此心止也。循吾本心以往，則能飛、能潛、能疑、能惕，
> 能用天下之九，亦能用天下之六，能盡通天下之故，仕止久速，一
> 合其宜，周旋曲折，各當其可，非勤勞而爲之也，吾心中自有如是
> 十百千萬散殊之正義也。〔註141〕

> 曰：「直」，曰：「方」，皆所以形容道心之言，非有二理也。此道甚
> 大，故曰：「直、方、大」。此道乃人心之所自有，不假脩習而得。
> 〔註142〕

> 三才之間，何物非天地之心？何事非天地之心？何理非天地之
> 心？……天地之心即道，即《易》之道，即人，即人之心，即天地，
> 即萬物，即萬事，即萬理。？〔註143〕

此處慈湖以爲《易》是己心，《易》之陰陽爻是己心反映，其中陽爻來自我心，
陰爻則自陽爻分化而來。再者，〈乾〉卦諸爻是心之一念的呈現。〈乾·初九〉
曰：「潛龍勿用」，此時人應沉潛而不能沉潛，乃因心放逸也；〈乾·九五〉曰：
「飛龍在天，利見大人」，此時人應飛騰其志而不能飛騰，乃因心固滯也；〈乾·
九三〉曰：「君子終日乾乾，夕惕若，厲无咎」，此時人應警惕而不能警惕，乃
因心之傲慢也；〈乾·九四〉曰：「或躍在淵，无咎」，「或」，〈乾·文言〉曰：「或
之者，疑之也」，《周易正義》曰：「言九四陽氣漸進，似若龍體，欲飛猶疑，或
也」，這裏的「或」是指「並非猶疑不決，而是審時度勢，待機奮進」，〔註144〕

〔註140〕《慈湖先生遺書·家記一·己易》，卷七，頁291。
〔註141〕同上，頁308。
〔註142〕《楊氏易傳·坤·六二》，卷一，頁24。
〔註143〕《楊氏易傳·復·象》，卷九，頁96～97。
〔註144〕見黃壽祺、張善文：《周易譯注》（上海：上海古籍出版社，1989年5月第1
版），卷一，〈乾·九四〉「或躍在淵」句「或」字下注，頁4。

慈湖以爲此時人本應審時度勢、待機奮進，而不能者乃因心之止息也。因此人若把握自己神明靈動的本心，循此以往則能飛、潛、疑、惕，用天下之九，用天下之六。實際上，心是非人力所能影響之道心，它本具足《易》之理，故它自然就和〈乾〉卦諸爻若合符節。進一步說，世間的一切皆是我心之事物，不能外於我心而存在著。又，〈坤・六二〉曰：「直方大，不習无不利」，六二爻是〈坤〉卦之主，「直、方、大」是指其正直、合矩、宏大，此三者形容〈坤〉道之德用。能「直、方、大」，故不經學習亦無不利。慈湖則以爲此爻之「直、方、大」是形容道心。道心爲人所本有，它不起於意，故不入於邪。道心也是孟子所的良知良能，自然就存在著，不須經由學習所得。若是定須經學習而得，則是勉強此本心。〔註145〕又，〈復・象〉曰：「復其見天地之心」，這是說由〈復・初九〉之一陽生起，可以見到天地生物之心。慈湖則以爲此爻之「天地之心」，是指人心、《易》道、天地、萬物、萬事、萬理，這些皆是通而爲一的。

　　人固然有道心，但是一般人爲人情事狀所困，故不了解《易》之道。換言之，人之遭受困惑，乃因不能直心而動，故時時爲夾雜私欲的意念所限也。關於意念，楊簡曰：

> 人性皆善，皆可以爲堯舜，特動乎意，則惡。〔註146〕

> 千失萬過，孰不由意慮而生乎？意動於愛惡故有過，意動於聲色故有過，意動於云爲故有過，意無所動本亦無過。〔註147〕

> 人心自明，人心自靈，意起我立，必固礙塞，始喪其明，始失其靈。……何謂意？微起焉，皆謂之意；微止焉，皆謂之意。意之爲狀，不可勝窮，有利有害，有是有非，……，縱說橫說、廣說備說，不可得而盡。然則心與意奚辨？是二者未始不一，蔽者自不一。一則爲心，二則爲意；直則爲心，支則爲意；通則爲心，阻則爲意。〔註148〕

〔註145〕慈湖曰：「直心而往即《易》之道。意起則支而入于邪矣。直心而行，雖遇萬變，未嘗轉易，是之謂方。圓則轉，方則不轉。方者特明不轉之義，非于直之外，又有方也……是道非學習之所能，故曰不習。孟子曰：『人之所不習而能者，其良能也；所不慮而知者，其良知也。』習者勉彊，本有者奚俟乎習？此雖人道，即地之道，故曰地道光也。光如日月之光，無思無爲而無所不照不光明者也。必入于意，必支而他，必不直方，必昏，必不利。」見《楊氏易傳》，卷二十，頁210。

〔註146〕《慈湖先生遺書・鄉記序》，卷一，頁60。

〔註147〕《慈湖先生遺書・樂平縣學記》，卷二，頁83。

〔註148〕《宋元學案・慈湖學案・絕四記》，卷七十四，頁74～77。

人性是本善的，它是成爲堯舜的根本，然因受意影響，故人不免犯了各種過惡。人心本是靈明的，亦因意而受礙塞，不復靈明。此處的意，是指細微生起的私念，它有許多產生的情況，無法一一言盡。意和心，本是一，但因意受欲望昏蔽，故不能如心般專一、直顯、通透。故若要呈顯出心體之明，則只要毋意即可。

　　楊簡以意爲人犯錯之根源，故其著作中用了許多篇幅來討論意。他在解《易》時亦著重此點發揮。他說：

> 人之所以不能安於下而多有進用之意者，動於意而失其本心也。人之本心至神至明，與天地爲一。方陽氣在下，陽氣寂然安於下，未嘗動也。人能如陽氣之在下，寂然無進動之意，則與天地爲一，不失其心矣，是之謂得《易》之道。不能安於潛而有欲用之意者，必獲咎厲，必凶，是謂失《易》之道。〔註149〕

> 意起爲過，不繼爲復。不繼者，不再起也，是謂「不遠復」。意起不已，繼繼益滋，後雖能復，不可謂「不遠復」。不遠之復，孔子獨與顏子，謂其「不善未嘗不知，知之未嘗復行」者……顏子清明，微過即覺，覺即泯然，無際如初，神明如初，是謂「不遠復」。〔註150〕

> 言其本止而不動，意動則往矣，往則爲妄矣，動則離无妄而之妄矣。故曰：「无妄之往，何之矣」？離无妄而之妄，離天命而之人欲，天不祐也，何以能行？非天不祐，自取之也。〔註151〕

就〈乾・初九〉「潛龍勿用」言，初九爻是事物之發端，時位卑力微，不足以成大事，故須蓄養己身，待時而動。慈湖則以爲〈乾・初九〉是指陽氣寂然處下，未有所動，故人應起而效法之，不動於意，才不失其本心，方是與天地爲一，得《易》之道。若動於意，則不能安處於下而多求進用，必獲咎厲，必凶，是失於《易》也。就〈復・初九〉：「不遠復，無祇悔，元吉」言，本指「不遠而復歸正道，故無悔恨，是以大吉」，而顏子「有不善未嘗不知，知之未嘗復行」，是「不遠復」的典型。慈湖則以爲「不遠復」是指「意起之後不再起不再繼」說。人的過失本由意引起，但因意不再生起繼續，故能不遠而復。若意起連連，改而又起，不是「不遠復」。而眞正的「不遠復」是顏子，

〔註149〕《楊氏易傳・乾・初九》，卷一，頁11。
〔註150〕《楊氏易傳・復・初九》，卷九，頁97。
〔註151〕《楊氏易傳・无妄・象》，卷九，頁99～100。

他在意初起時就察覺到己過，遂能馬上起而更改。就〈无妄·象〉：「无妄之往，何之矣」言，本指「在不能妄爲時前往，這是背離正道，是不會有路可通的」。慈湖則以爲心本不動，那是无妄，動於意則爲妄，循意之動而往就是「離无妄而之妄」、「離天命而之人欲」，這是自取之也，故不能通行。通過這三爻的解釋，可看出慈湖時時發揮他「不起意」之爲學宗旨，人若眞能「不起意」，則千萬過失，就能加以避免。

綜上所述，慈湖特以本心、私意來詮解《周易》經傳之文，此顯示了他以人心解《易》的特色。

（二）天人一本

「天人一本」是說天與人無間隙、無分別，這也是凡講心學者必先肯認的原則。慈湖在解《易》時，亦多處闡發此理。他說：

> 夫道一而已矣，三才一，萬物一，萬理一。〔註152〕

> 吾未見夫天與地與人之有三也。三者形也，一者性也，亦曰道也，又曰《易》也，名言之不同，而其實一體也。〔註153〕

> 天即道，天即《乾》，天即《易》，天即人。〔註154〕

> 夫道一而已矣。是道超出乎萬物之表，故曰：「首出庶物」，是道能致萬國咸安寧，故曰「萬國咸寧」。「首出庶物」似言天，「萬國咸寧」似言人，學者觀之，疑不可聯言。合而言之，以明天人一致，使學者不得而兩之。知天人之本一，則知〈乾〉矣。〔註155〕

> 夫道一而已矣。……崇廣效法，蓋以人心未能皆悟本一之妙，姑因情立言曰效法，而進至於果與天地相似無間，則自信其本一矣。此心人所同有，故《易》之道亦人所日用。〔註156〕

道是一，故天地人（或天道、地道、人道）三才，萬物萬理皆源於一，一即心也。自此角度言，天人皆爲心所生，是一本，是「天即人，人即天」，故曰：「天人一本」。〈乾·象〉曰：「首出庶物，萬國咸寧」，二者似乎是分別說天、人。但天人是不能如此截然二分的，因二者之本是道是一是心，這也是〈乾〉

〔註152〕《楊氏易傳·乾·卦辭》，卷一，頁5。
〔註153〕《慈湖先生遺書·家記一·己易》，卷七，頁293。
〔註154〕同上，頁301。
〔註155〕《楊氏易傳·乾·象》，卷一，頁10。
〔註156〕《楊氏易傳·乾·卦辭》，卷一，頁5。

卦之道理。再者，聖人自然能崇德、廣業、效天、法地，一般人則未能體悟
天人一本之理，故須通過《周易》來領悟之。

　　由於天人一本、天人一致，故人道即天道，慈湖說：

　　　　君子所以自強不息者，即天行之健也，非天行之健在彼，而君子做
　　　　之於此也。天人未始不一也。〔註157〕

〈乾・大象〉曰：「天行健，君子以自強不息」，這本是說天道健行，故君子
起而效法之。慈湖則以爲君子的自強不息，就是同時是天道之健行，而不是
說先有一健行之天道，而後方爲君子所模仿。

　　天人既是一本，故人道和天道的規律是相貫通的。他說：

　　　　天下無二道也，內以節己，外以節物，凡天下之有所謂節止也。……
　　　　天地亦有節，夏暑之極，秋節之；冬寒之極，春節之，故四時成。
　　　　爲國則以制度，有度則財不妄用，不妄用則不橫斂害民。言天地似
　　　　無與乎人，而聖人必並言之，何也？人道即天地之道，以制度即四
　　　　時寒暑暄涼之宜。聖人以此開萬世之明，其曰不無小異焉者，不惟
　　　　不知天地，亦不知人，實不識節以制度。天人無二道，一通則無所
　　　　不通，一有不通則皆不通。〔註158〕

天地之四時有自然的調節作用，夏暑之極以秋涼節之，冬寒之極以春暄節之。
聖人依天道得出人事的規律，治國亦須時時調節。因此，「天人無二道，一通
則無所不通，一有不通則皆不通。」由於天道同於人道，故人的一切毫髮作
爲必須合乎天道。楊簡說：

　　　　以五陰剝一陽，柔變剛也。柔象小人，剛象君子，不利有攸往者，
　　　　小人之道長日盛，君子不利有所往也。順而止之，卦有此象，〈坤〉
　　　　順〈艮〉止，觀象可知也。小人既盛，不可遽止，順而止之可也。
　　　　小人既極其盛，盛極而衰，亦有可以順止之理，然不可必也，一觀
　　　　天消息盈虛之勢如何。小人果有消虛之勢，則順而止之，如其未消
　　　　而虛，是以天行之未可。聖人所以繼言於後者，深知順止之象不可
　　　　必也，君子亦何敢置己意於其間哉？窮則獨善其身，達則兼善天下，
　　　　進退作止，無非天之所行也，有毫髮未與天爲一，君子恥之。〔註159〕

〔註157〕《楊氏易傳・乾・大象》，卷一，頁10。
〔註158〕《楊氏易傳・節・卦辭》，卷十九，頁198～199。
〔註159〕《楊氏易傳・剝・卦辭》，卷九，頁94。

〈剝〉卦卦象是五陰在下，一陽在上，陰向陽侵，柔變剛也。此時小人之勢力盛，君子不宜所往，應效法上〈艮〉下〈坤〉之卦象，不以剛強，而以柔順之道止之。小人有消虛之勢時，則順而止之以兼善天下。如其未消而虛，則獨善其身。總之，一切作爲務求與天相合。

由上所述，慈湖強調了天人一本，但他在作這樣的強調時，是收歸在人主體這邊。他說：

> 天，吾之高；地，吾之厚；日月，吾之明；四時，吾之序；鬼神，吾之吉凶。其謂之合也固宜，其謂之弗違也，又何疑。故大傳亦曰：「範圍天地之化而不過，曲成萬物而不遺」。〔註160〕

> 清明者，吾之清明，博厚者，吾之博厚，而人不自知也。人不自知，而相與指名曰彼天也，彼地也。……夫所以爲我者，毋曰血氣形貌而已也。吾性之澄然清明而非物，吾性洞然無際而非量。天者吾性中之象，地者吾性中之形。故曰在天成象，在地成形，皆我之所爲也。〔註161〕

天之高，地之厚，日月之明，四時之序，鬼神之吉凶，其實不過是吾心之變化云爲，因此若能呈現出吾之道心，就能以之「範圍天地、曲成萬物」了。同樣的，天之清明、地之博厚亦即吾心之清明、博厚，而在天所成的萬象，在地所成的萬形，亦不離吾心，而爲吾心之所爲。

既然萬事萬物都是吾心之變化之呈現，故整部《周易》都是在闡明吾心。他說：

> 《易》者，己也，非有他也。以《易》爲書，不以《易》爲己，不可也。以《易》爲天地之變化，不以《易》爲己之變化，不可也。天地，我之天地；變化，我之變化，非他物也。私者裂之，私者自小也。〔註162〕

《周易》的內容，就是己心的內容。若只把《周易》當成一部書，不以它來探討己心，是不可以的。《周易》所談雖是天地變化之道，但基於天人一本的立場，故天地，是我之天地；天地之變化，即吾心之變化，二者是不能斷然割裂開來的。若只以爲天是天，我是我，二者不相關，就是割裂了天人的關係。

〔註160〕《楊氏易傳・乾・文言》，卷一，頁20。
〔註161〕《慈湖先生遺書・家記一・己易》，卷七，頁292。
〔註162〕同上，頁291。

三、王宗傳之心學《易》理

　　王宗傳，南宋人，字景孟，生卒年不詳，只知他是淳熙八年（公元 1181年）進士。除了楊簡，他是《四庫提要》所提心學《易》的另一位代表，〔註163〕尤精熟於〈繫辭傳〉，並著有《童溪易傳》三十卷，曾自言：「註《本草》誤，誤人命；註《易》誤，誤人心。人心一誤，則形存性亡，爲鬼蜮，爲禽獸，將無所不至其禍，不亦慘於殺人乎？」〔註164〕可見他是多麼重視《周易》對人心的影響。王宗傳的《童溪易傳》是分兩階段完成的，其思想亦有兩階段之不同，但大體是排斥象數《易》學的，所謂「捨數與象不可以爲《易》，而其過也乃數與象也；則金石草本所以爲本草也，而其殺人也乃金石草本也。」〔註165〕他在第一階段詮解的《易》學內容爲《周易》經文，〈彖傳〉、〈大象傳〉、〈小象傳〉、〈乾文言〉、〈坤文言〉，主要是從理學的立場來解《易》；第二階段則只詮解〈繫辭傳〉，主要是從心學的立場解《易》，並時時突顯出心的道德主體性之意義。〔註166〕以下在敘述時就以〈繫辭傳〉爲主要的討論對象。

（一）《易》以發明人心之妙用

　　王宗傳以心解《易》，故他以爲整部《易經》就是闡明「人心之妙用」。他說：

> 聖人本天地以作《易》，非有他也，故所以發明人心之妙用。人心之妙用，即天地之變化也。天地之變化，見於萬物成象成形之際，與夫雷霆風雨、日月寒暑之運動。人心之妙用，則爲可久可大之德業，其實皆无越乎自然之理而已矣。所謂自然之理者，易簡是也。是理

〔註163〕《四庫全書總目・經部一・易類三・童溪易傳提要》曰：「宗傳之說，大概祧梁、孟而宗王弼，故其書惟憑心悟，力斥象數之弊，至譬於『誤註《本草》之殺人』。……蓋弼《易》祖尚元虛以闡發義理，漢學至是而始變。宋儒掃除古法，實從是萌芽。然胡、程祖其理，而歸諸人事，故似淺近而醇實；宗傳及簡祖其元虛，而索諸性天，故似高深而幻窅。……然則以禪言《易》，起於南宋之初。……宗傳及簡則各有成編，顯闡別徑耳。……錄存是編，俾學者知明萬曆以後，動以心學說《易》，流別於此二人。」卷三，頁16。

〔註164〕《童溪易傳・序》（清：徐乾學輯，納蘭成德校訂，《通志堂經解》索引本二，三十卷，臺北：漢京文化事業，1985年初版），頁917。

〔註165〕同上。

〔註166〕參見康雲山：《南宋心學《易》研究》（高雄：高雄師範大學國文研究所1994年博士論文），第六章〈王宗傳的《易》學〉，頁225。康氏以爲王童溪有以心解〈序卦傳〉、〈雜卦傳〉，然查《童溪易傳》，唯有〈繫辭傳〉有如此詮解，〈說卦傳〉、〈序卦傳〉和〈雜卦傳〉則只有《易傳》傳文，不見一字詮解。

也，天得之而尊以位乎上；地得之而卑以位乎下；人得之則參天地
以位乎中。〔註167〕

聖人仰觀俯察萬物之情以作《易經》，雖說是揭示了天地變化之理，實爲了發明人心之妙用。從天地之變化中，可見到萬物的成形成象；而從人心之妙用，可以建立起德業，二者同樣都是創造的作用，並出於自然之理，故可說是等同的。所謂自然之理，就是〈乾〉、〈坤〉和人心所顯示之易簡之理，亦是道德實踐之本體。他說：

> 雖然自然之理，其在天地者然也，聖人奚取焉？取其在人心者，與
> 其在天地者本无以異也。故又發明〈乾〉、〈坤〉之易簡，人能盡之
> 以成德業，則可以與天地參矣。「〈乾〉以易知，〈坤〉以簡能」，此
> 自然之理在天地也；「易則易知，簡則易從」，此自然之理在人心也。
> 夫自然之理既云易矣，夫何難知之有？既云簡矣，又何難從之有？
> 人之所以異於天地者，心志本來簡易故也。〔註168〕

自然之理是存於天地和人心中的。就前者言，它是「〈乾〉以易知，〈坤〉以簡能」，此即〈乾〉之創生萬物是以易而主之，〈坤〉之終成萬物是以簡而成能；就後者言，它是「易則易知，簡則易從」，此因心本具有如〈乾〉、〈坤〉之易簡之理，故沒有難知難從之困難。他又說：

> 《易》之爲《易》，〈乾〉、〈坤〉是也。〈乾〉、〈坤〉之爲〈乾〉、〈坤〉，
> 易簡是也。易簡之爲易簡，又吾心之所以自然者是也。知吾心之所
> 以自然者，則〈乾〉之易，〈坤〉之簡在我而已，其所以成德業而參
> 天地者，又何難乎？人以是理爲難知乎？生而无不知愛其親，長而
> 无不知敬其兄。愛敬之外，初无異事，夫豈難知也？故曰：『易則易
> 知』。又以是理爲難從乎？即无不知愛之心以愛其親，則爲仁：即无
> 不知敬之心以敬其兄，則爲義，夫豈難從也？故曰：『簡則易從』。
> 是理也，非難知也，故非獨吾之親、吾之長於我也而有所親，而人
> 之親，人之長於我也，而亦有所親，此无他，易知故其相親信也亦
> 易。……是理也，非難從也，充无不知愛之心以爲仁，則仁滿天下，
> 而有不可勝用之仁；充无不知敬之心以爲義，則義滿天下，而有不

〔註167〕同注162，釋〈繫辭上〉「天尊地卑，……成位乎其中矣」句，卷二十七，頁
　　　　1175。
〔註168〕同上注，釋〈繫辭上〉「天尊地卑……成位乎其中矣」句，卷二十七，頁1177。

可勝用之義。此无他，易從故其所成就也亦易。〔註169〕

易簡者，我心之所固有，優游涵泳，其味無窮。〔註170〕

此處進而闡明人心本有的易簡之理的易知易從。說其易知，這是從人的生即知愛其親，長即知敬其兄可知。說其易從的，這從人依循愛人之心去愛親，敬長之心去敬兄可知。由此易簡之理推擴出去，就能愛敬天下之人，則所成就的德業就可和天地相配。總之，人心之易簡之理就是〈乾〉、〈坤〉的易簡之理，人心的道德創造，即是〈乾〉、〈坤〉的創生終成萬物，二者都是生生不息的。

王宗傳既以心解《易》，其論心曰：

夫心也者，酬酢萬物之君也。心有所累，則酬酢萬物也，不能擴然而大公。是心也，不能擴然而大公，則亦異於《易》矣。夫无思无爲，寂然而不動，感而遂通天下之故者，《易》也。聖人以此著卦六爻，洗去夫心之累，則是心也，擴然而大公，《易》即吾心也，吾心即《易》也，用能退藏於密，而不窮之用，默存於我焉。……然則退藏於密，此即《易》之所謂无爲、寂然而不動也。夫妙用之源，存於聖人之心，則發而爲用也，酬酢萬物而不窮。〔註171〕

此處說明擴然而大公之心，无爲、寂然而不動之心即是《易》。聖人之心是妙用之源，酬酢萬物之君，且是擴然大公的，亦即是《易》。若心受物欲所累，則不顯其擴然大公，不能和萬物溝通，則非《易》，此時就須以六十四卦之六爻洗去心所受之累贅，這也是《易》教「絜靜精微」之效了。進一步說，《易》道之神用即我心之擴然大公，《周易・繫辭上》說：「易，无思也，无爲也，寂然不動，感而遂通天下之故。」孔穎達曰：「任運自然，不關思慮，是无思也；任運自動，不須營造，是无爲也。」又曰：「既无思无爲，故寂然不動；有感必應，萬事皆通，是『感而遂通天下之故』也。」〔註172〕這是表示易道之神用出於自然，非經驗界的思爲可致，而它雖寂然不動，然不是死寂的不動，而是即寂即感的，能隨時起用以感通天下之萬物，只是因它「退藏於密」，故萬物日用而不知其所以然。而我擴然大公之心，不爲物累，一發用就能酬酢萬物而不窮，就是易道之即寂即感。可見從我心可尋得《易》之理，而《易》

〔註169〕同上注，釋〈繫辭上〉「天尊地卑」句，卷二十七，頁1177～1178。
〔註170〕同上注，釋〈繫辭下〉「《易》之興也」句，卷三十，頁1218。
〔註171〕同上注，釋〈繫辭上〉「聖人以此洗心，退藏於密」句，卷二十八，頁1195。
〔註172〕《十三經注疏・周易正義・繫辭上》，卷七，頁155。

之理原本於我心,故曰:「《易》即吾心也,吾心即《易》」,二者是同一的。

《周易》所展現出來之義理既可從吾心尋得,自然其所載亦是吾心所發德行之敘述。他說:

> 卦象、爻辭者,《易》之書也;變通者,《易》之道也,即是書以明是道,又存乎人焉。然曰:「神而明之」者,以言此非口耳之餘習也,是必以此心之神而明夫《易》之所以然。如〈復〉之初九存乎顏子;〈明夷〉之六五,則存乎箕子;〈革〉與〈明夷〉則存湯武與文王也。夫惟如是,則《易》即我也,我即《易》也,默而成之,不言而信,則卦象爻辭又何有焉?故夫卦象、爻辭之所云者,即吾之德行也。
> 〔註173〕

《易經》中的記載主要是以卦象、爻辭構成,由它們可知《易經》所揭示的變通道理。而對於這些道理的深刻了解、巧妙運用,則存於人心之神中。〈復·初九〉說明顏子的一有惡念必即刻改正,其曰:「不遠復,無祗悔。」〈明夷·六五〉說明箕子雖明而受傷害,其曰:「箕子之明夷。」〈革·彖〉說明湯、武順天應人的革命,其曰:「天地革而四時成,湯、武革命順乎天而應乎人。」〈明夷·彖〉說明文王內心光明、外在順從而蒙囚禁之苦,其曰:「內文明而外柔順,以蒙大難,文王以之。」這四者所呈現的是崇高的德行,亦是他們聖心之神用,故欲了解之,自然要通過人心。因此,《易》之道理,不是抽象遠離的,而是從我心即可體悟出來;而我心發用呈現出的德行,即是《易經》中所載的,二者是同一的,故曰:「《易》即我也,我即《易》」。自此角度說,卦象、爻辭的內容,其實就是說明德行、說明心的意義。

宗傳又以「正」來說明「理、性、命」之意義。他說:

> 蓋是正也,非外鑠我者也,我固有之也。〔註174〕

> 夫正者,在天則為命,在人則為性,而在事與物則為理。古今有殊時,而此正則不變;萬物有成效,而此正則固存。〔註175〕

> 雖然,命,天理也。在天謂之命,在人則中正之德是也。中正之德,蘊蓄於內,則在我之外,无別有天矣。故人謀既盡,天命在是,天

〔註173〕同注162,釋〈繫辭上〉「夫象,聖人有以見天下之賾,……存乎德行」,卷二十八,頁1201。

〔註174〕同上注,釋〈无妄·九四〉「可貞,无咎。」,卷十二,頁1023。

〔註175〕同上注,釋〈困〉卦「亨貞,……尚口乃窮也」,卷二十一,頁1111。

　　人之理相合而不相舍，則天命之修短，又在我而不在天矣，夫何隕

　　越之有哉？……及吾求其所以祈天永命者，則又不過於敬吾之德

　　焉。〔註176〕

所謂「正」是天理，又是「我固有之，非外鑠我也」的先驗的道德本心，它
亦是天之命、人之性、事物之理，永恒不變。「正」在天爲天命，在人爲中正
之德，天命和人之德行是相合一致的，故人雖對天命之修短難以把握，但只
要敬吾之德以事天，就能得到天之永顧。這裡也反映出了人處於苦難的環境
中，所彰顯出的憂患意識。

（二）天人一本

　　王宗傳的天人一本觀是以理來通貫的。他說：

　　天下有不同之物，而无不同之理也。……夫舉天地之大，人物之眾，

　　聖人以一理通之，而能合萬類之睽，其用若此，此天地人物之所不

　　外也。〔註177〕

　　蓋天下有自然之理，純乎天而已矣！天理所在，不可以一毫私意妄

　　加於其閒哉，所謂正也。故在理則爲正，在人則爲性，在天則爲命

　　也，一也。〔註178〕

　　天命即天理，循天之理，不以一毫人僞參焉，則理之所在，天命之

　　所在也，故「大亨以正，天之命也。」何也？曰天道之與天命亦非

　　二物也。其在〈臨〉也，則言剛柔消長之理，故曰天道。〈无妄〉則

　　言其動以天，而人爲不與焉，故曰天命。

天下之物，雖各有不同，但皆能以一理貫通，此因眾物皆同具一理之故也。
由於天之理同於人之理，故自此觀點言，天人可說是一本。此理又稱爲自然
之理，乃純乎天也。天理是不可以私意妄加其上，這就是正，正亦是人之本
心。理在事物之中爲正，在人成爲人之性，在天則是天命，其在不同事物中
雖有不同之名稱，但實際上三者的內容是一樣的。此外，宗傳又以天理來解
說天道和天命，天理即天命，天命又是天道，三者是等同的，因皆爲一理所
貫。至於天道和天命之分別則要視理面對的對象而定，就理落在自然界而言

〔註176〕同上注，釋〈姤·九五〉「九五，以杞包瓜，含章，有隕自天。」，卷二十，
　　　　頁1103。

〔註177〕同上注，釋〈睽·象〉，卷十七，頁1073。

〔註178〕同上注，釋〈无妄〉卦，卷十二，頁1021。

是天道；就落在人之行為上是天命。〈臨〉卦之卦象是〈兌〉下〈坤〉上，二陽自下漸逼於陰，呈現了陽長陰消之勢，此為剛柔消長之理，故曰天道。〈无妄〉之卦象是〈震〉下〈乾〉上，其占是「大亨而利於正」，若有不正，則「不利有攸往」，此往與不往是人所決定的，故曰天命。

宗傳又進一步說：

> 變化，天道也；云為，人事也。聖人以天道人事本无二理，故其興《易》也，即人事以明天道，非舍人事別有所謂天道也。〈上繫〉曰：「擬之而後言，議之而後動，擬議以成其變化。」是也，故於此而曰變化云為，一天人也。夫天下之吉凶，與天下之亹亹者，即人事也，而聖人定之、成之，則以天道律人事也。人有言而云，有動而為，无往而非天道，則得聖人所以興《易》之意矣！且夫人之事有得夫《易》之吉事歟，則必有上天所降之祥；人之事有得夫《易》之象事歟，則必如聖人所制之器；人之事有得夫《易》之占事歟，則又知遠近幽深之來物。凡此皆天道也，孰謂天道人事之為二乎？夫惟天道人事之无有二也，故天地設位於上下，而聖人成能於兩間，此乾坤之德所以全盡於聖人也。所謂人謀，即成天下之亹亹者是也；所謂鬼謀，即定天下之吉凶是也。天人合一，幽顯无遺，則百姓日用於是道之中者，莫不樂推而不厭矣，故即其能以與聖人，以為聖人之能成其故也。〔註179〕

此段是對〈繫辭下〉「夫〈乾〉，天下之至健也，德行恆易以知險。夫〈坤〉，天下之至順也，德行恆簡以知阻，能說諸心，能研諸侯之慮，定天下之吉凶，成天下之亹亹者。是故，變化云為，吉事有祥，象事知器，占事知來，天地設位，聖人成能，人謀鬼謀，百姓與能。」的註解。宗傳以為「變化云為」句中之變化是指天道；云為是指人事，天道人事皆同一理，聖人之制《易》，譬擬物象而說道理，議審物情而後言變動，以擬議而成《易》變化之哲學，此雖是人事，其實所闡明者乃天道，而天道並非隔絕於人事外，於此可見天人一本。對於天下眾事物之吉凶，天下眾人物之奮勉，乃屬人事，而聖人判定其吉凶，促成其奮勉，則是以天道規範人事，總之一切人事，皆有天道相符，二者皆同一理，故天人一本。

〔註179〕同上注，釋〈繫辭下〉「《易》之興也，其當殷之末世，周之盛德邪？……失其守者其辭屈」，卷三十，頁1203。

楊簡和王宗傳雖皆是以心解《易》，但二人仍存在著一些差異，張善文說：「一是，楊簡論《易》乃純取陸九淵心學以爲宗主，門戶之防甚嚴；而王宗傳廣采眾家之說，兼收並蓄，以博取勝。如〈无妄〉卦之義，楊簡採用陸九淵的觀點，以『无妄』爲道心、爲『人之本心』；王宗傳則繼承程頤的學說，以『无妄』爲天理、爲『天命之所在』，足見兩者之不同。又視《童溪易傳》往往引錄邵雍、周敦頤、司馬光、張載、程頤、蘇軾、朱震諸家成說爲據，而《楊氏易傳》則專主陸九淵之學，絕然不採別家的說法。二是，王宗傳在論《易》過程中，常常稱引歷代史事以相參證；楊簡則不甚著意於此。」〔註180〕康雲山以爲「王宗傳的《易》學與楊簡的《易》學相較，同中有異。異處在於前階段吸收、涵容了理學與象數學派的《易》學思想；同處則都是以心爲道德創造的本體，與宇宙的本體相貫通。」〔註181〕

第四節　明代心學《易》之促成

一、王守仁之心學《易》理

王守仁（公元1472年～1528年），明代人，字伯安，人稱「陽明先生」，諡文成。他少好辭章，本宗朱子持敬窮理之說，因無所悟而棄之，遂出入佛老。後因忤宦官劉瑾被貶官於貴州龍場。窮居困索之下，某夜大悟，倡知行合一。晚年更提出「致良知」，成爲心學大師。〔註182〕其著作經後人編爲《王文成公全書》。陽明的經學思想〔註183〕與其心學體系緊密相扣，以下在敘述其

〔註180〕參見氏著《象數與義理》（遼寧：遼寧教育出版社，1993年5月第1版），頁299～300。

〔註181〕參見康雲山：《南宋心學《易》研究》，第六章〈王宗傳的《易》學〉，頁225。

〔註182〕關於陽明學思歷程的變化演進，陽明弟子錢德洪曰：「先生之學凡三變，其爲教也亦三變。少之時，馳騁於辭章，已而出入二氏，繼乃居夷處困，豁然有得於聖賢之資，是三變而至道也。居貴陽時，首與學者爲知行合一之說。自滁陽後，多教學者靜坐。江右以來，始單提致良知三字，直指本體，令學者言下有悟。是教亦有三變也。」參見《陽明全書‧刻文錄敍說（一）》，頁六。

〔註183〕關於陽明的經學思想，清咸豐三年高郵胡泉輯有《王陽明先生經說弟子記》（臺北：廣文書局，1975年4月初版），這是將散見於《傳習錄》各處之經典的解說，依《五經》、《四書》次序來分，並加按語，至於《文集》其他部分之經說則未收錄。欲了解陽明的經學思想，可詳參林慶彰的〈王陽明的經學思想〉，收錄在《明代經學研究論集》（臺北：文史哲出版社，1994年5月初版），頁61～77。

經學時，就觀察他如何以心性的觀點滲透到《周易》中。

（一）以體用觀點論《易》

陽明三十七歲時被貶爲貴州龍場驛驛丞，一日忽然大悟，「始知聖人之道，吾性自足，向之求理於事物者誤也。乃以默記五經之言證之，莫不吻合，因著〈五經臆說〉。」〔註184〕陽明的經學著作中，以〈五經臆說〉〔註185〕最早，時他被貶爲貴州龍場驛驛丞，困居龍場，因無書可閱，遂取曾讀過之書抄錄，意有所得時則加以訓釋，但求直書胸臆，不求必與先賢之意相同。〔註186〕從〈五經臆說〉產生的背景中，可知他已悟道，故其所論皆爲了證其心體而已，他在論述《周易》時，雖主要是從「體用」的觀點出發，〔註187〕但亦處處關聯到心的說明，只是微露不顯而已。〈玩易窩記〉〔註188〕說：

> 夫《易》，三才之道備焉。古之君子，居則觀其象而玩其辭，動則觀其變而玩其占。觀象玩辭，三才之體立矣；觀變玩占，三才之用行矣。體立，故存而神；用行，故動而化。神，故知周萬物而無方；化，故範圍天地而無跡。無方，則象辭基焉；無跡，則變占生焉。是故君子洗心而退藏於密，齋戒以神明其德也。

《易》道廣大，體用兼備，在六爻的變動中，就體現了天、地、人三才的道理。陽明以爲通過「觀象玩辭」，即從卦爻的象和卦爻的文辭的觀察、玩味中，就能體認到《易》道之體；而通過「觀變玩占」，即從卦爻的變化和占斷的觀

〔註184〕《陽明全書・年譜一》，卷三十二，頁七。

〔註185〕〈五經臆說〉原本有四十六卷，禮說六卷，其餘皆十卷，然現已不存，只餘十三條，其中五條說《易》（論述「貞」字，〈恆〉卦，〈遯〉卦和〈晉〉卦（二條）），五條說《詩》（論述《周頌》中的〈時邁〉、〈執競〉、〈思文〉、〈臣工〉、〈有瞽〉五首詩），三條說《左傳》（論述「元年春王正月」（二條）和「鄭伯克段于鄢」），因共有十三條，故又名〈五經臆說十三條〉，見《全書》，第三冊，卷二十六，頁七～十一。〈五經臆說〉之不傳，乃陽明焚毀所致。現存的〈五經臆說〉十三條，則是錢緒山在其師廢稿中所得。從這十三條來看，說《詩》的數條義理平淡，類似翻譯，說《易》和說《左傳》中的數條，則義理性較高。

〔註186〕《陽明全書・五經臆說序》曰：「龍場居南夷萬山中，書卷不可攜，日坐石穴，默記舊所讀書而錄之，意有所得，輒爲之訓釋，期有七月，而五經之旨略遍，名之曰〈臆說〉。蓋不必盡合於先賢，聊寫其胸臆之見，而因以娛情養性焉耳。」卷二十二，頁七。

〔註187〕以下主要參考戴璉璋先生之〈王陽明與周易〉一文，頁5～8。此文發表於1999年5月《周易》、《左傳》國際學術研討會（中國經學研究會第一屆學術研討會）上。

〔註188〕《陽明全書》，卷二十三，頁八～九。

察、玩味中，就能體認到《易》道之用。這樣的一種體認，是神妙莫測、不定於一方的，故能周遍萬物而得其情；它又能化育萬物、無跡可尋的，故能泛應萬物的變化而不遺。由於《易》道之體，是無方無體的；《易》道之用，又是圓應無跡的，它既然是那麼的玄妙深奧，因此他以爲人一則應該洗濯淨化其心，退而密藏其用，一則要齋戒身心，去神妙顯明其道德，通過此二者來相應《易》道之體用。

　　陽明從「觀象玩辭」中體會到《易》道之體，從「觀變玩占」中體會到《易》道之用，他在解說〈恆〉卦和〈晉〉卦時，就以《易》道之體用觀來貫串之。其解〈恆〉卦時曰：

> 〈恆〉，所以「亨」而「無咎」而必「利」於「貞」者，非恆之外復有所謂貞也，「久於其道」而已。貞即常久之道也。「天地之道」亦惟常「久而不已」耳，天地之道無不貞也。「利有攸往」者，常之道非滯而不通，止而不動之謂也。是乃始而終，終而復始，循環無端，周流而不已者也。……故「利有攸往」者，示人以常道之用也。以常道而行，何所往而不利？無所往而不利，乃所以爲常久不已之道也。

> 〈恆〉之爲卦，上震爲雷，下巽爲風，雷動風行，簸揚奮屬，翕張而交作，若天下之至變也。而所以爲風爲雷者，則有一定而不可易之理，是乃天下之至恆也。君子體夫雷風爲〈恆〉之象，則雖酬酢萬變，妙用無方，而其所立，必有卓然而不可易之體，是乃體常盡變。非天地之至恆，其孰能與於此？〔註189〕

〈恆〉卦是闡述事物恆久之道理，其卦象是上震下巽，表雷動風行之象。其卦辭是：「亨，無咎，利貞，利有攸往」，表示占得此卦之人將亨通，無有咎害，利於守住正道，有所前往。陽明通過「觀象玩辭」，體會到〈恆〉卦所言之恆久之理，此即天地之所以能一直終而復始、周流不息，是因其後有一恆久不已之常道（理）在作用著。從「天地感而萬物化生，實理流行也。聖人感人心而天下和平，至誠發見也。皆所謂貞也。觀天地交感之理，聖人感人心之道，不過於一貞，而萬物天下和平焉，則天地萬物之情可見矣！」鍾彩鈞曰：「天地聖人之道固然是無得而逾焉，但當其以實理至誠來感動人心萬物時，人心萬物都能受其感動，由此可推見天地萬物之情，即是人心必有聖人的至誠，萬物必有天

〔註189〕《陽明全書‧五經臆說十三條》，卷二十六，頁八～九。爲方便論述參照，引文有些地方加上了「」，此部分爲《周易》原文。

地的實理，才能相感無礙。」〔註190〕貞是實理之流行，它是恆久不已之常道，它變化生物為其妙用，此說的是聖人之心，因而人在讀此卦時，要體會到這「卓然而不可易之體」，方能「妙用無方」，這才能去「體常盡變」。此處說到「雖酬酢萬變，妙用無方，而其所立，必有卓然而不可易之體，是乃體常盡變。」言人生於世，在一般生活中總能發現到聖人之道，而真正的聖人之道是「卓然而不可易之體」，實際上它實為聖人之心的展現。

同樣的，在解說〈晉〉卦時，他說：

「明出地上，〈晉〉。君子以自昭明德。」日之體，本無不明也，故謂之大明。有時而不明者，入於地則不明矣。心之德，本無不明也，故謂之明德。有時而不明者，蔽於私也。去其私，無不明矣。日之出地，日自出也，天無與焉。君子之明明德，自明之也，人無所與焉。自昭也者，自去其私欲之蔽而已。〔註191〕

初陰居下，當進之始，上與四應，有「晉如」之象。然四意方自求進，不暇與初為援，故又有見摧之象。當此之時，苟能以正自守，則可以獲「吉」。蓋當進身之始，德業未著，忠誠未顯，上之人豈能遽相「孚」信。使其以上之未信，而遂汲汲於求知，則將有失身枉道之恥，懷憤用智之非，而悔咎之來必矣。故當寬「裕」雍容，安處於正，則德久而自孚，誠積而自感，又何咎之有乎？

〈晉〉卦是說明「進身」之道理，其卦象是上離下坤，表光明出地面之象，其卦辭是：「康侯用錫馬蕃庶，晝日三接」，表示占得此卦之人將得到昇進的機會，寵祿非常。〔註192〕在第一段引文中，陽明通過「觀象玩辭」，體會到「日之體」其實就如同「心之明德」，「日之體」本無不明，入於地而不明；「心之德」本是光明之體，蔽於私而有不明。因此人要去其私欲之蔽以明其德。由「心之德」到「去其私」，就是講到如何用心之功夫了。在第二段引文中，陽明通過「觀變玩占」，體會到如何從初六、九四爻之感應中去發揮明德之用。

〔註190〕參見鍾彩鈞：《王陽明思想之進展》（臺北：文史哲出版社，1993年3月初版），頁26。

〔註191〕《陽明全書》，卷二十六，頁九。

〔註192〕孔穎達曰：「晉之為義，進長之名。此卦明臣之昇進，故謂之晉。康者，美之名也。侯謂昇進之臣也。臣既柔進，天子美之，賜以車馬蕃多而眾庶，故曰：『康侯用錫馬蕃庶』也。『晝日三接』者，言非惟蒙賜蕃多，又被親寵頻數，一晝之間三度接見也。」《十三經注疏・周易正義》，卷四，頁87。

〈晉〉卦初六爻辭曰：「晉如，摧如，貞吉；罔孚，裕無咎。」這是說進身的
開始遭遇到挫折，此時應守正道，則時機將至而無咎。〈晉〉卦九四爻辭曰：
「晉如鼫鼠，貞厲。」這是說進長之時，若像毫無專長之鼫鼠，更應篤守正
道，以防危厲。從〈晉〉卦九四爻的變化中，陽明玩味了初六爻占斷之辭，
以為人應「寬裕雍容，安處於正」，則「德久而自孚，誠積而自感」，終有獲
得君上信任之一日。這樣一種堅守正道之態度，其實就是明德的作用所致。

（二）以良知說易

綜上所述，以心之體用來解說《周易》是陽明的特色，這其實也是他論
學的宗旨。他說：「心不可以動靜為體用。動靜，時也。即體而言，用在體；
即用而言，體在用，是謂『體用一源』。」〔註193〕此處的心是本體義，即指良
知，〔註194〕良知是體用一源的，關於此點，陽明說：

> 未發之中，即良知也；無前後內外，而渾然一體者也。有事無事可
> 以言動靜，而良知無分於有事無事也。寂然感通可以言動靜，而良
> 知無分於寂然感通也。動靜者，所遇之時；心之本體固無分於動靜
> 也。理無動者也，動則為欲。循理，則雖酬酢萬變而未嘗動也；從
> 欲，則雖槁心一念而未嘗靜也。動中有靜，靜中有動，又何疑乎？
> 有事而感通，固可以言動，然而寂然者未嘗有增也；無事而寂然，
> 固可以言靜，然而感通者未嘗有減也。動而無動，靜而無靜，又何
> 疑乎？無前後內外而混然一體。……是未嘗無動靜，而不可以動靜
> 分者也。……太極生生之理，妙用無息，而常體不易。太極之生生，
> 即陰陽之生生。就其生生之中，指其妙用無息者而謂之動，謂之陽
> 之生，非謂動而後生陽也。就其生生之中，指其常體不易者而謂之
> 靜，謂之陰之生，非謂靜而後生陰也。若果靜而後生陰，動而後生
> 陽，則是陰陽動靜，截然各為一物矣。陰陽一氣也，一氣屈伸而為
> 陰陽；動靜一理也，一理隱顯而為動靜。〔註195〕

良知是「未發之中」，又是「已發之和」，前者指良知之天理而言，後者指其
感通之用而說。良知是超越的心體，它不落在經驗界所說的無事為靜，有事
為動說；也不是靜時寂然，動時感通，而是不分有事無事（不是落在有時間

〔註193〕《王陽明傳習錄詳註集評》，卷上，第108條，頁130。
〔註194〕陽明曰：「良知者，心之本體。」同上，卷中，第152條，頁214。
〔註195〕同上，卷中，第157條，頁220。

相的動靜）、不分寂然感通的。良知的天理不是一般的動（或曰：「動而無動相」），動是對欲說，若依循天理而行，雖酬酢萬變，動者爲事，理實無所動，故曰：「事動中有靜」。若順欲而行，雖只剩下一念，此念未息，是爲「靜相中有動」。因此，良知是「動而無動，靜而無靜」的，它的動是有事而感通，但對寂然之體不增加新的內容；它的靜是無事而寂然，但對感通之用無所殺減。這樣的動靜，其實是就本體的神用而言，所謂「易，无思也，无爲也，寂然不動，感而遂通天下之故。非天下之至神，其孰能與於此？」接著，陽明又藉周敦頤的「太極動而生陽，動極而靜，靜而生陰，靜極復動」〔註196〕申說體用的關係。太極是體用合一的，它是生生不息、造化萬物之理，亦是陰陽生生之事。就太極之理言，它是「妙用無息、常體不易」的，「妙用無息」謂之動，即陽之生；「常體不易」謂之靜，即陰之生。此陰陽動靜是太極神體妙運所生，這是同時而起的，故不能以時間的先後來劃分，此謂體用一源，否則就是截然各爲一物。總之，良知是即體即用、即動即靜、即寂即感，無分前後內外而一片渾然的。

除了以體用一源來說「良知」外，陽明在講學時，隨時會舉《易》爲例來說明良知的特質。如「良知即易」說曰：

> 良知即是易。「其爲道也屢遷，變動不居，周流六虛，上下無常，剛柔相易，不可爲典要，惟變所適」。此知如何捉摸得？見得透時，便是聖人。〔註197〕

此處是說良知無有方體，它如同易道一般，一直變化周流，故不能循著固定的模式去求取去致，必須因時制宜。例如聖人和童子的良知無有不同，但所擁有的條件不同，故其致良知之法亦有不同，然及其所致是同一的。

另外，陽明又以「先天而天弗違，後天而奉天時」來說明良知的先天性，〔註198〕此即良知不是來自後天的經驗，而是先天本然的有。他說：

> 「先天而天弗違」，天即良知也。「後天而奉天時」，良知即天也。
> 〔註199〕

〔註196〕《周敦頤全書》，卷二，頁30。
〔註197〕《王陽明傳習錄詳註集評》，卷下，第340條，頁383～384。
〔註198〕詳參林月惠《陽明「內聖之學」研究》（臺北：臺灣師範大學國文研究所1988年碩士論文），第三章、〈道德實踐之所以可能之超越根據——良知〉，頁100～103。
〔註199〕同注197，卷下，第287條，頁340。

這是本於〈乾‧文言〉「夫大人者，與天地合其德，與日月合其明，與四時合其序，與鬼神合其吉凶。先天而天弗違，後天而奉天時。天且弗違，而況於人乎？況於鬼神乎？」而立說。本來，就〈乾‧文言〉而說，「先天而天弗違」者，是就大人心性之創造之德言，此則先乎天地而存在，天亦不能違背之，人與鬼神更不能違背之。就「後天而奉天時」，此就大人之現實生活言，蓋大人之現實之生活後乎天地而存在，自不能違背自然之序，此則與庶民共之，而不故意違眾以駭俗。此處「先天」「後天」之天皆是指自然天。至於陽明「天即良知」、「良知即天」之「天」和《易傳》之意不同，蓋皆指於穆不已之天道也，而「天即良知」是說：天命不已即是良知之客觀而絕對地說；而「良知即天」是指良知即是天命不已之主觀而實踐地說。天道是一切存有之體，良知是道德實踐之體，就其爲體言是一，此因天道創生萬物之意義，實因人的道德創造而顯現出來的，欲知天道唯有在良知上求。據此陽明實不用依〈乾‧文言〉而立說，直接說良知不從時間上的先、後天而來，而是理性上本身就有即可。

　　復次，陽明又引「先天而天弗違，後天而奉天時」說明天人爲一之意義。〔註200〕〈山東鄉試錄‧易〉曰：

> 大人於天，默契其未然者，奉行其已然者。夫大人與天，一而已矣，然則默契而奉行之者，豈有先後之間哉？昔〈文言〉中〈乾〉九五爻義而及此意，謂大人之於天，形雖不同，道則無異。自其先於天者言之，時之未至，而道隱於無，天未有爲也；大人則先天而爲之。蓋必經綸以造其端，而心之所欲，暗與道符，裁成以創其始，而意之所爲，默與道契；如五典未有也，自我立之，而與天之所敍者，有吻合焉；五禮未制也，以義起之，而與天之所秩者，無差殊焉；天何嘗與之違乎？以其後於天者言之，時之既至，而理顯於有，天已有爲也，大人則後天而奉之，蓋必窮神以繼其志，而理之固有者，祇承之而不悖：知化以述其事，而理之當行者，欽若之而不違；如天敍有典也，立爲政教以道之，五典自我而敦矣；天秩有禮也，制爲品節以齊之，五禮自我而庸矣；我何嘗違於天乎？是則先天不違，大人即天也；後天奉天，天即大人也；大人與天，其可以二視之哉？

〔註200〕牟宗三先生，《圓善論》（臺北：臺灣學生書局，1985 年 7 月初版），第二章、〈心、性與天與命〉，頁 141、139。

此九五所以爲天下之利見也歟！大抵道無天人之別，在天則爲天
道，在人則爲人道，其分雖殊，其理則一也。眾人牿於形體，知有
其分，而不知有其理，始與天地不相似耳。惟聖人純於義理，而無
人欲之私，其禮即天地之體，其心即天地之心，而其所以爲之者，
莫非天地之所爲也；故曰：「循理則與天爲一。」〔註201〕

此處申論大人爲何能「先天而天弗違，後天而奉天時」。大人即是聖人，其心
與道相符，其行依循天理，故能在天垂示道理前，先制定五典、五禮，其所
制定之典禮，是合乎天將顯現的秩序的，故曰：「先天而天弗違」、「大人即天」。
當天顯現出了秩序，其秩序即爲聖人將推行的典禮，因而聖人只須承之不悖
即可，故曰：「後天而奉天時」、「天即大人」。而聖人之所以能如此，眾人不
能，乃因眾人爲形體所限，蔽於欲望，只見到理之分殊，而不見到理一，故
不能體認到天人同一之理，聖人則因無人欲，故能體貼天心，言行合乎天道，
與天爲一。

以上所述，其實即是「經學即心學」觀點之反映，〈稽山書院尊經閣記〉
曰：「《六經》者非他，吾心之常道也。……君子之於《六經》也，求之吾心
之陰陽消息而時行焉，所以尊《易》也……」〔註202〕〈重脩山陰縣學記〉曰：
「夫聖人之學，心學也，學以求盡心而已。」〔註203〕又，〈紫陽書院集序〉曰：
「君子之學，惟求得其心。」〔註204〕可見在他心中，如何求得本心、盡本心，
才是最首要的，而學習經學之眞義，不是以之去求功名，而是去實踐此心此
理而已！

〔註201〕此文原未收錄在《陽明全書》中，今則收錄在《王陽明全集》（上海：上海古
　　　　籍出版社，1992年12月第1版），卷二十二，頁844。
〔註202〕《陽明全書》，卷七，頁二十～二十一。
〔註203〕《陽明全書》，卷七，頁二十一。
〔註204〕《陽明全書》，卷七，頁九。

第四章　龍溪的象數《易》學——
對「河圖、洛書」、「伏羲八卦方位圖、文王八卦方位圖」、「天根、月窟」的論述

　　龍溪的象數《易》學主要是對宋人《易》圖學的詮釋和發揮。所謂《易》圖學實際上是《周易》象數學的一支，其特色爲以各種圖象來闡釋《易》經中的道理。而《易》圖主要的圖種包括「河圖」、「洛書」、「太極圖」和「先天、後天圖」以及由之而來的各種變化。《易》圖學興起於宋代，並持續發展到了明、清。溯其淵源，它和漢代的解《易》學風有關。兩漢大體而言是以象數《易》學爲主，《易》學家如孟喜〔註1〕、京房〔註2〕、鄭玄〔註3〕、荀爽〔註4〕、虞翻〔註5〕等主要是在探討眾卦爻象，與呈現卦爻象的數字，和卦爻

〔註1〕　孟喜（約公元前90年～前40年），字長卿，西漢東海蘭陵（今山東蒼山蘭陵鎮）人。師從田王孫，乃漢代今文《易》學「孟氏學」之開創者，主要創立了「卦氣說」。其《易》著已亡佚，經後人清馬國翰輯有《周易孟氏章句》二卷，黃奭輯有《孟喜易章句》一卷。

〔註2〕　京房（公元前77年～前37年），字君明，西漢東郡頓丘（今河南清豐西南）人。師從焦延壽，乃漢代今文《易》學「京氏學」之開創者，倡「世應說」、「飛伏說」、「納甲說」、「卦氣說」等。其《易》著多所亡佚，僅存陸績注之《京氏易傳》三卷，清馬國翰則輯有《周易京氏章句》一卷，黃奭輯有《京喜易章句》一卷。

〔註3〕　鄭玄（公元127年～200年），字康成，東漢北海高密（今屬山東）人。師從馬融，本身遍注群經，注經時兼采今、古文，其經學可謂集漢代經學的大成。在《易》學上，鄭玄自創「爻辰說」。其著作有《周易注》、《易論》等，然多所亡佚，清丁傑、張惠言輯有《周易鄭注》十二卷。

〔註4〕　荀爽（公元128年～190年），字慈明，東漢穎川穎陰（今河南許昌）人。治古文費氏《易》，又受孟、京之影響，另創「〈乾〉升〈坤〉降說」。其《周易

辭及《易傳》之間的關係。他們結合了陰陽五行、日月星辰、四時物候，創立了「卦氣說」、「納甲說」、「爻辰說」、「乾升坤降說」、「卦變說」等說法，對後世造成了重大的影響。〔註6〕魏晉時，王弼〔註7〕大力掃象，主張不必過於沉溺於卦象的解釋中，漢《易》受到打擊而衰微，但並未中斷。到了宋代，漢《易》又再復興，此時宋人不只直承漢《易》的說法，又自創圖象加以解釋之，於是就出現了《易》圖學派中的「河圖、洛書」派（又稱「圖書」派）、「先天圖」派和「太極圖」派。〔註8〕此三派直到明代，其說仍盛，龍溪詮解《周易》時，不免會受到他們的影響，然而主要還是針對前二者立論。以下就先呈現龍溪對「河圖、洛書」的看法，再論述他對「先天圖」、「後天圖」與「天根、月窟」的觀點。

第一節　「河圖」、「洛書」之來源、發展與龍溪對此二圖的闡述

一、「河圖」、「洛書」之來源及在漢、宋的發展

　　「河圖」、「洛書」（一作「雒書」）是《易》學上用以說明八卦、九疇來源的傳說，二者最初是指天賜的祥瑞。「河圖」最早見於文獻記載，《尚書‧顧命》曰：「大玉、夷玉、天球、河圖在東序。」〔註9〕此處記載了周康王即位時的陳

註》早已亡佚，清馬國翰則輯有《周易荀氏注》三卷，黃奭輯有《荀爽易言》一卷。

〔註5〕　虞翻（公元 164 年～233 年），字仲翔，三國吳國會稽余姚（今浙江）人。其《易》學出自家傳，將「卦氣說」引向「卦變說」，爲兩漢以來象數《易》之集大成者，人稱「虞氏學」。其《周易注》已佚，清張惠言擅治「虞氏學」，輯有《周易虞氏易》九卷等。

〔註6〕　各家之說可詳參劉玉建：《兩漢象數易學研究》上下（廣西：廣西教育出版社，1996 年 9 月第 1 版），頁 116～164、186～346、380～509、513～584、612～1007。

〔註7〕　王弼（公元 226 年～249 年），字輔嗣，三國魏國山陽（今河南焦作市東）人。王弼屬義理《易》學，以老莊玄理解《易》，《易》學觀點有「取義說」、「一爻爲主說」、「得意忘象」等。著有《周易註》、《周易略例》等，今人樓宇烈編有《王弼集校釋》。

〔註8〕　此三派的在宋代的發展情況，可詳參劉瀚平《宋象數易學研究》（臺北：五南圖書，1994 年 2 月初版）書中所述。

〔註9〕　孔安國曰：「夷，常也。球，雍州所貢。」孔穎達疏引王肅曰：「夷玉，東夷

設，「河圖」與美玉、玉磬並列，可見其珍貴。《管子‧小匡》曰：「昔人之受命者，龍龜假，河出圖，雒出書，地出乘黃，今三祥未見有者。」〔註10〕《管子》以「河圖」、「洛書」為祥瑞。《論語‧子罕》說：「子曰：『鳳鳥不至，河不出圖，吾已矣夫！』」〔註11〕此處鳳鳥和河出的圖皆是聖王時的祥徵。《墨子‧非攻下》曰：「赤鳥銜珪，降周之岐社，曰：『天命周文王伐殷有國。』秦顛來賓，河出綠圖，地出乘黃。」〔註12〕此示天以祥物命文王伐殷。《禮記‧禮運》曰：「故天降膏露，地出醴泉，山出器車，河出馬圖。」〔註13〕此以馬圖和三種吉祥之物並列。《淮南子‧俶真》曰：「洛出丹書，河出綠圖。」〔註14〕乃以丹書和綠圖並稱。《史記‧孔子世家》引孔子話曰：「河不出圖，雒不出書，吾已矣夫！」〔註15〕此處司馬遷首將河之圖、雒之書並提。以上諸書雖提及河之圖、洛之書，但並沒有關於二者具體的圖象和內容的紀載。〔註16〕

　　現在我們所見的「圖、書」的解釋，是起自漢朝人對〈繫辭上〉：「河出圖，洛出書，聖人則之」的輾轉引申。《周易集解》注解此句引孔安國〔註17〕說法曰：「『河圖』，則八卦也；『洛書』，則九疇也。」〔註18〕此表示伏羲

　　　之美玉。天球，玉磬也。」見《十三經注疏‧尚書正義‧顧命》，卷十八，頁278、頁279。

〔註10〕　《管子》（《四庫全書‧子部三‧法家類》，第729冊），卷八，頁十五。

〔註11〕　《十三經注疏‧論語注疏‧子罕》，卷九，頁78。

〔註12〕　《墨子》（《四庫全書‧子部十‧雜家類一》，臺北：臺灣商務印書館，第848冊），卷五，頁九。

〔註13〕　《十三經注疏‧禮記正義》（臺北：藝文印書館，1993年12月初版），卷二十二，頁441。

〔註14〕　《淮南鴻烈解》（《四庫全書‧子部‧雜家類一》，臺北：臺灣商務印書館，第848冊），卷二，頁528。

〔註15〕　《史記‧孔子世家》（臺北：鼎文書局新校本，1977年2月3版），卷四十七，頁1942。

〔註16〕　現代學者對「河圖」、「洛書」作了各種揣測，約有四點：一、是韓永賢在《周易探源》中以為「河圖」為古氣候圖，「洛書」為古方位圖。二、鄔學喜在《中國醫易學》中以為「河圖」為五星圖，「洛書」為九星圖。三、常光明在《河圖洛書解》中以為九數「河圖」為天球九宮，十數「洛書」為地方分野圖。四、徐子評在《中醫天文醫學概論》以為「河圖」為天地四時五象比數，「洛書」為陰陽寒熱比數。詳參張其成主編《《易》經應用大百科》（江蘇：東南大學出版社，1994年4月第1版），第八章〈河圖洛書探秘〉，頁227～232。

〔註17〕　孔安國，西漢經學家，魯（今山東）人。治古文《尚書》及《詩》，其《易》注唯有此引之一條。後代晉人豫章內史梅賾獻《古文尚書》，其經文下之注託為孔安國作，實為己作之偽書，世稱《偽孔傳》。

〔註18〕　《周易集解》（臺北：臺灣商務印書館，1968年初版），卷十四，頁352。

則「河圖」以畫八卦，大禹據「洛書」以敘九疇之意。《尚書·顧命》僞孔傳亦云：「伏羲氏王天下，龍馬出河，遂則其文，以畫八卦，謂之《河圖》。」〔註19〕自此之後，劉歆〔註20〕、鄭玄、孔穎達〔註21〕等加以承之。班固《漢書·五行志》引劉歆說法，以爲〈洪範〉中的六十五字即是「雒書」本文。〔註22〕鄭玄以「河圖」有九篇，「洛書」有六篇。〔註23〕孔穎達引王肅〔註24〕云「河圖」爲八卦。〔註25〕

　　自漢以降，伏羲則「河圖」畫八卦，大禹則「洛書」敘九疇之說影響深遠，歷代都有人採用。漢人對「河」、「洛」的解釋雖自成一套，但他們對八卦起源的說明不一定符合《易經》原意，〈繫辭下〉曰：「古者包犧氏之王天下也，仰則觀象於天，俯則觀法於地，觀鳥獸之文，與地之宜。近取諸身，

〔註19〕《十三經注疏·尚書正義·顧命》，卷十八，頁279。

〔註20〕劉歆（？～23年），字子駿，西漢沛（今江蘇沛縣）人。他是劉向之子，以研究《左傳》聞名，力倡古文經，並建議置古文經博士。著有《七略》等。

〔註21〕孔穎達（公元574年～648年），字仲達，唐冀州衡水（今河北）人。曾奉太宗之命編纂《五經正義》。其《易》學觀主「義象兼採」等，著有《周易正義》，採王弼、韓康伯注爲本，爲之作疏，是爲《孔疏》。

〔註22〕劉歆以爲虙羲氏繼天而王，受「河圖」，則而畫之，八卦是也；禹治洪水，賜「雒書」，法而陳之，〈洪範〉是也。……「初一曰敬用五行；次二曰羞用五事；次三曰農用八政；次四曰協用五紀；次五曰建用皇極；次六曰艾用三德；次七曰明用稽疑；次八曰念用庶徵；次九曰嚮用五福，畏用六極。」凡此六十五字，皆「雒書」本文。參見《漢書》（臺北：鼎文書局新校本，1976年10月6版），卷二十七上，〈五行志第七上〉，頁1315～1316。關於「洛書」文字的數目問題，除劉歆外，漢人另有二種說法：一、劉焯和顧則以爲是「洛書」原先有三十八字，「初一曰」「初二曰」至「次九曰」共二十七字爲大禹所加。二、馬融、劉炫以爲除二十七字外，連「敬用」、「羞用」、「農用」……「嚮用」共十八字亦禹所加，「洛書」實原有二十字。然三說不知據何立論。

〔註23〕鄭元曰：「《春秋緯》云：河以通乾出天苞，洛以流坤吐地符。河龍圖發，洛龜書成。『河圖』有九篇，『洛書』有六篇也。」（《周易集解》引，卷十四，頁351～352）。清李道平疏曰：「河龍『圖』發，即『河出圖也』。洛龜『書』成，即『洛出書也』。『河圖』、『洛書』者，王者受命之符，聖人據之以立《易》軌。」參見《周易集解纂疏》（北京：中華書局，1994年3月第1版），卷八，頁606。

〔註24〕王肅（公元195年～256年），字子雍，東漢郯（今山東郯城西南）人。三國魏國之學家。王肅善於賈逵、馬融之學，遍註群經，不拘今、古文，自成一派，稱爲「王學」。肅反鄭玄之學，撰有《聖證論》以反之，更僞造《孔子家言》等書以佐其說。其《易》學重義理、輕象數，著作有《周易註》，已佚，清黃奭有《王肅易註》，臧庸輯有《馬王易義》一卷。

〔註25〕孔穎達曰：「若八卦不則，『河圖』餘復何所則也」。王肅亦云：「『河圖』，八卦也。」參見《十三經注疏·尚書正義·顧命》，卷十八，頁278。

遠取諸物。於是始作八卦，以通神明之德，以類萬物之情。」由此觀之，八卦之起源，應是先民觀看到眾多實際的物象以後，而制作出來的抽象符號，不是先因「河圖」而有八卦之作，就時間的產生先後而言，是先有八卦，才有「河圖」的。

　　漢人的「河」、「洛」之說，只是為了八卦九疇尋找來源，並沒留下任何圖象。直到宋代，《易》學家才開始提出四十五數黑白點圖，五十五數黑白點圖之說，其中白點表示天數、奇數、陽數，黑數則表示地數、偶數、陰數。前者之圖式乃據《大戴禮記・明堂》明堂位之數、《易緯・乾鑿度》：「太乙行九宮」之說立論；後者則據〈繫辭上〉：「天一地二，天三地四，天五地六，天七地八，天九地十。天數五，地數五，五位相得而各有合。」而來。

　　關於四十五數圖，〈明堂〉曰：「明堂者，古有之也。凡九室……二九四、七五三、六一八。」〔註 26〕《易緯・乾鑿度》以陰陽二氣的消長運行、九宮數和八卦方位的相配，提出「太乙行九宮」之說。〔註 27〕鄭玄於此作注，其大意是說太一北辰之神，每次下巡時的九宮數序，依序為〈坎〉一、〈坤〉二、〈震〉三、〈巽〉四、〈乾〉五、〈兌〉六、〈艮〉七、〈離〉八。〔註 28〕至於五十五數圖，先是劉歆以〈繫辭傳〉的天地之數和五行相配，《漢書・五行志》引劉歆話曰：「天以一生水，地以二生火，天以三生木，地以四生金，天以五生土。五位皆以五而合，而陰陽易位，故曰：『五行妃合』。然則水之大數六、火七、木八、金九、土十。」鄭玄在劉歆說法上多加了方位，他說：「天一生水於北，地二生火於南，天三生木於東，地四生金於西，天五生土於中。陽

〔註 26〕詳參（清）王聘珍撰《大戴禮記解詁》（北京：中華書局，1983 年 3 月第 1 版），頁 149～151。

〔註 27〕《易緯・乾鑿度》曰：「《易》一陰一陽，合而為十五之謂道。陽變七之九，陰變八之六，亦合於十五，則象變之數若一。陽動而進，變七之九，象其氣之息也。陰動而退，變八之六，象其氣之消也。故太乙取其數以行九宮，四正四維皆合於十五。」《無求備齋易經集成》第 157 冊，據清乾隆四十一年「武英殿聚珍叢書」本影印，卷下，頁 31～32。

〔註 28〕鄭玄注曰：「太一者，北辰之神名也。……下行八卦之宮，每四乃還於中央。中央者，北神之所居，故因謂之九宮。天數大分，以陽出，以陰入。陽起於子，陰起於午。是以太一下九宮，從〈坎〉宮始，……自此而從於〈坤〉宮，……又自此而從〈震〉宮，……又自此而從〈巽〉宮。……所行半矣，還息於中央之宮。既又自此而從〈乾〉宮，……自此而從〈兌〉宮，……又自此而從於〈艮〉宮，……又自此從於〈離〉宮。……行則周矣，上遊息於太一天一之宮，而反於紫宮。行從〈坎〉宮始，終於〈離〉宮。」同上，頁 32。

無偶，陰無配，未得相成。地六成水於北，與天一并；天七成火於南，與地二并；地八成木於東，與天三并；天九成金於西，與地四并；地十成土於中，與天五并也。」〔註29〕鄭玄之注中「五行生數」是水一、火二、木三、金四、土五，「五行成數」是水六、火七、木八、金九、土十，二者相互搭配，天地之數即五行生成之數。後儒如韓康伯〔註30〕、孔穎達〔註31〕皆受鄭玄影響，都用五行來解釋大衍之數。

在宋儒所建立的圖象中，主要以兩派為代表：一是北宋時劉牧的「四十五數為『河圖』，五十五數為『洛書』」，即「圖九書十」之說；一是南宋蔡元定、朱熹的「四十五數為『洛書』，五十五數為『河圖』」，即「圖十書九」之說。〔註32〕南宋以後「河、洛」學的發展則以朱子最具影響力。以下就先述劉牧，再及蔡元定、朱子。

劉牧（生？卒？），字先之，號長民，著有《易數鉤隱圖》（書後附《遺論九事》一卷）等。一般咸認宋代《易》圖學源自五代末年的道士陳摶，宋代易學家朱震的《漢上易傳》，就載明了劉牧之學是經由陳摶、種放、李溉、許堅、范諤昌傳承而來。〔註33〕就現存可考的資料來看，劉牧或許是圖書學

〔註29〕《十三經注疏‧禮記正義‧月令》，卷十四，頁283。

〔註30〕韓康伯注曰：「天地之數各五，五數相配，以合成金、木、水、火、土。」《十三經注疏‧周易正義‧繫辭上》，卷七，頁153。

〔註31〕孔穎達曰：「若天一與地六相得合為水（七），地二與天七相得合為火（九），天三與地八相得合為木（十一），地四與天九相得合為金（十三），天五與地十相得合為土也（十五）。」同上引。

〔註32〕（明）黃宗羲著有《易學象數論》（臺北：成文出版社，1976年《無求備齋易經集成》，第115冊，據清光緒十九年廣雅書局刊本影印），書中交代了象數學的發展，並針對「河圖」、「洛書」、先天、方位、卦氣、卦變等提出了批評。（清）胡渭《易圖明辨》（《無求備齋易經集成》第145冊，據清道光二十四年「守山閣叢書」本影印），卷一，〈「河圖、洛書」〉，頁15～72，則考證辨明了「河圖」、「洛書」之來源和內容，以為「河圖」應是「五行之數生成圖」，「洛書」應是「太乙下行九宮圖」，它們皆是宋人的創作，根本和《周易》無關，而圖書之說是「易道之厄也」（卷一，頁17），「與畫鬼魅無異」（卷一，頁53）。這對於宋人之說給予有力的抨擊。

〔註33〕朱震曰：「漢上陳摶，以『先天圖』傳種放，放傳穆修，修傳李之才，之才傳邵雍。放以『河圖』、『洛書』傳李溉，溉傳許堅，堅傳范諤昌，諤昌傳劉牧。」《漢上易傳‧表》（《四庫全書‧經部一‧易類》，第11冊，頁50。）然而這樣的傳承關係不免令人起疑，此因陳摶的著作據《宋史‧藝文志》所載雖有《易龍圖》一卷，然現已亡佚，是否有圖象留傳下來難以考察，而現存的兩種「洛書」：劉牧和朱子的圖象雖皆自言是傳自陳摶，然而同一人所傳下的理

史上最早留下「河圖」、「洛書」圖象之人。〔註 34〕而二圖象的建構，乃爲了
對八卦的起源提供一個可能的解釋。〔註 35〕

　　劉牧所創造黑點白子圖的「河圖」、「洛書」，前者爲四十五點，後者爲五
十五點，是所謂的「『圖』九『書』十」。劉牧之圖式，乃爲突出《周易》中
「數」的意義，他以爲通過數才能觀象，由象方知道，此謂「形由象生，象
由數設」。〔註 36〕劉氏之「河圖」，其排列是「戴九履一，左三右七，二與四
爲肩，六與八爲足，五爲腹心，縱橫之數爲十五」。如此的直、橫、斜的數字
排列，巧妙組成了十五。至於「洛書」，它是由「洛書五行生數圖」和「洛書
五行成數圖」二圖結合起來，成爲五十五點的「洛書」，所謂：「天一起坎，
地二生離，天三處震，地四居兌，天五由中，此五行之生數也。且孤陰不生，
獨陽不發，故子配地六，午配天七，卯配地八，酉配天九，中配地十。既極
五行之成數，遂定八卦之象。」〔註 37〕簡言之，「河圖」單依「五行之成數」：
水數六、金數九、火數七、木數八（缺了土數十，此四者爲劉氏之「四象」）
來決定八卦的生成，此謂「四象生八卦」。〔註 38〕「洛書」之二圖則依「五行

　　　　論，內容竟相全相反，就難以令人信服。況且從劉牧的「河圖」、「洛書」的
　　　　理論中，可見承襲自漢代「五行之數生成圖」和「太乙下行九宮圖」之痕跡。
〔註 34〕　《四庫全書總目提要‧經部一‧易類二‧易數鉤隱圖》（北京：中華書局，1965
　　　　年 6 月第 1 版）曰：「漢儒言《易》，多主象數，至宋而象數之中，復岐出『圖
　　　　書』一派。牧在邵子之前，其首倡者也。」頁 5。
〔註 35〕　劉牧曰：「夫卦者，天垂自然之象也。聖人始得之於『河圖』、『洛書』，遂觀天
　　　　地奇偶之數，從而畫之，是成八卦，則非率意以畫其數也。」參見《易數鉤隱
　　　　圖》（《無求備齋易經集成》第 143 冊，據清康熙十九年《通志堂》原刊本影印），
　　　　卷中，頁 64。這樣的說法，和儒家傳統所說的畫卦法不同。二者比較起來，後
　　　　者較合理。此因劉說之主張忽略了人類思維是由簡單向繁複發展之過程，他以
　　　　爲要先有繁複的數字再去畫卦，但初民是否能先有這樣的複雜思維去建構「五
　　　　行之成數」後，再去畫卦，則頗令人懷疑。而傳統的說法則是以人先觀察到具
　　　　體之事物，再去構造抽象之卦畫，則是較合乎思維發展的。
〔註 36〕　劉牧曰：「夫卦者，聖人設之觀於象也。象者，形而上之應。原其本，則形由
　　　　象生，象由數設，捨其數，則無以見四象之所由宗矣。是故仲尼之贊易也，
　　　　必舉天地之極數，以明成變化而行鬼神之道。則知《易》之爲書，必極數以
　　　　知其本也。詳夫注疏之家，至於分經析義，妙盡精研，及乎解釋天地錯綜之
　　　　數，則語惟簡略，與《繫辭》不偶，所以學者難曉其義也。今采摭天地奇偶
　　　　之數，自太極生兩儀而下，至於〈復〉卦，凡五十五位，點之成圖，於逐圖
　　　　下各釋其義，庶覽之者易曉耳。」見《易數鉤隱圖遺論九事‧序》，頁 1～2。
〔註 37〕　《易數鉤隱圖遺論九事》，頁 102。
〔註 38〕　劉牧曰：「原夫八卦之宗，起於四象。四象者，五行之成數也。水數六，除三
　　　　畫爲〈坎〉，餘三畫布於亥上，成〈乾〉。金數九，除三畫爲〈兌〉，餘六畫布

生數」、「五行成數」組成。關於「河」、「洛」二圖之圖式見下。劉牧之說，後人如：朱震的《漢上易傳》、張浚的《紫巖易傳》、程大昌的《易原》、朱元升的《三易備遺》皆主其說。然其主張卻遭到蔡元定〔註39〕、朱子的懷疑。

　　摘自《易數鉤隱圖》卷下，頁83、87、88

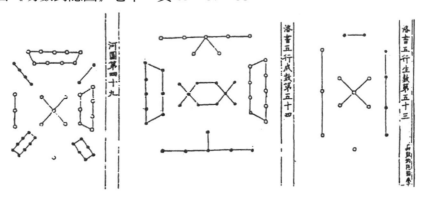

　　朱子對「河、洛」之觀點主要依據蔡元定而來。元定反對劉牧之說，而以四十五點爲「洛書」，五十五點爲「河圖」，其理由爲：一、從孔安國、劉向父子、班固之意見，明顯表示「河圖」出於伏羲時，「洛書」出於大禹時，劉牧卻以二者皆出於伏羲時，此爲不合理之一。再者，「河圖」之數應如〈繫辭傳〉所說的「天地之數五十有五」，「洛書」之數應爲「九宮之數」，但劉牧卻顛倒二圖之數，托言出自陳摶，此和先儒之意不合，此爲不合理之二。〔註40〕蔡元定爲了強調自己所言有據，又引北魏關子明（朗）〔註41〕、北宋邵康節的「十『圖』

　　　　於申上，成〈坤〉。火數七，除三畫爲〈离〉，餘四畫布於巳上，成〈巽〉。木數八，除二畫爲〈震〉，餘五畫布於寅上，成〈艮〉。此所謂四象生八卦也。」同上，頁105。
〔註39〕蔡元定（公元1135年～1198年），字季通，人稱「西山先生」，南宋建州建陽（今屬福建）人。元定爲蔡沈之父，與朱子頗友好。著有《皇極經世指要》、《律呂新書》等。
〔註40〕朱子曰：「古今傳記，自孔安國、劉向父子、班固，皆以爲『河圖』授義，『洛書』錫禹。關子明、邵康節皆以十爲『河圖』，九爲『洛書』。蓋《大傳》既陳天地五十有五之數，〈洪範〉又明言天乃錫禹洪範九疇，而九宮之數，戴九履一，左三右七，二四爲肩，六八爲足，正龜背之象也。惟劉牧意見，以九爲『河圖』，十爲『洛書』，托言出於希夷。既與諸儒舊說不合，又引《大傳》以爲二者皆出於伏羲之世。其易置『圖』、『書』，並無明驗。」《易學啓蒙》（臺北：廣學社，1975年初版），卷一注引，頁6。
〔註41〕蔡元定引關子明曰：「『河圖』之文，七前六後，八左九右。『洛書』之文，九前一後，三左七右，四前左二，前右八後，左六後右。」同上，頁5。

九『書』」說，批評劉牧。然而蔡氏引用的關、邵之說有不當之處，因爲關氏之說是和劉牧同時的阮逸，因忌妒劉說之盛行而僞造的，〔註42〕而邵雍也只以「方、圓」解釋「河圖」、「洛書」，〔註43〕並沒有提出黑、白點的具體數目，更沒有圖形留下。總之，蔡元定據二人之說的目的，乃在強調「河圖」應是五十五點，「洛書」應是四十五點。蔡元定、朱子的「河」、「洛」圖式見下。

摘自《周易本義》，頁9、10

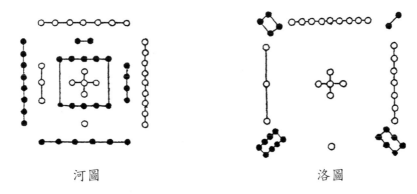

河圖　　　　　　　　　　　　　洛圖

　　關於此二圖的圖式和說明，可參見蔡元定、朱子合著的《易學啓蒙》〔註44〕及《周易本義》。朱子解釋「河圖」、「洛書」之數曰：「天一，地二，天三，地四，天五，地六，天七，地八，天九，地十。天數五，地數五，五位相得而各有合。天數二十有五，地數三十，凡天地之數五十有五，此所以成變化而行鬼神也，此『河圖』之數也。」「『洛書』蓋取龜象，故其數戴九履一，左三右七，二四爲肩，六八爲足。」〔註45〕「河圖」之數是「天地之數」，其點數分布是「一六居下，二七居上，三八居左，四九居右，五十居中。」「洛書」之數取自龜背之象，其點數分布是「戴九履一，左三右七，二四爲肩，六八爲足，五居中央」。

〔註42〕　（清）胡渭《易圖明辨》考證出《關朗易傳》爲僞造，詳見是書卷五，頁227～232。

〔註43〕　邵雍曰：「圓者，星也，曆紀之數，其肇於此乎？方者，土也，畫州并地之法，其放於此乎？蓋圓者『河圖』之數，方者『洛書』之文，故羲、文因而造《易》，禹箕敘之而作〈範〉也。」《皇極經世書‧觀物外篇》（臺北：中華書局，1965年，四部備要本），卷七下，頁十。

〔註44〕　《宋史‧儒林四‧蔡元定傳》（臺北：鼎文書局新校本，1983年11月3版）曰：「熹疏釋四書及爲《易》、《詩傳》、《通鑑綱目》，皆與元定往復參訂；《啓蒙》一書，則屬元定起稿。」卷四百三十四，頁12876。

〔註45〕　《周易本義‧圖說》（《無求備齋易經集成》第28冊，據清光緒九年景宋咸淳刊本影印），頁36～37。

後來的學者如胡一桂、董楷、吳澄等人，皆視朱、蔡二人之說爲「河」、「洛」二圖的正統，劉牧之主張反爲人忽視。

二、龍溪對「河圖」、「洛書」的闡述

明代時，朱子之學被尊爲官學，故士人多採朱子「河圖」、「洛書」之說，〔註46〕陽明亦不例外，陽明曰：「天地顯自然之數，聖人法之以作經焉。……推原聖人作《易》之由，其意蓋謂《易》之用也不外乎卜筮，而《易》之作也，則法乎圖書。是故通於天者『河』也，伏羲之時，天降其祥，龍馬負圖而出，其數則以五生數統五成數而同居其方，是爲數之體焉。中於地者『洛』也，大禹之時，地呈其瑞，神龜載書而出，其數則以五奇數統四偶數而各居其所，是爲數之用焉。」〔註47〕此處提到數之體、數之用，全是朱子《易學啓蒙》的觀點。〔註48〕和其師相比，龍溪對於「河」、「洛」的問題亦有留意，只是他著重的並非在二圖的點數上，反而稍顯出反朱的傾向，他的見解主要見於〈「河圖」「洛書」解義〉、〈易測授張叔學〉中。〔註49〕以下就據之以呈現他對「河圖」、「洛書」的觀點。

（一）論「河圖」

《易》圖學上，「河圖」是用以說明八卦的產生。關於八卦的來源，《易傳》最早提及，〈繫辭下〉曰：「仰則觀象於天，俯則觀法於地，觀鳥獸之文，與地之宜。近取諸身，遠取諸物。」漢孔安國雖有「則圖畫卦」之說，但沒說明如何據「河圖」去畫卦。一直到劉牧的「河圖」說，方提出以數字來畫卦，即以五行成數來作爲畫八卦之根據。其曰：「原夫八卦之宗，起於四象。四象者，五行之成數也。水數六，除三畫爲〈坎〉，餘三畫布於亥上，成〈乾〉。金數九，除三畫爲〈兌〉，餘六畫布於申上，成〈坤〉。火數七，除三畫爲〈離〉，餘四畫布於巳上，成〈巽〉。木數八，除三畫爲〈震〉，餘五畫布於寅上，成

〔註46〕這些圖明代易學家：章潢的《圖書編》、來知德的《周易採圖》、楊時喬的《周易古今文全書》和胡居仁的《易象鈔》中皆有收錄，詳參徐芹庭：《易圖源流（下）》（臺北：國立編譯館，1993年4月），頁557～585。

〔註47〕《王陽明全集·山東鄉試錄》，卷二十二，頁845。

〔註48〕朱子曰：「『河圖』以五生數統五成數，而同處其方，蓋揭其全以示人，而道其常，數之體也。『洛書』以五奇數統四偶數，而各居其所，蓋主於陽以統陰，而肇其變，數之用也。」見《易學啓蒙》，卷一，頁9。

〔註49〕二文分別見於《全集》卷八，頁533～535，《全集》卷十五，頁1048～1053。

〈艮〉。此所謂四象生八卦也。」〔註50〕所謂「四象」是指水、金、火、木。
「五行之成數」爲六、九、七、八。二者相配恰是「四象者，五行之成數也」。
劉牧以爲通過水數六、金數九、火數七、木數八，就能構成〈坎〉、〈乾〉、〈兌〉、
〈坤〉、〈離〉、〈巽〉、〈震〉、〈艮〉八卦卦象。

　　朱子則以爲，一、六居北，北方爲水，畫爲〈坎〉卦；二、七居南，南
方爲火，畫爲〈離〉卦；三、八居東，東方爲木，畫爲〈震〉、〈巽〉卦；四、
九居西，西方爲金，畫爲〈乾〉、〈兌〉卦；五、十居中，中爲土，畫爲〈坤〉、
〈艮〉卦。

　　龍溪並不從天地奇偶之數的觀點去分析八卦的來源，反而對劉牧、朱子
作了批評。他說：

　　　　若曰：「某點爲奇，畫爲某卦；某點爲偶，畫爲某卦」，一一比之，
　　　　則幾於泥矣。〔註51〕

此處是他針對朱子以「河圖」中某點的奇偶，而畫爲某卦的評論。朱子以某點
之奇偶配合，畫爲某卦，其實是一種機械性的對比，故龍溪對這樣的對比評曰：
「一一比之，則幾於泥矣」，評價不高。這觀點和其師陽明相比，實較通透。陽
明曰：「彼伏羲則圖以畫卦，虛五與十者，太極也；積二十之奇，而合二十之偶，
以一二三四而爲六七八九，儀象之體立矣；析四方之合，以爲乾、坤、坎、離，
補四隅之空以爲兌、震、巽、艮，則八卦之位定矣。」〔註52〕陽明的看法承朱
子而來，〔註53〕亦以黑白奇偶之點數而爲某卦，龍溪則不盲從，態度上較保留。
那麼，龍溪心中的八卦來源爲何呢？他說：

　　　　古先聖賢無不由學，伏羲尚猶以天地萬物爲師，俯仰遠近，觀取備
　　　　矣，於是始作八卦。〔註54〕

　　　　昔者伏羲氏之作《易》也，首列〈乾〉〈坤〉以發天地之秘。〈乾〉，
　　　　陽物也。〈坤〉，陰物也。〈坎〉〈離〉者，〈乾〉〈坤〉二用，陰陽之

〔註50〕《易數鉤隱圖遺論九事》，頁105。
〔註51〕《全集·「河圖」「洛書」解義》，卷八，頁533。
〔註52〕《王陽明全集·山東鄉試錄》，卷二十二，頁845。
〔註53〕朱子曰：「則『河圖』者，虛其中也。……『河圖』之虛，五與十者，太極也。
　　　　奇數二十，偶數二十者，兩儀也。以一二三四爲六七八九者，四象也。析四
　　　　方之合，以爲〈乾〉、〈坤〉、〈離〉、〈坎〉：補四隅之空，以爲〈兌〉、〈震〉、〈巽〉、
　　　　〈艮〉者，八卦也。」見《易學啓蒙》卷一，頁13。
〔註54〕《全集·撫州擬峴臺會語》，卷二，頁151。

變也。四象以下六十卦，陰陽所變之節也，周天之度也，故曰：「《易》
以道陰陽」。仰觀俯察，類萬物之情，近取而得之，不越乎身心兩字
而已。心即〈乾〉之陽也，身即〈坤〉之陰也。心中之神，身中之
氣，即〈坎〉〈離〉之交也。神氣之往來，即六十卦周天之法象也。
〔註55〕

八卦卦畫之來源，龍溪提出兩個看法：一是伏羲「以天地萬物爲師」，仰觀俯
察而來。一是根據陰陽變化的道理。皆無言及「河圖」，可見八卦和「河圖」
一點關係都沒有。依陰陽變化而言，無論是〈乾〉〈坤〉〈坎〉〈離〉，以致於
其他六十卦，皆是陰陽變化所顯現之物，故曰「《易》以道陰陽」。而天地中
的陰陽，其實就是人身心中之陰陽，此爲「不越乎身心兩字」，心即〈乾〉之
陽，身即〈坤〉之陰。心中之神，身中之氣，神氣相交，就是〈坎〉〈離〉的
相交。神氣的相互往來，就造成了六十卦的變易。接著，他又將八卦之來源，
歸爲良知。他說：

嗟嗟！易學之不傳也久矣，自陽明先師倡明良知之旨，而易道始明。
不學不慮，天然靈竅。其究也範圍天地，發育萬物，其機不出於一
念之微。良知之主宰，即所謂神。良知之流行，即所謂氣。盡此謂
之盡性，立此謂之立命。良知先天而不違，天即良知也。良知後天
而奉時，良知即天地，故曰：「知之一字，眾妙之門。」伏羲之畫，
象此者也。文王之辭，象此者也。周公之爻，效此者也。孔子之易，
贊此者也。〔註56〕

此是以陽明之倡明良知和易道之倡明相提並論，故明良知即明易道。良知不
學不慮，乃天然靈竅，它能範圍天地，發育萬物。良知又是神、氣，人之盡
性立命都要從此下手。良知先天而天不違，說明了良知恒古長存，雖先於天
地存在，天地尚不能違背之，但天地並無二道，故天地之道即爲良知，故曰：
「天即良知」；良知後天而奉天時，說明了良知存在於天地中，天地所遵守之
規律，良知亦須遵守不悖，故曰：「良知即天地」。易道既然是良知，則無論
是伏羲畫卦、文王周公之作卦爻辭、孔子之贊《易》，都是要闡明良知的意義，
因此《周易》的內容就是良知的內容，良知即《易》，良知即《周易》產生的
根源。此外，龍溪尚有良知爲「畫前之《易》」之說。他說：

〔註55〕《全集・易測授張叔學》，卷十五，頁 1049～1050。
〔註56〕同上，頁 1051～1052。

> 寂然不動者，易之體；感而遂通者，易之用；所謂「畫前之《易》」
> 也。釋者謂隨時變易以從道，只說得一半，語感而遺寂，語用而遺
> 體，知進而不知退，非藏密旨也。易即是道，若欲從之，是猶二也，
> 二則支矣。此古今學術之辨也。〔註57〕

〈繫辭上〉說易是「寂然不動，感而遂通」的，龍溪以爲寂然不動者是說易
之體，感而遂通者是說易之用，這是易之體用，亦即畫前之易，但這其實也
是在說良知，因良知同樣具有「寂然不動，感而遂通」的特質。因此《易》
即是良知，即是道，不須如程頤說的「隨時變易以從道」，另立一道去讓易道
相從之，依程子之解，他只突出了易的「感而遂通」之用，而忽略了易的「寂
然不動」之體，這是「只說得一半」，此將割裂易和道爲二。

以上引文曾說到六十四卦是陰陽之所變，龍溪尚論及八卦性質。他說：

> 天地之間，不過一陰一陽，五行而已。陰陽之變，不可勝窮：陰陽
> 之純，則爲〈乾〉、〈坤〉；陰陽之雜，則爲六子。〔註58〕

這是以陰陽二氣來論八卦，宋《易》學家項安世也有「八卦雖八，實則『陰
陽』二字而已。」〔註59〕之論。〈乾〉、〈坤〉二卦象徵純陽純陰，其他的六卦
皆是〈乾〉、〈坤〉之子：〈坎〉、〈離〉、〈震〉、〈兌〉、〈巽〉、〈艮〉是「陰陽之
雜」，它們所象徵的陰陽之氣各有多寡之不同，或陰多陽少，或陰少陽多。復
次，以純陽純陰來表示〈乾〉、〈坤〉二卦，或許蘊有張載說的意思，張載曰：
「陰陽言其實，〈乾〉〈坤〉言其用，如言剛柔也。〈乾〉〈坤〉則所包者廣。」
〔註60〕這是以陰陽二氣表示〈乾〉〈坤〉之實質，剛柔則爲其體性，龍溪之意
應是可通於此。

再者，陰陽的變化可從五行由氣變成質的過程看出。他說：

> 五行有氣有質，皆藉於土。天一生水，水之氣也，一得五而爲六，
> 水之質始成。以至地五生土（案：「地」應作「天」），土之氣也，五
> 得五而爲十，土之質始成。五行者，陰陽之變化也。〔註61〕

以水爲例，先有水之陰陽之氣，才有水之質的形成，其餘四者同理類推。而

〔註57〕《全集・藏密軒說》，卷十七，頁 1229～1230。
〔註58〕《全集・「河圖」「洛書」解義》，卷八，頁 533。
〔註59〕參見《周易玩辭》（《四庫全書・經部一・易類一》，第 14 冊），卷十五，〈說
　　　　卦〉〈天地定位章第三〉「定位通氣」條下，頁 426。
〔註60〕《張載集・橫渠易說・繫辭上》，卷三，頁 177。
〔註61〕《全集・「河圖」「洛書」解義》，卷八，頁 533。

在形成質的過程中，除土之外，從天一到天四，依序爲水、火、木、金，四者皆須藉土方能完成，方能從一得五爲六一直到四得五爲九。以上所展示的是「五行者，陰陽之變化」之道理，這其實和周子〈太極圖說〉中說的：「陽變陰合，而生水火木金土，五氣順布，四時行焉。五行一陰陽也。」由陰陽的變化妙合，產生了水、火、木、金、土五氣（五行），五氣順布而有四時之循環，而五行的生剋即是陰陽之變化之意相同，如果說到二者之差異，只是龍溪是以「天地之數」言，而周子則否。

總之，龍溪談「河圖」時，批評朱子的「河圖」說中以「某點奇偶，畫爲某卦」之論，接著又以良知爲《易》，不只是卦畫，《易》之全部制作乃爲闡明良知，最後又從陰陽二氣之純雜說明八卦的性質。

（二）論「洛書」

《尚書・洪範》曰：「天乃錫禹洪範九疇，彝倫攸敘。」此處只說大禹的九疇來自天賜，至於如何賜法，並無明言。然而西漢的孔安國，卻主張九疇是出自神龜所負的「洛書」，因神龜背上有數，由一至九，大禹見之，依序推演，就形成了九疇。他說：「天與禹洛出書，神龜負文而出，列於背有數至于九，禹遂因而第之，以成九類，常道所以次序。」〔註62〕

劉牧對此說表示懷疑，他以爲《尚書》中並沒有明載神龜負圖之事，此說乃出自孔安國之注，而後諸儒加以踵續。〔註63〕實際上，「河圖」、「洛書」前有所傳，伏犧時文字未作，故只能畫卦垂象，不能將九疇內容書寫傳下，一直到大禹，方推演成九類。〔註64〕再者，「天乃錫禹洪範九疇」之「錫」不是指「神龜負文」，而是指「天生睿哲」。〔註65〕而朱子不只同意孔安國的說

〔註62〕《十三經注疏・尚書正義・洪範》，卷十二，頁168。

〔註63〕《易數鉤隱圖・龍圖龜書論上》載：惟孔氏注稱，天與禹「洛書」，神龜負文而出，列於背有數至九也，諸儒更演載天書言語字數之說，後乃還相祖述，遂以禹親受「洛書」而陳九類。且經 載圖書之事，惟《易・繫辭》云：「河出圖，洛出書，聖人則之。」此蓋仲尼以作《易》而云也，則知「河圖」、「洛書」出於犧皇之世矣！……蓋是天生德於禹，誠明「洛書」之義，因第而次之，垂範後世也。今「河圖」相傳於前代，其數自一至九，包四象八卦之義，而兼五行之數，「洛書」則惟五行生成之數也。然犧皇但畫卦以垂教，則五行之數未顯，故禹更陳五行而顯九類也。頁93～95。

〔註64〕《宋象數易學研究》，頁50。

〔註65〕《易數鉤隱圖・龍圖龜書論上》載：仲尼曰：「文王既沒，文不在茲乎？又曰：天生德於予。則知天生睿哲於聖人，默究乎幽賾，是謂錫之也。故〈仲虺之誥〉曰：『天乃錫王勇智，表正萬邦』之謂也。」頁96。

法，並使「洛書」和九疇產生關係，那是建立在二者都有四十五之數的基礎上，蓋「洛書」之數從「戴九履一」相加至「六八爲足」共爲四十五；九疇則從「初一曰五行」加到「次九曰嚮用五福」，取其序數「初一」加到「次九」，恰爲四十五，於是二者就能搭配。值得一提的是，朱子對「河」、「洛」的看法不是十分堅定，曾動搖過，但因拘泥於《尙書》、《易傳》、《論語》中的記載，且以二者合於義理、有圖證驗，所以不得不採信。〔註66〕

　　朱子之說，遭到多人反對。宋黃鎭成以爲「圖」、「書」中的點數和九疇無關。〔註67〕到了宋元之際的雷思齊〔註68〕更是大肆抨擊此說，他針對朱子將九疇配合「河圖」，九疇隨「河圖」之卦次任意縱橫擺放，以爲是亂了九疇的次第。朱子以五行置於坎北，五事置於坤（西南），各疇皆有其一定的方位和卦位相配合，這樣的配合只是形式上的，正如五行應是施用於各方的，爲何現只能用於一卦一方呢？〔註69〕明代的王禕在〈洛書辯〉明言「『洛書』非〈洪範〉也」，他提出六點質疑：一、「洛書」之數有陰陽奇偶之分，〈洪範〉之數只是各疇之數結合而成爲九，且九疇的內容和陰陽奇偶無關。「洛書」呈現的是數，〈洪範〉呈現的是理。二、前人見「洛書」之數爲九，故爲九疇；然「河圖」之數爲十，應是十卦，何以伏羲只畫出八卦。三、朱子以「河圖」

〔註66〕朱子曰：「夫以『河圖』、『洛書』爲不足信，自歐陽公以來，已有此說，然終無奈〈顧命〉、〈繫辭〉、《論語》皆有是言，而諸儒所傳『河圖』之數，雖有交互，而無乖戾，順數逆數，縱橫曲直，皆有明法，不可得而破除也。」〈答袁機仲〉又曰：「熹於世傳『河圖』、『洛書』之舊，所以不敢不信者，正以其義理不悖而證驗不差。」〈答袁機仲（來教疑『河圖』、「洛書」是後人僞作）〉。二引文皆見於《朱文公文集》（臺北：臺灣商務印書館，四部叢刊正編，1979年11月1版），頁606，608。

〔註67〕黃鎭成說：「但言九數縱橫，十數分合之理，初與〈洪範〉九疇了無關涉。……『圖』、『書』爲《易》設，而與〈洪範〉無相涉也。」《尙書通考》（臺北：大通書局，《通志堂經解》（十五）本，1969年），卷十，頁9003。

〔註68〕雷思齊（生年？卒年？），南宋人，字齊賢，江西臨川人。宋亡後，脫儒服爲道士，獨居空山之中，故人稱「空山先生」。對「河圖」、「洛書」、筮法多有研究，著有《易圖通變》、《易筮通變》、《老子本義》、《莊子旨義》等。

〔註69〕雷思齊說：「『洛書』之九疇本河圖自然之數，虛皇極於中，而以八疇分佈四正四維。五行置於坎一，五事置於坤二，五紀置於巽四，五福宣於離九。一以九疇之次序，陳列於河圖之卦次。夫九疇謂禹次第之者，有自初一次二次三四而以次用之也，今隨河圖十五縱橫而置之，則成亂次矣！未暇一一辨結，且以初一之五行言之，既謂五行，自當分配五方，何得以五者限萃一方，不以推行，惡得謂五行哉！」參見《易圖通變・河圖遺論》（《無求備齋易經集成》第143冊，據清同治十二年粵東書局刊本影印），卷五，頁88～89。

之數本於五行生成數，此五行即〈洪範〉之一疇，且「河圖」五十五數恰爲九疇的子目。如此，就前者言，一個「河圖」只能配一疇，那配完其餘八疇，不是要八個「河圖」嗎？就後者言，「洛書」只有四十五數，以此爲九疇，則子目就缺十數。四、「洛書」本文既有六十五字，又說它是四十五數，二者數目龐大，如何列於小小的龜背。五、針對「天錫」之「錫」而言，九疇所陳的治天下之至理，正如聖人，是上天的賜予，並不需要專門以某一物如神龜者的出現方謂「天錫」。六、九疇是萬世不刊之經，不容有詭異之說。〔註70〕

　　與上述各家相比，龍溪亦持反對的意見，只是他的態度較爲含蓄而已。他說：「昔儒謂龜微物也，可以起數，乃知聖人胸中，自有全經，固不在於紛紛點畫之盈縮，以爲分合湊補也。」前儒以洛龜之背所顯現的數字，作爲九疇的來源，但是體道的聖人，心中自有九疇經義，故流露出來無不成章，本不需依靠外來的黑白點畫來拼湊完成八卦、九疇。接著他又說：「羲、禹畫卦敍疇之時，河馬洛龜適至，聖人因而驗之，如嶰谷律呂協於鳳鳴，或如《春秋》成而麟出以呈其瑞，理或有之。」伏羲畫卦，河出龍馬；大禹敍疇時，洛出神龜，這樣的情形，就如同蕭韶奏樂而鳳鳴相和，《春秋》完成而麒麟出現，是「理或有之」，碰巧發生。朱子則以爲是因爲洛龜呈瑞，聖人方能則其背上之數以成九疇，這是「亦其理也」，朱子說：「《易》言：『河出圖，洛出書，聖人則之。』蓋治水功成，洛龜呈瑞，如蕭韶奏而鳳儀，《春秋》作而麟至，亦其理也。世傳戴九履一，左三右七，二四爲肩，六八爲足，即『洛書』也。」〔註71〕比較起來，龍溪「理或有之」的語氣略帶懷疑，因爲龜之起數而成九疇也有「理或無之」的蘊意。由此可見龍溪是不同意朱子之說的。

　　對於九疇的觀點，陽明只簡單談及大禹則書以敍疇、及九疇先後不易之序，所謂：「大禹則書以敍疇，實其中五者，皇極也。一五行而二五事，三八政而四五紀，第於前者，有序而不亂也；六三德而七稽疑，八庶徵而九福極，列於後者，有條而不紊也。是其先後不易之序，何莫而不本於書乎？」龍溪則是直接採用〈洪範〉本文「天授大禹九疇，九疇皆帝王治天下之大經大法」的說法。他說：

〔註70〕詳參（明）王禕：《王忠文集》（《四庫全書·集部六·別集類五》，第1226冊），卷四，頁79～82。

〔註71〕（元）陳櫟：《書集傳纂疏·洪範》（臺北：大通書局，《通志堂經解（十五）》，1969年），頁8784。

　　　　至於「洛書」所陳九疇，皆帝王治天下之大經大法，每疇之首，不
　　　　過以數起之，與所敘之疇，絕無關涉。《書》曰：鯀汩陳其五行，天
　　　　不畀〈洪範〉九疇。禹能嗣興，治水成功，天始錫之，此其證也。
　　〔註72〕

禹之前，由鯀治水，失敗而被處死。後來大禹接替其位，治水成功，於是天
才傳授大禹九疇。龍溪以為九疇之序數和九疇的內容不相關，所以他不從二
者的關係去曲意附和，反而是直接肯定九疇就是「帝王治天下之大經大法」，
其實這是比較貼近《尚書》原義的。考察九疇之說本出於《尚書》，〈洪範〉
曰：「初一曰五行，次二曰敬用五事，次三曰農用八政，次四曰協用五紀，次
五曰建用皇極，次六曰乂用三德，次七曰明用稽疑，次八曰念用庶徵，次九
曰嚮用五福，威用六極。」從初一到次九皆是九疇之序數，從五行到嚮用五
福，威用六極皆是九疇的內容。具體而言，〈洪範〉記載的是周武王克殷後，
訪於商代箕子，箕子向他陳述的九種治國安民的大法，即九疇。第一是金、
木、水、火、土五行，這是百姓日用必備的生活物質。第二是謹慎於五事：
貌要恭敬，大臣才能嚴肅對待；言要聽從，才能治事；視要明辨，明才能判
斷黑白；聽要聰敏，聰敏才能謀劃；思要睿達，睿達才能聖明。第三是處理
好八政，八政指食、貨、祀、司空、司徒、司寇、賓、師。各別言之是使民
能勤於農業、使物能暢其流、使民尊敬鬼神、使民安居、使民受教懂禮義、
治理姦盜、使民以禮待賓客、建立軍隊防止寇賊。第四是協和一年中歲、月、
日、星辰（二十八宿）運行時間的長短，以製成曆數來敬授民時。第五是建
立理人民的大中之道，重視有為有守之人，寬容輕犯者，一切秉持「無偏無
頗」、「無黨無偏」的原則。第六是治理人民要用正直、剛、柔之法，根據不
同對象，或以直法；或以剛制柔；或以柔剋剛。第七是碰到疑惑，依次和卿
士、百姓商量，最後才訴諸卜筮。第八是觀察雨、晴、暖、寒、風的好壞徵
兆，五者調和，作物就豐盛；五者不調，作物歉收。這些都和君臣的作為有
關。第九是勸勉人以「五福」，即以長壽、富裕、無疾病、好德、老而善終；
畏懼人以「六極」，即以短命、疾病、多憂、貧困、醜惡、體弱。〔註73〕

　　龍溪將九疇之序數和九疇的內容脫離開來，蘊含了兩層意思：一、是對
漢孔安國「天錫禹『洛書』，神龜負文而出，列於背，數從一至九，禹因而第

〔註72〕《全集・「河圖」「洛書」解義》，卷八，頁533～534。
〔註73〕詳參《十三經注疏・尚書正義・洪範》，卷十二，頁168～179。

之，以成九類」之說的懷疑，孔安國以爲「洛書」是大禹得自龜背上的背紋，然而龜背上那幾條簡單的紋路能否構成繁復的治國大法，令人起疑。二、以「洛書」之數和九疇之數的比附是不合理的。「洛書」之數爲四十五，九疇之序數自一相加到九恰巧爲四十五，但這樣的加法只注意到九疇的序數，忽略了最重要的內容，進而使到九疇的內容有空洞化、受忽略的危險。若就九疇內容中而言，可計數的爲五行、五事、八政、五紀、三德、五福、六極，總計共三十七，亦不合「洛書」之數。因此「洛書」想要站在數的觀點，和九疇的序數或內容來相配是很勉強的。

（三）「河圖」、「洛書」相爲經緯與以「後天圖」配「洛書」

關於「河圖」、「洛書」的關係，漢代劉歆最早提及，他有「『河圖』、『洛書』相爲經緯，八卦、九章相爲表裏」〔註 74〕之說，然只是簡略提到，並不能由此去確知二者如何去相互經緯、相互表裏。到了宋代，朱子基於「五行生成之數」和「理一」的基礎上，努力建構二者的經緯關係。朱子曰：

「河圖」之數本於五行，而以五居中；「洛書」之數亦本於五行，而以五居中。……天一生水，地六成之；地二生火，天七成之；天三生木，地八成之；地四生金，天九成之；天五生土，地十成之；此天地生成之數寓於「河圖」也。一曰水，二曰火，三曰木，四曰金，五曰土，此天地生成之數寓於「洛書」也。……生成之數惟「河圖」、「洛書」備之，此所以「河圖」、「洛書」相爲經緯，八卦、九章相爲表裏者此也。〔註 75〕

「河圖」以五生數統五成數，而同處其方，蓋揭其全以示人，而道其常，數之體也。「洛書」以五奇數統四偶數，而各居其所，蓋主於陽以統陰，而肇其變，數之用也。……「河圖」主全，故極於十，而奇偶之位均，論其積實，然後見其偶贏而奇乏也。「洛書」主變，故極於九，而其位與實皆奇贏而偶乏也。必皆虛其中也，然後陰陽之數均於二十而無偏耳。〔註 76〕

「洛書」固可以爲《易》，而「河圖」亦可以作〈範〉矣。且又安知

〔註 74〕見《漢書‧五行志第七上》引，卷二十七上，頁 1316。
〔註 75〕參見（宋）鄭樵：《六經奧論‧「河圖」「洛書」辨》（《四庫全書‧經部七‧五經總義類》，第 184 冊），卷一，頁 21～22。
〔註 76〕《易學啓蒙》，卷一，頁 9～11。

「圖」之不爲「書」,「書」之不爲「圖」也耶?曰:「是其時雖有先
後,數雖有多寡,然其爲理則一而已。」〔註77〕

「河圖」、「洛書」二者之所以能互爲經緯、表裏,朱子以爲有三點原因:一、
自產生源頭言:二者皆本於「五行生成之數」,同以五爲中心,不同的是「河
圖」具有地十之數,「洛書」不具而已。二、就體用而言:「河圖」、「洛書」
存有體用關係。「河圖」爲數之體、數之常,〔註78〕其數爲十,數至十而全;
「洛書」、爲數之用、數之變,其數爲九,始一而極於九。由體必開用,而一
言用必不離體。三、從理一立場言:此處「理一」的觀點和蔡元定相通,故
藉用元定的說法陳述之,元定說:「天地之理,一而已矣。雖時有古今先後之
不同,而其理則不容於有二也。故伏羲但據『河圖』以作《易》,則不必預見
『洛書』,而已逆與之合矣;大禹但據『洛書』以作〈範〉,則亦不必追考『河
圖』,而已暗與之符矣。其所以然者,何哉?誠以此理之外,無復他理故也。」
〔註79〕雖然伏羲先據「河圖」作八卦,大禹後依「洛書」作九疇,但時間的
先後不同、數的多寡,不足以決定二圖本質上是相異的,此因二者是一理所
生,而其圖象之不同只是分殊之理之呈現而已,故二者在理上說是若合符節,
故能互爲經緯、表裏,「洛書」不只可用來敘九疇,亦可用來畫卦;「河圖」
不只可用來畫卦,亦可用來敘九疇。

王陽明論「河」、「洛」的經緯關係時,亦稟承朱子之說,他說:

大抵「河圖」、「洛書」,相爲經緯,八卦九章,相爲表裏,但伏羲先
得乎圖以畫卦,無所待於書;大禹獨得乎書以敘疇,不必考於圖耳。
若究而言之,則「書」固可以爲《易》,而「圖」亦可以作〈範〉。
又安知「圖」之不爲「書」,「書」之不爲「圖」哉?噫!理之分殊,
非深於造化者,其孰能知之?〔註80〕

此亦是從「理一分殊」的觀點來談論「河」、「洛」。

龍溪亦以爲「河圖」、「洛書」互爲經緯,則「河圖」可用來畫卦,「洛書」
亦有此功能。

或曰:「『河圖』爲順,『洛書』爲逆,一順一逆,造化之機,圖書五

〔註77〕同上,頁 14。

〔註78〕《朱子語類・易一》(臺北:文津出版社,1986 年 12 月),卷六十五,頁
1610。

〔註79〕同註 76,頁 6～7。

〔註80〕《王陽明全集・山東鄉試錄》,卷二十二,頁 845～846。

　　皆居中，一皆居下，造化示人之精蘊，則既聞命矣。敢問伏羲則『河
　　圖』以畫卦，大禹則『洛書』以敘疇，其義何所當也？」先生（龍
　　溪）曰：「《易》曰：『河出圖，洛出書，聖人則之』，是「圖」、「書」
　　皆可以畫卦也。」〔註81〕

此處龍溪的「『圖』『書』皆可以畫卦」，是承繼朱子而來。「圖」、「書」既然
皆可以畫卦，則龍溪是否就以此二者為八卦產生的根據？顯然的，龍溪只是
順著問者之語氣，重點突顯出「河圖」、「洛書」的經緯關係而已，其實他心
中早已認定八卦的來源為良知。由於「河圖」、「洛書」相互經緯，自然「圖」
可配「書」，「書」亦可配「圖」，於是龍溪進而提出「以後天圖配『洛書』」
的觀點。他說：

　　若以後天圖配「洛書」，則四時無不順，七十二候無分毫加損，亦天
　　地生成之妙也。故曰：『『河圖』、『洛書』，相為經緯。八卦九章，相
　　為表裡。或虛其中，或總其實。『河圖』固可以畫卦，亦可以敘疇；
　　『洛書』固可以敘疇，亦可以畫卦。〔註82〕

此處使用到「卦氣」的說法。「卦氣」說倡自西漢孟喜，〔註83〕「卦氣」的「卦」
是指「六十四卦」，「氣」是指「陰陽之氣」，合言之即以「六十四卦去表現一
年中陰陽之氣消長的情況」。其內容較重要者有：四正卦、十二消息卦、六日
七分、七十二候說等，茲依序簡述如下。孟喜將六十四卦分為四卦和六十卦
二部分，四卦中的〈坎〉、〈震〉、〈離〉、〈兌〉，是四正卦。它們分主四時，〈坎〉
主冬、〈震〉主春、〈離〉主夏、〈兌〉主秋；此四卦又主管一年二十四節氣，

〔註81〕《全集・「河圖」「洛書」解義》，卷八，頁 533。
〔註82〕同上，頁 534～535。
〔註83〕孟喜的「卦氣」說至今還保留在《新唐書》中，唐僧一行的《卦議》引用孟喜
　　　　之「卦氣說」曰：「自冬至初，中孚用事。一月之策，九六、七八，是為三十。
　　　　而卦以地六，候以天五，五六相乘，消息一變，十有二變而歲復初。〈坎〉、〈震〉、
　　　　〈離〉、〈兌〉，二十四氣，次主一爻，其初則二至、二分也。〈坎〉以陰包陽，
　　　　故自北正，微陽動於下，升而未達，極於二月，凝涸之氣消，〈坎〉運終焉。
　　　　春分出於〈震〉，始據萬物之元，為主於內，則群陰化而從之，極于南正，而
　　　　豐大之變窮，〈震〉功究焉。〈離〉以陽包陰，故自南正，微陰生於地下，積而
　　　　未章，至于八月，文明之質衰，〈離〉運終焉。仲秋陰形于〈兌〉，始循萬物之
　　　　末，為主於內，群陽降而承之，極於北正，而天澤之施窮，〈兌〉功究焉。故
　　　　陽七之靜始於〈坎〉，陽九之動始于〈震〉，陰八之靜始于〈離〉，陰六之動始
　　　　于〈兌〉。故四象之變，皆兼六爻，而中節之應備矣。」參見《唐書・志・曆
　　　　三上》（臺北：鼎文書局新校本，1989 年 12 月 5 版），卷二十七上，頁 599。

其方法是以一卦六爻中的每一爻去主管一節氣，如〈坎〉卦主多，其初六爻主多至，九二爻主小寒，六三爻主大寒，六四爻主立春，九五爻主雨水，上六爻主驚蟄。其餘六十卦配一年之日數，每月五卦，每卦所主爲六日七分。又以六十卦配七十二候，七十二候是二十四節氣的每一氣三分的結果，每一候各有特定的天象或動植物以作爲該氣候的特徵，如二月中春分的初候爲「玄鳥至」、次候爲「雷乃發聲」、末候爲「始電」。他又將六十卦按辟（君）、公、侯、卿、大夫分爲五組，一組有十二卦，其中十二辟卦爲：〈復〉、〈臨〉、〈泰〉、〈大壯〉、〈夬〉、〈乾〉、〈姤〉、〈遯〉、〈否〉、〈觀〉、〈剝〉、〈坤〉，代表了一年陰陽二氣消長的過程。從〈復〉一陽生一直到〈乾〉六爻皆陽，是爲陽生陰消的過程。從〈姤〉的一陰起到〈坤〉六爻皆陰，是爲陽消陰長的過程。這樣的循環周期是年年往復的。

從上可知，〈坎〉、〈震〉、〈離〉、〈兌〉，是漢《易》中的四正卦，以之構成的圖象即後天圖。而爲何說後天圖與「洛書」相配，就是運用「卦氣」說的觀念？周古陽解釋說：「因洛書九疇之中，第四疇談的歲、月、日、星辰、曆數等『五紀』和第八疇『念用庶徵』詳細談到的天時眾氣應驗的事，其內容就是『卦氣說』中的月令節氣。」〔註84〕因此龍溪後天圖與「洛書」相配之說，滲透了孟喜漢《易》「卦氣」說與朱子宋《易》「河圖」、「洛書」相爲經緯的內容。依他看，圖書雖內容相異，但「河圖」、「洛書」互爲經緯，故可相互取資以畫卦、敘疇。也許，龍溪以爲人心是靈明妙用的，故應由良知去判定依何種情況去使用「河圖」、「洛書」，而不需拘執於二者是否要固定在它特定的使用範圍上。

從漢孔安國，到宋劉牧、朱子，龍溪等人對「河」、「洛」費勁的討論中，可知只要是經傳上的記載，大家一定設法想給它一個合理的解釋，然有時不免解釋過了頭，而有牽纏附會之情況發生，這不只形成閱讀經傳的障礙，並模糊了焦點，實是不智。《總目》曰：「宋人以數言《易》，已不甚近於人事，又欲務究數之所以然，於是由畫卦推奇偶，由奇偶推『河圖』、『洛書』，由『河圖』、『洛書』演爲黑白方圓，縱橫順逆，至于汗漫而不可紀，曰：『此作《易》之本也』。及其解經，則象義爻象又絕不本『圖』『書』立說。豈畫卦者一數，〈繫辭〉者又別一數耶？」〔註85〕對於宋人只注重《易》如何制成，不探討

〔註84〕見周古陽，臺中：中興大學中文研究所2000年碩士論文《王龍溪的心學與易學》，第三章〈龍溪的易學思想〉第二節〈龍溪論易之象數〉，頁86。
〔註85〕見《四庫全書總目提要・經部六・易類六》，卷六，頁47～48。

《易》如何解釋，分《易》之學問為兩門的弊病，可謂一針見血。清人丁壽昌平議「河」、「洛」與「河」、「洛」之數時說：「其實『河圖』『洛書』之名，經傳之所有也；『河圖』『洛書』之數，經傳之所無也，學者亦分別觀之可矣。」〔註86〕態度可謂通達。

第二節　邵雍與「伏羲八卦方位圖」、「文王八卦方位圖」與龍溪對此二圖的闡述

龍溪對於「先天圖」和「後天圖」的討論，主要是以邵雍的「伏羲八卦方位圖」、「文王八卦方位圖」二圖來發揮的，故在正式進入龍溪「先、後天圖」的討論前，有必要對邵雍之學先作一梗概的了解。

一、邵雍與「伏羲八卦方位圖」、「文王八卦方位圖」

邵雍，北宋人（公元 1011 年～1077 年），字堯夫，謚康節，人稱「康節」先生，著有《皇極經世》（包括《觀物內外篇》、《漁樵問對》、《無名公傳》）和詩集《伊川擊壤集》，他與周敦頤、張載、程顥、程頤合稱北宋五子。〔註 87〕邵雍是宋代象數學中的一支──「先天圖」之大家，所謂「先天圖」就是以〈乾〉、〈坤〉、〈坎〉、〈離〉四正卦為圖象之《易》圖，以其為遠古時伏羲所畫，先於《周易》而有，故有此名，依此而發展之《易》學就稱為「先天之學」；而以〈坎〉、〈離〉、〈震〉、〈兌〉四正卦為圖象之《易》圖，是文王之易，它是推衍伏羲之《易》圖而來，故曰「後天圖」，此學又稱為「後天之學」。〔註 88〕二者又有體用、心跡之分，所謂：「〈乾〉〈坤〉縱六子橫，《易》之本也；〈震〉〈兌〉橫而六卦縱，《易》之用也。先天之學，心也，後天之學，跡也。」〔註89〕此外，「先

〔註86〕見（清）丁壽昌：《讀易會通》（臺北：河洛圖書，1965 年 5 月初版），卷一，頁 80。

〔註87〕關於他的生平，可參考程明道的〈邵堯夫先生墓誌銘〉（《二程集》，卷四）、《宋史·列傳·道學一》，卷四百二十七、《宋元學案·百源學案》。

〔註88〕關於邵雍之《易》學，朱子曰：「據邵氏說，先天者，伏羲所畫之易也。後天者，文王所演之易也。伏羲之易，初無文字，只有一圖以寓其象數，而天地萬物之理，陰陽終始之變具焉。文王之易，即今之周易，而孔子所為作傳者是也。」見《朱文公文集·答袁機仲書（來教疑「河圖」、「洛書」是後人偽作）》，卷三十八，頁 403～404。

〔註89〕《皇極經世書·觀物外篇上》，卷七下，頁十二～十三。

天」、「後天」又有自然原則和人為制作之區分。至於「先天」二字，原出自〈乾・文言〉「先天而天弗違」，晉干寶亦有「先天」之說，其曰：「伏羲之《易》小成，為先天。神農之《易》中成，為中天。黃帝之《易》大成，為後天。」〔註90〕邵雍的「先天」用法或是受干寶之影響。

　　關於邵雍《易》學之由來，邵雍之子邵伯溫〔註91〕曰：「先君易學……其傳授本末，則受《易》於李之才挺之，〔註92〕挺之師穆修伯長，〔註93〕伯長師陳摶圖南。〔註94〕」〔註95〕南宋朱震〔註96〕曰：「濮上陳摶，以『先天圖』傳种放，〔註97〕放傳穆脩，脩傳李之才，之才傳邵雍。」〔註98〕邵伯溫推源邵雍之學來自陳摶，朱震則扼要敘述了北宋「先天圖」派的發展，其傳承譜系為：陳摶→种放→穆脩→李之才→邵雍。然他所說的傳承關係令人懷疑，因不知據於何人何書也，故《宋史》云：「其論『圖』、『書』授受源委如此，蓋莫知其所自云。」〔註99〕

〔註90〕見（明）何楷：《古周易訂詁》引干寶語（《無求備齋易經集成》第70冊，據清乾隆十七年文林堂刊本影印），卷一，頁29～30。

〔註91〕邵伯溫（公元1057年～1134年），北宋人，其《易》學乃承襲邵雍之象數學而來，著作《皇極系述》、《皇極經世序》、《觀物內外篇解》，皆是闡揚其父《易》學之作，著有《易學辯惑》等。

〔註92〕李之才（公元？～1045年），北宋人，字挺之，授「先天圖」於邵雍，主卦變說，有「變卦反對圖」、「六十四卦相生圖」傳於後世。

〔註93〕穆脩（公元979年～1032年），北宋人，字伯長，是文學家和《易》學家，文學上尊韓柳古文之說，《易》學上則間接傳「先天圖」於邵雍、「太極圖」傳周敦頤。

〔註94〕陳摶（約公元871年～989年），生於五代北宋之際，字圖南，號扶搖子，早年科舉不第，後隱居武當山和華山四十年，故人稱華山道士。後人以為他是北宋圖書學派的創始人，傳「先天太極圖」、「龍圖」（「河」「洛」的前身）和「無極圖」（已佚）。著作《指玄篇》、《釣潭集》皆亡佚，現只存〈龍圖序〉一篇。

〔註95〕《易學辯惑》（《四庫全書・經部一・易類》，第9冊），頁403～404。

〔註96〕朱震（公元1072年～1138年），南宋人，其《易》學主要源自程頤、張載、邵雍，在他的《易》學著作中有許多《易》圖，此開後人畫《易》圖之先河，朱震並對漢易和宋易的象數之學作了探討和總結，保存了不少史料，方便後人研究，著有《漢上易傳》、《周易卦圖》、《周易叢說》。

〔註97〕种放（公元956年～1016年），北宋人，字名逸，早年奉母隱居於終南山，晚年強買田地。朱震以為陳摶之「先天圖」，藉他間接傳給邵雍。「河圖」「洛書」由他傳給劉牧。著有《退士傳》。

〔註98〕《漢上易傳・表》，頁5。

〔註99〕《宋史・儒林五・朱震傳》，卷四百三十五，頁12908。

　　雖然朱震和朱子對於邵雍之「先天圖」言之鑿鑿，且邵雍於《皇極經世書・觀物篇》上、下篇中屢屢提及，但考諸邵雍著作都沒收錄「先天圖」，現今保存下來的「先天圖」是朱子收錄的。朱子最推崇邵子的《易》圖說，在他的《易學啓蒙》、《周易本義》卷首前收錄有六個關於邵雍之易圖，〔註100〕依序為「伏羲八卦次序圖」、「伏羲八卦方位圖」、「伏羲六十四卦次序圖」、「伏羲六十四卦方位圖」、「文王八卦次序圖」和「文王八卦方位圖」。前四圖為「先天圖」，又稱「伏羲四圖」，朱子曰：「伏羲四圖，其說皆出邵氏。蓋邵氏得之李之才挺之，挺之得之穆脩伯長，伯長得之華山希夷先生陳摶圖南者，所謂先天之學也。」〔註101〕後二圖為「後天圖」，邵雍曰：「起〈震〉終〈艮〉一節，明文王八卦也。」〔註102〕以〈說卦傳〉的「起〈震〉終〈艮〉」為「文王八卦」的根據。由於本文的重點，乃在「伏羲八卦方位圖」和「文王八卦方位圖」二圖，此二圖之圖式見下，其餘無關之圖象則不討論，讀者可自行參考朱子的《易學啓蒙》和《周易本義》之敘述。

　　（摘自《周易本義》，頁 15、31）

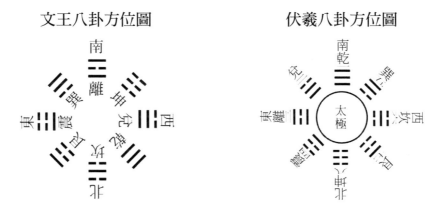

文王八卦方位圖　　　　伏羲八卦方位圖

　　所謂「伏羲八卦方位圖」，又稱「先天八卦方位圖」，是說明八卦所處的方位，它可溯源自〈說卦傳〉「天地定位，山澤通氣，雷風相薄，水火不相射。八卦相錯，數往者順，知來者逆，是故《易》，逆數也」。〔註103〕孔穎達以為

〔註100〕朱子的《周易本義》卷首前共列有九圖，依序為一、河圖。二、洛書。三至八如文中所述和九、卦變圖。各圖分別見於書中頁 9、10、13、15、17～20、24～25、29～30、31、33～45。
〔註101〕同上，頁 27。
〔註102〕《皇極經世書・觀物外篇上》，卷七下，頁 11。
〔註103〕《十三經注疏・周易正義・說卦》，卷九，頁 183。案：「水火不相射」，爲一

這段文字是用來說明八卦重疊爲六十四卦之過程，〔註104〕邵雍則據之以釋「伏
羲八卦」曰：

> 「天地定位」一節，明伏羲八卦也。八卦相錯者，明交相錯而成六
> 十四卦也。數往者順，若順天而行，是左旋也，皆已生之卦也，故
> 云數往也。知來者逆，若逆天而行，是右行也，皆未生之卦也，故
> 曰知來也。夫《易》之數，由逆而成矣。此一節直解圖意，若逆知
> 四時之謂也。〔註105〕

此處說明了伏羲八卦排列的方位。朱子在《本義》釋之曰：「〈乾〉
南，〈坤〉
北，〈離〉東，〈坎〉西，〈震〉東北，〈兌〉東南，〈巽〉西南，〈艮〉西北。
自〈震〉至〈乾〉爲順，自〈巽〉至〈坤〉爲逆。」朱子以爲〈乾〉一居南，
〈坤〉八居北，〈艮〉七居西北，〈兌〉二居東南，〈震〉四居東北，〈巽〉五
居西南，〈坎〉六居西，〈離〉三居東。這樣的排列，從〈震〉四至〈乾〉一
爲順，表示陽氣逐漸上升，它仿天道左行，故爲順行，猶如今日追數往日，
是爲「數往者順」，此四卦爲已生之卦；而自〈巽〉五至〈坤〉八爲逆，表陰
氣之逐漸上升，它逆天而行，仿地道右行，猶如從今日逆計來日，是爲「知
來者逆」，此四卦爲未生之卦。而「伏羲八卦方位圖」的意義，即是以陰陽二
氣的消長過程來表示一年四季的變化，所謂：「〈震〉始交陰而陽生，〈巽〉始
消陽而陰生。〈兌〉，陽長也。〈艮〉，陰長也。〈震〉〈兌〉在天之陰也，〈巽〉
〈艮〉在地之陽也。天以始生言之，故陰上而陽下，交泰之義也。地以既成
言之，故陽上而陰下，尊卑之位也。〈乾〉〈坤〉定上下之位，〈離〉〈坎〉列
左右之門，天地之所開闔，日月之所出入，是以春夏秋冬，晦朔弦望，晝夜
長短，行度盈縮，莫不由乎此矣。」〔註106〕

般通行本《周易》採用，然長沙馬王堆出土的帛書《周易》則作「火水相射」，
且置於「雷風相薄」句前，故全句是「天地定立（位），【山澤通氣】，火水相
射，雷風相搏」。

〔註104〕孔穎達曰：「此一節就卦象明重卦之意。《易》以〈乾〉〈坤〉象天地，〈艮〉
〈兌〉象山澤，〈震〉〈巽〉象雷風，〈坎〉〈離〉象水火。若使天地不交，水
火異處，則庶類无生成之用，品物无變化之理，所以因而重之。今八卦相錯，
則天地人事，莫不備矣，故云：『天地定位而合德，山澤異體而通氣，雷風各
動而相薄，水火不相入而相資。』既八卦之用變化如此，故聖人重卦，令八
卦相錯，〈乾〉、〈坤〉、〈震〉、〈巽〉、〈坎〉、〈離〉、〈艮〉、〈兌〉莫不互而相
重，以象天、地、雷、風、水、火、山、澤，莫不交錯。」同上。
〔註105〕《皇極經世書·觀物外篇上》，卷七上，頁二十四。
〔註106〕同上，頁二十六。詳參《易學哲學史》，第二卷，頁 153〜156。

　　而「文王八卦方位圖」，又稱「後天八卦方位圖」，其所顯示的八卦方位為〈離〉南〈坎〉北、〈震〉東〈兌〉西、〈坤〉西南、〈乾〉西北、〈巽〉東南、〈艮〉東北。這些方位是本於〈說卦傳〉「起〈震〉終〈艮〉」一節，所謂：

　　　帝出乎〈震〉，齊乎〈巽〉，相見乎〈離〉，致役乎〈坤〉，說言乎〈兌〉，
　　　戰乎〈乾〉，勞乎〈坎〉，成言乎〈艮〉。萬物出乎〈震〉；〈震〉，東
　　　方也。齊乎〈巽〉；〈巽〉，東南也。〈齊〉也者，言萬物之絜齊也。〈離〉
　　　也者，明也。萬物皆相見，南方之卦也。聖人南面而聽天下，嚮明
　　　而治，蓋取諸此也。〈坤〉也者，地也，萬物皆致養焉，故曰：「致
　　　役乎〈坤〉。」〈兌〉，正秋也，萬物之所說也；故曰：「說言乎〈兌〉。」
　　　戰乎〈乾〉；〈乾〉，西北之卦也，言陰陽相薄也。〈坎〉者，水也，
　　　正北方之卦也，勞卦也，萬物之所歸也，故曰：「勞乎〈坎〉。」〈艮〉，
　　　東北之卦也，萬物之所成終，而所成始也，故曰：「成言乎〈艮〉。」
　　　〔註107〕

　　邵雍解釋此圖象曰：

　　　「起〈震〉終〈艮〉」一節，明文王八卦也。至哉！文王之作易也，
　　　其得天地之用乎？故〈乾〉〈坤〉交而為〈泰〉，〈坎〉〈離〉交而為
　　　〈既濟〉也。〈乾〉生於子，〈坤〉生於午，〈坎〉終於寅，〈離〉終
　　　於申，以應天之時也。置〈乾〉於西北，退〈坤〉於西南，長子用
　　　事，而長女代母，〈坎〉、〈離〉得位，而〈兌〉、〈艮〉為偶，以應地
　　　之方也。〔註109〕

「〈乾〉〈坤〉交而為泰」，是說〈泰〉卦的卦象〈坤〉上〈乾〉下，陽氣自下而上，陰氣自下而上，二氣相交，萬物無不亨通。「〈坎〉〈離〉交而為〈既濟〉」，是說〈既濟〉卦的卦象〈離〉上〈坎〉下，成南北之象。至於從「〈乾〉生於子」至「〈離〉終於申」，朱伯崑解釋說：「『〈乾〉生于子，〈坤〉生于午』是說，〈乾〉〈坤〉之位居南北，因相交為〈泰〉，〈乾〉返于下，〈坤〉返于上，所以〈乾〉生于子，〈坤〉生于午，取陽氣始生于下，陰氣始生于上義。其它六卦，配十二支，〈坎〉位為申，居西方，歷酉戌亥子丑而終于寅，此即『〈坎〉終于寅』。離位為寅，居東方，歷卯辰巳午未而終于申，此即『〈離〉終于申』。」〔註110〕而

〔註107〕《十三經注疏・周易正義・說卦》，卷九，頁183～184。
〔註109〕《皇極經世書・觀物外篇上》，卷七下，頁十一。
〔註110〕《易學哲學史》，第二卷，頁194。

「置〈乾〉於西北」到「〈兌〉、〈艮〉為偶」，意即〈乾〉由原本的南方退居西北，〈坤〉由原本的北方退居西南，而代表長男的〈震〉卦主生物而居於東方，代表長女的〈巽〉卦代母物而居於東南。〈坎〉居北，〈離〉居南，是二者之得位。而〈兌〉則居西與〈震〉相配，〈艮〉居東北與〈巽〉相配。

雖然邵雍費力陳述了「先、後天圖」，並設法為它們找尋在《周易》中的根源，但那些圖象事實上是邵雍獨創，與《周易》無關。最有力的證明是秦始皇焚書，《易》因是卜筮之書而得免，漢儒對經書應是珍惜異常，惟恐散失，不應有這些圖而存而不論。再者，《周易》的主要內容是六十四卦，邵氏的伏羲六十四卦方位與《周易》根本不同，若說是伏羲傳下，其過程如何，並不清楚。而先天八卦、後天八卦，又不見於《周易》其他傳中，〈說卦傳〉雖涉及到八卦，但也特別強調六畫卦才是卦的意義，所謂：「故《易》六畫而成卦，分陰分陽，迭用柔剛，故《易》六位而成章。」關於八卦的次序和方位，〈說卦傳〉並沒有一定的觀念，可見「帝出乎〈震〉」與「天地定位」存有矛盾。至於「天地定位」，並不能導出天南地北的結論，《周易》之天地之位，實指天尊地卑，即天在上地在下，天在先地在後也。〔註111〕以上理由皆足以證明「先、後天圖」是邵雍的獨創學問。

二、龍溪對「伏羲八卦方位圖」和「文王八卦方位圖」的闡述

龍溪在闡釋邵雍先、後天圖象中的「伏羲八卦方位圖」與「文王八卦方位圖」，是以良知的體用觀念來貫穿的，此觀點主要呈現在〈先天後天解義〉〔註112〕一文。

（一）「伏羲八卦方位圖」即寂然不動之體、「文王八卦方位圖」即感而遂通之用

龍溪在談論「伏羲八卦方位圖」時，稱之為「存體之位」、「先天之學」。他說：

> 夫伏羲八卦，〈乾〉南〈坤〉北，〈離〉東〈坎〉西，謂之「四正」。
> 〈震〉、〈兌〉、〈巽〉、〈艮〉，則居於四隅，此存體之位，先天之學也。

此處是以〈乾〉、〈坤〉、〈離〉、〈坎〉四卦為「四正卦」，〈震〉、〈兌〉〈巽〉、〈艮〉

〔註111〕詳參呂紹綱：《周易闡微》（臺北：韜略出版，1996年5月初版），第十章《易》象數學評說，頁404～405。

〔註112〕《全集》，卷八，頁530～532。

則爲「四隅卦」，此八者排列所構成的方位，龍溪以爲是表示「寂然不動之體」。
他說：

> 吾人處於天地之間，上爲〈乾〉，下爲〈坤〉；〈離〉爲日，生於東；
> 〈坎〉爲月，生於西；〈艮〉爲山，奠於西北；〈兌〉爲澤，匯於東
> 南；〈震〉爲雷，奮於東北；〈巽〉爲風，起於西南；八卦成列，此
> 寂然不動之體，即所謂先天也。

自體上說，良知是先天之存在、寂然不動之體，而「伏羲八卦方位圖」之內
涵因是先天就有，故龍溪以爲可通於良知之先天性。

至於「文王八卦方位圖」，它是邵子說的「入用之位」、「後天之學」。龍
溪說：

> 文王八卦，〈離〉南〈坎〉北，〈震〉東〈兌〉西，謂之四正。〈乾〉、
> 〈坤〉、〈艮〉、〈巽〉，則居於四隅，此入用之位，後天之學也。

此處是以〈離〉、〈坎〉、〈震〉、〈兌〉四卦爲「四正卦」，而〈乾〉、〈坤〉、〈艮〉、
〈巽〉爲「四隅卦」。此八者排列所構成的方位，龍溪以爲是表示「感而遂通
之用」。他說：

> 上下無常，剛柔相易，山澤以氣通，雷風以形薄，八卦摩盪，此感
> 而遂通之用，即所謂後天也。

自用上說，良知是感而遂通的，這是後天的呈現，而「文王八卦方位圖」是
後天圖，其作用是感而遂通的。由於這種感通之用，是以產生了上下、剛柔、
山澤、雷風之接觸變化，是爲八卦之摩盪。因八卦之相摩激盪，遂有萬物之
產生。這樣的萬物生成過程，其實也同於〈說卦傳〉說的「水火相逮，雷風
不相悖，山澤通氣，然後能變化，既成萬物也。」這是說因水火之相及而互
濟，雷風之不相悖而鼓盪，山澤之雖異形而氣息相通，如此種種的感通，造
成了天地萬物的生生不息，這也就是天地生物的大德了。

雖然龍溪分別討論了「伏羲八卦方位圖」和「文王八卦方位圖」，以前者
爲「存體之位」，後者爲「入用之位」，似乎二者存在著體用之差別，但這樣
的區分只是爲了方便說明，實不能截然劃分爲二，因爲二者是「先後一揆，
體用一原」。龍溪說：

> 先後一揆，體用一原，先天所以涵後天之用，後天所以闡先天之體。
> 在伏羲非有待於文王，在文王非有加於伏羲也。

基於良知學的立場，良知是體用一原的，它即體即用，又即寂即感，不能從

中斷然分割出某部分爲體，某部分爲用。當說到先天寂然不動之體時，即含後天之發用；而說到後天感而遂通之用時，即存有先天之體，二者本是一體。所謂「寂而感，即體而用行焉；感而寂，即用而體存焉，一也。變動周流，不可以典要而執，思爲而得。」〔註113〕同樣的，先天圖的「伏羲八卦方位圖」，是體，亦含有後天圖之用之理；而後天圖的「文王八卦方位圖」，是用，亦含有先天圖之體之理。再者，體用一原、體用兼備之理超越時間的限制，萬不能因任何一圖出現時間的先後，而說某圖是體用一原，某圖則否，故當說到「伏羲八卦方位圖」時，它是體，自然也是用，根本不須等待另一圖的出現方能成全其用，反之說到「文王八卦方位圖」時亦然。

（二）從「伏羲八卦方位」到「文王八卦方位」的卦位演變

　　在前文中，交待了二方位圖的體用關係。由於體即含用，故從伏羲八卦圖的方位應是可以推論到文王八卦圖的方位的。龍溪在作這樣的推論時，提出了「四正相交，交者變其卦體」和「四隅不相交，不交者易其方位」二原則。其曰：

> 上下左右，四正相交，四隅不相交。交者變其卦體；不交者，易其方位。〈乾〉下交於〈坤〉，得其中爻而變爲〈離〉。〈坤〉上交於〈乾〉，得其中爻而變爲〈坎〉。〈離〉爲火，西交於〈坎〉，火主炎上，而變爲〈震〉。〈坎〉爲水，東交於〈離〉，水主潤下，而變爲〈兌〉。〈離〉居〈乾〉位，而上交之〈坤〉，遂置於西南。〈坎〉居〈坤〉位，而下交之〈乾〉，遂置於西北。〈坤〉既居〈巽〉之位，則〈巽〉不得不移置於東南。〈乾〉既居〈艮〉之位，則〈艮〉不得不移置於東北，故曰：此造化自然之法象也。

「四正相交，交者變其卦體」，是說明從先天的〈乾〉、〈坤〉、〈離〉、〈坎〉四正卦，變化爲後天的〈離〉、〈坎〉、〈震〉、〈兌〉四正卦之情形。此即當〈乾〉之中爻和〈坤〉相交，陽爻變爲陰爻，卦象變成了〈離〉卦；〈坤〉之中爻和〈乾〉相交，陰爻變爲陽爻，卦象變成了〈坎〉卦；〈離〉之上爻和〈坎〉相交，陽爻變爲陰爻，卦象變成了〈震〉卦；〈坎〉之下爻和〈離〉相交，陰爻變爲陽爻，卦象變成了〈兌〉卦。由此可知，從先天的四正卦演變爲後天的四正卦時，其卦體作了完全的改變。至於「四隅不相交，不交者，易其方位」，

〔註113〕《全集・易測授張叔學》，卷十五，頁1050。

則說明了從先天的〈震〉、〈兌〉、〈巽〉、〈艮〉的四隅卦,轉變爲後天的〈乾〉、〈坤〉、〈艮〉、〈巽〉四隅卦之情形。這是說當先天的〈乾〉位爲後天的〈離〉卦所居時,則〈坤〉卦移到西南;先天的〈坤〉位爲後天的〈坎〉卦所居時,〈乾〉卦就移到西北;〈坤〉佔有了原本〈巽〉卦之位,則〈巽〉卦就移到東南;〈乾〉佔有了原本〈艮〉卦之位,則〈艮〉就移到東北。這樣的變化只是卦的方位作了改變,卦體並不受影響。

最後,龍溪論述了後天〈坎〉、〈離〉的角色。他說:

> 〈坎〉、〈離〉者,〈乾〉、〈坤〉二用,二用無爻位,周流行於六虛,後天奉時,以復於先天也。〈坎〉者,陰中之陽,命宗也。〈離〉者,陽中之陰,性宗也。而其機不外於一念之微,寂感相仍,互爲體用,性命合一之宗也。

所謂〈坎〉、〈離〉,是先天〈乾〉、〈坤〉之用,通過它們,就能回復到先天之卦位。其中,〈坎〉之中爻是一陽爻,二陰包一陽,乃陰中之陽,爲「命宗」;〈離〉之中爻爲一陰爻,二陽包一陰,乃陽中之陰,爲「性宗」。而先後天卦位的變化,說到最根源處,龍溪以爲是一念之微即良知的觸發,這一念之微是即寂即感、體用一原、性命合一的。人如果對良知的寂感之義有所了解,即是知道卦圖中所表現的造化之意。

第三節　龍溪對「天根、月窟」的闡述

龍溪在闡述「天根、月窟」時,亦是從良知學的立場去發揮,以下先簡略介紹邵雍、朱子的「天根、月窟」說,接者再據〈天根月窟說〉、〈易測授張叔學〉、〈答楚侗耿子問〉〔註114〕進入龍溪的「天根、月窟」說。

一、龍溪以歸寂之體說「天根」、以應感之用說「月窟」

「天根、月窟」是邵雍據「伏羲八卦方位圖」先提出來,其〈觀物吟〉曰:「〈乾〉遇〈巽〉時視『月窟』,地逢雷處看『天根』。」〔註115〕可見以「先天八卦方位圖」而言,〈坤〉〈震〉之間爲「天根」,表一陽之所生;〈乾〉〈巽〉

〔註114〕三文分別見於《全集》卷八,頁 543～546;卷十五,頁 1048～1053;卷四,頁 329～338。

〔註115〕《伊川擊壤集》(臺北:臺灣商務印書館,四部叢刊本,1965 年),卷十六,頁 115。

之間爲「月窟」，表一陰之所生。朱子則以爲『『天根、月窟』，指〈復〉、〈姤〉
二卦而言。」〔註116〕這是自「伏羲六十四卦圓圖」而說，從〈復〉卦之一陽
生，到〈乾〉卦之六陽具，陽盛而陰衰；而從〈姤〉卦之一陰生，到〈坤〉
卦之六陰咸生，陰盛而陽衰。總之，從此圖中是可看出陰陽二氣消長的過程。
元代俞琰在《易外別傳》有附圖示之，茲附錄於下：

摘錄自《四庫全書‧易外別傳》頁三

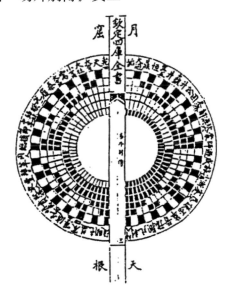

龍溪在談論「天根、月窟」，雖有依據邵雍、朱子之意，但主要是從良知
體用的觀點來闡述。他說：

> 或問天根月窟之義，先生曰：「此是堯夫一生受用底本，所謂竊弄造
> 化也。天地之間，一陰一陽而已矣。〈乾〉陽物也，〈坤〉陰物也。〈陽〉
> 主動，〈陰〉主靜。〈坤〉逢〈震〉爲「天根」，所謂〈復〉也。〈乾〉
> 遇〈巽〉爲「月窟」，所謂〈姤〉也。」〔註117〕

> 自一陽之〈復〉，積而至於〈乾〉，陽之盛也，而發生始於〈復〉，故
> 謂之「天根」。自一陰之〈姤〉，積而至於〈坤〉，陰之盛也，而寄藏
> 始於〈姤〉，故謂之「月窟」。〈復〉、〈姤〉者，陰陽消息之機也。知
> 〈復〉而不知〈姤〉，則陽浮而根不固；知〈姤〉而不知〈復〉，則

〔註116〕《朱子語類‧朱子十二‧訓門人三》，卷115，頁2774。
〔註117〕《全集‧天根月窟說》，卷八，頁543。

陰滯而機不圓。〔註118〕

復而非姤，則陽逸而藏不密；姤而非復，則陰滯而應不神。一姤一復，如環無端，此造化闔闢之玄機也。〔註119〕

此處提及「受用底本」、「竊弄造化」，可見龍溪認爲「天根、月窟」是邵雍思想的核心。本來邵雍論「天根、月窟」，是以〈坤〉、〈震〉之間和〈乾〉、〈巽〉之間說之，並沒有牽涉到〈復〉、〈姤〉二卦，談〈復〉、〈姤〉二卦是朱子之意，龍溪則是明顯的結合二者之意。他以〈坤〉逢〈震〉爲「天根」，二卦所顯示的上〈坤〉下〈震〉之卦象，視爲〈復〉卦；以〈乾〉遇〈巽〉爲「月窟」，二卦所顯示的上〈乾〉下〈巽〉之卦象，視爲〈姤〉卦。接著他又論述〈復〉、〈姤〉之角色，陽氣發生之始從〈復〉卦可見，它由此經〈臨〉、〈泰〉、〈大壯〉、〈夬〉漸次發展爲六陽具盛之〈乾〉卦；陰氣發生之始則來自〈姤〉卦，它由之經〈遯〉、〈否〉、〈觀〉、〈剝〉，漸次形成爲六陰具盛的〈坤〉卦，故此二卦是了解陰陽二氣消息盛衰變化之關鍵，缺一不可。若只知道天地只有〈復〉卦所代表的陽氣，則陽氣浮動而不穩固；若只知只有〈姤〉卦所表的陰氣，則陰氣停滯而不流動，總之，二者必須相須並用，如環無端，陰陽二氣方能流動不息，萬物也才能生生不已。而從〈復〉至〈乾〉，從〈姤〉至〈坤〉，這其實也是一種由後天返於先天的過程。〔註120〕

若從良知學的立場言，「天根、月窟」是良知的體和用。他說：

根主發生，鼓萬物之出機；窟主閉藏，鼓萬物之入機，陽往陰來之義也。古之人仰觀俯察，類萬物之情而近取諸身，造化非外也。一念初萌，洪濛始判，粹然至善，謂之〈復〉。〈復〉者，陽之動也。當念攝持，翕聚保合，不動於妄，謂之〈姤〉。〈姤〉者，陰之靜也。一動一靜之間，天地人之至妙者也。夫一陰一陽之謂道，繼之者善，即謂之〈復〉；成之者性，即謂之〈姤〉；〈復〉與〈姤〉，人人所同具，百姓特日用而不知耳。顏子擇乎中庸，有不善，未嘗不知，未嘗復行，無祇於悔，所謂〈復〉也。能擇而守，奉奉服膺而弗失，

〔註118〕《全集・易測授張叔學》，卷十五，頁1051。

〔註119〕《全集・答楚耿子問》，卷四，頁332。

〔註120〕龍溪說：「〈震〉爲長子，〈巽〉爲長女，長子代父，長女代母，〈乾〉〈坤〉先天也。自一陽之〈復〉而〈臨〉而〈泰〉而〈大壯〉而〈夬〉以至於〈乾〉，自一陰之〈姤〉而〈遯〉而〈否〉而〈觀〉而〈剝〉以至於〈坤〉，由後天以返於先天，奉天時也。」《全集・天根月窟說》，卷八，頁543。

　　　　所謂〈姤〉也。〈復〉者，陽乘陰也。〈姤〉者，陰遇陽也。知〈復〉
　　　　而不知〈姤〉，則孤陽易蕩，而藏不密。知〈姤〉而不知〈復〉，則
　　　　獨陰易滯，而應不神。知〈復〉知〈姤〉，〈乾〉〈坤〉互用，動靜不
　　　　失其時，聖學之脈也。堯夫所謂丸，即師門所謂良知。萬有生於無，
　　　　知為無知之知，歸寂之體，即「天根」也；萬物備於我，物為無物
　　　　之物，應感之用，即「月窟」也。〔註120〕

　　　　學貴得之於初，一陽初起，陽之動也，是良知覺悟處，謂之「天根」；
　　　　一陰初遇，陰之〈姤〉也，是良知翕聚處，謂之「月窟」。〔註121〕

從自然界上說，「天根」主發生，萬物於此被鼓動而出；「月窟」主閉藏，是
萬物止息之處，二者一直不斷陽往陰來，循環不息。接著，龍溪秉持「造化
非外」之原則，將此二者關聯到人事上，這是說《周易》所討論的陰陽造化
的道理，不離乎身心，對此當須從心去證悟，從己身去發明，這才不辜負上
天生我之意，此處龍溪有以人去參贊天地化育之意。而「天根」即〈復〉，它
是一陽之動，良知的一念初萌，純粹不雜的。良知的一念之動，正如人乍見
孺子將入於井，那怵惕惻隱之心之動，即是「天根」。〔註122〕「月窟」即〈姤〉，
它是一陰之生，乃是對此一念靈明加以攝持，令其得以聚集充實，不為妄念
所動。這一陽一陰、一動一靜是相互配合，亦意味著一般人在良知初萌時，
要配合功夫去善加攝持翕聚，否則它易隨妄念而動，此方是「知〈復〉知〈姤〉，
〈乾〉〈坤〉互用，動靜不失其時。」對於良知的一念初萌，保其純粹不雜，
是「繼之者善」，是〈復〉。對於良知攝持，使其不妄動，是〈姤〉。總之，說
到最後，龍溪是以〈復〉、〈姤〉來說明良知，這良知是人人生來具有的，故
曰：「〈復〉與〈姤〉，人人所同具」。雖然如此，一般人因欲望較多，故雖有
而不能察視到它的存在，更遑論保任它；而賢智之人，則各有一番意識見解
加於其上，令它為各種事物所牽纏，不能發生其用。〔註123〕但它也不是無從

〔註120〕《全集・天根月窟說》，卷八，頁543～545。
〔註121〕《全集・答楚侗子問》，卷四，頁332。
〔註122〕楚侗子曰：「一念之動，無思無為，機不容已，是曰『天根』。……。今人乍
　　　　見孺子入井，怵惕惻隱之心動處，即是『天根』，……，纔參和納交要譽惡聲
　　　　意思，便人根，非『天根』。」同上註，頁330～331。
〔註123〕楚侗子曰：「吾人應用云為，動作食息，孰非此根此窟用事。俗人懵懵，日用
　　　　不知，真是虛枉，與禽獸無異。而賢智者，又添一番意識見解，或鄣蔽於見
　　　　聞，或梏滯於名義，或牽纏於情感，起爐作灶，千條萬緒，頓令此根不得生
　　　　生，此窟不得淨淨，胞中齷齪，幽暗吃苦，一生更無些子受用，所以賢智之

下手的，人人其實可以效法顏子，依中庸之道而行，若能不遷怒、不貳過，就「無祗於悔」，即可回到良知初萌之時，此即是〈復〉。而能擇乎中庸守之，篤實服膺不失，即是〈姤〉。

再者，自體上說，良知是寂然不動之體，亦是無知之知，即是「天根」。此「天根」亦是萬物之發生處，故曰「萬有生於無」。另外，龍溪又有以「天根」來說明心之無分動靜，常動常靜。〔註124〕自用上說，良知是感而遂通，亦是無物不應的，即是「月窟」。「月窟」亦是萬物之閉藏處，故曰「萬物備於我」。復次，「天根」之發生始於〈復〉，〈復〉卦的一陽初動，是良知本心的自我震動、自我逆覺，這就有如冬天時雖陰氣瀰漫，但仍有些微弱的陽氣潛藏於下，這陽氣不是死灰不動，而是自我微微的初動；而「月窟」之生始於〈姤〉，〈姤〉卦的一陰初生，是良知的翕聚之處。

「天根、月窟」既然是良知的體用，則必須時時反觀，楚侗子就提出反觀之法，此即在「一日十二時中，息卻妄緣，減除雜慮，并合精神，收視反觀，尋識此根此窟」，〔註125〕否則將為各種「名義情感，種種業障」糾纏，而「終身勞擾，無安泊處」也。

過，與愚不肖等也。」《全集·答楚耿子問》，卷四，頁331。

〔註124〕洞山尹子舉陽明夫子，語莊渠「心常動」之說，有諸？先生曰：「然，莊渠為嶺南學憲時，過贛，先師問：『子才如何是本心？』莊渠云：『心是常靜的。』先師曰：『我道心是常動的。』莊渠遂拂衣而行。末年，予與荊川請教於莊渠，莊渠首舉前語，悔當時不及再問，因究其說，予曰：『是雖有矯而然，其實心體亦原是如此。天常運而不息，心常活而不死。動即活動之義，非以時言也。』因請問心常靜之說。莊渠曰：『聖學全在主靜，前念已往，後念未生，見念空寂，即不執持，亦不茫昧，靜中光景也。』又曰：『學有天根，有天機，天根所以立本，天機所以研慮。』予因請問：『天根與邵子同否？』莊渠曰：『亦是此意。』予謂：『邵子以一陽初動為天根，天根即天機也。天根天機不可並舉而言。若如此分疏，亦是靜存動察之遺意，悟得時謂心是常靜，亦可謂心是常動，亦可謂之天根，亦可謂之天機，亦可心無動靜。動靜，所遇之時也。』《全集·南遊會紀》，卷七，頁470～471。

〔註125〕《全集·答楚耿子問》，卷四，頁331。

第五章　龍溪的義理《易》學

第一節　龍溪的太極觀

一、太極之涵義和其意義之演變

　　「太極」是《易》學發展史上重要的範疇，它代表了天地萬物之本體，為萬物生化的根源，早在先秦的著作《易傳》和《莊子》中，就見到「太極」的使用。

　　〈繫辭上〉曰：「《易》有太極，是生兩儀，兩儀生四象，四象生八卦。」〔註1〕從字面上的邏輯來看，太極產生了兩儀、四象、八卦，為後三者的根源，然「太極」之內容究竟為何，《易經》他處並未再作進一步的說明。《莊子·大宗師》曰：「夫道，有情有信，無為無形，可傳而不可受，可得而不可見，自本自根，未有天地，自古以固存；神鬼神帝，生天生地；在太極之先而不為高，在六極之下而不為深，先天地生而不為久，長於上古而不為老。」〔註2〕此段對道體進行描述，說明道無所不在的特性，而「太極」的位置與「六極」、「天地」、「上古」並立，皆處於道之下，四者和道相比，突顯出道的無限性。〔註3〕

〔註1〕　《十三經注疏·周易正義·繫辭上》，卷七，頁156。

〔註2〕　（清）郭慶藩輯：《莊子集釋》（臺北：河洛圖書，1974年3月初版），頁246～247。

〔註3〕　郭象注曰：「言道之無所不在也，故在高為無高，在深為無深，在久為無久，在老為無老，無所不在，而所在皆無也。且上下無不格者，不得以高卑稱也；外內無不至者，不得以表裏名也；與化俱移者，不得言久也；終始常無者，不可謂老也。」同上注，頁248。

就《周易·繫辭上》和《莊子·大宗師》中的文字產生年代相比，張岱年認爲，《莊子·大宗師》此段文字「顯然是不承認太極是最根本的，而把道凌駕于太極之上。這是對于『易有太極』的反命題。所以〈繫辭〉的這部分文字應在《莊子·大宗師》之前。」〔註4〕雖然《易傳》和《莊子》皆言及「太極」，然而歷代以來對「太極」的討論實由《易傳》肇始。〔註5〕

漢儒談太極皆是從氣化宇宙論之角度來切入，如馬融〔註6〕以北辰（北極星）解「太極」，〔註7〕劉歆、鄭玄以天地氣象未分之前的混和元氣解之，劉歆在《三統曆》中指出「太極元氣，函三爲一。極，中也。元，始也」〔註8〕鄭玄則主張「太極」是「淳和未分之氣」。〔註9〕

魏晉時則以道家哲學言「太極」，王弼在注解《周易·繫辭上》「大衍之數五十，其用四十有九」時提到：「演天地之數，所賴者五十也。其用四十有九，則其一不用也。不用而用以之通，非數而數以之成，斯《易》之太極也。」〔註10〕王弼以「一」爲「太極」，「一」不是數而是「无」，它是四十九根蓍草用來占蓍時之根據，四十九根是有，不用的那根是「无」。《周易·繫辭上》曰：「是故易有太極，是生兩儀」，韓康伯〔註11〕注云：「夫有必始於无，故『太

〔註4〕 張岱年：〈論《易》大傳的著作年代及哲學思想〉，《周易研究論文集》第一輯，1987年9月，頁416。

〔註5〕 唐君毅說：「《莊子·大宗師》篇中太極之一名，與六極等並立，無甚深義。中國思想史中太極之問題，皆緣《易傳》而出，非緣《莊子》之此語而出。」《中國哲學原論·導論篇》（臺北：臺灣學生書局，1986年9月全集校訂版），卷十二，第十三章，〈原太極上：朱陸太極之辯與北宋理學中太極理氣思想之發展〉，頁430。

〔註6〕 馬融（公元79年～166年），字季長，東漢扶風茂陵（今屬陝西）人。馬融博通經籍，注解多部經籍，如《易》、《三禮》等。其著作經清黃奭輯爲《馬融易傳》一卷，收錄在《漢學堂叢書》。

〔註7〕 馬融曰：「《易》有太極，謂北辰也。太極生兩儀，兩儀生日月，日月生四時，四時生五行，五行生十二月，十二月生二十四氣。北辰居位不動，其餘四十九轉運而用也。」見《十三經注疏·周易正義·繫辭上》「大衍之數五十，其用四十有九」句下引，卷七，頁152。

〔註8〕 《漢書·律曆志第一上》，卷二十一上，頁964。

〔註9〕 《乾鑿度》引孔子曰：「《易》始於太極，太極分而爲二，故生天地。」鄭玄注曰：「氣象未分之時，天地之所始也。」，卷上，頁6。又，《增補鄭氏周易》（《四庫全書·經部一·易類一》，第7冊）「易有太極」句下，鄭玄注曰：「極中之道，淳和未分之氣」，頁176。

〔註10〕 見《十三經注疏·周易正義·繫辭上》「大衍之數五十」句下注，卷七，頁152。

〔註11〕 韓伯（公元332年～380年），字康伯，東晉潁川長社（今屬河南）人。王弼

極生兩儀』也。太極者，无稱之稱，不可得而名，取有之所極，況之太極者也。」〔註12〕這是本於老子「有生於無」和以上王弼之說立論，八卦、四象和兩儀皆是有，而兩儀是「有之所極」，自此往上推，則是「无稱之稱，不可得而名」的「太極」。〔註13〕

　　唐代言「太極」則表現出綜合的傾向，孔穎達疏曰：「太極謂天地未分之前，元氣混而爲一，即是太初、太一也。……又謂混元既分，即有天地，故曰：『太極生兩儀。』即《老子》云：『一生二』也。」〔註14〕孔穎達以「元氣混而爲一」和「一」、「无」解釋「太極」，這是結合了漢人「氣化」說和道家思想而來。

　　宋代時的理學家則或以氣論、或以理說、或以心解之，周敦頤說：「無極而太極。太極動而生陽，動極而靜；靜而生陰，靜極復動。一動一靜，互爲其根。分陰分陽，兩儀立焉。……五行，一陰陽也；陰陽，一太極也；太極，本無極也。」〔註15〕「太極」是萬物之根源，無極是形容「太極」之無形無狀。張載曰：「一物而兩體者，其太極之謂歟！」〔註16〕「一物兩體者，氣也。……兩體者，虛實也，動靜也，聚散也，其究一而已。有兩則有一，是太極也。若一則有兩，有兩亦一在，無兩亦一在。」〔註17〕這是表示「太極」不離氣（非唯氣論，而是通貫太虛之神之氣）之兩體，如陰陽、動靜等。二程則提出「太極即道」，所謂：「太極者道也，兩儀者陰陽也。陰陽，一道也；太極，無極也。萬物之生，負陰而抱陽，莫不有太極，莫不有兩儀，絪縕交感，變化不窮。」〔註18〕朱子以「理」解釋「太極」，他說：「太極只是一箇理字。」〔註19〕至於以心解「太極」，下文將論及。

　　綜上所論，歷代對太極的解說紛紜，從他們的解釋中，可知他們因受到

　　　　注《易》未及〈繫辭〉以下，自康伯注之，他家之注皆廢。

〔註12〕參見《十三經注疏・周易正義・繫辭上》「是故易有太極，是生兩儀」句下注，卷七，頁156。

〔註13〕牟宗三先生：《才性與玄理》（臺北：臺灣學生書局，1989年10月修訂八版），第四章〈王弼玄理之《易》學〉，頁110。

〔註14〕《十三經注疏・周易正義・繫辭上》，頁156～157。

〔註15〕《周敦頤全書・太極圖說》，卷二，頁30。

〔註16〕《張載集・橫渠易說・說卦》，頁235。

〔註17〕《張載集・橫渠易說・說卦》，頁233。

〔註18〕《二程集・遺文・易序》，頁677。

〔註19〕《朱子語類》，卷一，頁20。

時代思潮影響而各有不同，但皆能體認到「太極」爲天地萬物的「根原或總會」。唐君毅先生說：「《易傳》謂『易有太極，是生兩儀。』據此二語，吾人所能確定者，唯是太極乃高於兩儀之一概念。如兩儀指陰陽或乾坤或天地，則太極應爲位於陰陽乾坤天地二者之上，而加以統攝之一概念。而太極之所指，則應爲天地及天地中之萬物之根原或總會之所在。此爲就《易傳》之文句之構造，吾人可如此說者。至於太極之一名所實指者爲何，則儘可容後人有不同之解釋。」〔註20〕

二、龍溪所展示的太極義

（一）太極者，心之極

　　龍溪的太極觀主要是見於〈太極亭記〉〔註21〕一文中。而〈太極亭記〉之作是因龍溪之友──翟思平，邀他作記，遂有此文。龍溪在文中主要是以周敦頤的〈太極圖說〉和心學的義理來討論太極，以下先探討其太極說之淵源，再主要以此二者去論述其太極涵義。他說：

　　　　夫太極之說，濂溪周子發之詳矣，予復何言？後世解者，尚若未盡其
　　　　言之旨，略爲繹之。夫千古聖人之學，心學也。太極者，心之極也。

此處提出「太極者，心之極」，說太極爲「心極」，「心極」一詞，乃龍溪之創獲，那爲何要以心來解太極呢？此因欲推「太極」爲聖人成德之源，而「千古聖人之學，心學也」之故。這意是承陽明而來，陽明說：「以學爲聖賢，聖人之學，心學也。」心學的內容就是要求爲聖賢，學做聖賢。至於學爲聖人之法則是要求之於內，而非向外窮索，陽明說：「聖人之學，心學也。堯、舜、禹之相授受，曰：『人心惟危，道心惟微；惟精惟一，允執厥中，』此心學之源也。中也者，道心之謂也。道心精一之謂仁，所謂中也，孔孟之學，惟務求仁，蓋精一之傳也。」〔註22〕聖人之學只是心學，心學傳自堯舜、而至孔、孟，其內容和源頭是根據《尚書》十六字心傳而來。而「允執厥中」之「中」，就是指「道心」、「仁」，人心容易盪失，道心常隱微不顯，唯有常保精一的功夫，才能保有中。孔孟說的求仁，就是精一之功夫，就只是求「中」。由於千

〔註20〕《中國哲學原論・導論篇》，第十三章〈原太極上：朱陸太極之辨與北宋理學中太極理氣思想之發展〉，頁430。
〔註21〕《全集》，卷十七，頁1193～1197。
〔註22〕《陽明全書・象山文集序》，卷七，頁十三。

聖所傳只爲一心學，故萬事萬物莫非此心此理之闡說，太極亦不例外。

　　其實龍溪將心視爲太極，提出「心爲太極」之命題，亦有所承，如邵雍、朱熹、陽明等亦有相關陳述。邵雍最早提到「心爲太極」。在邵雍的先天象數學體系中，「心」指太極，而太極是宇宙萬物之本原，萬物皆由太極不斷演化而來，這樣的過程即是不斷的「一分爲二」法。「太極」又是「一」，所謂：「太極一也，不動，生二，二則神也。神生數，數生象，象生器。」〔註23〕此是以太極作爲的神、數、象、器之根源。關於心，邵雍說：「先天之學，心法也，故圖皆自中起，萬化萬事生乎心也。」「先天之學，心也；後天之學，跡也；出入有無死生者，道也。」〔註24〕從「先天之學，心法也」，萬事萬物由心而生，可見出心的重要地位。

　　朱熹曰：「太極只是天地萬物之理」〔註25〕、「心之理是太極，心之動靜是陰陽。」〔註26〕又曰：「心之全體湛然虛明，萬理具足，無一毫私欲之間；其流行該遍，貫乎動靜，而妙用又無不在焉。」〔註27〕太極是天地萬物之理，它又是心，而此心是具足眾理之心。至其弟子陳淳〔註28〕時，則正式賦與「心爲太極」內容，他說：「謂心爲太極者，只是萬理總會於吾心，此心渾淪是一箇理耳。只這道理流行，出而應接事物，千條萬緒，各得其理之當然，則是又各一太極。」〔註29〕心是一太極，涵蓋萬事萬物之理，萬理又由心流出到眾事物上，一事一物就各具一理，則又分別成爲一太極，這其實是取朱子「統體是一太極，然又一物各具一太極」，〔註30〕「理一分殊」之義。

　　朱子之後學魏了翁〔註31〕說「心者，人之太極，而人心又爲天地之太極」，

〔註23〕《皇極經世・觀物外篇下》，卷八下，頁二十三。

〔註24〕《皇極經世・觀物外篇上》，卷七上，頁三十四。

〔註25〕《朱子語類》，卷一，頁1。

〔註26〕《朱子語類》，卷五，頁84。

〔註27〕同上，頁94。

〔註28〕陳淳（公元1159年～1223年），字安卿，南宋漳州龍溪北溪（今屬福建）人，人因稱「北溪先生」。陳淳爲朱子晚年高弟，力排象山、陳亮之學，理學思想有「根源論」等。著有《北溪全集》五十卷。

〔註29〕《北溪字義・太極》（《四庫全書・子部一・儒家類》，第709冊），卷下，頁37。

〔註30〕《朱子語類》，卷九十四，頁2409。

〔註31〕魏了翁（公元1178年～1237年），字華父，南宋邛州蒲江（今屬四川）人，人稱「鶴山先生」。一生致力於推廣理學，有「正心」、「養心」之說，著有《鶴山大全文集》。

〔註 32〕認為「人以一心兼天地之能，備萬物之體，以成位兩間，以主天地，以命萬物，闔闢陰陽，範圍造化，進退古今，莫不由之」，〔註 33〕極盡的稱述了心的功能。

元吳澄 〔註 34〕亦有「心為太極」之說，他說：「凡古聖先賢之書，皆所以傳其心者。」〔註 35〕聖賢之書既然是傳心之作，因而經書中的一切道理只是指心而言，故作為《易經》中的重要範疇 —— 太極，亦是心，所謂「心為太極」也。吳澄曰：「其體則道，其用則神，一真主宰，萬化經綸，夫如是心，是為太極，或已放去，所宜收也。」〔註 36〕這是以主宰萬化之心為太極，此亦可看出他以心學入《易》學的先跡。

陽明罕言太極，唯在〈答陸原靜書〉，論及周敦頤「靜極而動」之說時曰：「良知無分於寂然感通也」、「心之本體，固無分於動靜也」，〔註 37〕這是說良知之理是即寂即感、即動即靜的。接著他又說：「太極生生之理，妙用無息，而常體不易。太極之生生，即陰陽之生生。就其生生之中，指其妙用無息者而謂之動，謂之陽之生，非謂動而後生陽也。就其生生之中，指其常體不易者而謂之靜，謂之陰之生，非謂靜而後生陰也。」〔註 38〕此指出太極生生之理是「常體不易」而「妙用無息」，它是即動即靜的，而此太極之理即是良知之天理，這是攝太極之理於致良知教中。〔註 39〕

以上諸家雖是皆以「心為太極」，但諸家之心之涵義皆不同，邵雍之心是建立在先天象數學上，以之來談《易》圖。朱子之心是氣心，它只存有而活動，不能起道德創造。魏了翁承朱子而來。吳澄則稍微帶有心學義涵。而陽明雖不明言「心為太極」，然確實是以良知之即動即靜來說太極生生之理，其

〔註 32〕 《鶴山集‧乙酉上殿扎子三》(《四庫全書‧集部四‧別集類三》，第 1172 冊)，卷十六，頁 209。

〔註 33〕 《鶴山集‧奏議》，卷十五，頁 194。

〔註 34〕 吳澄（公元 1249 年～1333 年），字幼清，號草廬，元撫州崇仁（今屬江西）人，人稱「草廬先生」。吳澄在經學成就頗高，他接續朱子未完成的注《三禮》之業，纂成了《五經纂言》。

〔註 35〕 《吳文正集‧楊忘字說》(《四庫全書‧集部‧別集四》，第 1197 冊)，卷八，頁 106。

〔註 36〕 《吳文正集‧放心說》，卷四，頁 61。

〔註 37〕 《王陽明傳習錄詳註集評》，卷中，第 157 條，頁 220。

〔註 38〕 同上，頁 220～221。

〔註 39〕 《中國哲學原論‧導論篇》，第十五章〈原太極下：朱陸太極理氣論之疑難與陸王之言太極〉，頁 516。

後學亦遵從之，如何心隱〔註40〕說：「夫人，則天地心也。而仁，則人心也；心，則太極也。」〔註41〕心是仁，「心爲太極」，故太極之內容爲仁，這是同於龍溪所論的。接著龍溪又說：

> 周子數百年後，陽明先師，倡明良知之教以覺天下，而心極之義復大明於世。寂然不動者，良知之體；感而遂通者，良知之用。常寂常感，忘寂忘感，良知之極則也。夫良知知是知非，而實無是無非。無中之有，有中之無，大易之旨也。故曰：「立天之道曰陰與陽」，天之極也。「立地之道曰柔與剛」，地之極也。「立人之道曰仁與義」，人之極也。人者，天地之心、陰陽五行之秀、萬物之宰。良知一致而三極立，天地萬物有所不能違焉。

前文說到「太極即心極」，此處他點明「心極」即良知，可見龍溪之太極義即指良知，良知是心之本然，心之純粹處，此本然之心是不受污染之道心，它是萬物之本，造化之根源，所謂：「無聲無臭獨知時，此是乾坤萬有基」。太極即良知，良知有體有用，它的體是「寂然不動」，它的用是「感而遂通」。「寂然不動，感而遂通」原出自〈繫辭上〉，所謂：「易，无思也，无爲也，寂然不動，感而遂通天下之故，非天下之至神，其孰能與於此？」原意是指著德圓神通感，此處用以指良知的神感神應，良知是時時寂、時時感的。良知本是心體之能，心體本是粹然不動，無是無非的，但同時又是應感隨機，能時時知是知非的，凡意念之發，無有不知者，但因其不落於是非，故依然是無是無非。同理，太極也是不能以有無來判別的，如果以任何一邊的有無來看的話，它就會停留在有或無之一面，反而不能顯現出它的「寂然不動，感而遂通」的神感神應之特性來。因此對太極應要靈活的去體認，它恰如良知一樣活潑潑的，時時有中含無，無中含有，此方合乎大《易》之旨。原本〈說卦傳〉說：「昔者聖人之作《易》也，將以順性命之理。是以立天之道曰陰與陽，立地之道曰柔與剛，立人之道曰仁與義，兼三才而兩之，故《易》六畫而成卦；分陰分陽，迭用柔剛，故《易》六位而成章。」這是說明聖人易卦

〔註40〕何心隱（公元1517年～1579年），字夫山，本名梁汝元，明吉州永豐（今屬江西）人。他自聽王艮之說，遂棄科舉，從王艮弟子顏山農學習，主張「寡欲」、「育欲」之說。據《明儒學案・泰州學案一》三十二載：「泰州之後，其人多能以赤手搏龍蛇，傳至顏山農、何心隱一派，遂復非名教之所能羈絡矣。」頁62。其著作經容肇祖整理爲《何心隱集》。

〔註41〕《何心隱集・原學原講》（北京：中華書局，1960年9月第1版），卷一，頁17。

之理，無所不包，涵有天地人三才與陰陽二體，故《易》六畫方成卦。〔註42〕龍溪則側重此句中人之地位和作用，蓋因人是「天地之心、陰陽五行之秀、萬物之宰」，天地的價值要能在宇宙中彰顯出來，就要依靠人的良知的作用，所謂「良知一致而三極立，天地萬物有所不能違。」據此視之，只有良知方是萬物存在的最後準則。

龍溪以「心極」解太極，視太極爲良知，自有宇宙秩序即是道德秩序的意義在內，蓋良知一方面是人的道德行爲的依據，一方面也是萬物存有論的根據。任何行爲若沒有良知貫於其中的話，它便是虛假的，所謂「不誠無物」。而當人在良知的作用下，其道德行爲是「純亦不已」的；由此不已，可以體悟到太極在生化萬物時，藉陰陽二氣之不斷聚散變化，而成其大生廣生之效，這也是「於穆不已」的，此兩者之「不已」都是同一個「不已」，都是良知之感應，而道德行爲之創造與宇宙天地的生化是同一知體之兩個面向的作用。

（二）由太極所開展的宇宙論

龍溪在〈太極亭記〉中所作的宇宙論的陳述爲：

> 有無相生，動靜相承。自無極而太極，而陰陽五行而萬物，自無而向於有，所謂順也；由萬物而五行陰陽，而太極，而無極，自有而歸於無，所謂逆也。一順一逆，造化生成之機也。

此處提到萬物生化的過程。這過程在周子之說〈太極圖說〉，論之詳矣，其曰：

> 無極而太極。太極動而生陽，動極而靜；靜而生陰，靜極復動。一動一靜，互爲其根。分陰分陽，兩儀立焉。陽變陰合，而生水火木金土，五氣順布，四時行焉。五行一陰陽也，陰陽一太極也，太極本無極也。五行之生也，各一其性。無極之眞，二五之精，妙合而凝。乾道成男，坤道成女。二氣交感，化生萬物。萬物生生，而變化無窮焉。

此是一宇宙論的展示。然而文中說「太極動而生陽，靜而生陰」，又說「太極本無極」，二者中到底何者爲首出？究竟是太極？或是太極本於無極，無

〔註42〕《周易集解》引崔憬曰：「此明一卦立爻，有三才二體之義。故先明天道既立陰陽，地道又立剛柔，人道亦立仁義以明之也。何則？在天雖剛，亦有柔德；在地雖柔，亦有剛德。故《書》曰：『沈潛剛克，高明柔克』，人稟天地，豈可不兼仁義乎？所以《易》道兼之矣。」卷十七，頁405。

極而生太極呢？這問題在龍溪討論萬物之生成中，亦有觸及，到底是「自無極，而太極，而萬物」或是「自無極而太極，而萬物」，故必須加以解決，否則就難以了解爲何龍溪既說了太極，又要說「自無極而太極」，此亦將陷入二者誰爲首出之困惑中也。依朱子之解釋，「無極而太極」是指「上天之載，無聲無臭，而實造化之樞紐，品彙之根柢也。故曰：『無極而太極』，非太極之外，復有無極也。」又，朱子和陸象山論辯〈太極圖說第一書〉說：「故語道體之至極，則謂之太極，語太極之流行，則謂之道。雖有二名，初無兩體。周子所以謂之無極，正以其無方所、無形狀，……通貫全體，無乎不在，則又初無聲臭影響之可言也。」〔註43〕可見太極就是道體，無極乃是就太極的無方所、無形狀、無聲無臭，無所不在而說。換言之，「太極」是唯一的實體，它是無限性的至極之理，故稱爲「無極」。朱子的理解是切合《易傳》文意的，就「易有太極，是生兩儀」來看，《周易》並沒有在太極之上安列一無極，否則這就會淪爲「頭上按頭」之嫌疑。而馮友蘭以爲無極形容太極的無限，〔註44〕牟宗三先生以爲太極是實體，無極只是形容太極的無限定性，〔註45〕二人之論皆同朱子之說。周子之無極、太極之意義，經朱子分析後，意思確定。以上是名相的考察，接著則就龍溪的「無極」義進行義理的分析。

就龍溪而論，他在〈太極亭記〉一開始就特別強調太極的意義，所謂「太極者，心之極也。」在〈一線天〉詩中，也以太極爲至體，以無極爲虛位，蓋視「無」字爲純形容詞也，所謂：「一線憑何有，還從無處來。二儀方合體，太極此分胎。」〔註46〕再者，文中又說：「不知易有太極，易無體。無體即無極之義。」在〈南游會記〉佚文中亦有「『易有太極，易無體。』無體即無極

〔註43〕《宋元學案・象山學案》，卷十五，頁21。
〔註44〕馮友蘭說：「『無極』是個形容詞，『太極』是一個名詞，用這個形容詞形容名詞，就是說，太極在空間上沒有邊際，在時間上沒有始終。」詳參《中國哲學史新編（五）》（臺北：藍燈，1991年12月初版），第五十一章〈道學之前驅——周惇頤和邵雍〉，頁60。
〔註45〕牟宗三先生說：「『太極』是正面字眼，無極是負面字眼。似亦可說太極是對于道體之表詮，無極是對于道體之遮詮。太極是實體詞，無極是狀詞，實只是無聲無臭、無形無狀、無方所、無定體、一無所有之『寂然不動感而遂通』。寂感一如之誠體本身，而此即是極至之理，曰『無極而太極』，此語意不是無極與太極。」詳參《心體與性體（一）》，第一章〈周濂溪對于道體之體悟〉，第二節、關于「太極圖說」，頁358。
〔註46〕《全集》，卷十八，頁1262。

也。」〔註47〕的相關記載。兩處明確規定「無極」就是「無體」,「無體」就是無一定體,無方所、無形狀之意。因此,「無體」就是對「太極」的形容,蓋「太極」是形而上之道體,故不能以一定體視之,它只是無形無相、無方所的,即以「無體」的狀態而存在著。龍溪「無體」的解釋和朱子相同,他以「無體」釋「無極」,確實是將「太極」視爲唯一的實體。〔註48〕同爲王門的錢緒山,亦視良知爲太極,無極爲無聲無臭。〔註49〕

確定了「太極」和「無極」的關係之後,龍溪宇宙論的架構就不是:無極→太極→陰陽→五行→萬物,而應是:太極(無極)→陰陽→五行→萬物。由太極到萬物成形的過程,是「自無而向於有」,這種由隱微至顯明的過程,是生機的展現,稱爲「順」。而由萬物→五行→陰陽→太極(無極),萬物自具體存在,再逐步解消回歸太極的過程,是「自有而歸於無」,這種由顯明回歸到隱微的過程,是殺機的呈現,稱爲「逆」。總之,無論是從太極(無極)→萬物或是從萬物→太極(無極),天地萬物的造化生滅,就在這一「順」一「逆」,陰陽二氣相互往返的過程中逐步展開,其中但見一片生機盎然,生生不息之意充滿其中。

以上是由太極所開展的宇宙論,龍溪在楚侗子問及關於「造化有無相生」之意時,則承陽明之立意直視良知爲「造化之精靈」,他說:

良知是造化之精靈,吾人當以造化爲學。造者,自無而顯于有;化

〔註47〕 友人問象山晦庵無極太極之辨。予謂:象山晦翁往復辨難,其詳於論無極數書。某嘗以質於先師。師曰:「無極而太極,是周子洞見道體,力扶世教,斬截漢儒與佛氏二學斷案,所謂發千聖不傳之絕學。朱陸皆未之悉也。」夫無極而太極而陰陽五行,萬物自無而達於有,造化之生機也。生機爲順,殺機爲逆。一順一逆,造化之妙用。故曰易逆數也。象山以無極之言出於老氏,不知孔子已言之矣。其曰:「易有太極,易無體。」無體即無極也。佚文(下),〈南游會記〉,卷五,頁28。

〔註48〕 王陽明有詩〈書汪進之太極巖二首〉,其第一首詩曰:「一竅誰將渾沌開,千年樣子道州(案:指周子)來。須知太極原無極,總是心爲明鏡台。」說明要以良知去體會「太極原是無聲臭」之意。《陽明全書》,卷二十,頁二十七。

〔註49〕 錢緒山曰:「充塞天地間只有此知。天只此知之虛明,地只此知之凝聚,鬼神只此知之妙用,四時日月只此知之流行,人與萬物只此知之合散,而人只此知之精粹也。此知運行萬古有定體,故曰:『太極』。原無聲臭可即,故曰:『無極』。太極之運無跡,而陰陽之行有漸,故自一生二,生四,生八,以至庶物露生,極其萬而無窮焉。是順其往而數之,故曰數往者順。自萬物推本太極,以至於無極,逆其所從來而知之,故曰知來者逆。是故易逆數也,蓋示人以無聲無臭之源也。」《明儒學案・浙中王門學案一・會語》,卷十一,頁227。

者，自有而歸于無。不造則化之源息，不化則造之機滯。吾之精靈，
生天生地生萬物，而天地萬物，復歸于無。無時不造，無時不化，
未嘗有一息之停。自元會運世，以至于食息微眇，莫不皆然。知此
則造化在吾手，而吾致知之功，自不容已矣。〔註50〕

龍溪說「良知是造化之精靈」，是將良知視爲創造萬物的根源，這實本於陽明：
「良知是造化的精靈。這些精靈，生天生地，成鬼成帝，皆從此出，眞是與
物無對」而來。〔註51〕龍溪視良知爲天地萬物的根源，換言之，良知即道體。
且以良知說道體，進一步可以點出道體之眞精靈動性。張載曰：「不見《易》
則不識造化，不識造化則不知性命。」〔註52〕由見《易》可識造化，由識造
化則知性命之奧，故龍溪曰：「吾人當以造化爲學。」良知創造萬物，它在造
時，萬物自無聲無臭之良知而顯，此爲自無而有；化時，萬物又自存在的有
之狀態回歸到良知上，此爲自有而無。良知之造化，時時進行，無半刻止息，
通過了造和化的交互不斷之過程，使得良知之本源不息，生機一直暢通。由
於良知是造化之精靈，故不須先通過見《易》，反而由致良知中即直參造化，
故曰：「造化在吾手」，蓋良知即道體，識得良知，則造化之機本由我心發之，
我即造化之主也。

（三）藉太極之「有」、「無」批判漢儒、佛教

除了視太極爲心之極外，龍溪尚以具備了有無特性的太極，針對漢儒和
佛教的弊病作了批判。其曰：

粤自聖學失傳，心極之義不明。漢儒之學，以有爲宗，仁義道德、
禮樂、法度、典章，一切執爲典要，有可循守，若以爲太極矣。不
知太極本無極，胡可以「有」言也？佛氏之學，以空爲宗，仁義爲
幻，禮樂爲贅，并其典章法度而棄之，一切歸於寂滅，無可致詰，
若以爲無極矣。不知無極而太極，胡可以「無」言也？一則泥於跡，
知順而不知逆；一則淪於空，知逆而不知順，拘攣繆悠，未免墮於
邊見，無以窺心極之全，學之弊也久矣。

在文中龍溪批評了漢儒和佛家之學，以爲二氏之弊一執「有」，一執「空」。
漢儒之學是「以有爲宗」，偏於太極之有，此因漢儒對於一切的禮樂典章、名

〔註50〕《全集・東遊會語》，卷四，頁 294～295。
〔註51〕《王陽明傳習錄詳註集評》，卷下，第 261 條，頁 323。
〔註52〕《張載集・橫渠易說・繫辭上》，頁 200。

物制度，無不作詳盡的考證注解，其病不免會拘泥於一字一句的解釋，死執而不輕易更易，犯了「有經無權」之弊，這就有如將「太極」、良知視為一定體。殊不知一切的仁義道德、禮樂、法度、典章不能加以定型的看待，而應效法活潑潑的良知，配合實際的需要，變通應用在事物上，這正如「太極本無極」，太極本有無窮的妙用，故必須時時回到它的無聲無臭處、無方所的「無」中去領略，不可執之為「有」。佛家之學是「以空為宗」，偏於太極之無。原夫佛家所謂「空」乃是「性空」之意，即指「事物的無自性」而言。世間萬事萬物莫非因緣之和合，無有自存之體性。故曰「緣起性空」，緣起乃假名，性空則明其「無自性」。世人不解此理，執假為真，沉淪在生滅無常中，因此世間的一切只會帶來痛苦，是「一大苦的聚集」。佛家有鑑於此，幻視萬法，乃至視仁義道德、禮樂制度等皆是阻礙修行的負累，故須徹底證悟它們的「無自性」，不執著其中以求取解脫。然而以一般儒者的觀點看，這會有「歸於寂滅」之弊，蓋視一切存有為虛幻、無價值的存在，不求建立之故也，由是人就不能參贊天地的化育。殊不知「無極而太極」，無中即含有，此有富含萬物，具無窮豐富之理，空有並不相礙，不須逃有以沉空。〔註53〕

　　總之，漢儒「以有為宗」，其弊在於「泥於跡，知順而不知逆」，不知返求事物的根本，以太極、良知來變通；而佛家「以空（指執頑空者）為宗」，其弊在於「淪於空，知逆而不知順」，不能正視一切存有的價值。此兩者「一以為有物，一以為無始；一則求明於心而遺物理（指佛家），一則求明物理而外於心（指漢儒）。所趨雖殊，其為害道而傷教均也」，〔註54〕所成皆是邊見、學弊，「無以窺心極之全」，故皆不足取。

　　為補救二家之弊，龍溪以為周子之無極、太極之旨可為二家取徑，他說：
　　濂溪生於千載之後，默契道原，洞見二者之弊，建圖立說，揭無極、
　　太極之旨以之。……人之言曰：「自古未嘗言太極也，」而孔子言之。
　　不知箕子相傳，已敘皇極之疇，皇極即太極之義。孔子特從而衍之

〔註53〕 案：然而龍溪同於一般宋明儒者所理解的佛家之空，應是指偏執於頑空之佛教徒，此派主張一切皆空，而不知即於萬法而成佛。換句話說，即不認同萬物有其存在之價值而欲外之，但佛家大乘之教另有「色即是空，空即是色」，由色見空之論，此即著萬法之有而直見其無自性、空性，藉此領悟而成正果，可見佛家並沒有完全否認掉世間事物之作用。此意深微，非本文可以處理，可參考牟宗三先生《心體與性體》第一冊後附錄〈佛家體用義衡定〉一文。

〔註54〕 佚文（下），〈南游會記〉，卷五，頁28。

耳。孔子未嘗言無極也，而周子言之。不知易有太極，易無體，無體即無極之義。周子特從而闡之耳，其曰定之以中正仁義而主靜，尤示人以用功之要。夫定之以中正仁義，所謂太極，而主靜即所謂無極也，故曰立人極焉。靜者，心之本體，主靜之靜，實兼動靜之義。後儒分仁爲陽之動，義爲陰之靜，以中正配之，其失也支；聖人本之于靜，眾人失之于動，而以時屬之，其失也妄。支與妄，聖學之所由晦也。

此處龍溪推源太極之道理，最早可追溯至箕子所提及的「皇極」，「皇極」是《尚書・洪範》「九疇」中的第五疇，所謂「建用皇極」也。〔註55〕「皇極」依孔傳之意，即是「大中之道」之意。〔註56〕「太極」是「皇極」，是大是中，大言其無形，無物可比；中說它無過與不及，在陰陽二氣的作用下自自然然的生化萬物，不偏不頗。之後的周子，在〈太極圖說〉中言及「聖人定之以中正仁義，（自注：「聖人之道，仁義中正而已矣。」）而主靜（自注：「無欲故靜」），立人極焉」，這本來是說聖人是以中正仁義爲眾人奉行之準則，而以

〔註55〕「洪範」是治國的大法，孔傳曰：「洪，大。範，法也。言天地之大法。」武王滅殷之後，向殷商遺臣箕子請教治國之策，箕子就告訴武王九種治國的大法，是爲「九疇」，分別是一、五行。二、敬用五事。三、農用八政。四、協用五紀。五、建用皇極。六、乂用三德。七、明用稽疑。八、念用庶徵。九、嚮用五福、威用六極。詳參《十三經注疏・尚書正義》，卷十二，頁167。

〔註56〕「皇極」有二義：一是「大中之道」，一是「君主爲人民準則」。前者爲東漢應劭所釋，他說：「皇，大：極，中也。」（《漢書・五行志第七上》，卷二十七上，注五顏師古引，頁1317）孔《傳》承應意曰：「皇，大。極，中也：立事當用大中之道。」孔穎達進而說曰：「皇，大，《釋詁》文。極之爲中，常訓也。凡所立事，王者所行，皆是無得過與不及，當用大中之道也。《詩》云：『莫匪爾極』，《周禮》以爲民極。《論語》：『允執其中』，皆謂用大中也。」（《十三經注疏・尚書正義》，卷十二，頁168）孔《傳》另在「五、皇極，皇建其有極」注曰：「大中之道，大立其有：中謂行九疇之義。」孔《疏》曰：「九疇爲德，皆求大中，是爲善之總，故云：謂行九疇之義，言九疇之義皆求得中，非獨此疇求大中也。」這說明了大中之道皆是九疇的標準。（同上，頁172）後者爲班固主張，他說：「『皇之不極，是謂不建』，皇，君也。極，中：建，立也。」（《漢書・五行志第七下之上》，卷二十七下之上，頁1458）此說後爲朱子繼承，朱子說：「蓋皇者，君之稱也。極者，至極之義，標準之名，常在物之中央，四方望之以取正者也。故以極爲在中之準則可，而便訓極爲中則不可。若北辰之爲天極，脊棟之爲屋極，其義皆然，而禮所謂民極，詩所謂四方之極者，於皇極之義爲尤近。」參見（清）胡渭：《洪範正論・皇極下》（《四庫全書・經部二・書類》，第68冊），卷四，頁47引朱子語。

主靜無欲爲功夫，由此彰顯出人的價值及尊嚴來，龍溪於此則轉變周子之意，而以「中正仁義」喻「太極」，以「主靜無欲」喻「無極」。這樣的用意，是藉太極、無極去彌補二家之失，漢儒之學「以有爲宗」，有中無無，「一切執爲典要，有可循守，若以爲太極矣」，就以太極之無——「主靜無欲」去化掉其執，令其有中能無；佛家之學，「以空爲宗」，無中無有，「一切歸於寂滅，無可致詰，若以爲無極矣」，則以太極之有——「中正仁義」去濟其寂滅之論，令其無中亦含有。無而能有，有而能無，這就是太極的妙用，任何事物偏於有或無，是不符合太極的特性的，張載所謂「大《易》不言有無。言有無，諸子之陋也」，說的就是這道理。

太極之意義，須籍人來彰顯，故人極必須建立，而人極之立也要效法太極，也要從兼顧有無——「中正仁義」、「主靜無欲」的兩面去立，此方是充盈飽滿之教。那要如何去立呢？前文說到「良知一致而三極立」，故人極之立只是一致良知。良知是心，兼含動靜，關於此陽明說：「有事無事，可以言動靜。而良知無分於有事無事也。寂然感通，可以言動靜。而良知無分於寂然感通也。動靜者，所遇之時。心之本體，固無分於動靜也。理無動者也，動則爲欲。循理則雖酬酢萬變，而未嘗動也。從欲則雖槁心一念，而未嘗靜也。動中有靜，靜中有動，又何疑乎？……是未嘗無動靜。而不可以動靜分者也。」〔註57〕「心不可以動靜爲體用。動靜，時也。即體而言，用在體；即用而言，體在用，是謂『體用一源』。若說靜可以見其體，動可以見其用，卻不妨。」〔註58〕良知之所以不分有事無事、寂然感通、動靜，是因良知是本體，本體是超越時間存在的，而動靜則是由時而顯。再者，良知是體用一源，分心之靜時爲體，心之動時爲用，是有分裂良知體用爲二之弊。龍溪於此則說這「主靜之靜」是心之本體，是良知，它兼含動靜體用，而非如同朱子所謂心只是「寂然無欲而靜」，〔註59〕以寂然無欲而靜之時爲心之體，動時爲心之用。復

〔註57〕《王陽明傳習錄詳註集評》，卷中，第157條，頁220。
〔註58〕同上，卷上，第108條，頁130。
〔註59〕在「聖人定之以中正仁義下……合其吉凶」朱熹注曰：「此言聖人全動靜之德，而常本之于靜也。蓋人稟陰陽五行之秀氣以生，而聖人之生，又得其秀之秀者。是以其行之也中，其處之也正，其友之也仁，其裁之也義。蓋一動一靜，莫不有以全夫太極之道而無所虧焉，則向之所謂欲動情勝、利害相攻者于此乎定矣。然靜者誠之復，而性之眞也。苟非此心寂然無欲而靜，則又何以酬詐事物之變，而一天下之功哉！故聖人中正仁義，動靜周流，而其功也必主乎靜。此其所以成位乎中，而天地日月、四時鬼神有所不違也。」《周敦頤全

次，朱子分仁爲陽之動，義爲陰之靜，再以中正配之，而以正、義爲體，中、仁爲用，[註60] 這是失於支離，蓋太極之有即是良知之有，其全體即是中正仁義，渾然一體，舉一即賅二，行仁義之道即符中正之理，持中正之原則所行合乎仁義，三者不須再細分。另外，眾人則是不知心本兼動靜，不知回歸到動靜之靜、太極之無、良知之無中，而偏於人欲之動，又以動靜之時來分心之體用，這就是失於妄，支與妄是二者之病，此亦如漢儒、佛教，皆不識太極有無之旨，故皆不足取。

第二節　龍溪和雙江的辯論：以〈乾〉知爲良知

　　除了以良知解說太極，龍溪尙以良知解說〈乾〉知，他在〈致知議略〉提出了「〈乾〉知即良知」[註61] 之說，其曰：

　　《易》曰：「〈乾〉知大始。」〈乾〉知即良知，乃渾沌初開第一竅，不與萬物作對，故謂之獨，以其自知，故謂之獨知。〈乾〉知者，剛、健、中、正、純、粹、精也。七德不備，不可以語良知。中和位育皆從此出，統天之學，「首出庶物，萬國咸寧」者也。[註62]

　　聶雙江不同意龍溪之見解，二人遂有爭辯，〈致知議辨〉[註63] 記載此次的辯論曰：

　　雙江子曰：《本義》云：「〈乾〉主始物，而坤作成之。」已似于經旨本明白。知字原屬下文。今提知字屬〈乾〉字，遂謂〈乾〉知爲良知，不與萬物作對爲獨知，七德咸備爲統天。〈彖〉曰：「大哉〈乾〉元，萬物資始，乃統天。」是以「統天」贊「〈乾〉元」，非贊「〈乾〉」

　　　書》，卷二，頁 58。

〔註60〕　《朱文公文集・答袁機仲書》：「天地之間，一氣而已，分陰分陽，便是兩物，故陽爲仁而陰爲義。」卷二，頁 62。問：「聖人定之以中正仁義」。曰：「本無先后。此四字配金木水火而言，中有禮底道理，正有智底道理。如〈乾〉之『元亨利貞』，元即仁，亨即中，利即義，貞即正，皆是此理。至于主靜，是以正與義爲體，中與仁爲用。聖人只是主靜，自有動底道理。」同上，頁 61。

〔註61〕　《從陸象山到劉蕺山》，第四章，〈「致知議辯」疏解〉，頁 349。另外，在《現象與物自身》（臺北：臺灣學生書局，1975 年 8 月初版），牟先生有詳細疏解龍溪「〈乾〉知爲良知」之義，詳參頁 92～98。

〔註62〕　《全集・致知議略》，卷六，頁 407。

〔註63〕　《全集・致知議辨》，卷六，頁 416～418。

也。及以下文照之，則曰：「〈乾〉以易知，〈坤〉以簡能。」又以易簡爲〈乾〉、〈坤〉之德，而知能則其用也。人法〈乾〉、〈坤〉之德，至于易簡，則「天下之理得，而成位乎其中」。他（處）又曰：「夫〈乾〉天下之至健也，德行恆易以知險。夫〈坤〉天下之至順也，德行恆簡以知阻。」健順言其體，易簡言其德，知能言其才，阻險言其變，能說能研言聖人之學，定吉凶成亹亹，言聖人之功用。《六經》之言，各有攸當，難以一例牽合也。

先生（龍溪）曰：「〈乾〉知大始」，大始之知，混沌初開之竅，萬物所資以始。知之爲義本明，不須更訓「主」字。下文證之曰：「〈乾〉以易知」，以「易知」爲易主可乎？此是統天之學，贊元即所以贊〈乾〉，非二義也。其言以體，以德，以才，以變，以學，以功用，雖經傳所有，屑屑分疏，亦涉意象，恐非易簡之旨。公將復以不肖爲混沌語矣。

以上是龍溪和聶雙江關於能否以「〈乾〉知爲良知」之辯論。〔註64〕依雙江之意，「〈乾知〉大始」的「〈乾〉知」不能解釋爲良知、獨知。雙江所據乃朱子《周易本義・繫辭上》「〈乾〉知大始，〈坤〉作成物」句下之注，朱子注曰：「知，猶主也，〈乾〉主始物，而〈坤〉作成之」，〔註65〕故「〈乾〉知」之「知」是「主」之意，不是指「知道」說。就「〈乾〉知大始」而言，應解爲「〈乾〉主大始」，即「〈乾〉主爲萬物之始」，始之主體指〈乾〉自身，而非「〈乾〉知道大始」。〈乾・象〉曰：「大哉乾元，萬物資始，乃統天」，此句讚嘆〈乾〉卦偉大之創生作用，亦以〈乾〉主始，即乾爲萬物所資以爲始者，以「元」說〈乾〉，乃因〈乾〉爲萬物之始也，〈乾〉元合稱即是統言天道始生萬物之功。然若依「〈乾〉知道大始」之釋，則乾非始，始另指其他對象，如此〈乾〉創生之作用就消失，而由它物代之。以此而解〈乾・象〉，則不得其意。

順上文「〈乾〉知大始」之解，「〈乾〉以易知」亦應解爲「主」，此即是說〈乾〉之主始，簡易而無難，此因它健動之時即可自然創生萬物；而「〈坤〉以簡能」是說〈坤〉之終成萬物之能，簡而不煩，此因它「順乎陽〈乾〉而不自作」。〔註66〕由此可知，〈乾〉〈坤〉之德爲易簡，知能爲其用，人若去效

〔註64〕詳參《從陸象山到劉蕺山》，頁347～350。
〔註65〕《周易本義》（臺北：文津出版社，1990年10月初版），頁571。
〔註66〕同上。

法〈乾〉〈坤〉易簡之道：「人之所爲如〈乾〉之易，則其心明白而人易知；如〈坤〉之簡，則其事要約而人易從。」〔註67〕以易簡之道行事，則能掌握天下之道理，就可在天地之中確立一己的地位。復次，〈繫辭下〉曰：「夫〈乾〉，天下之至健也，德行恆易以知險；夫〈坤〉，天下之至順也，德行恆簡以知阻。」這是說〈乾〉是天下最剛健之象徵，其主始之德行，雖恒久平易但又知道險難；而〈坤〉是天下最柔順之象徵，其順承之德行，雖恒久簡易但又知道險阻。此處之「知」是知道之意，聶雙江引用此句是要點明：「知」之一字，在《周易》中，有作「主」解者，有作「知道」解者，故應視它出現的地方，給予恰當的解釋，斷不能因自己之使用方便，隨意更改其義，所謂「《六經》之言，各有攸當，難以一例牽合也。」

依龍溪之意，他以「〈乾〉知爲良知」，將本爲動詞之「「〈乾〉知」轉爲名詞之「〈乾〉知（良知）」，如此的解說，是爲了突出良知之「絕對義」，此「絕對義」即存有論的意義，亦即是以創始萬物之乾健之德來說良知。這和陽明〈詠良知四首示諸生〉之四曰：「無聲無臭獨知時，此是乾坤萬有基」，〔註68〕以良知作爲一切存在之根據，所謂「乾坤萬有之基」之意相同。關於此，陽明說：「良知是造化的精靈。這些精靈生天生地，成鬼成帝，皆從此出，眞是與物無對。」〔註69〕這是說良知是天地萬有生化之本體，存有論的實體，它是超越又絕對的；若無良知，一切皆歸於虛無。陽明之意，朗然明白，而龍溪秉承師教，引「〈乾〉知」以說「良知」，義理雖同，語意卻不如陽明直接、曉暢。龍溪曰：「大始之知，混沌初開之竅，萬物所資以始。」此「大始之知」，是指「大始之良知」，其內容同於具備剛、健、中、正、純、粹、精七德之乾元，皆具有創生萬物之作用，乃一切存在所資以爲始者。

那爲何可以用「〈乾〉知」以說「良知」呢？因爲二者皆是存有論意義下創造性的實體：〈乾〉主生萬物，〈乾〉道即生生不息之生道，此生道是客觀的說，而人對於生道之切實了解，是從主觀的心去把握，即以純亦不已之仁，王學以良知來說生道。這是說對天道創生萬物之體會，收歸到德性心來把握，此時所體會的是立體的、直貫的創生的知，而非知識論意義下的知，知識論之知所認知的只能是形下的、有限的知。「〈乾〉知」爲良知，良知有時又稱

〔註67〕同上，頁572。
〔註68〕《陽明全書》，卷二十，頁三十六。
〔註69〕《王陽明傳習錄詳註集評》，卷下，第261條，頁323。

作「獨知」，它是天理、無聲無臭、徹上徹下的本體，乃先天所有；〔註70〕知前加一獨字，是因它超越於萬物之上，無一物可與它相對，故謂之「獨」。對於「獨知」，龍溪提出「慎獨」功夫，所謂：「非是強制之謂，只是兢業保護此靈竅」，且在「悟得及時」，成為「雖日酬萬變，可以澄然無一事」之「廓然順應之學」。〔註71〕

總之，龍溪以「〈乾〉知爲良知」，是基於良知和「〈乾〉知」都具有創生之功能，故不細考文意而將二者比況起來。於時龍溪內心義理或早已通透，故隨引經典以證己意，然而如此的解法，因不是直接扣緊「〈乾〉主始」之意而發，總易引人非議，〔註72〕難怪聶雙江見了起而責難。然於義理之發明，並未因此而有損。

第三節　以良知爲易道

龍溪有〈易與天地準一章大旨〉，所謂「《易》與天地準」，孔穎達《正義》曰：「言聖人作《易》，與天地相準，謂準擬天地，則〈乾〉健以法天，〈坤〉順以法地之類是也。」此言《周易》內容之制作是和天地之道相準擬，例如八卦之制作，就是聖人效法取象天地萬物而來的，這是〈繫辭下〉說的：「古者包犧氏之王天下也，仰則觀象於天，俯則觀法於地，觀鳥獸之文，與地之宜，近取諸身，遠取諸物，於是始作八卦，以通神明之德，以類萬物之情。」又，〈繫辭下〉「天尊地卑，〈乾〉〈坤〉定矣。卑高以陳，貴賤位矣。動靜有常，剛柔斷矣。方以類聚，物以群分，吉凶生矣。在天成象，在地成

〔註70〕龍溪曰：「良知即是獨知，獨知即是天理。獨知之體，本是無聲無臭，本是無所知識，本是無所黏帶揀擇，本是徹上徹下。獨知便是本體，慎獨便是功夫。」《全集・答洪覺山》，卷十，頁715。

〔註71〕龍溪說：「夫獨知者，非念動而後知也。乃是先天靈竅，不因念有，不隨念遷，不與萬物作對。譬又清淨本地，不待洒掃而自然無塵者也。慎之者，非是強制之謂，只是兢業保護此靈竅，還他清淨而已。在明道所謂明覺自然，慎獨即是廓然順應之學。悟得及時，雖日酬萬變，可以澄然無一事矣。」《全集・答王鯉湖》，卷十，頁718～719。

〔註72〕李見羅〈論學書〉曰：「二十年前，曾見一先輩（案：指龍溪），謂〈乾〉知即良知，不覺失笑。〈乾〉主始物，〈坤〉主成物，知者主也，昔賢之解不謬。就令作知字看，亦如知府知州之類，謂〈乾〉知此事，即乾管此事也，豈得截斷〈乾〉知，謂天壤間信有〈乾〉知與良知作證印乎？果然，則〈坤〉作成物，又將何以截之？何以解之？此眞可謂欲明良知，而不復究事理之實，且不察文理矣。」《明儒學案・止修學案》，卷三十一，頁672。

形，變化見矣。」說明了〈乾〉、〈坤〉卦爻之上下位的決定，依據了天地、萬物的尊卑關係而來。卦爻的剛柔，本於天地陰陽的動靜常規。卦爻辭的吉凶，本於萬物之不同性質而分。卦爻之陰變爲陽，陽變爲陰，亦是本於天地萬物的變化。總之，《易》理是源於自然，效法自然，與天地相準的。龍溪則從《易》與天地準這道理中，寄述了良知爲天地之道、良知爲《易》的內涵。他說：

> 天地間，一氣而已。易者，日月之象，陰陽往來之體，隨時變易，道存其中矣。其氣之靈，謂之良知，虛明寂照，無前後內外，渾然一體者也。所以準天地而彌綸之者，必有本以出之，非徒法象相示而已也。易者，陰陽而已，幽明生死鬼神，皆陰陽之變，天地之道也。知者，良知也。致良知，所謂說，所謂情狀，可不言而喻矣。〔註73〕

蓋天地間，只是氣之充塞。易表現了陰陽二氣往來之變化，而由一陰一陽之變化，可見到其中有道存在。由於易道是陰陽消長之反映，故通過《周易》，可以知道幽明、生死、鬼神，這些不同形式的陰陽屈伸變化之情形。龍溪以爲易中有道存於其中，此道即是良知，良知是氣之最靈者，〔註74〕它虛明寂照，無前後內外，渾然與萬物同體，正如氣之與萬物相通一般。良知是本，故它能準天地而彌綸之，而且，其自身有知幽明之故、生死之說、鬼神之情狀的機制，此知不只是指透徹了解，尚且有本體論的主宰之意。因此人若能致良知，則能知能主天地陰陽的變化。

接著，他以良知的觀點詮釋〈繫辭上〉「與天地相似故不違，知周乎萬物而道濟天下」此段時說：

> 天地之道，知仁而已。仁者，知之不息，非二也。痿痺則爲不仁，靈氣有所不貫也。不違，不過，不流，樂天而不憂，安土而能愛，莫非天則之自然，良知之順應也。範圍者，良知之極於大而非蕩也，故不過。曲成者，良知之體乎物而非淆也，故不遺。幽明生死鬼神，即晝夜之謂，通乎晝夜之道而知。變動周流，不爲典要，天地萬物，有所不能違焉，是謂無方之神，無體之易。纔有典要，即著方體，

〔註73〕《全集‧易與天地準一章大旨》，卷八，頁535。
〔註74〕龍溪時以氣之最靈者來說良知，如說：「良知者，天地之靈氣，原與萬物同體。手足痿痺，則爲不仁，靈氣有所不貫也。」《全集‧太平杜氏重修家譜序》，卷十三，頁913。又說：「良知者，心之靈氣，萬物一體之根，遇親自知孝，遇長自知悌。」《全集‧贈憲伯太谷朱使君平寇序》，卷十三，頁938。

不可以適變。故曰大哉！易也，斯其至矣！〔註75〕

以上說到易道中顯示的陰陽之變是天地之道，龍溪於此則將天地之道，收歸在良知與仁上，顯然視良知為天地之道。良知和仁並非二物，正如痿痺則為不仁，靈氣有所不貫則非良知，知是指良知不息的狀態說。原本在〈繫辭上〉「不違」是指「與天地相似故不違」，「不過」是指「知周乎萬物而道濟天下故不過」，「不流」是指「旁行而不流」，此處則指良知的規律正是天地的規律故不違；良知周遍萬物使萬物各得其宜故不過；良知泛及萬物而能以中正之道自守，隨其所處而安且不失其仁愛萬物之心，〔註76〕這些皆出自良知之自然而應和順應萬物而生的。復次，良知是「範圍天地之化而不過，曲成萬物而不遺」，本來此二句指易道廣大無所不周，《正義》曰：「言法則天地以施其化，而不有過失違天地者也。」又曰：「聖人隨變而應，屈曲委細，成就萬物，而不有遺棄細小而不成也。」〔註77〕此則指良知於外在上，範圍萬物，雖極大卻不蕩越；於內在上，曲成萬物，使之各正其性卻己不混淆亂。

再者，良知是「通乎晝夜之道而知」，陽明就此言良知常知，日間良知順應萬物而無滯，夜間良知向晦宴息，收斂凝一，故良知知晝知夜，〔註78〕龍溪則以良知通於幽明、生死、鬼神，天地萬物皆要依循其規律而行，而其規律又不是一成不變的典要，而是在規律中、定則中行其變化周流，惟變以適，這不易中又變易的精神即是「無方之神，無體之易」。關於〈繫辭〉所云：「通乎晝夜之道而知」，龍溪在〈三山麗澤錄〉中詳說曰：「千古聖學，只一知字盡之，知

〔註75〕《全集·易與天地準一章大旨》，卷八，頁535～536。
〔註76〕關於「安土敦乎仁故能愛」《周易折中·繫辭上傳》（四川：巴蜀書社，1998年4月第1版），卷十三，頁850引《朱子語類》曰：「『安土』者，離寓而安也；『敦乎仁』者，不失其天地生物之心也。『安土而敦乎仁』，則無適而非仁矣，所以能愛也。」此處筆者藉用、轉化朱子之意。
〔註77〕《十三經注疏·周易正義·繫辭上》，卷七，頁147。
〔註78〕《傳習錄下》載：問：「通乎晝夜之道而知。」先生曰：「良知原是知晝知夜的。」又問：「人熟睡時，良知亦不知了。」曰：「不知，何以一叫便應？」曰：「良知常知。如何有睡熟時？」曰：「向晦宴息，此亦造化常理。夜來大地混沌，形色俱泯。人亦耳目無所睹聞，眾竅俱翕。此即良知收斂凝一時。天地既開，庶物露生。人亦耳目有所睹聞，眾竅俱闢。此即良知妙用發生時。可見人心與天地一體。故『上下與天地同流』。今人不會宴息。夜來不是昏睡，即是妄思魘寐。」曰：「睡時功夫如何用？」先生曰：「知晝即知夜矣。日間良知是順應無滯的。夜間良知即是收斂凝一的。有夢即先兆。」《王陽明傳習錄詳註集評》，卷下，第267條，頁326～327。

是貫徹天地萬物之靈氣。吾人日間，欲念慌惚，或至牿亡，夜間雜氣紛擾，或至昏沉，便是不能通乎晝夜，便與天地不相似，便與萬物不相涉。時時致良知，朝乾夕惕，不爲欲念所擾，昏氣所乘，貞明不息，方是通乎晝夜之道而知。通乎晝夜，自能通乎天地萬物，自能範圍曲成。存此謂之存神，見此謂之見《易》。故神無方而易無體，是謂彌綸天地之道，是謂窮理盡性以至于命。」〔註79〕龍溪將千古之學收歸在良知上，以〈繫辭〉之「知」是指良知，以之通乎晝夜。良知是貫徹天地萬物之靈氣，這貫徹也可以說是與萬物相感通，二者渾爲一體。人在日夜間，或因欲念慌惚，或因雜氣紛擾，以致良知牿亡、昏沉，不能通乎晝夜。故時致良知，避免欲念、昏氣之擾，則可通乎晝夜、通乎天地萬物，範圍曲成之。無論是存神、見《易》，或窮理盡性以至于命，都是依良知立說。

　　以上的種種皆展現了良知作爲本體的內涵和其作用。

　　文章最後，龍溪以良知來貫串《周易》全書，其曰：

> 明道云：只窮理，便盡性以至於命，一也，分爲三事則支。易，心易也。以易爲書則泥，是皆未明於大易之過也。善學者，能於一念入微求之，得其所謂虛明寂照，一體之機，易不在書而在於我，可以臥見羲皇，神游周孔之庭，大丈夫尚友之志也。〔註80〕

明道說：「『窮理盡性以至于命』，三事一時並了，元無次序。不可將窮理作知之事。若實窮得理，即性命亦可了。」〔註81〕此本於〈說卦〉傳而來，明道於此發揮其一本論的觀點：由徹知吾人性命之理的同時，去充分朗現上天賦於人之本性，一旦理窮、性盡，命自然至（命之至無直接功夫可用，故功夫只落在「窮」、「盡」上），此時三者因同時達致，一了百了，是爲一本。此處龍溪藉用明道觀點，不只說明理、性、命是統一在心之下，甚至是《周易》全書，也是從不同層面去闡述良知的內涵，故良知即是易，心即是易，所謂「易，心易也」，而非以易道等同於《周易》一書。易既然是心、良知，善學者自然要在心上下功夫，要在一念入微處去體驗良知的意義。龍溪的以心爲易的詮釋，使到易道由客觀的紀錄中，進入到主觀的生命體驗中，通過生命的不斷奮進去和易道相對話，故曰：「易不在書而在於我」，此時易道爲心，

〔註79〕《全集・三山麗澤錄》，卷一，頁117～118。
〔註80〕《全集・易與天地準一章大旨》，卷八，頁536～537。
〔註81〕此條下注有一「明」字，乃明道語，見《二程集・二先生語二上》，卷二上，頁15。

人的生命又以良知爲本體，二者皆統一在良知之下，呈現出一本的意義來。

此外，關於「窮理盡性以至於命」，龍溪又申論曰：

《易》曰：「窮理盡性以至於命。」心一也，以其全體惻怛而言謂之仁；以其得宜而言謂之義；以其條理而言謂之理；以其明覺而言謂之知。仁極仁而後爲窮仁之理，義極義而後爲窮義之理，不外心以求仁，不外心以求義，獨可外心以求理乎？〈繫辭〉所謂「窮理」，兼格致誠正而言，聖學之全功也。故曰：只窮理便盡性以至于命。若專指格物爲窮理，而求理于事事物物之中，不惟于〈繫辭〉之義有偏，亦非《大學》之本旨也。〔註82〕

窮理是要去窮心中之條理，而非求理于事事物物之中，此因理是存於心中而不在物上，故不能外心去窮之，這其實也是批評朱子格物窮理，求理於心外之說。窮理和格物、致知、誠意、正心之關係密不可分，是「聖學之全功」。格物即格心，心之本體上不能用功，故從意之所在爲物上去著手，正其不正以歸於正，這皆要靠致良知，良知一致則物格、意誠、心正。〔註83〕良知是天理、明德，致良知爲明明德，窮理亦是明明德，故致良知之功夫即同時是窮理，都是強調逆反本心。至於說心是一個天理，有其不同的層面：惻怛、得宜、條理、明覺，不能外心以求仁、義、理，凡此之說，蓋皆本於陽明而發。〔註84〕

第四節　論學《易》之目的與藉用各卦來詮釋心學

一、學《易》之目的——遷善改過與懲忿窒慾

龍溪論及學《易》之目的說：

〔註82〕《全集・答吳悟齋》，卷十，頁674～675。

〔註83〕先生曰：「『格物』如孟子『大人格君心』之格，是去其心之不正，以全其本體之正。但意念所在，即要去其不正以全其正，即無時無處不是，存天理即是窮理，天理即是明德，窮理即是明明德」。《王陽明傳習錄詳註集評》，卷上，第7條，頁39。

〔註84〕陽明曰：「故有孝親之心，即有孝之理，無孝親之心，即無孝之理矣！有忠君之心，即有忠之理，無忠君之心，即無忠之理矣！理豈外於吾心邪？……心一而已，以其全體惻怛而言，謂之仁：以其得宜而言，謂之義：以其條理而言，謂之理。不可外心以求仁，不可外心以求義，獨可外心以求理乎？」同上，卷中，第133條，頁166～167。

> 學《易》之道，遷善改過而已矣。人心本善，奚事于見善而始遷；
> 本無過，奚事于有過而始改，斯固《易》道之原也。聖遠學絕，人
> 失其心，而習氣乘之，始不免于有過。遷善云者，復其本善之心，
> 不使習氣得以間之，非善自外入，從而遷之也；改過云者，復其不
> 善之動，復則無過矣。善與過相因而生，非相並而出也。〔註85〕

孔子曰：「五十以學《易》，可以無大過矣」，可見《易經》有寡過之效。龍溪
言學《易》有遷善改過之效，精神是遙通孔子的。遷善即改過，遷善改過是
爲了修德，修德是要恢復人本然之善，所謂「聞義而徙，不善而改……遷善
則德日崇，改過則德日進」，〔註86〕這其實也是一種消除習心之功夫。原本人
心是至善無過的，故不須見善始遷，有過而改。然人總易爲欲望所染，習氣
所乘，故漸失其本心，產生過錯，此處的過是特就無心所犯而言，龍溪區分
兩種過錯，無心所犯謂之過，此易善補而復；有心所作謂之故，此須大力革
去，其曰：「夫所謂過者，無心而致之者也，過而自訟，不動於意，天然之勇
也。有心則謂之故，斯惡矣，《書》曰：『宥過無大，刑故無小』，原心之法也。
聖賢之學，不貴於無過，而貴於能改過，過而憚改，斯謂之惡。……過則可
以善補而復，若夫有心之故，則必革而去之，而後可以復於善。……仁者之
過，如日月之食，過也見之，更也仰之，而日月未嘗有所傷，以其無心也。
今之人昧於自反，不能以無心應物，認故爲過，蹈於惡而不自知，其自恕亦
甚矣。」〔註87〕對於無心之過須加以遷善改過之功。所謂遷善，是恢復其本
有之善心，不使習氣雜染；改過，是使其不善之動，向善心回復。至於要如
何學《易》去遷善改過，〈復〉卦六爻有所提示，龍溪說：

> 自古善學《易》者，莫如顏子。〈復〉之初九曰：「不遠復」，蓋復之
> 于初，則習氣易消，而過不貳，故能無祗于悔，而元吉也。悔者有
> 所懲而復也，故趨于吉；吝者有所係而憚也，故嚮于凶，雖均之未
> 能愼之于微，而吉凶之趨向，則相去遠矣。夫復之于初，不至悔者，
> 上也；有所懲而悔者，次也；吝而不知所以悔者，下也。……學之
> 能也，果上智之資耶，則請事于顏子之學，究其原，握其機，愼于
> 一念之初，使習氣自消，而善自復，元吉之道也；其次則不免于悔

〔註85〕《全集・學易說》，卷十七，頁 1225～1226。
〔註86〕《全集・思學說》，卷十六，頁 1234～1235。
〔註87〕《全集・自訟問答》，卷十五，頁 1071～1072。

矣，從事于寡過，習氣以漸而消，中人之資也，在審之而已；夫安于氣，不思所以自改，民斯下矣。〔註88〕

聖人無復，以未嘗失也，失而後有復，復者善端之萌，入聖之機。〈復〉之義：初九爲「不遠復」者，過未離於心而亟復之，故能不祗於悔而吉；二爲「休復」，切比於初，志在從陽，復之休美者也；三爲「頻復」，以陰躁處動極，復之頻數而不固，過在失，不在復也；四爲「獨復」，處群陰之中，獨能不應於陰，不亂群也；五爲「敦復」，以中順之德，處尊位，敦篤於復者也；上爲「迷復」。「迷復」者，非迷而不復，以其求復而失，其主本欲求復而逾遠於道，故曰：「迷復之凶，反君道也。」學者能以初復自修，法於休，戒於頻，勉於獨，中德自考，而不爲迷復之凶，善於復者也。〔註89〕

顏回善學《易》，他的遷善改過，即是〈復〉卦初九精神的體現。〈復〉卦之一陽初生是人心最初無欲之一念，亦是「善端之萌，入聖之機」，此念唯有聖人方能時時保任，而大賢如顏回不免或有離於此念時，雖爲有過有怒，然他卻能在過與怒初萌未離心之時，旋釋之旋改之，故能不遷怒不貳過，使習氣自消，恢復其良知，所謂：「顏子之學，只在理會性情。遷與止對，貳與一對，顏子心常止怒即旋釋，故能不遷，猶無怒也；心常一，過即旋改，故能不貳，猶無過也，先師謂有未發之中。」〔註90〕這情形其實就是「顏子有不善未嘗復行，不遠而復，復者，復此良知而已。惟此良知精明，時時作得主宰，纔動便覺，纔覺便化，譬如明鏡，能察微塵，止水能見微波，當下了截，當下消融，不待遠而後復，謂之聖門易簡直截根源。」〔註91〕此「纔動便覺，纔覺便化」即爲〈復〉初九的「不遠復」，他不失此最初無欲之一念故能「无祗于悔」而「元吉」，故三月不違仁。人之爲學就要效法顏子，要「愼于一念之初，使習氣自消」。值得一提的是，龍溪對於顏子是頗爲推崇的，在他文集中屢屢稱道顏子，如：「孔門好學，莫如顏子，竭才於博約之訓，欲罷不能，不遷不貳，三月不違，顏子之勇，所謂健也。」〔註92〕「顏子不遠復，常立於無過之地，方是正本澄源之功，

〔註88〕 《全集・學易説》，卷十七，頁1226～1227。

〔註89〕 《龍溪王先生全集・大象義述》，卷二十一，〈復・大象〉「雷在地中，復，先王以至日閉關，商旅不行，后不省方。」句下注，頁1708～1709。

〔註90〕 《全集・龍南山居會語》，卷七，頁501。

〔註91〕 《全集・答季彭山龍鏡書》，卷九，頁606～607。

〔註92〕 《龍溪王先生全集・大象義述》，卷二十一，〈乾・大象〉「天行健，君子以自

若以失自解，則過愈甚矣。」〔註93〕等隨處可見。

　　至於氣質次等之中人，人數最多，他們方諸易道，是「悔、吝」者，悔者懲忿窒慾而復善，吝者係於習氣而憚改，一趨吉，一向凶，皆視其是否願一念自反，反求本心而已，所謂：「天之生才，中人為多，上智下愚，間可數也，方諸易道，上智為吉，下愚為凶，中人為悔、吝。上智下愚不可移，中人者，悔吝之機，可以趨吉，可以向凶，古人立教，皆為中人而設。吾人今日之學，若欲讀盡天下之書，格盡天下之物，而後可以入道，則誠有所不能。苟只求諸一念之微，向裡尋究，一念自反，即得本心，吉凶趨避，可以立決，人人可學而至，但患無其志耳。先師云，下愚不移，不是不可移，只是不肯移，只是無志，果能此道，雖愚必明，雖柔必強，況中才之士乎？」〔註94〕中人雖不如顏子「不遠而復」，然若能求復、求寡過，則習氣亦可漸消。由於他們資質之純雜各異，故在〈復〉卦中其他五爻即顯示了其用功難易之次弟。這是「資有純駁，故復有遠邇，功有難易，學之等也。」〔註95〕〈復・六二〉為「休復」，它與初九相比，志在從陽，故資質佳美之學者要法於休復，要近乎仁。〈復・六三〉為「頻復」，此爻居下卦之上，是以陰躁處於動極，此時復仁而不能固守，屢失屢復，其過在失，不在求復，故學者要戒於頻復。〈復・六四〉為「獨復」，此爻雖處群陰包圍之中，然它居中行正，獨能和初九之陽爻相應，獨能從善，不亂於群陰之中，故學者要勉於獨自為善。〈復・六五〉為「敦復」，此爻處以陰柔居尊位，守中不偏，敦厚篤誠求復，故學者要以中德來自察其復善之道。〈復・上六〉為「迷復」，「迷復」非迷而不復，而是氣質駁雜之人本欲求復而逾遠於道，此仍扣在復說。總之，〈復〉卦六爻皆要求遷善改過以復本來之良知，此方是聖賢之學。〔註96〕至於那些最下等之人，是一些安於習氣而不思自改者，故不能求復。〔註97〕

　　　　　強不息」句下注，頁1684。

〔註93〕《全集・水西精舍會語》，卷三，頁237。

〔註94〕《全集・華陽明倫堂會語》，卷七，頁485～486。

〔註95〕《全集・建初山房會籍申約》，卷二，頁211。

〔註96〕陽明頗注重改過之效，他說：「夫過者，自大賢所不免，然不害其卒為大賢者，為其能改也。故不貴於無過，而貴於能改過，……但能一旦脫然洗滌舊染，雖昔為寇盜，今日不害為君子矣。」詳參《陽明全書・教條示龍場諸生》，卷二十六，「改過」條下，頁六。

〔註97〕龍溪曰：「〈復〉為卦名，六爻皆是求復之義。初爻不遠而復，復之善也。二比於初以下仁，故為休復。三不能仁守，故為頻復。四應於初，不泥於陰，

復次，龍溪在提及遷善改過時，總和懲忿窒慾關聯，他說：

> 《易》有反對，始能相禪而成，〈益〉以遷善改過，〈損〉以懲忿窒慾，斯二者，《易》之大端也，故曰：「為學日益，為道日損」，其義深矣！君子乾乾不息于誠，然必懲忿窒慾、遷善改過而後能至。所謂不息于誠者，其即本善而無過之謂乎？所謂損之益之而後能至者，其即消除習心，以復于善之謂乎？〔註98〕

> 為益之道，莫若見善則遷，有過則改也。撓萬物者，莫疾乎風；動萬物者，莫疾乎雷，遷善當如風之速，改過當如雷之迅。善而弗失，過而不貳，顏子之大勇也。〔註99〕

> 修己之道，所當損者，惟忿與欲。懲忿如摧山，窒欲如塞竇。忿，如火也，懲忿如救火；欲，如水也，窒欲如防水，懲忿則火自降，窒欲則水自升。水升火降，水火既濟之象，師云：「懲心忿，窒心欲」，此禁於未發之豫。養德養身，非兩事也。〔註100〕

遷善改過是〈益・大象〉所強調的，所謂遷善要如風之速，改過要如雷之迅，二者須即刻行之。懲忿窒慾如同〈損・大象〉說的，對於如火之忿、如水之欲，人要以摧山塞竇之毅力去懲戒其忿怒、窒塞其意欲，去救之防之，禁其於未發之際。關於懲忿窒慾，龍溪有詳細的討論，龍溪曰：「懲忿窒慾原是洗心退藏公案，損之道也，損之又損，以至於無，即是聖功。嘗聞忿不止于憤怒，凡嫉妒褊淺不能容物，念中悻悻，一些子放不過，皆忿也；慾不止於淫邪，凡染溺蔽累，念中轉轉貪戀，不肯捨卻，皆慾也。懲窒之功有難易：有在事上用功者；有在念上用功者；有在心上用功者。事上是遏於已然，念上是制於將然，心上是防於未然。懲心忿，窒心慾，方是本原，易簡工夫。在意與事上遏制，雖極力掃除，終無廓清之期。養生家懲忿則火自降，是為火中取水；窒慾則水自升，是為水中取火。真水真火，一升一降，謂之既濟。中有真土，為之主宰，真土

故為獨復。五當位得中，故為敦復。上六本欲求復而失其所主，是為迷復。故曰：『反君道也』。若曰：『迷而不復』，則非名卦之義矣。」《全集・撫州擬峴臺會語》，卷一，頁137。

〔註98〕 《全集・學易說》，卷十七，頁1227。

〔註99〕 《龍溪王先生全集・大象義述》，卷二十一，〈益・大象〉：「風雷益，君子以見善則遷，有過則改。」句下注，頁1725。

〔註100〕 同上，〈損・大象〉：「山下有澤，損，君子以懲忿窒欲。」句下注，頁1724～1725。

即是念頭動處。土鎮水，水滅火，生殺之機，執之以調勝負者也。」〔註101〕首先他區分了二者之內容：忿不單指憤怒，而是包含了凡嫉妒所起之任何一念；慾不單指淫邪慾望，包含了由念而起的種種貪戀。簡言之，忿慾皆起於不正之一念。接著，他又談及如何去懲窒：或在事上用功、或在念上用功、或在心上用功。事上是遏於已然，念上是制於將然，心上是防於未然。在意與事上遏制，雖極力掃除，終無有廓清之一天，故用力於心上，所謂「懲心忿，窒心慾」，當心向忿、慾趨進時，審其所向而懲窒之，防於未然，此方是本原而易簡之工夫。

由此看來，龍溪的「懲忿窒慾」，不但是一般「對治」中的話語，他特別強調的，乃是「從心上用功」，「防之於未然」，這也就是所謂「簡易」之道，強調心上本源工夫，即是「四無」的表現。所以可以把「懲忿窒慾」的工夫，收歸心原，認為它是人的「實用力處」，甚至視之為「合本體的工夫」。龍溪曰：「人心只有是非，是非不出好惡兩端，忿與慾，只好惡上略過些子，其幾甚微。懲忿窒慾，復其是非之本心，是合本體的工夫。君子不息於誠，懲忿窒慾，正是不息於誠實用力處，正是研幾之學。」〔註102〕總之，〈損〉、〈益〉二卦所言者，遷善改過是益之大者，懲忿窒慾是損之大者，皆是人修身之最切要者，若能如此，習心漸消而復于善，人就能乾乾不息于誠而至於道，得其本善之心而無過。此處龍溪之所以將〈損〉、〈益〉二卦、遷善懲忿並舉，這不只是他本於周敦頤「君子乾乾不息于誠，然必懲忿窒慾、遷善改過而後至」〔註103〕之說立論，也是他發現到《周易》某二卦中，二卦卦義雖相反然而又能相互突顯各自的內容而加以相提並論的。

其實人之遷善改過、懲忿窒慾，目的就是為了去除習氣欲望，自昭其明德，龍溪在解釋〈晉‧大象〉：「明出地上，晉，君子以自昭明德。」時曰：

> 日初出地，進而上行，為〈晉〉之象。日出地則明，入地則晦，日之明本無加損也，蔽與不蔽之間耳。君子觀明出地上之象，悟性體之本明，故自昭其明德。君子之學，欺曰自欺，慊曰自慊，復曰自復，得曰自得，明曰自明，皆非有待於外也，良知即所謂明德。致良知，昭德之學也。〔註104〕

〔註101〕 《全集‧留都會紀》，卷四，頁324～325。
〔註102〕 《全集‧水西精舍會語》，卷三，頁231～232。
〔註103〕 《周敦頤全書》，卷三，頁159。
〔註104〕 《龍溪王先生全集‧大象義述》，卷二十一，〈晉‧大象〉：「明出地上，晉，君子以自昭明德。」句下注，頁1719～1720。

〈晉〉卦之卦象爲〈離〉上〈坤〉下，表日出地上之象。日本無不明，爲地所蔽；人之德本無不明，然爲人欲所蔽，故君子「觀明出地上之象，悟性體之本明」，自昭其明德、自致其良知，此處龍溪以爲日象徵人之明德、覺性，即指良知。此自昭自致，自明自得，或者是自欺、自慊、自復，無不由己之良知所發，非有待於外，所謂：「吾心之良知，遇父自能知孝，遇兄自能知弟，遇君上自能知敬，遇孺子入井自能知怵惕，遇堂下之牛自能知觳觫，推之爲五常，擴之爲百行，萬物之變，不可勝窮，無不有以應之，是萬物之變備于吾之良知也。」〔註105〕換句話說，皆是由自我意志主宰。人只要能堅持其意志，即能發明其本心、明德，而人自謂其不能者，即是自賊。〔註106〕

以上從〈益〉之遷善改過，〈損〉之懲忿窒慾，可知過、忿、慾，皆是習氣間雜於本善之心上而造成的弊病。而無論是改過如顏子之「愼于一念之初」、中人之「求諸一念之微，向裡尋究，一念自反，即得本心」，或是「懲心忿，窒心慾」，龍溪皆著眼於從心上去立功夫，這也是最根本、最易簡的功夫。關於此，龍溪以「立志」說之：

> 夫學莫先於立志。先師有立志說。志猶木之根也，水之源也。木無根則枝枯，水無源則流竭，人無志則氣昏。吾人一生經營幹辦，只是奉持得此志。故志立而學半。習心習氣未能即忘，方知有過可改。忿心生，責此志則不忿；傲心生，責此志則不傲；貪心生，責此志則不貪；怠心生，責此志則不怠。無時而非責志之功，無處而非立志之地。〔註107〕

> 夫學一而已矣。而莫先於立志。惟其立志不眞，故用功未免間斷。用功不密，故所受之病，未免於牽纏。是未可以他求也。諸君果欲此志之眞，亦未可以虛見襲之，及以勝心求之，須從本原上徹底理會，將無始以來種種嗜好、種種貪著、種種凡心習態，全體斬斷，令乾乾淨淨，從混沌中立根基，自此生天生地生大業，方爲本來生生眞命脈耳。此志既眞，然後工夫方有商量處。譬之眞陽受胎，而

〔註105〕《全集・宛陵會語》，卷二，頁196。

〔註106〕象山曰：「『君子以自昭明德』。『人之有四端，而自謂不能者，自賊者也。』暴謂『自暴』。棄謂『自棄』。侮謂『自侮』。反謂『自反』。得謂『自得』。『禍福無不自己求之者』。聖賢道一箇『自字』煞好。」《陸九淵集・語錄上》，卷三十四，頁427。

〔註107〕佚文（中），〈白雲山房答問紀略〉，卷四，頁39。

收攝保任之力，自不容緩也；眞種投地，而培灌芟鋤之功，自不容廢也。〔註108〕

志爲木之根、水之源，故學莫先於立志。〔註109〕龍溪區分「志」有兩種，所謂：「夫志有二：有道誼之志，有功利之志。道誼者，純乎天則，無所爲而爲。功利則雜以世情，有所爲而爲也。」〔註110〕此處所立之志是指「純乎天則，無所爲而爲」、無功利之「道誼之志」。人若能立志，則心專一而有一定向，即可朝一確定的目標行進。人一立志，則自能時時不忘檢討習心習氣，知有過則可改，並能從根本上去鏟除忿心、傲心、貪心、怠心等意欲。由此看來，「顯然，志是良知心體的直接表現。志向的確立，同時意味著良知心體呈現而起主宰作用。就此而言，心體立根的先天工夫，也就是立志的工夫。」〔註111〕再者，立志是「須從本原上（案：指心）徹底理會」之功夫。「此志既眞，然後工夫方有商量處」，表明了道德實踐是要以立志爲起點的，此有如先要有「眞陽受胎」、「眞種投地」，之後方能有收攝保任、培灌芟鋤之力作用其上。

二、藉各卦來詮釋心學內涵

心學之理易簡，龍溪則藉一些卦來使此易簡之理展開。以下就依各卦的順序，說明龍溪如何藉各卦來表現他的心學內涵。

（一）以〈乾〉卦論無欲之心體

《易》爲君子謀，此乃揭示學者用功之的，非徒談說造化而已也，故曰：「天行健，君子以自強不息。」君子行此四德，曰：「元亨利

〔註108〕《全集·斗山會語》，卷二，頁157～158。

〔註109〕陽明曰：「夫學，莫先於立志。志之不立，猶不種其根而徒事培擁灌溉，勞苦無成矣。」（《陽明全書·示弟立志說》，卷七，頁23）又曰：「志不立，天下無可成之事。雖百工技藝，未有不本於志者。……故立志而聖，則聖矣；立志而賢，則賢矣。志不立，如無舵之舟、無銜之馬，漂蕩奔逸，終亦何所底乎？」詳見《陽明全書·教條示龍場諸生》，卷二十六，「立志」條下，頁五。

〔註110〕《全集·水西同志會籍》，卷二，頁176。

〔註111〕彭國翔：〈王龍溪的先天學及其定位〉，第二章〈正心說·二、心體立根〉，頁97。又，彭氏說明「心體立根」意義曰：「龍溪正心說的提出，是要使工夫的實踐方式，由後天意識的澄治，轉換爲先天心體的把握。在龍溪看來，心不僅是有善有惡的經驗意識形成之後的評價與規範機制，更是在確定的意識形成之前的指導與發動機制。能在心體上立根，工夫便落實到了最爲根本之處。」，並將「心體立根」分爲「操心、養心、不失其初心」、「愼獨」、「立志」三部分論述，詳參上文頁92～98。

貞」。夫天地靈氣結而爲心。無欲者，心之本體，即伏羲所謂〈乾〉
也。剛健中正純粹精，天德也，有欲則不能以達天德。「元亨利貞」，
文王演之以贊〈乾〉之爲德，有此四者，非有所加也。「元亨」主發
用，「利貞」主閉藏，故曰：「元亨者，始而亨者也，利貞者，性情
也」，天地靈氣，非獨聖人有之，人皆有之。今人乍見孺子入井，皆
有怵惕惻隱之心，乃其最初無欲一念，所謂「元」也。轉念則爲納
交要譽，惡其聲而然，流於欲矣。「元」者，始也，亨通利遂貞正，
皆本於最初一念，統天也。最初一念，即《易》之所謂〈復〉，復其
見天地之心，意必固我有一焉，便與天地不相似。〔註112〕

〈乾〉，天德也，天地靈氣結而爲心。無欲者，心之本體，即所謂〈乾〉
也。天德之運，晝夜周天，終古不息，日月之代明，四時之錯行，
不害不悖，以其健也。聖德之運，通乎晝夜，終身不息，堯舜兢業，
文王緝熙，孔子不厭不倦，同乎天也。賢人以下，未能以無欲，非
強以矯之，則不能勝，故曰自勝者強，所欲不必沉溺。意有所向，
便是欲，寡之又寡，以至於無。人以天定，君子之強，以法天也。
〔註113〕

以上談到《易》之制作、〈乾〉卦之義和「元亨利貞」。首先，龍溪以爲《易》
之制作不單是談論造化，更重要的是要爲人們提供一道德實踐的準則，令人
能如〈乾〉卦般「自強不息」、「元亨利貞」，故曰：「《易》爲君子謀」。接著
龍溪以心體或良知來解釋〈乾〉卦。〈乾〉是心，心是天地之靈氣，它無欲自
然。〈乾〉又是天德，具有「剛、健、中、正、純、粹、精」七種德性，由於
它的作用，故日月四時運行不息。聖人無欲，他時時保任緝熙，即本體即是
工夫，故能「無所障蔽，無所污染，率性而行，無不是道」，〔註114〕其德性同
於天德，天德是於穆不息的，而堯舜、文王、孔子之德性亦純亦不已、終身
不息。一般人則不能無欲，「染有輕重，蔽有淺深，雖欲率性而行，爲欲所礙，
不能即達」，〔註115〕故須時時做敬恕之功，才能勝私寡欲，破除意念之牽纏，
回到無欲的境界中，此方是復天德。

〔註112〕《全集・南雍憑虛閣會語》，卷五，頁359～360。
〔註113〕《龍溪王先生全集・大象義述》，卷二十一，〈乾・大象〉：「天行健，君子以
　　　　自強不息」句下注，頁1683～1684。
〔註114〕《全集・中庸首章解義》，卷八，頁526。
〔註115〕同上。

再者，「元亨利貞」是〈乾〉卦卦辭，古來對此有許多注解，〔註116〕依《子夏傳》的說法是：「元，始也；亨，通也；利，和也；貞，正也」，〔註117〕此即言〈乾〉卦具有始生萬物，亨通萬物，利於物性之發展，又能使物貞正之四德。龍溪則視「元」爲人最初無欲、不雜有意必固我私意之純粹一念，它亦是怵惕惻隱之心，爲人實踐道德之起點、根本，由「元」才能有眞正的實踐道德，方有一實踐之方向可趨，因此人才能「亨通利遂貞正」，得其性情之正。此最初一念，又是〈復〉卦之一陽，由其一陽之生可見天地之心。

至於〈乾〉卦各爻爻辭，亦是對心體的說明，龍溪說：

> 〈乾〉之爲卦，或潛或見，或惕或躍，或飛或亢，位雖有六，不過出處兩端而已。內體主處，外體主出。潛，處之極也；亢，出之窮也；見與飛，上下之交也；惕與躍，內外之際也。六者，君子終身經歷之時也。知處而不知出，此心固也。知出而不知處，此心放也，皆所謂意必也。……。良知者，氣之靈，謂之〈乾〉知，亦謂之明德。「大明終始」，明乎此而已，君子之學也。故曰：「君子以此洗心，退藏于密」，密之時義，大矣哉！〔註118〕

〈乾〉卦六爻自初九至上九分別爲潛龍、見龍、惕龍、躍龍、飛龍、亢龍。六爻可分爲出和處。內卦潛、見、惕三爻爲處，外卦躍、飛、亢三爻爲出。心爲〈乾〉，爲天德，它同時具有了出和處的特性。故若只以處看心，那是落在心之寂然處視之，此就把心看成是固滯不流之物，如此心就不能變通以適

〔註116〕黃慶萱老師於《周易讀本》（臺北：三民書局，1992年5月初版）歸納「元亨利貞」有三種不同的解釋：（一）、四分法：文言傳：「元者，善之長也；亨者，嘉之會也；利者，義之和也；貞者，事之幹也。」元、亨、利、貞，都有獨立的意義。後來注易的，如韓嬰子夏易傳：「元，始也；亨，通也；利，和也；貞，正也。」朱駿聲六十四卦經解：「始萬物爲元；遂萬物爲亨；益萬物爲利；不私萬物爲貞。」都採取四分法。（二）、二分法：文言傳：「乾元亨者，始而亨者也；利貞者，性情也。」那麼、元亨是一個單位，利貞是一個單位。後來注易的如朱熹周易本義：「言其占當得大通；而必利在正固。」就採取二分法。（三）、一分法：文言傳：「乾始能以美利利天下，不言所利，大矣哉。」以始釋元；以美利釋亨；以利天下釋利；以不言所利釋貞。合四字成一句、用「大矣哉」來贊美它。詳參是書，釋〈乾〉注2頁6～7。另外，可詳參《周易縱橫談‧周易元亨利貞析義》（臺北：三民書局，1995年3月初版），頁127～149。

〔註117〕《子夏易傳》（清：孫馮翼，臧庸撰，《無求備齋易經集成》第173冊，據清嘉慶十二年刊「問經堂叢書」本影印），頁5。

〔註118〕同注113，頁1686～1687。

用。若只以出看心，那是從心之感通上視之，視心爲外放之物，心一直外放則易於爲外物牽引，往而不返，失去自主。〈乾·象〉曰：「大明終始，六位時成，時乘六龍以御天。」所明只是一己之明德，當德性之本掌握住了，則人無論身處在何種境地中，皆可順理而行，不違本心，而與天之休命相輝映。君子之洗心，是以明乎心之有出有處來洗之；君子之退藏于密，是指能在和外物相接時，不爲物引，時時回歸到良知上這密奧上。

（二）以〈蒙〉卦論「聖之基」和「養蒙之道」

> 山下出泉，本靜而清，水之源也。不決於東西，不汨於泥沙，順以導之，自然可達於海。君子法〈蒙〉之象，果行以育其德，水行而不息故曰「果」，山止而不撓故曰「育」。夫純一未發之謂「蒙」。蒙者，聖之基也。……世之學者，以蒙爲昏昧，妄意開鑿，計算營爲，助成機智，汨以泥沙之欲，決以東西之趨，反使純一之體漓，清靜之源窒，非徒無益而害之也。……孟子善用《易》，其曰：「大人者，不失其赤子之心者也」，赤子之心，即所謂〈蒙〉。良知良能，人所固有，大人之所爲大人，無所不知，無所不能，惟不失其固有之良而已，非有所加也。〔註 119〕

〈蒙〉之卦象爲山下出泉，本靜而清，爲水之源，順以導之可達於海；就人而言，它爲孟子說的「赤子之心」，人之良知良能，其純一無僞，無任何知識或技能攪和其中，乃入聖之基。大人之所以爲大，不外是不失其本有之良知，故君子要法〈蒙〉以果行育德。然世人不識蒙之義，以蒙爲昏昧，又不知養蒙之法，憂其蒙昧無聞，故妄意開鑿，計算營爲，助成機智，使此清靜之源窒塞，換句話說這就是「強之以知識，益之以技能，鑿開混沌之竅，外誘日滋，純氣日漓。」〔註 120〕此種「鑿竅於混沌」之法，令人不能蒙，不能入聖，〔註 121〕又如何由蒙而亨呢？人要由蒙而亨，龍溪提出「養蒙之道」：

> 養蒙之道，不在知識伎倆，只保全一點純氣，弗爲外誘遷奪，便是作聖之功。〔註 122〕

〔註 119〕同上，〈蒙·大象〉：「山下出泉，蒙，君子以果行育德。」句下注，頁 1690～1691。

〔註 120〕《全集·東遊會語》，卷四，頁 298。

〔註 121〕龍溪説：「吾人學不足以入聖，只是不能蒙。」《全集·萬松會紀》，卷五，頁 402。

〔註 122〕《全集·與耿楚侗》，卷十，頁 662。

> 防未萌之欲，弗使牿於外誘，保未發之中，弗使騖於異趨，貞以養
> 之，自然可入於聖。〔註123〕

> 吾人欲覓聖功，會須復還蒙體，種種知識技能外誘，盡行屏絕，從
> 混沌立根，不爲七竅之所鑿，充養純氣，待其自化，方是入聖眞脈
> 路，蒙之所由以亨也。〔註124〕

> 知識反爲良知之害，才能反爲良能之害，計算反爲經綸之害。〔註125〕

此處是用減擔法。所謂養蒙之道，不外是保全蒙混沌未分時的一團純氣，令
此未發之中，不爲外誘遷奪，這是「從混沌立根基」。〔註126〕詳言之，要完全
屏絕種種的知識、技能、計算、外誘，不以人爲之物傷害之，且要「默默充
養，令其純氣日足，混沌日開，日長日化」，〔註127〕久之，聖功自然生出。

（三）以〈謙〉卦論知止

> 《易》爲君子謀。〈謙〉之六爻無凶德，故君子尚之。〈謙〉者內止
> 於理，而外順於事。止者心之本體，順而不止，則爲足恭，外面種
> 種貶損退讓，未免有箇媚世之心，於事反不順，古人以涉川行師發
> 〈謙〉之例，其旨微矣，故君子之學，貴知止。〔註128〕

這是龍溪回答許敬庵問〈謙〉卦之意義。《周易》中只有〈謙〉這一卦六爻全
吉，〈謙〉卦地中有山，表示內止於理，外順於事。故人觀〈謙〉而貴知止，
止是指心之本體，人能知止則有定，有定才有得，這才是君子。謙謙君子才
能如〈謙・初六〉說的：「用涉大川。」〈謙・上六〉說的：「利用行師、征邑
國。」若只徒矯飾于外，求媚於世，內又不止，則是小人足恭畏葸之情，何
利用之有？由於「〈謙〉，德之柄」也，「天道虧盈而益謙，地道變盈而流謙，
鬼神害盈而福謙，人道惡盈而好謙。謙尊而光，卑而不可踰，君子之終也」
（〈謙・彖〉）天地人鬼神皆是好謙惡盈的，故龍溪在教子弟時，要先「養其
謙德」、「去其傲心」，能謙方能眞孝、眞忠。龍溪曰：「世以爲才子弟，其受
病多在于傲。傲，凶德也，以傲事父則不孝，以傲事君則不忠，丹朱之不肖，

〔註123〕同注119，頁1690。
〔註124〕《全集・學易說》，卷十七，頁1227。
〔註125〕《全集・萬松會紀》，卷五，頁403。
〔註126〕《全集・水西精舍會語》，卷三，頁237。
〔註127〕同注124。
〔註128〕《全集・留都會紀》，卷四，頁313～314。

象之不弟，只傲之一字，結果一生。傲之反爲謙。〈謙〉，德之柄也，故謙以事父則爲孝子，謙以事君則爲忠臣，堯之允恭，舜之溫恭，只是謙到極處。……。吾人教養子弟，先在去其傲心，養其謙德，至身外功名，得之不得，自有命在，使子弟能溫恭退讓爲孝爲忠，行無邪僻，雖終身隱居，亦不失爲克家之子。苟不知謙順，悻悻自高，縱使發科取第，才名蓋世，適足以長傲飾非，非全身保家之道也。」〔註129〕周公曾告誡伯禽曰：「《易》有一道，大足以守天下，中足以守其國家，小足以守其身，〈謙〉之謂也。」〔註130〕可見〈謙〉之重要！

（四）以〈隨〉卦論「止息、生息、休息、氣息」

> 君子觀象而得息之義，人之息與天地同運，孟子曰：「日夜所息」。息者，生生之機也。觀之於夕，群動息矣，然眞機回復，而爲朝；觀之於晦，六陰息矣，然後眞陽逆受，而爲朔，藏不密者用不張，畜不極者施不溥，天地萬物且不能違，而況於人乎？顏子如愚，三月不違，三月一息也。日月而至，日月一息也。堯之允恭，舜之玄德，文之不顯，孔之無知，群聖一息也。專而直，翕而闢，天地一息也。尺蠖之屈，龍蛇之藏，萬物一息也。通古今一息，萬年一息也。……息爲範圍三教之宗。息有二義，有止息，有生息，如水之凝而時釋也，如蟲之蟄而時啓也，此造化出入之機。〔註131〕

〈隨·大象〉曰：「君子以嚮晦入燕息」，《十三經》注疏本作「宴息」，原指宴息休息，龍溪則引申爲人之息，並說息爲「範圍三教之宗」，〔註132〕並有止息、生息二義，止息正所以生息，是生機之一體兩面。從天地之息上說，它表現在夕、晦之止息上，由二者之止息，方有朝、朔之生，可見止非死止，而是止中蘊藏生機，正如水之凝方能溶，蟲之蟄方能啓一般。同樣的人之息，顏子「三月不違」之「三月一息」，孔門其他弟子「日月而至」之「日月一息」，是止息，皆是指安止於仁，不動心，止於至善之地而言，這止亦非死止，而

〔註129〕《全集·明世好》，卷五，頁349～350。

〔註130〕《韓詩外傳》（增訂漢魏叢書（一），臺北：大化書局，1983年12月），卷三，頁404。

〔註131〕同注119，〈隨·大象〉曰：「澤中有雷，隨，君子以嚮晦入燕息。」句下注，頁1700～1701。

〔註132〕龍溪曰：「一念微明，常惺常寂，範圍三教之宗，吾儒謂之『燕息』。」《全集·調息法》，卷十五，頁1061～1062。

是因止於仁中方有生意出現，它和天地之息，皆是即止息即生息的，止息爲寂，生息爲感，人之息即爲良知之寂感，故能「範圍三教」。擴充言之，群聖、天地、萬物、古今亦是如此。

至於人之息和天地之息的關係，龍溪不云同是一體，而說「原是一體」，所謂：「仁是生理，息即其生化之元，理與氣未嘗離也。人之息，與天地之息，原是一體，相資而生。」〔註133〕天地之息本是自然無欲，人之息則不能保任清明，時爲欲望所擾。然而若人信得及此息，則「可使終夜不打一鼾，不作一夢，一念炯然，自由自在，先天補益之功，自有出於昏睡之外者矣。……可使終日酬應萬變，而此念寂然，不爲緣轉，是謂通乎晝夜之道而知，聖功生焉，神明出焉。」〔註134〕簡言之，雖「終日酬應萬變」，仍能保持其「一念炯然」也。

除了止息、生息，龍溪尙分辨了休息、氣息，其曰：

> 息者，隨時休息之謂。終日間，眼視色，耳聽聲，鼻聞臭，口吐聲音，手足動觸，魂魄精神，隨意流轉，隨在洩漏，是謂生機。循晦至夜，機事已往，萬緣漸消，目無所見，耳無所聞，鼻無所嗅，口止不言，四肢靜貼，魂魄藏伏，精神翕凝，一意守中，如潛如蟄，如枝葉剝落而歸其根，是謂殺機。生機爲順，殺機爲逆，逆順相因，如循環然。〔註135〕

> 息有四種相，一風、二喘、三氣、四息，前三爲不調相，後一爲調相。坐時鼻息出入覺有聲，是風相也。息雖無聲，而出入結滯不通，是喘相也。息雖無聲，亦無結滯，而出入不細，是氣相也。坐時無聲，不結不麤，出入綿綿，若存若亡，神資沖融，情抱悅豫，是息相也。守風則散，守喘則戾，守氣則勞，守息則密。前爲假息，後爲眞息。欲習靜坐，以調息爲入門，使心有所寄，神氣相守，亦權法也。調息與數息不同，數爲有意，調爲無意，委心虛無，不沉不亂。息調則心定，心定則息愈調。眞息往來，而呼吸之機，自能奪天地之造化。〔註136〕

〔註133〕《全集・致知議辨》，卷六，頁434。
〔註134〕《全集・與李原野》，卷九，頁586。
〔註135〕同上，頁585～586。
〔註136〕《全集・調息法》，卷十五，頁1061。

首則是說休息，人終日間感官軀體不斷勞動，這是生，生後要殺，方能循環不息，故人須返回其本，守母以存其子，使精神專一翕凝、安寧不動、不渙散，再由之去應對萬物。此亦有由止息方生息之意。而「息有四種相」，則強調了生理上的氣息義。息有風、喘、氣、息四相，前三者為假息，作用不大，人要掌握住的是後者真息，此方為「守息則密」。人之修習靜坐，所謂之息即是此息。通過不摻雜人為私意之調息，「委心虛無」，則心「不沉不亂」，達到了「息調則心定，心定則息愈調」之效果。雖然調息是很好的養生之道，但它比不上人一念自反，當下去致良知來得直截簡易，故它只是「權法」。

（五）以〈大畜〉卦論「尊德性而道問學」

> 山之體小而能韞天道，人之心小而能聚天德，此孔門博文約禮之學。《中庸》曰：「君子尊德性而道問學」，天之所以與我者，德性而已，舍德性更無所為學，學問正所以尊之也。多識前言往行，所謂學問之事，博文也；畜德所謂尊德性，約禮也。孟子曰：「學問之道無他，求其放心而已矣」，學問惟在於求放心，多識惟在於畜德，一也。後儒分尊德性為存心，道問學為致知，存心之外，別有致知之功，尚未措之於行，則離矣。知者心之靈，致知，正所以存心，非有二也。
>
> 〔註137〕

此處龍溪論及尊德性和道問學，而以德性為學問之本。蓋君子效法〈大畜・大象〉多聞多識前古聖賢之言行，這是道問學、博文；多聞多識之用意還在畜成其德，這是尊德性，約禮。孔子說：「博學於文」即說「約之以禮」，意味著道問學之目的正是要回歸到尊德性上，而又引孟子以為學問只在求放心，顯然的皆是以德性為尊，外心外德性而有學，即是支離。〔註138〕再者，龍溪於此批評朱子分尊德性為存心、道問學為致知為二之病，蓋朱子所致之知為外在的學問之知，非德性之知，故須要另外一套功夫來存心，雖然朱子欲由格物致知以求心中之理無不明，但由於從致知到存心沒有一必然性，故「尚未措之於行，則離矣。」實際上，致知正所以存心，陽明曰：「《易》曰：『君子多識前言往行，以畜其德。』夫以畜其德為心，則凡多識前言往行者，

〔註137〕《龍溪王先生全集・大象義述》，卷二十一，〈大畜・大象〉：「天在山中，大畜，君子以多識前言往行，以畜其德。」句下注，頁1710～1711。

〔註138〕龍溪曰：「學問之道，只為求放心。道問學，只為尊德性，外心外德性，另有學問，即是支離。」《全集・留都會紀》，卷四，頁327～328。

孰非畜德之事？此正知行合一之功矣。『好古敏求』者，好古人之學而敏求此心之理耳。心即理也。學者，學此心也；求者，求此心也。孟子云：『學問之道無他，求其放心而已矣。』非若後世廣記博誦古人之言詞以爲好古，而汲汲然惟以求功名利達之具於其外者也。」〔註139〕此表示致知存心並不是兩套功夫，而是「知行合一」的另一種體現。

（六）以〈咸〉卦論「致虛」和「何思何慮」

> 山澤通氣，以山之虛，配以澤之潤，惟虛故通，實則不通矣，故曰竅於山川。君子觀山澤通氣之象，虛其中以受人。虛者，道之源也。目惟虛，故能受天下之色；耳惟虛，故能受天下之聲；心惟虛，故能受天下之善。舜居深山，心本虛也，一有感觸，沛然若決而莫禦，以虛而受也。目存青黃，則明眩而不能辨色；耳存清濁，則聰聵而不能別聲；心存典要，則心窒而不能通變。君子之學，致虛所以立本也。〔註140〕

> 夫目之能備五色，耳之能備五聲，良知之能備萬物之變，以其虛也。致虛則自無物欲之間，吾之良知，自與萬物相爲流通，而無所凝滯。故曰：「反身而誠，樂莫大焉。」強恕而行者，不能無物欲之間。強以推之，知周乎萬物，以達一體之良，故曰：「求仁莫近焉。」是其學雖有仁恕之分、安勉之異，其求復吾之虛體，以應萬物之變，則一而已，此千聖學脈也。〔註141〕

〈咸〉卦之象爲山上有澤，以山之虛，受澤之潤，故二者之氣相互感通。人觀此象，應「虛其中以受人」，因爲「心惟虛，故能受天下之善」、「人心要虛，惟虛集道。」〔註142〕若心實則不能通、無所受，此爲「心存典要，則心窒而不能通變」。此處的典要，龍溪曰：「後之儒者，不明一體之義，不能自信其心，反疑良知涉虛，不足以備萬物，先取古人孝弟愛敬，五常百行之跡，指爲典要，揣摩依彷，執之以爲應物之則，而不復知有變動周流之義。是疑目之不能辨五色，而先塗之以丹雘；耳之不能辨五聲，而先聒之以宮羽，豈惟

〔註139〕《傳習錄詳註集評》，卷中，第140條，頁187。
〔註140〕同註137，〈咸・大象〉：「山上有澤，咸，君子以虛受人。」句下注，頁1714～1715。
〔註141〕《全集・宛陵會語》，卷二，頁196～197。
〔註142〕《全集・水西精舍會語》，卷三，頁240。

失卻視聽之用，而且汨其聰明之體，其不至于聾且瞽者幾希。」〔註143〕可見那是指不尊循古人五常百行之本，只徒守其跡而不知變通。而說到人由致虛去立本，這是因爲「人心本虛，本有未發之中。」〔註144〕若就良知特質說：良知一方面是有，有言其富有萬理；一方面又是無、虛（故良知又稱「虛體」），虛方能神妙，〔註145〕方能備萬物之變，故人要致虛。至於致虛之法乃在寡欲，龍溪曰：

> 夫人心本虛，有不虛者，累之也。心之有欲，目之有塵，耳之有楔也，君子寡欲，以致虛也，如去塵拔楔而復其聰明之用也。寡欲之功存乎復，觀復則天地之心可見，而萬物之芸芸者，歸其根矣。君子之學，在於理會性情致虛，所以立本也。〔註146〕

> 學苟能不泥于舊聞，務實致其良知，去物欲之間，以求復其虛體。其于萬物之感，當體具足，虛中而善應，不屑屑于典要，而自不過其則，如目遇色而明無不見也，如耳遇聲而聰無不聞也，是故致良知之外無學矣。〔註147〕

人心之不能虛乃因有各種欲望之干擾，故著實去致良知，去除物欲，以求復其良知虛體本然之妙用，這即是通過寡欲之功夫來致虛，而致虛即是致良知。而龍溪提到舜「精一而後能致虛，致虛而後能忘累」，〔註148〕這是從本體上說功夫，即以復本體之不雜不染爲功夫，人一旦精一無雜時，同時即是致虛。

除了用虛來解說良知，龍溪有時尙以空或無來說良知，不憚忌諱，甚是活潑，此亦如以「無」說心、意、知、物也，如：

> 口唯空，故能辨甘苦；目惟空，故能辨黑白；耳惟空，故能辨清濁；心惟空，故能辨是非。〔註149〕

> 目惟空，始能鑒色；耳惟空，始能別聲；心惟空，始能類情。〔註150〕

> 夫良知之于萬物，猶目之于色，耳之于聲也。目惟無色，始能辨五

〔註143〕同注141，頁197。

〔註144〕《全集·與潘水濂》，卷九，頁620。

〔註145〕龍溪曰：「虛即是道，體虛故神，有物便實而不化。」同注109。

〔註146〕《全集·虛谷說》，卷十七，頁1230～1231。

〔註147〕同注141，頁197～198。

〔註148〕《全集·三錫篇贈官保》，卷十三，頁931。

〔註149〕《全集·致知議略》，卷六，頁409。

〔註150〕《全集·答吳悟齋》，卷十，頁679。

色；耳惟無聲，始能辨五聲；良知惟無物，始能盡萬物之變。無中
生有，不以跡求。是乃天職之自然，造化之靈體。〔註151〕

夫萬物生於無而顯於有：目無色，然後能辨五色；耳無聲，然後能
辨五聲；口無味，然後能辨五味；鼻無臭，然後能辨五臭；良知無
知，然後能知是非。無者，聖學之宗也。〔註152〕

心惟空，方能發生其作用，方能辨是非、方能類情，同樣的，良知惟無，方
能盡萬物之變、方能知是非，這虛、無與上文所引〈宛陵會語〉中之「良知
之能備萬物之變，以其虛也」的意思是完全相同的，皆是要強調良知粹然至
善，一體流行「無中生有」的作用。

　　龍溪在談及〈咸〉卦時，提到〈咸〉卦之感通是無心之感，此無心之感
即是何思何慮，所謂：「感者，無心之感，虛中無我之謂貞，貞則吉而悔亡。
無心之感，所謂何思何慮也。」〔註153〕何思何慮是〈繫辭下〉對〈咸·九四〉：
「貞吉，悔亡，憧憧往來，朋從爾思。」的解釋。依王弼之注，〈咸·九四〉
是指物之始感須以貞正之道方吉而無（案：通亡）悔，人處於感應之初，不
能至於无思，故心意不定而往來相感不絕，之後友朋相感而從其思，〔註154〕
〈繫辭下〉引孔子之說曰：「天下何思何慮？天下同歸而殊塗，一致而百慮，
天下何思何慮？日往則月來，月往則日來，日月相推而明生焉；寒往則暑來，
暑往則寒來，寒暑相推而歲成焉。」此從〈咸·九四〉狹義的個人「往來」
相感，擴大為天下萬物感應之理，此即雖然天下事物有萬千之形，其取塗亦
異；其思慮亦有數百，然天下感應之理，本同歸一致，皆出於自然，如日月

〔註151〕《全集·答季彭山龍鏡書》，卷九，頁608。
〔註152〕《全集·艮止精一之旨》，卷八，頁539～540。
〔註153〕《龍溪王先生全集·大象義述》，卷二十一，〈咸·大象〉：「山上有澤，咸，
　　　　君子以虛受人。」句下注，頁1715。
〔註154〕王弼曰：「處上卦之初，應下卦之始，居體之中，在股之上，二體始相交感，
　　　　以通其志，心神始感者也。凡物始感而不以之於正，則至於害，故必貞然後乃
　　　　吉，吉然後乃得，亡其悔也。始在於感，未盡感極，不能至於无思，以得其黨，
　　　　故有憧憧往來，然後朋從其思也。」參見《十三經注疏·周易正義·咸·九四》
　　　　「貞吉，悔亡，憧憧往來，朋從爾思。」句下注，卷四，頁83。龍溪則是以
　　　　良知自然直心而發解「貞吉悔亡」，以對良知有所干擾、纏涉安排，令眾欲相
　　　　引而來解「憧憧往來，朋從爾思」，他說：「《易》曰：『貞吉悔亡，悔生於動。』
　　　　自信良知，直心而發，天則在我，是謂貞吉而悔亡，譬之日月之明，自然往來，
　　　　未嘗有所動也。纏涉安排，即為憧憧，萬起萬滅，眾欲相引而來，是為朋從爾
　　　　思，非自然往來也。」《全集·答李漸庵》，卷十一，頁733。

寒暑之往來般。人之應事接物，亦順此自然之理而已。〔註155〕龍溪言何思何
慮，則強調了心在思慮時是出於自然的狀態。他說：

> 夫何思何慮，非不思不慮也，所思所慮，一出於自然，而未嘗有別
> 思別慮。我何容心焉？譬之日月之明，自然往來，而萬物畢照，日
> 月何容心焉？〔註156〕

> 何思何慮之旨，備於〈繫辭〉。何思何慮，非無思無慮也，直心以動，
> 出於自然，終日思慮，而未嘗有所思慮。〔註157〕

> 吾人思慮，自朝至暮，未嘗有一息之停，譬如日月自然往來，亦未
> 嘗有一息之停而實未嘗動也。若思慮出於自然，如日月之往來，則
> 雖終日思慮，常感常寂，不失貞明之體，起而未嘗起也。〔註158〕

原本孟子有「心之官則思」，以思為心之職，本心具有自覺反省之能力，故思
為聖功之本，《尚書・洪範》亦曰：「思曰睿，睿作聖」，然而〈繫辭上〉說：
「易，无思也。」〈繫辭下〉又說：「何思何慮」，則思與「何思何慮」究竟要
如何看待？這是汪南明之問，龍溪則以為此二者並無矛盾之處，因為良知是
以思為其職，良知終日思慮，此思慮是不能以有或無來定位的，此即「思不
可以有無言：著於無思，即為沉空；著於有思，即為逐物。無思而無不通，
千聖之絕學也。」〔註159〕至於其「何思何慮」，不是去除掉思慮，而是所思所
慮要如日月之往來，自然而致。如此的思慮作用，是順良知感應自然而起，
是寂而感；感後又自然回歸到寂，是感而寂，所謂：「無思者，非不思也，無
思而無不通，寂而感也。不思則不能通微，不通微則不能無不通，感而寂也。
此即康節所謂未起之思慮，起即憧憧也。自師門提出良知宗旨而益明，良知
之思，自然明白簡易，睿之謂也。良知之思，自然明通公溥，無邪之謂也。」

〔註155〕明代蔡清曰：「天下感應之理，本同歸也，但萬物則千形萬狀，而其塗各殊異；
　　　　天下感應之理，本一致也，但所接之事物不一，而所發之慮亦因之有百耳。
　　　　夫慮雖百而其致則一，塗雖殊而歸則同，是其此感彼應之理，一皆出於自然
　　　　而然，而不必少容心於其間者。吾之應事接物，一惟順其自然之理而已，天
　　　　下何思何慮？」《易經蒙引》（《四庫全書・經部一・易類》，第28冊），卷十
　　　　一下，頁698。
〔註156〕《全集・答南明汪子問》，卷三，頁247。
〔註157〕《龍溪王先生全集・大象義述》，卷二十一，〈咸・大象〉：「山上有澤，咸，
　　　　君子以虛受人。」句下注，頁1716。
〔註158〕《全集・答萬履庵》，卷九，頁613。
〔註159〕同註157，〈艮・大象〉：「兼山艮，君子以思不出其位。」句下注，頁1737。

〔註160〕故是起而無起，終日思慮而未嘗有所思慮的，因此不會造成心之負累。此亦如〈天泉證道記〉所謂「無心之心則藏密，無意之意則應圓，無知之知則體寂，無物之物則用神」之意也。以下論艮止工夫，亦同此意。蓋皆自心體粹然之處立德行之根基也。

（七）以〈鼎〉卦論「畜聚、凝翕」

> 凝之一字，聖學之基，無極二五，妙合而凝，故曰：「苟不至德，至道不凝焉。」凝者，畜聚之義。陰陽之精，凝而為日月，故能得天而久照，造化之功用也。……凝目睛始能善萬物之色，凝耳韻始能善萬物之聲，天聰明也。良知者，離明之體，天聰明之盡，致良知則天命在我，宛然無思無為，不出其位，而萬善皆歸焉，所謂凝命也，故君子不重則不威，厚重威嚴，正位居體。凝者，學之固也，以忠信為主本，忠信者，凝之質也。〔註161〕

> 凝是凝翕之意，乃學問大基本，君子不重則學不固。固，即凝翕之謂也。……吾人精神易於發泄，氣象易於浮動，只是不密，密即所謂凝也，故曰：夙夜基命宥密，孔之默，顏之愚，周之拙，明道之端坐，皆此義也。凝非灰心枯坐之謂，……專以翕，所以為凝也，是謂廣生大生。〔註162〕

〈鼎·大象〉曰：「君子以正位凝命。」鼎是天下重器，相傳庖羲氏作一神鼎以一統天地萬物，黃帝作三寶鼎以象三才，禹鑄九鼎以象九州，皆是用以正其所居之位，凝聚天命。龍溪則自鼎卦大象中特別提出「凝」之一字，以凝為「聖學之基」、「學問大基本」，凝是畜聚、凝翕之義。陰陽之精凝方為日月，人也要凝目睛、凝耳韻方能完善視聽萬物之聲色。人為何要凝？蓋因人平日精神向外奔外，易於耗損，故要通過凝逆回來，使心不外放，往內收，往內含藏，含養光輝，凝聚以體道。有凝才有發用，才能廣生大生，越凝也才越光輝，可見凝有其效用，而非灰心枯坐之死凝，這其實也是逆覺體證。至於君子之「正位凝命」，其內容是忠信，守其忠信則是凝之道。能凝則有得，則能厚重使物不輕忽。

〔註160〕《全集·答南明汪子問》，卷三，頁247～248。
〔註161〕《全集·凝道堂記》，卷十七，頁1191～1192。
〔註162〕《全集·天柱山房會語》，卷五，頁373～374。

（八）以〈艮〉卦論「艮止功夫」

雖然說心是以思爲其天職，但有些思慮卻能障蔽良知，正如人乍見孺子入井而起怵惕惻隱之心是良知的感應，而納交要譽、厭惡其聲卻令良知之發，受到影響。〔註163〕這些思慮，其實就是摻雜有人欲，不能令心直接而發之思慮。龍溪曰：

思不根於心，則爲憧憧，物交而引，便是廢天職。〔註164〕

著於思慮則爲憧憧。〔註165〕

心之官則思，出其位便是廢心職。〔註166〕

思慮不根於心，使良知受欲望之干擾，物交物而引之，便是憧憧，便是廢天職，這是不足取之閒思雜慮。爲克去此閒思雜慮，龍溪除了提出「戒慎不睹，恐懼不聞」之「愼獨」功夫外，〔註167〕尙由〈艮〉卦提出求止之功夫（艮止功夫），此即一旦人之心能知其所止，則可自做主宰，不爲外境所遷，所謂：「良知是心之本體，潛天而天，潛地而地，根柢造化，貫串人物，周流變動，出入無時，如何禁絕得他？只是提醒良知眞宰，澄瑩中立，譬之主人在堂，豪奴悍婢，自不敢肆，閒思雜慮，從何處得來？」〔註168〕換句話說，當止於其所之心與外境相接時，它是一種不應而應的作用，它雖應卻仍能保持住其主體清明之狀態，是謂「敵應」。〔註169〕龍溪曰：「〈艮〉之上下，陰應於陰，

〔註163〕龍溪曰：「良知不外思慮，而思慮卻能障蔽良知，故孟子尤指其不慮者而後謂之，見孺子入井而怵惕，良知也，而納交要譽、惡其聲，則慮矣。見呼蹴而不屑不受，良知也，而宮室妻妾，得我而爲之，則慮矣。」《全集·南遊會紀》卷七，頁465。

〔註164〕《全集·艮止精一之旨》，卷八，頁539。

〔註165〕同註157，頁1715。

〔註166〕《全集·水西精舍會語》，卷三，頁235。

〔註167〕《全集·水西精舍會語》，卷三，頁238。

〔註168〕《全集·南遊會紀》，卷七，頁460。

〔註169〕《全集·艮止精一之旨》，卷八，頁537～538。龍溪又曰：「陰陽和則交，謂之和應；不和則不交，謂之絕應。艮之上下，陰應於陰，陽應於陽，若相敵然，應而不和，是爲敵應。和應俗學也。絕應禪學也。不墮二見，應而不留，忘己忘物，聖人之學也。」同註157，頁1738。此提到三種感應：敵應、和應、絕應。敵應本出自〈艮·象〉：「上下敵應，不相與也」，黃慶萱先生曰：「艮初與四，二與五，都是陰爻，相敵不應；然三與上，皆爲陽爻，相斥不相吸，所以說上下敵應不相與也。案乾、坤、坎、離、震、艮、巽、兌，八純卦皆上下敵應，而獨於艮卦採用此義，孔穎達於此有說。周易正義云：『八純之卦，皆六爻不應，何獨於此言之？謂此卦既止而不交，爻又峙而不應，

陽應於陽，應而不和，若相敵然，故曰：上下敵應，不相與也，惟得其所止，
是以不獲其身，不見其人，忘己忘物，而無咎也。天地之道，一感一應而已。……
應而不與，不墮二見，謂之敵應。」即是此意。其又曰：

> 大《易》「艮背行庭」之旨，正是學者求止功夫，其喫緊正是「艮其
> 背」上用功。眾人為外境所遷引，只是不知止。艮止功夫，不分寂
> 感，時時是寂，時時是感，時時在感應上做主宰，不為外境所遷，
> 是謂敵應，不相與也，是以不獲其身，不見其人，忘己忘物，而得
> 無咎也。〔註170〕

> 「艮其背」三字，是孔子提出千聖立命真根子。艮，止也。「艮其背」，
> 止其所也。……目之視色，如以背視，則目不為色所引，而視止於
> 明矣。耳之聽聲，如以背聽，則耳不為聲所引，而聽止於聰矣。所
> 謂先立其大者，立命之符也。〔註171〕

> 心之官則思，以思為職位，所居之位，不出其位，猶云止其所也。
> 不出位之思，謂之正思，如水鑒之應物而常止也，如日月之貞明變
> 化云為，萬物畢照而未嘗動也。〔註172〕

所謂「艮止功夫」，是在「艮其背」上用功，這是「大《易》艮背行庭之旨」，
此是就〈艮〉卦卦辭：「艮其背，不獲其身；行其庭，不見其人，无咎。」言。
關於「艮其背」，孔穎達以為應於適當的處所去抑止人的邪欲，〔註173〕程伊川
則以為要在邪欲未影響人之前，抑止於不見之背，令其無亂人心。〔註174〕龍溪

　　與止義相協，故兼取以明之。』」（《周易讀本》，頁 326。）此處龍溪是藉指
　　心應而不留，雖應萬物而不為境所遷，如鏡照物而不動，這是聖人之學。和
　　應是指被外物牽引，應而同流合污，這是思而不止，是俗學。絕應是指完全
　　不與萬物相感應，棄絕萬物，這是止而不思，是禪學。

〔註170〕《全集・答章介庵》，卷九，頁 599。

〔註171〕《全集・艮止精一之旨》，卷八，頁 537。

〔註172〕《龍溪王先生全集・大象義述》，卷二十一，〈艮・大象〉：「兼山艮，君子以
　　思不出其位。」句下注，頁 1736。

〔註173〕孔穎達曰：「艮，止也，靜止之義，此是象山之卦：其以艮為名，施之於人，
　　則是止物之情，防其動欲，故謂之『止』。『艮其背』者，此明施止之所也。
　　施止得所，則其道易成，施止不得其所，則其功難成。」《十三經注疏・周易
　　正義・艮》「艮其背……无咎」句下疏，卷五，頁 115。

〔註174〕程伊川曰：「人之所以不能安其止者，動於欲也，欲牽於前，而求其止，不可
　　得也。故艮之道，當艮其背，所見者前，而背乃背之，是所不見也。止於
　　所不見，則无欲以亂其心，而止乃安。」見《易程傳》（臺北：文津出版社，

之解出於二者之外，強調了「艮其背」之「止於其所」之義。直接解「背」為「止」，此「止」乃《大學》「於止，知其所止」之止，是「止於至善」之止，是「不動於欲」之意。因此，耳目就不為欲所牽引，而能止於明、止於聰，止於其當所、止於至善，而不會有渙散、失聰之弊。心止於其所，即是不出位之思、正思、無思之思，〔註175〕它鑒照萬物而不妄動。這不出位之思，語出〈艮·大象〉：「君子以思不出其位」，而龍溪乃以建體立極的「四無」論融貫之。

此外，龍溪不讚成程子以「萬事各有其所，得其所則止而安」解釋〈艮·大象〉：「君子以思不出其位」，〔註176〕以為這是著於應用之跡上，他說：

> 先儒謂，萬事各有其所，得其所則止而安，不出位，如素富貴行乎
> 富貴，素貧賤行乎貧賤之類。專以應跡而言，未明思之本旨，然不
> 出位之思，即不願乎外之意，心與跡非判為兩事也。〔註177〕

先儒指伊川，伊川之解釋偏在思之有上論，這思之有是逐物，這是說因人身處的外在情境一直變化，或富貴或貧賤，雖然說素富貴行乎富貴，素貧賤行乎貧賤，是思得其所則止而安，但此安非本來之安，非真安，因人之心落在對治中以求安，心與跡永遠處於對待中，既無心之「本安」作為安之體，則工夫無根源，且將日陷於擾攘中，其終無真安之時矣。實際上，不出位之思，只是一心之如如申展，讓它不偏不倚即可，無須再從外面去求取一方所讓它安止於其中。而且，心感應萬物所呈現之應用之跡，此用承良知本體而來，其應而不應，只是一個良知，故不會為外物所遷引，若依程子之解，則思將固著於環境上，不能靈活應變，而成為死思矣。

第五節　〈大象義述〉中所呈現之治國、修身思想

龍溪較完整的《易》學著作只有〈大象義述〉一篇。大象，是組成《周易》「〈象傳〉」的一部分。所謂〈象傳〉的「象」，它有爻辭和現象、形象、象徵之義。前者如〈繫辭下〉說的：「爻也者，效此者也；象也者，像此者也。」

　　　1987年6月初版），卷六，頁467。

〔註175〕龍溪曰：「不出位之思，謂之無思之思，如北辰之居其所攝持萬化，而未嘗動也。」《全集·艮止精一之旨》，卷八，頁538～539。

〔註176〕程伊川曰：「君子觀〈艮〉止之象，而思安所止，『不出其位』也。『位』者，所處之分也，萬事各有其所，得其所則止而安。」《易程傳》，卷六，頁469。

〔註177〕《龍溪王先生全集·大象義述》，卷二十一，〈艮·大象〉：「兼山艮，君子以思不出其位。」句下注，頁1737。

爻即象，象即是爻。後者如〈繫辭下〉說的：「是故《易》者，象也；象也者，像也。」孔穎達曰：「象也者，像此者也。」李鼎祚說：「案象者，像也，取其法象卦爻之德。」〔註178〕不只取其象徵宇宙萬物之形象，並取其法象一卦一爻之德。〈象傳〉又分大小，孔穎達曰：「總象一卦，故謂之大象。」〔註179〕《正義》曰：「釋六爻之象辭，謂之小象。」黃師慶萱定義〈大象傳〉、〈小象傳〉說：「〈大象傳〉解釋六十四卦的卦象、卦名和卦義；〈小象傳〉解釋三百八十四條〈爻辭〉和二條〈用辭〉的現象和道理。」〔註180〕詳言之，「大象」乃是從上下兩卦之結構以總持卦義，以釋卦名，並指示吾人所以取象傚法之道。而小象則是依爻辭隨之作解，或象數或義理，其例不一。從《周易》的體例上說，經傳原是單行的，自西漢費直以「十翼」解《易》，援傳連經，方開更改《周易》體例之始。後來東漢的鄭玄承之，又將〈彖傳〉、〈象傳〉分附於經中，再標上「〈彖〉曰」、「〈象〉曰」以分別經文。〔註181〕到了王弼作注，他將各卦〈大象〉、各爻〈小象〉分附在各卦爻經文之後，再加上「〈象〉曰」以別之，更改幅度是更大。〔註182〕王注的版本中，除了〈乾〉卦是依鄭玄之舊本之形式外，即把〈大象〉、〈小象〉縮合在一起列於卦爻辭、〈彖傳〉之後，使人能明古例之外；〈坤〉以下的六十三卦，〈大象〉列於卦辭、〈彖傳〉之後，〈小象〉列於六爻爻辭之後，皆為他所自分。

　　龍溪在〈大象義述〉集中討論了治國和修身的道理，所見多有創發，以下就分為國家治理和個人修德二部分來討論。

一、治　國

（一）寬以待民

　　儒家的傳統政治思想可稱為民本思想，《左傳·桓公六年》記季梁對隨侯

〔註178〕《周易集解》，卷一，頁5。
〔註179〕《十三經注疏·周易正義·乾·象》「天行健，君子以自強不息」句下注，卷一，頁11。
〔註180〕《周易縱橫談·周易叢談》，頁10。
〔註181〕呂祖謙曰：「（鄭康成）合《彖傳》、《象傳》於經，於《彖傳》加《彖》曰字，於《象》傳加《象》曰字以別之，諸卦皆然。」《古周易》（《四庫全書·經部一·易類》，第15冊），上經，頁784。
〔註182〕孔穎達曰：「輔嗣之意，以為〈象〉者本釋經文，宜相附近，其義易了，故分爻之辭象，各附其當爻下言之。」《十三經注疏·周易正義·坤·初六·象》「履霜堅冰至。至，堅冰也」句下注，卷一，頁19。

說：「夫民，神之主也。是以聖王先成民，而後致力於神。」《穀梁傳・桓公十四年》曰：「民者，君之本也。」《左傳・文公十三年》記邾子曰：「苟利於民，孤之利也。天生民而樹之君，以利之也。民既利矣，孤必與焉。」此三處揭示了民爲神主、民爲君本，民利君利的意義。到了《孟子・盡心下》提到：「民爲貴，社稷次之，君爲輕。」更突顯出民惟邦本的民本思想。《周易》在談到政治時，亦是著重在以民爲本、待民寬容的原則上去發揮，此觀點亦同樣反映在龍溪對政治的論述中，龍溪說：

> 山高而反附於地，圮，剝之象也。觀剝之象，以厚其下而安其居也。民猶地也，君猶山也。地惟厚，故載華嶽而不重；民惟厚，故奠邦國而無危。民以君爲心，君以民爲體，心以體全，亦以體傷，君以民存，亦以民亡。〔註183〕

《書》曰：「民惟邦本，本固邦寧」，君王觀〈剝〉卦圮剝必自下始之象，故應厚其下而安其宅；方諸爲政，應寬厚待民，才能鞏固政治，令邦國無危。

至於要如何寬厚待民，龍溪說：

> 君子治蠱有道，民心之蠱，以玩惕頹廢，未知所振作耳。振者，鼓舞興起之意，故曰：「作新民」。育德者，從民心之善根，提撕而煦養之，以啓其自新之機，所以振之者，不徒條教之設，號令之申，蓋治其本也。〔註184〕

> 以上制水，宜若易然，然迫之以險隘，則奔潰四出，壞而後已。若居之以寬，則畜而爲澤，君子之於民亦然。三代之民，不忘先王之澤，三代以下，一決則橫流矣。教之無窮者，澤潤物之象；容之無疆者，地容物之象。〔註185〕

> 君子法其順下之性，信而有常，則常久其德行；法其重〈坎〉之形，洊而相受，則習熟其教事。蓋治己治人，皆必重習，然後熟而安之。〔註186〕

〔註183〕《龍溪王先生全集・大象義述》，卷二十一，〈剝・大象〉：「山附於地，剝，上以厚下安宅。」句下注，頁1724～1725。
〔註184〕同上注，〈蠱・大象〉：「山下有風，蠱，君子以振民育德。」句下注，頁1702。
〔註185〕同上，〈臨・大象〉：「澤上有地，臨，君子以教思无窮，容保民无疆。」句下注，頁1703。
〔註186〕同上，〈坎・大象〉：「水洊至，習坎，君子以常德行，習教事。」句下注，頁1713。

君子觀〈漸〉之象，以居賢德而善俗。夫風俗之善，由於教化之明，教化之明，由於人才之德。君子求賢德，使居其位，以隆其教化而厚風俗，化之入人，風之動物，必以其漸習，而後能安，非可以凌節而遽至也。〔註187〕

政事之行，必反覆丁寧，以申告之，然後見諸行事，則四方風動，順而易入。申命者，致其令於行事之先。行事者，守其令於申命之後。〔註188〕

后思以風天下，於是施其命令，周誥四方。蓋上下之分，相懸政以治之，必先令以喻之，然後君民之心始通，而政始可成。〔註189〕

君子觀明入地之象，於莅眾也，不極其明察，而用晦以為明。蓋用明之過，則傷於太察而無含容之度，人情反睽疑而不安。惟用晦而明，始得莅眾之道，此垂旒黈纊之義。〔註190〕

君子觀井之德，法井之用，以勞來其民，所謂先之勞之也；勸勉輔相以相生之道，使之自相養也。此即同井相助相友之義。〔註191〕

〈蠱〉卦表民心玩愒頹廢，不知振作，故須加之以「育德」之功，從「民心之善根，提撕而煦養之，以啟其自新之機」，這是通過「育德」來收「振民」之效。振是驅其外邪，育是養其元氣。〈臨〉卦表地高水低，象君臨民之象。君之治民，不宜太逼迫，否則水奔潰四走，徒造成傷害，反應寬容待之，以無窮之教化思慮來教導人民，以無窮之德來容民保民，是為「以教思无窮，容保民无疆」。具體而言，君王應效〈漸〉「山上有木」，木之漸高因山之象，任用賢德之人來隆教化、厚風俗，漸漸的去移風化俗。而移風化俗前要先厚於風俗，厚於風俗前要先「敦厚以崇禮」，此即先求實行忠信之教，人一旦能忠能信，則是復於天常，人篤於此則禮崇。〔註192〕〈坎〉卦是重〈坎〉，故對

〔註187〕同上，〈漸・大象〉：「山上有木，漸，君子以居賢德善俗。」句下注，頁1739。

〔註188〕同上，〈巽・大象〉：「隨風巽，君子以申命行事。」句下注，頁1742。

〔註189〕同上，〈姤・大象〉：「天下有風，姤，后以施命誥四方。」句下注，頁1726～1727。

〔註190〕同上，〈明夷・大象〉：「明入地中，明夷，君子以莅眾，用晦而明。」句下注，頁1720～1721。

〔註191〕同上，〈井・大象〉：「木上有水，君子以勞民勸相。」句下注，頁1729。

〔註192〕同上注，〈坤・大象〉：「地勢坤，君子以厚德載物。」句下注曰：「天常本厚。

於施政的教事要反覆學習，使民習熟。〈巽‧大象〉說：「君子以申命行事」，說明要先申命後行事，政事之施行，懼民不悉，故必先反覆丁寧申告之，後方見諸行事，如此則易接受。這和〈姤‧大象〉說：「后以施命誥四方」，先以令來曉喻人民，君民之心始通，而政始可成之意相通。〈明夷〉表明入地中之象，君王治國固須明察，但明察太過，則無寬容之心，反使人睽疑不安，人心浮動，故應效法〈明夷〉，不極其明察，而用晦以為明。〈井〉卦說「勞民勸相」，除了「勞來其民」，尚須「法井（養）之用」，使人民相互勸勉幫助，令其相養。以上從振民、容民保民、化民、教民、治民、勞民，展示了君王的寬宏之道。

（二）嚴君臣上下之分

雖說君王要寬以待民，但也要嚴上下之分，使人各得其位，龍溪說：

> 上天下澤，天地自然之分，君子因其自然，制為典禮，使各安其分，以定民之志。上下之分明，然後民志有定。民志定然後可以言治民。志不定，則上下相逐於崇高侈肆，天下不可得而治也。〔註193〕

> 君子節天下有道，曰：「制數度，議德行」。「制數度」，以政事而言謂尊卑禮命之輕重；「議德行」，以人才而言，謂大小名位之優劣。凡輿服宮室，立為科條以制之，莫不有多寡隆殺之等，使賤者不得以踰貴，卑者不得以踰尊，所以防其僭擬凌逼之漸。凡名器祿秩設為品級以議之，莫不有黜陟遷調之典，使德之大者居上，德之小者處下，所以防其玷混濫冒之敝。〔註194〕

> 先王欲合天下之渙，莫先於享帝立廟。夫萬物本乎天，人本乎祖。知天則人思尊尊，不敢以下而犯上；知祖則人思親親，不忍倍死而

天常者，人生所稟之恒性，汨於機械，則純白受傷，而秉彝始薄，故曰：『敦厚以崇禮。』禮生於厚，篤於厚則禮始崇。忠信之人，可以學禮。忠信者，禮之本也，不務其本，而徒節文之習，縟飾之繁，適足以長其機事，而成其機心，君子弗貴也。〈賁〉之上九曰：『「白賁無咎」，賁，飾也，物至於飾，亨之極也，故受之以剝，蓋反其本也。易之示教深矣，厚於躬則身修，厚於倫理則家和，厚於下則邦寧，厚於風俗則化成。……君子為世道計，思以挽薄習而還淳風，亦孔子從先進之意也。」頁1687～1688。

〔註193〕同上注，〈履‧大象〉：「上天下澤，履，君子以辨上下，定民志。」句下注，頁1695。

〔註194〕同上注，〈節‧大象〉：「澤上有水，節，君子以制數度，議德行。」句下注，頁1744～1745。

> 忘生，聖人神道設教之大端，治渙之道也。……惟禮可以一天下之
> 心，心一而後天下之事，可從而理也。〔註195〕

〈履〉卦卦象是上天下澤，表尊卑之序，此乃「天地自然之分」，君王體之，制爲刑典、禮法，使上下之序分明，則上下可各安於其分際，方能「民志有定」，方可言治。〈節〉卦表示節制之意，君王要以「制數度，議德行」來節制天下。所謂「制數度」，是在政事上制定禮數法度，使人民行爲，賤不踰貴，卑不踰尊，皆合乎法度；「議德行」是指評議人才之德行，使德之大者居上，德之小者處下，皆適得其位。原本〈渙・大象〉是說君王通過祭享天帝、建立宗廟來收歸人心。龍溪則以爲通過享天帝所表示之尊尊之義，立宗廟所表示之親親之義，人民就不會以下犯上，倍死忘生。此二者是禮之作用，它可收「一天下之心」，收天下易治理之效。

（三）贊成封建制、反對郡縣制

以上說到定上下之分，上下之分既定，則權力可下放給人民，由人民來協助治理。龍溪說：

> 天下可以一人統，不可以一人治，故建萬國，親諸侯，以比民也，此
> 封建法也。封建之法，始於羲皇，成於堯舜，而三代因之，帝王所以
> 順天理、承天心，治天下之大法，故〈屯〉與〈豫〉皆以利建侯爲言，
> 非不得已而強之也。柳子厚乃曰：「封建，非聖人意也，勢也。謂私
> 其力於己也，私其衛於子孫也。而謂罷侯置守，公天下之端自秦始。」
> 此後世利害之私見，豈帝王公天下、至仁之心也哉？〔註196〕

此處龍溪推崇「始於羲皇，成於堯舜，而三代因之」的封建法，反對柳宗元以「封建，非聖人意也，勢也。私其力於己也，私其衛於子孫也。」否定封建制，「而謂罷侯置守，公天下之端自秦始。」贊成郡縣制之見，直斥此爲「利害之私見」。

柳宗元對卦建與郡縣的觀點見於他的〈封建論〉，〔註197〕在文中他明確反對封建制，主張實行郡縣制。其如此主張乃因唐代自安史之亂後，中央權

〔註195〕同上注，〈渙・大象〉：「風行水上，渙，先王以亨帝立廟。」句下注，頁1743
　　　　～1744。
〔註196〕同上注，〈比・大象〉：「地上有水，比，先王以建萬國，親諸侯。」句下注，
　　　　頁1694～1695。
〔註197〕以下所述皆本於此論，此文收錄在柳宗元：《柳河東全集上》（臺北：世界書
　　　　局，1961年1月初版），卷三，頁58～63。

力日漸削弱,藩鎮日漸強大,國家動盪不安。有鑑於此,柳宗元就推原封建制度乃客觀形勢造成,而非聖人本意,希望唐皇實行郡縣制來加強中央集權,以解決國家之困境。〔註198〕其曰:「彼封建者,更古聖王堯、舜、禹、湯、文、武而莫能去之。蓋非不欲去之也,勢不可也。……故封建,非聖人意也,勢也。」從歷史來看,周代之亡,魏、晉之快速輪替,皆肇因於推行封建制,因封建制會危害朝廷、傷害百姓。相反的,實行郡縣制則只要善於控制軍隊、慎選郡縣官員,國家就可久治長安,例如秦(秦之失,宗元以為是:「咎在人怨,非郡邑之制失也。」)、漢、唐。至於商湯、武王襲用封建制是利用諸侯力量來替自己效力,保衛自己的後代,所謂:「私其力於己也,私其衛於子孫也。」這是出於一己之私心。而秦代更改封建制為郡縣制,罷免諸侯,設立縣令郡守,此措施對於鞏固自己之權威是算私,但對於國家是大公,故曰:「公天下之端自秦始。」

龍溪則贊成卦建制,認為此法是「順天理、承天心,治天下之大法」,它通過建萬國,親諸侯來比民,除減輕天子之負擔外,並使天子之恩澤藉由諸侯傳給百姓。

(四)定經界、制田賦

龍溪在經濟上提倡「取有餘,以益不足」的原則,其釋〈謙‧大象〉:「地中有山,謙,君子以裒多益寡,稱物平施。」曰:

> 以卑蘊高,〈謙〉之象也。山高則損之,地卑則益之,損高益卑,以趨於平,謙之意也。裒,取也。物之不齊,物之情也。平者,施之則也。君子取有餘以益不足。以善同人,則賢不肖平矣;以財分人,則貧富平矣;以位下人,則貴賤平矣。〔註199〕

「裒多益寡」即「損高益卑」,「稱物平施」即衡量事物之情形,而給予公平的分配。此皆是「取有餘,以益不足」的精神。這精神運用在教育上,是「以

〔註198〕〈封建論〉題註曰「按唐之藩鎮,初非有取於封建之制。特自天寶之後,安史亂定,君臣幸安,瓜分河北地以授叛將,護養孽萌以成禍根。亂人乘之,遂擅署史,以署稅自私,不朝獻于庭,其與《春秋》所謂諸侯強而王室弱之患等。至元和間,為朝廷擾無虛日,公目擊其禍之至此也,推原封建出於勢之不得已,而猶惜乎唐之不能悉置守宰,而使強藩悍將為中國擾也。」同上書,卷三,頁57。

〔註199〕同注183,〈謙‧大象〉:「地中有山,謙,君子以裒多益寡,稱物平施。」句下注,頁1698~1699。

善同人，則賢不肖平矣」；運用在經濟上，是「以財分人，則貧富平矣」；運用在社會上，是「以位下人，則貴賤平矣。」

龍溪經濟思想的施行措施則有「定經界、制田賦」。他說：

> 辨上下，定經界，使各安分而無爭，知恥而能讓。〔註200〕

> 治邑猶治家，邑之有宰，猶家之有主也。治家以力田爲本，治邑以民事爲本，事莫先於經界，覈田平賦幾何，量其經費之用幾何。〔註201〕

> 古之善制田賦者，必因土之瘠沃，田之高下，以定其田賦之重輕。田制不明，則賦法不公，二者無紀，而能使國用之裕，民生之厚，不至於交受其病者，世無是理也。〔註202〕

所謂「定經界」是劃定好田地的分界，它始倡於孟子，《孟子‧滕文公上》曰：「夫仁政，必自經界始。經界不正，井地不鈞，穀祿不平，是故暴君汙吏，必慢其經界。經界既正，分田制祿，可坐而定也。」可見「定經界」之重要。「定經界」是治邑首事，它是「覈田平賦幾何，量其經費之用幾何」。經界一定，方能「制田賦」。所謂「制田賦」，即是因田地之瘠沃、高下來決定田賦之多寡。

（五）先教後刑，刑以寬大明察為懷

龍溪的爲政之道，是先教化，後刑罰。刑罰其實也是一種教化，以免人積惡不返。在使用刑罰前，要先闡明罰則、整勒法律。龍溪解〈噬嗑‧大象〉「雷電，〈噬嗑〉。先王以明罰勅法」〔註203〕曰：

> 專威不明，則虐而不察；專明不威，則察而不斷。至明如電以明罰則不冤，而天下無隱情；至威如雷以勒法則不玩，而天下有畏志。
> 〔註204〕

這是說施政要威明並用。罰明，天下則無冤隱之情；法令整勒，則人人敬畏而不玩法。

〔註200〕同上注，〈訟‧大象〉：「天與水違行，訟，君子以作事謀始。」句下注，頁1692。

〔註201〕《全集‧山陰縣覈田平賦歲計序》，卷十三，頁901。

〔註202〕《全集‧山陰縣覈田平賦歲計序》，卷十三，頁902。

〔註203〕「雷電」，應作「電雷」，程子曰：「象，無倒置者，疑此文互也。」《易程傳》，卷三，頁189。

〔註204〕《龍溪王先生全集‧大象義述》，卷二十一，〈噬嗑‧大象〉「雷電，〈噬嗑〉。先王以明罰敕法」句下注，頁1704～1705。

　　至於刑罰之用，乃以寬大爲原則。龍溪闡釋〈解・大象〉「雷雨作，〈解〉。君子以赦過宥罪」曰：

> 無心之謂過，有心之謂惡。過失則赦之可也，罪惡而赦之，非義也，特宥之而已。雷者，天之威；雨者，天之澤。威中有刑獄，澤中有赦宥，所以廣天地之仁心也。〔註205〕

爲政之道需寬嚴並濟，而以寬爲主，對於無心所犯的小過失，能赦則赦；對於有心犯的罪惡則不赦，只是稍加寬宥。對犯人不一味用嚴刑峻法，而採取寬大處理的態度，這是效法於天地好生之仁。

　　對於案件的審理和刑罰之判，龍溪以〈旅・大象〉「山上有火，〈旅〉。君子以明慎用刑，而不留獄」、〈賁・大象〉「山下有火，〈賁〉。君子以明庶政，無敢折獄」、〈豐・大象〉「雷電皆至，〈豐〉。君子以折獄致刑」爲例曰：

> 火之在山，明無不照，明而止，慎之象也。火行而不處，不留之象也。旅皆逆境，莫甚於囚之在獄。獄者不得已設，豈可留滯久淹也。明照如火，慎重如山。〔註206〕

> 君子觀明照之象，以修明其庶政，而無敢折獄也。修政所以成文明之治。獄至幽隱，有剛明之才則可，〈賁〉之象其明不遠，故聖人戒之。折獄者，貴用情實，有文飾則沒其情矣，故無敢用文以折獄，亦一義也。〔註207〕

> 雷電皆至，威照並行，曰〈豐〉。〈離〉，明也，照察之象。〈震〉，動也，威斷之象。蓋治極則人心玩而法漸弛，君子惟嚴明以治之。獄者刑之未定，刑者獄之已成。折獄如電，發奸摘伏無有隱情；致刑如雷，禁慝止暴，無有縱法，處〈豐〉之道也。〔註208〕

處理案件時，要效法〈旅〉卦的精神，審議他人如山上的火，明察而迅速，不可一味施延、扣留，因爲「獄者不得已設，豈可留滯久淹也」，〔註209〕並且

〔註205〕同上注，〈解・大象〉：「雷雨作，〈解〉。君子以赦過宥罪」句下注，頁 1723～1724。

〔註206〕同上注，〈旅・大象〉：「山上有火，〈旅〉。君子以明慎用刑，而不留獄」句下注，頁 1741。

〔註207〕同上注，〈賁・大象〉：「山下有火，〈賁〉。君子以明庶政，無敢折獄」句下注，頁 1705。

〔註208〕同上注，〈豐・大象〉：「雷電皆至，〈豐〉。君子以折獄致刑」句下注，頁 1741。

〔註209〕《易程傳》，卷六，頁 505。

下判時要慎重如山,在判決形成前,要一直慎重考慮。例如對於死刑犯要盡量考量,設法給予他死中求生的機會,此因天地有好生之德也。〔註210〕〈賁‧大象〉則提出了為政首要乃在倡明政事,以成文明之治的道理。至於審案時,需要剛直明察之人去處理,而非用外表看似明察之人。而龍溪引程頤之說,說明審案時必須切實去分析出案情的內容,不能停留在表面的情況上。〈豐‧大象〉則表達了嚴明的精神。在太平盛世時,人心易頹廢,輕忽法律。對觸法者應明察以得其中虛實之情,致用刑罰時則要求能禁遏止暴,輕重適當,勿枉勿縱。

對於訟事,是能免則免,龍溪解〈訟‧大象〉「天與水違行,〈訟〉。君子以作事謀始」曰:

> 凡事有始有中有終,〈訟〉,中吉終凶,能謀始以絕訟端,中與終不必言矣,此即皋繇期無刑,孔子使無訟之意。謀始之道,非但慎交結、明契券,陳禮以教之,象刑以示之,辨上下,定經界,使各安分而無爭,知恥而能讓,皆此義也。若究其極,謀始之道在心,君子自訟者,訟於心而已矣。〔註211〕

〈訟〉卦雖名為〈訟〉,但其中說明了「訟事」不可長的道理,而避免訟事的方法則在事情初始時去防備,所謂「作事謀始」,王弼亦云:「無訟在於謀始」,〔註212〕能「謀始」方能免除「終凶」的局面。皋繇之治刑,乃期無刑可施用,孔子之聽訟,乃欲使人終無訟,可見治國之道首在以禮樂化民,使民知仁義。推究最後,謀始要先從心去謀,君子自訟一己之失,亦是從心上出發。

總之,龍溪之法律思想,仍是儒家德主刑輔的繼承,即使必要用刑,亦是以寬大明察為懷。

此外,由〈節‧大象〉之「議德行」中「使德之大者居上,德之小者處下」,到〈豐‧大象〉之「折獄致刑」的「致刑如雷,禁遏止暴,無有縱法」,這其實就是〈大有‧大象〉說的:「遏惡揚善,順天休命。」之義。「遏惡」

〔註210〕龍溪解〈中孚‧大象〉:「澤中有風,〈中孚〉。君子以議獄緩死」曰:「君子體天地好生之德,而議獄緩死,〈中孚〉之意也。獄之將成,則議之;其將決則緩之,然後盡於人心。獄而曰議,求其入中之出;死而曰緩,求其死中之生。」同上注,頁1745～1746。

〔註211〕同上注,〈訟‧大象〉:「天與水違行,〈訟〉。君子以作事謀始」句下注,頁1692～1693。

〔註212〕《十三經注疏‧周易正義‧訟‧大象》,卷二,頁34。

者，以五刑來懲處罪人；「揚善」者，以五服來獎賞善人，此皆是順應天命，止惡明善而施行的措施。所謂：「以日之明，行天之健，上臨下照，物無遁形，賞善罰惡，天所以命人君也。遏之揚之，順天休命，吾何容心焉？五刑之用，以討有罪，謂之天討；五服之章，以命有德，謂之天命，帝王治天下之大法也。人性本善而無惡，人之性，天之命也，止惡明善，以順天命，君子修道之功，出治之本也。」〔註213〕

（六）推行井田制

龍溪對於軍事的談論只見於解釋〈師‧大象〉：「地中有水，師，君子以容民畜眾。」中，這也是因為《周易》中專門討論軍事問題的只有〈師〉這一卦。他說：

> 水聚於地中，為眾聚之象。古者寓兵於農，兵農合一，居則為比閭族黨州鄉之民，出則為伍兩卒旅軍師之眾，畜之於無事之時，而用之於有事之日，此民即此眾也，此井田法也。自井田廢而兵農分，農之所出，費於兵者十九，民無聊生。世有團結鄉兵之法，有司苟能實心舉行，立為保長，聯以什伍之制，訓練以時，調發以度，不惟可以省費禦暴，亦寓兵之遺意也。〔註214〕

上古實行井田制，井田制是「寓兵於農，兵農合一」，農人平居時則從事生產，有事時則組織為軍隊，組成了《周禮‧小司徒》說的：「五人為伍，五伍為兩，四兩為卒，五卒為旅，五旅為師，五師為軍」之軍隊偏制，此有以民為兵本之意。後世井田廢，兵農不再合一，農人無論是平居或有事，其稅納十九皆用在養兵上，因而府庫虛耗，民不聊生。龍溪推崇井田制，他主張實行「鄉兵之法」，由有司去立保長，訓練農人以閒時，調撥以法度，則不只能「戒備不虞」，〔註215〕尚可收「省費禦暴」之效。

〔註213〕同上注，〈大有‧大象〉：「火在天上，大有，君子以遏惡揚善，順天休命。」句下注，頁1697～1698。

〔註214〕同上注，〈師‧大象〉：「地中有水，師，君子以容民畜眾。」句下注，頁1693～1694。

〔註215〕龍溪解〈萃‧大象〉：「澤上於地，萃，君子以除戎器，戒不虞。」曰：「澤上於地，水之聚也。君子觀萃聚之象，以除戎器，用戒備於不虞。水聚而不防則潰，眾聚而不戰則亂。除者，修治以去弊惡也。天生五材，民並用之，去一不可。誰能去兵？窮兵亂也，去兵亦亂也，君子之除戎器，用戒不虞而已，斯安不忘危之意也。」同上注，頁1727。

　　以上通過政治、經濟、刑法、軍事之施政措施，是能有效治理好一個國家的。當國家邁向強盛時，爲防盛極而衰，必須「居安則思其危」、「防患於未萌」。此即龍溪說的：「水火之性，竟則必復，復則爲變，君子處〈既濟〉之時，若曰治已成矣，心無所慮，則治將復亂。故居安則思其危，居存則思其亡。思患於後，固以防患於未萌也。虞舜之時，天下極治矣。禹告曰：『無若丹朱傲，切切以慢遊傲虐爲戒。』惟聖帝爲能受善，惟聖臣爲能察微，故保邦未危，而危不作，致治未亂而亂不生也。」〔註216〕處於此時君王要「受善」，臣子要「察微」。當國家一切未上軌道時，須審慎辨明各種人事物應處之位置，使各得其位，互不侵犯，耐心等待既濟的到來，此即「水火不交，不相濟爲用曰〈未濟〉。未者，有所待之辭，非不濟也，待時而濟爾。火在水上，非其處也，君子觀其處不當分之象，愼而處之，辨其當各居其方，使不相犯，所以待其濟也。辨物如火之明，居方如水之聚。」〔註217〕總之，人在國家既濟時，要「思患預防」，「以保泰而慮其否」；而在國家未濟時，要「辨物居方」，「以傾否而俟其泰」。〔註218〕

二、修身——論君子之修德與嚴君子、小人之辨

　　君子是道德操守崇高之人，君子之所以能成爲君子，也是由於他能時時追求道德實踐，力求止於至善方致。龍溪說：

> 雷震相襲，故曰：「洊雷」。方其仍洊而至，聞之者，莫不恐懼而必以修省繼之，所以盡畏天之實也，孔子迅雷風烈必變，亦此意也。《中庸》曰：「恐懼乎其所不聞」，聞時更加恐懼而修省之也。〔註219〕
>
> 君子觀〈蹇〉之象，而以反身修德，孟子曰：「行有不得，反求諸己」。反身，取〈艮〉之背；修德，取〈坎〉之心。反身，如山之不動；

〔註216〕同上注，〈既濟・大象〉：「水在火上，既濟，君子以思患而預防之。」句下注，頁1748。

〔註217〕同上注，〈未濟・大象〉：「火在水上，未濟，君子以愼辨物居方。」句下注，同上，頁1748～1749。

〔註218〕龍溪曰：「水火之性，變復无常，〈既濟〉、〈未濟〉，猶云〈泰〉之與〈否〉也。君子於〈既濟〉之時，曰：『思患預防』，所以保泰而慮其否也。於〈未濟〉之時，曰：『辨物居方』，所以傾否而俟其泰也。」同上注，頁1749。

〔註219〕《龍溪王先生全集・大象義述》，卷二十一，〈震・大象〉：「洊雷，震，君子以恐懼脩省。」句下注，頁1735～1736。

修德，如水滋潤乎山之象也。〈蹇〉利得朋，而象言反身修德者，蓋君子愛人，治人禮人，反而求之，皆不出於吾身，其身正而天下歸之，故得朋之道，莫要於反身修德也。〔註220〕

君子之修德，無時不斷。當聽聞到雷震相襲之聲，內心不免恐懼，戰戰兢兢，在畏天之威下，則反省己過，修正己身。當君子處於困蹇之時，不怨天尤人，反而反求諸己。此處龍溪本於孟子「反求諸己」而發，《孟子·離婁上》曰：「愛人不親，反其仁；治人不治，反其智；禮人不答，反其敬；行有不得者，皆反求諸己。其身正而天下歸之。」孟子之要義是說身正而天下歸之，龍溪則強調了得朋之道。二者重點雖異，但無論是治天下或得朋，皆須反求諸己，修美道德。

君子之修德是要「慎言語」、「言有物，而行有恒」，龍溪釋〈頤·大象〉：「山下有雷，頤，君子以慎言語、節飲食。」、〈家人·大象〉：「風自火出，家人，君子以言有物，而行有恒。」曰：

> 言出於口，能文於身，亦以啟羞；食入於口，能腴於身，亦以致疾。慎言語所以養德也；節飲食所以養體也。在身為言語，於天下則凡禮樂政教科條之詳，號令之申，出於身者，皆是慎之，則安定而無擾。在人為飲食，於天下，則凡貨資財用九品之貢，九式之頒，養於人者皆是，節之則省約而無傷，推養之道，養德，養體，養天下，莫不皆然也。〔註221〕

> 風化之本，自家而出，而家之本，又自身而出也。身之所出，惟言與行。言行，君子修身之則也，言必有物，言而無物，則欺；行必有恒，行而無恒，則偽。言行相顧，不欺不偽，則其身修。身修則齊、治、平之道，自此而出。〔註222〕

〈繫辭上〉曰：「言行，君子之樞機。」「言行，君子之所以動天地也」又說：「亂之所生也，則言語以為階。」可見言行影響之重大，故不得不慎，《論語·學而》曰：「敏于事而慎于言。」《論語·子路》曰：「君子于其言，無所苟而已矣。」《論語·為政》曰：「子貢問君子。子曰：『先行其言而後從之。』」〈文

〔註220〕同上注，〈蹇·大象〉：「山上有水，蹇，君子以反身修德。」句下注，頁1723。
〔註221〕同上注，〈頤·大象〉：「山下有雷，頤，君子以慎言語、節飲食。」句下注，頁1711～1712。
〔註222〕同上注，〈家人·大象〉：「風自火出，家人，君子以言有物，而行有恒。」句下注，頁1721。

言〉曰：「庸言之信，庸行之謹」，亦在在強調謹慎言行之重要。從「慎言語」來看，那是爲了養德，身所發之言語既然能慎之，則其他出於身之號令亦能慎之而無失。再者，人易爲他人察覺者，唯在言行二者，人之修身亦只是修此，具體而言，人要言必有物，符合事實；行必有恒，有其常度法則，〔註223〕能如此則其言无妄，其行不改，否則即是欺、是僞。《論語・季氏》：「言思忠，事思敬。」《論語・衛靈公》：「言忠信，行篤敬。」亦是指陳此義。君子之進德修業，就是要通過言行之修養，而言又較行顯明，更易引起過錯，故人要以誠來修省言辭，此即「修辭立其誠」，其所立之誠是「立己之誠意」；由於誠又是忠信，忠信又是「無欲之本心」，人能誠即能忠信，自然可無欲以達天德。〔註224〕人若能「言顧行，行顧言」，言慎行脩，則身修、家齊、國治、天下平。

　　另外，龍溪尚從「識本心」去談修身、厚倫理等去談齊家。他說：

　　教家本於修身。心者，修身之本也。抱六尺之軀而不知此心爲何物，醉生夢死，去禽獸不遠矣，故首之以識本心。身之所施，必先於家，故次之以厚倫理。倫理明，然後有禮，故次之以端禮教。禮義生於衣食足，故次之以勤本業。然必儉而後財用聚，故次之以禁奢靡。財聚必有爭，故次之以息爭訟。爭訟不止，必窮，窮思盜，故次之以弭盜賊。弭盜必有其源，故次之以置義倉，而修約具矣。……爲父兄者，以此爲教，則爲賢父兄。爲子弟者，以此爲學，則爲賢子弟。欲父兄子弟之賢必本於講學，始能正心修身以齊其家。〔註225〕

龍溪先以「識本心」言修身，心是修身之本，故修身要先識本心。修身後有齊家，齊家的過程依其順序是要厚倫理、端禮教、勤本業、禁奢靡、息爭訟、弭盜賊，一直到置義倉，如此則能「正心修身以齊其家」。

　　至於龍溪對於君子與小人之分辨明顯見於〈遯・大象〉、〈否・大象〉、〈困・

〔註223〕程頤曰：「正家之本，在正其身。正身之道，一言一動，不可易也。君子觀『風自火出』之象，知事之由內而出，故所言必有物，所行必有恒也。『物』，謂事實。『恒』，謂常度法則也。德業之著於外，由言行之謹於內也，言慎行脩，則身正而家治矣。」詳參《易程傳》，卷四，頁324～325。

〔註224〕龍溪曰：「忠信也者，無欲之本心也，惟無欲則可以達天德，故曰：忠信所以進德也。進必有業，始能有所持循，然總之則惟在言行，而言又行之顯也，故修省言辭，所以立己之誠意，誠即忠信也。」《全集・書進修會籍》，卷二，頁206～207。

〔註225〕《全集・太平縣杜氏族約序》，卷十三，頁915～916。

大象〉的討論中，他說：

> 君子觀象以遠小人。遠之有道，小人無忌，由君子激之過也。不惡
> 而嚴，無惡聲屬色以啓其怨忿，言遜而行正，貌和而中剛，欲詆無
> 隙，欲玷無瑕，使知敬畏凜然如天之不可得而犯。〔註226〕
>
> 天地否塞，君子道消，小人得志之時，故宜收斂其德，以避小人之
> 難；不可榮以祿者，言自處嚴密，人不得而榮之，非戒其不可也。
> 儉德避難，象〈坤〉四之括囊；不可榮以祿，象〈乾〉初遯世也。
> 〔註227〕
>
> 得之不得，自有定命，既盡其防慮之道而不得免，其命也。「致命」，
> 猶委命於人，不復爲我所有。「遂志」，是遂其爲善之志，不以禍患
> 動其心，行乎義而已，孟子曰：「夭壽不貳，惟修身以俟之」，此困
> 勉之學，所以立命也。〔註228〕

〈遯〉卦二陰生於內，四陽將消於外，表示小人漸盛，君子退遯之時。此時
君子本於「不惡而嚴」之道以遠小人。「不惡而嚴」，是說不顯露惡聲屬色以
免觸啓小人忿怒之心，反而是堅守正道，「言遜而行正，貌和而中剛」，使小
人找不到攻擊之處，令其知難而退。

當天地不交，否塞之時，亦是君子道消，小人得志之日，此時君子小心
行事，晦藏其德，效法〈坤・六四〉：「括囊，无咎，无譽」之精神，只求括
結囊口而不露，〔註229〕以避小人之難。「不可榮以祿」者，言君子於不爲世用
之時，守正不移，自處嚴密，效法〈乾・初九〉：「潛龍勿用」，〈文言〉：「不
易乎世，不成乎名，遯世无悶，不見是而无悶，樂則行之，憂則違之，確乎
其不可拔」之精神，不使人榮之。由此可見龍溪要人效法「潛龍之學」，「遯
世无悶，不見是而无悶」之精神。關於此，龍溪在答滕少松子問及「〈乾〉潛
之學」時以爲：〈乾〉卦六爻，表現出時間的始終。初九爻曰：「潛龍勿用」，

〔註226〕《龍溪王先生全集・大象義述》，卷二十一，〈遯・大象〉曰：「天下有山，遯，
君子以遠小人，不惡而嚴。」句下注，頁1718～1719。

〔註227〕同上注，〈否・大象〉曰：「天地不交，否，君子以儉德避難，不可榮以祿。」
句下注，頁1696～1697。

〔註228〕同上注，〈困・大象〉曰：「澤无水，困，君子以致命遂志。」句下注，頁1728
～1729。

〔註229〕程頤曰：「若晦藏其知，如括結囊口而不露，則可得无咎，不然，則有害也。
既晦藏，則无譽矣。」《易程傳》，卷一，頁28。

〈文言〉曰：「龍德之隱者也」，此龍是具天德之全，而天德即良知。而人之所以不能〈乾〉潛，乃因精神、才能不能保全，汲汲然求見于世，令良知受損。接著，龍溪又分辨「遯世無悶，不見是而無悶」之易難，遯世而人以爲是，這「是」是人成就了他的名，故易，賢人以下之人皆能之；遯世而人不以爲是，這「非」是他人之毀謗，故無悶爲難，非聖人不能。故學之至是要遯世不見是而無悶。欲如此則必須先致良知，先建立一道德實踐之本。〔註230〕

　　〈困〉卦是「澤无水」，困乏之象，此時九二陷於二陰之中，君子爲小人所掩蔽，窮困之時也。當〈困〉之時，人之命運或有不得自己掌握，「猶委命於人，不復爲我所有」之時，人於此時反應本著盡其在我之精神，不求生以害仁，反而殺身以成仁，舍生以取義，盡力達致爲善之志，不因任何禍患而動其心。

　　從小人漸盛，小人得志，一直到小人掩蔽君子之時，君子是以「不惡而嚴」、「遂志」、「儉德避難，不可榮以祿」的原則來應對之，此說明了君子無論何時何地，都能堅守其志、秉持正道，絲毫不會因環境而有任何改變。這其實也是君子效法〈恆·大象〉「立不易方」道理而來，此即君子安住於常道之中，故能立，此是常；人有常之後，才能起變化，這是權。權不是說隨各種環境而有不同的原則去應對，而是內心堅定立足於中正原則之下去通權達變，此方能針對不同的環境去待人處事。〔註231〕雖然說君子偶有小過之時，

─────────────

〔註230〕龍溪曰：「〈乾〉之六位，皆乘龍御天之學，時有始終，而德無優劣。潛之爲言，隱而未見，龍之德，伏地千年始見，其天全也。吾人所積不厚，精神易於泄漏，才智易於眩露，汲汲然求見于世，只是不能潛，未免於易世成名之心，不足以達天德。遯世無悶，不見是而無悶，是二義。遯世而人以爲是，如神龍之蟄於淵，可望而不可即，有名可成，無悶爲易。遯世而人不以爲是，則非之者眾矣，或以爲僞，或以爲矯，甚或以爲取捷，圖速化，無復有名可成，無悶尤難。學至于無名其至矣。古人論學，必以此爲極致。《中庸》曰：『遯世不見知而不悔』，《語》曰：『人不知而不愠』，皆此意也，〈文言〉曰：『潛龍勿用，陽在下也』，『在下之陽』，即『河圖』之天一，『洛書』之履一，一順一逆，造化顯藏之機，必如此而後爲潛龍之學也。」《全集·萬松會紀》，卷五，頁401～402。

〔註231〕龍溪解〈恆·大象〉：「雷風恆，君子以立不易方。」曰：「君子觀風雷之象，以立不易方。仁爲君方，敬爲臣方，慈爲父方，孝爲子方。止仁，止慈，止敬，止孝，是謂能立，惟立而有常，始能處變。日月有恒，始能得天而久照；四時有恒，始能變化而有成，故可與立而後可與權，君子之學也。雖然恒非一定之謂，一定則非恒矣，隨時變易，乃常道也。〈巽〉入而在內，〈震〉出而在外，二物各居其位，則謂之〈恒〉，有不易之義。……不能體常，不可與

但小過也是爲了趨於中道，其中是有一時中作標準的，〔註232〕因此一個人要判別他是君子或是小人，當視他是「立不易方」呢，或是「窮斯濫矣」！龍溪說：「吾人在世，所處不同，惟有順逆二境：樂則行之，憂則違之；得志則澤加於民，不得志則修身見於世，故明此在上則爲伊傅，明此在下則爲孔顏，各求自盡以成其德業，未嘗有所意必而動於境也。」〔註233〕恰爲君子作一頗佳的註腳。

第六節　以《易》融通三教

儒釋道三教，義理型態不同，在歷史上亦各自朝著獨特的路徑發展。就儒家學說而言，它奠基於先秦之孔孟，經歷了漢代訓詁、唐代義疏、宋明義理的三階段，內容不斷增長豐富。道家則肇始於先秦老莊之玄理玄智，到了魏晉時發展到了極盛。而佛家，自兩漢之際傳入中土，經過魏晉格義的詮釋，唐朝時則到達了頂峰。這三大思想型態，本不相涉，然在歷史的發展過程中，彼此相互激盪影響著，以致後來有「三教合一」的要求。龍溪生於明代中晚期，此時「三教合一」的思想充斥社會上，龍溪當然亦不能自外其中。他在和會三教時，是從良知學的角度出發，他以爲良知是「範圍三教之樞」，而良知虛寂之基礎則在大《易》。由於三教皆有良知之意味在內，故能基於此一平等的基礎上去和會之，這樣的觀點是頗爲特別的。以此和前儒如張載、明道之闢佛、道相比，〔註234〕其批判意味較少，也較能平視三教之價值，可見他

適變：不能盡變，不可以處常，見此謂之見易，知此謂之知道，君子自立以達於權之義也。」同注226，頁1717～1718。

〔註232〕龍溪解〈小過·大象〉：「山上有雷，小過，君子以行過乎恭，喪過乎哀，用過乎儉。」曰：「君子之道，貴於時中，時當小過而過爲，所以趨於中也。時有踰禮而亡乎恭，治喪而忘乎哀，用奢而忘乎儉者，皆時之過也。……因恭以救其僭，則得行禮之中矣；因哀以救其薄，則得居喪之中矣；因儉以救其奢，則得用度之中矣。恭過則僞，哀過則毀，儉過則陋，而君子以之者，蓋有爲而爲，矯之以趨於中也。」同上注，頁1747。

〔註233〕《全集·愤樂説》，卷八，頁565～566。

〔註234〕張載曰：「太虛不能無氣，氣不能不聚而爲萬物，萬物不能不散而爲太虛。循是出入，是皆不得已而然也。然則聖人盡道其間，兼體而不累者，存神其至矣。彼語寂滅者，往而不返。徇生執有者，物而不化。二者雖有間矣，以言乎失道則均焉。」（《張載集·正蒙·太和》，頁7）「彼語寂滅者，往而不返」是批評佛家「滯于散而淪于虛」，「徇生執有者，物而不化」是批評道家「滯于聚而執于實」（養生以求長生），皆不如聖人「存神不淪于虛（氣散爲虛）、

對於三教的態度算是較為溫和的。

一、以良知的虛寂來範圍儒釋道三教

　　依龍溪之見，三教之內容雖異，但皆能融通，而三教融通的基礎則在於良知獨具的虛寂性，此虛寂性亦名之為虛無性，二者都是對良知形式的規定，以使它能靈應萬變。〔註235〕關於三教的融通，他說：

> 三教之說，其來尚矣。老氏曰虛，聖人之學亦曰虛。佛氏曰寂，聖人之學亦曰寂。孰從而辨之？世之儒者，不揣其本，類以二氏為異端，亦未為通論也。……人受天地之中以生，均有恒性，初未嘗以某為儒，某為老，某為佛而分授之也。良知者，性之靈，以天地萬物為一體，範圍三教之樞，不循典要，不涉思為，虛實相生，而非無也，寂感相乘，而非滅也，與百姓同其好惡，不離倫物感應而聖功徵焉。學老、佛者，苟能以復性為宗，不淪於幻妄，是即道釋之儒也。為吾儒者，自私用智，不能普物而明宗，則亦儒之異端而已。
> 〔註236〕

> 良知者，範圍三教之靈樞，無意無欲，內止而外不蕩，聖學之宗也。
> 〔註237〕

> 良知兩字，範圍三教之宗。良知之凝聚為精，流行為氣，妙用為神，無三可住。良知即虛，無一可還，此所以為聖人之學。〔註238〕

不執于實（氣聚為實）。」程明道說佛家「可以『敬以直內』矣，然無『義以方外』。」（《二程集‧二先生語二上》，卷二，頁24）只能自利而無法治天下國家。詳參牟宗三先生：《心體與性體（一）》，第二章〈張橫渠對于「天道性命相貫通」之展示〉，第三節、「聚亦吾體、散亦吾體」：並論「兼體無累」義，頁446～457及《心體與性體（二）》，第一章〈程明道之一本論〉，第三節、辨佛篇，頁86～90。

〔註235〕彭國翔說「『空』、『虛』、『寂』，是一組意義相近的用語，它們均指示了良知的形式性，在龍溪看來，正是良知的形式性，為道德實踐在不同境遇下能因應萬變而始終保持善的指向提供了保證。所謂『良知之體本虛，而萬物皆備』，『不虛則無以周流而適變，不無則無以致虛而通感，不虛不無，則無以入微而成德業』。」見氏著〈王龍溪的先天學與其定位〉，頁80，《鵝湖學誌》第二十一期，1998年12月。

〔註236〕《全集‧三教堂記》，卷十七，頁1205～1207。

〔註237〕佚文（中），〈別見台曾子漫語〉，卷三，頁38。

〔註238〕《全集‧答五臺陸子問》，卷六，頁453。

此處龍溪以爲儒釋道三家之論，在本體的虛寂上有其共通之處，即同爲心、性之學，〔註239〕故學者不能以異端視之。然而，三家雖然皆言虛寂，但各有著重，故辨別儒道、儒佛之不同時，不能由見解言說去辨別，而須從骨髓、源頭上去作分疏。此骨髓、源頭即指針對虛寂去入手。值得一提的是，龍溪對儒佛之異是從此角度著手的，但對於儒道之分別則否。此三家之差異，下文將作討論，此處暫且不表。

接著，龍溪以「恒性」來會通儒釋道。他以爲「恒性」自古就有，它是人生之初時，受天之命而來的，換言之，「恒性」就是以天命之性爲人之恒常之性。「恒性」之生早於三教創立之前，且未因何人屬何教而有分授多少之不同，三教都不能否定「恒性」之存在，在立教時亦不能違背此「恒性」。而此所謂天命之性、「恒性」，在龍溪來講就是指良知。良知者，是範圍三教之關鍵。它是人心之最靈明處，其發用時不離人倫世用，會有以天地萬物爲一體的要求，且是變動不居，非思慮可得的。它不是無，而是能無中生有；它亦非滅，而是隨寂隨感的。它瑩徹明淨，無一絲意欲存在。良知在凝聚時是精一的，流行時則全神是氣、全氣是神，其妙用則曰神，然又不住於其中。以上皆是良知之內涵。既然良知有這樣特殊的內涵，因而善學者，應以恢復良知的靈明爲宗。而體認到良知者，在「以天地萬物爲一體」的仁者胸懷下，是不會斷然否定世界存在的意義。若道家者，他就視人間世爲眞逍遙場，而以「無爲」的方式自處其間。若佛家，雖視萬法皆空，但成佛就要於此世界成之，故對於諸法，亦能正視其價值，但無所住著。二家和龍溪所說的良知無中生有、即寂即感的虛寂性相比，同樣都呈現了「無」的特性，故能相通。總之，三者的融通是在於本體上的「無」而論的。

龍溪雖以良知爲範圍三教之靈樞，然並非故意要混漫三教的界限，在他心中，對三教之差異性仍分辨得很清楚。這從他在文集中，屢屢對釋道二教加以批判，所批評的頗肯綮事實可知。以下就論述他對釋、道二家之區分。

（一）論儒道之異

夫弭災之術有三，或強而拒之；或委而安之；或玩而忘之，然而其

〔註239〕龍溪曰：「三教不外於心，信得虛寂是心之本體，二氏所同者在此，其毫釐不同處，亦在此。」同註226，頁1745～1746。又曰：「二氏之學，與吾儒異然，與吾儒並傳而不廢，蓋亦有道在焉，均是心也。」《全集‧南遊會紀》，卷七，頁465。

歸遠矣。學貴著根，根苟不淨，營於中而犍於外，是強制也，其能
久而安乎？上士以義安命，其次以命安義，動忍增益以精義也。若
以爲無所逃而安之，豈修身立命之學乎？〔註240〕

此處龍溪談到三種弭災之術，「玩而忘之」者，姑且不論；「強而拒之」者，或
如告子之不動心而安；其「委而安之」者，亦有三類：儒家或「以義安命」，修
身以俟，夭壽不二，此上士也；或「以命安義」，在命途無定中，動心忍性以從
義，此中士也。至於道家如莊子之「知其不可奈何而安之若命」者，則非修身
立命之學矣。告子的方式是「不得於言，勿求於心；不得於心，勿求於氣」，這
樣的不動心是隔絕外物，強制己心不動，是不能長久的。而莊子的無所逃於天
地之間而安之若命，〔註241〕是對現實環境之不能更改而勉強安之，這是被動消
極的承受。至於儒家的「以義安命」，則處於各種環境中，皆能以良知去適當領
受之，所謂「莫非命也，順受其正」。這是比較正面積極的。

（二）論儒佛之異

相較於儒道之異，龍溪對儒佛之異著墨較多。他說：

昔人以吾儒之學主於經世，佛氏之學主於出世，亦大略言之耳。佛
氏普渡眾生，盡未來際，未嘗不以經世爲念，但其心設法一切，視
爲幻相，看得世界全無交涉處。視吾儒親民一體，肫肫之心終有不
同。〔註242〕

佛氏行無緣慈，雖度盡眾生，同歸寂滅，與世界冷無交涉。吾儒與
物同體，和暢訢合，蓋人心不容已之生機，無可離處，故曰：「吾非
斯人之徒而誰與」。〔註243〕

佛氏之家，遺棄物理，究心虛寂，始失於誕。……良知者，千聖之
絕學，道德性命之靈樞也。致知之學，原本虛寂，而未嘗離於倫物
之感應，外者有節，而內者不誘，則固聖學之宗也，何偏之足病，
故曰：「致知在格物」，言格物所以致吾之知也。吾儒與二氏毫釐之

〔註240〕《全集·自訟長語示兒輩》，卷十五，頁1066。
〔註241〕仲尼曰：「天下有大戒二：其一，命也；其一，義也。子之愛親，命也，不可
　　　　解於心；臣之事君，義也，無適而非君也，無所逃於天地之間。是之謂大戒。」
　　　　《莊子集釋·人間世》，頁155。
〔註242〕佚文（中），〈三山麗澤錄〉，卷二，頁34。
〔註243〕《全集·南遊會紀》，卷七，頁458。

－211－

辨，正在於此。〔註244〕

象山曰：「佛氏爲出世，而儒家爲入世」，這樣的分判儒佛是較大略、簡單的。陽明和龍溪則從「萬物一體」去辨別儒佛之不同。

就佛家而言，他以普渡眾生爲念，似乎也像是經世，但佛家這樣的經世雖度盡眾生，但世界在他眼中是痛苦的大聚合場，萬法終是虛幻不實的，因此力求修行解脫，這其實是對世界的捨離，「與世界冷無交涉」。

而儒家是以天地萬物爲一體，孔子的「吾非斯人之徒而誰與」，張載〈西銘〉的「民，吾同胞也；物，吾與也」，明道〈識仁〉篇的「仁者渾然與物同體」，皆是此種精神的顯現。陽明在明代儒佛交流日漸頻繁之際，更以此作爲判別儒佛分際之標準。陽明以爲儒佛皆言盡心，但心的內容不同。儒家所盡的心是道德心、仁心、不安不忍之心，此心是「與天地萬物爲一體」〔註245〕之心，故見一人一物之處境有不圓，則吾心必有不安不忍之感，所謂「仁者以天地萬物爲一體，使有一物失所，便是吾仁有未盡處」，〔註246〕順此不安不忍聖人就去紀綱政事、推行禮樂，以求盡心，心盡則家齊、國治、天下平。佛家之言心，只求不昧此心，令此心時時如明鏡，而不過問外在的世界，故是「外人倫，遺事物」，只能成就自私自利的自了漢，卻不能經世。〔註247〕

〔註244〕《全集‧三山麗澤錄》，卷一，頁122。

〔註245〕陽明曰：「大人者，以天地萬物爲一體者也，其視天下猶一家，中國猶一人焉。若夫間形骸而分爾我者，小人矣。大人之能以天地萬物爲一體也，非意之也，其人之仁本若是，其與天地萬物而爲一也。豈惟大人？雖小人之心亦莫不然，彼顧自小之耳。是故見孺子之入井，而必有怵惕惻隱之心焉，是其仁之與孺子而爲一體也。孺子猶同類者也，見鳥獸之哀鳴觳觫，而必有不忍之心焉，是其仁之與鳥獸而爲一體也；鳥獸猶有知覺者也，見草木之摧折而必有憫恤之心焉，是其仁之與草木而爲一體也；草木猶有生意者也，見瓦石之毀壞而必有顧惜之心焉，是其仁之與瓦石而爲一體也。」《陽明全書‧大學問》，卷二十六，頁1。

〔註246〕《傳習錄詳註集評》，卷上，第89條，頁112。

〔註247〕陽明曰：「夫禪之學與聖人之學，皆求盡其心也，亦相去毫釐耳。聖人之求盡其心也，以天地萬物爲一體也。吾之父子親矣，而天下有未親者焉，吾心未盡也。吾之君臣義矣，而天下有未義者焉，吾心未盡也。吾之夫婦別矣，長幼序矣，朋友信矣，而天下有未別、未序、未信者焉，吾心未盡也。吾之一家飽暖逸樂矣，而天下有未飽暖逸樂者焉，其能以親乎？義乎？別、序、信乎？吾心未盡也。故於是有紀綱政事之設焉，有禮樂教化之施焉，凡以裁成輔相，成己成物，而求盡吾心焉耳。心盡而家以齊、國以治、天下以平。故聖人之學，不出於盡心。禪之學，非不以心爲說，然其意以爲是達道也者，固吾之心也；吾惟不昧吾心於其中則亦已矣，而亦豈必屑屑於其外？其外有

　　龍溪承陽明以來的「萬物一體」之意去分判儒佛。《中庸》說：「唯天下至誠，為能經綸天下之大經，立天下之大本，知天地之化育。夫焉有所倚？肫肫其仁！淵淵其淵！浩浩其天！苟不固聰明聖知達天德者，其孰能知之？」說明了聖人的生命，是一創生的天道誠體所貫注著，故展現出來完全是仁民愛物、生生不已的化育精神，這其實是「與天地萬物為一體」的仁心的呈現，故對於任何一事一物，都是一不容已的關注，這和佛家的「遺棄物理，究心虛寂」，不知正視人倫事物之理本在人心中的意義，反而遺棄此理，去追求一虛寂晶光之心相比，是很明顯的差別。進一步言，人之心若去除這些價值，則心就只是一冷然之物，如何去起經世之用呢？認識到這點，龍溪就主張「丈夫有沖天地，不向如來行處行。」〔註248〕

　　再者，儒家重生生之精神，佛家則否，龍溪說：「天地絪縕，萬物化生，此是常道。佛氏雖樂有妻子，終以斷淫欲為教門。若盡如佛教，種類已絕，何人傳法度生？」〔註249〕此顯示佛家是以淫欲為忌，故不能正視「天地絪縕，萬物化生」之常道。佛家原意是要藉此脫離生死輪迴，然若盡如佛家所倡，則人早已滅絕了。人若滅絕，則無人傳法，佛法就有消失之虞了。除了與天地萬物為一體，有天道觀，儒家正視生生之義外，龍溪以為真正能分判二者不同的乃在良知。蓋人之所以會與萬物為一體，其根源就在良知。此因當良知一發用時，必及於萬事萬物，人在良知的感應下，莫不對周遭的事物有所關心，這就是與萬物的渾然一體了。

　　總之，龍溪以為「吾人為此一大事出世一番，原是為天地立心，為生民立命」〔註250〕而道佛之學是「外倫物之應，溺於清虛，又豈是足以立天下之有，而成天下之務？」〔註251〕故龍溪要人能歸本於儒家之學，「自信其良知，承接堯舜以來相傳一脈，以立天地之心，生民之命，不為二氏毫釐之所惑，不為俗學支離之所纏，方為獨往獨來擔荷世界之大丈夫爾。」〔註252〕

　　　　未嘗也，則亦豈必屑屑於其中？斯亦其所謂盡心者矣，而不知已陷於自私自利之偏。是以外人倫，遺事物；以之獨善，或能之，而要之不可以治家國天下。」詳參《陽明全書‧重修山陰縣學記》，卷七，頁二十二。

〔註248〕《全集‧南遊會紀》，卷七，頁462。

〔註249〕佚文（下），〈南游會記〉，卷五，頁27。

〔註250〕佚文（下），〈南游會記〉，卷五，頁29。

〔註251〕《龍溪王先生全集‧大象義述》，卷二十一，〈乾‧大象〉：「天行健，君子以自強不息」句下注，頁1685～1686。

〔註252〕佚文（中），〈別見台曾子漫語〉，卷三，頁38。

二、三教融通的基礎在大《易》

由上述的論述中可知，龍溪對三教的分際是很分明的，但他以爲三教並不是水火不容的，它們在義理上可以通過「虛無」的特性，即良知的虛無性來融通，而推源到最後，此三教共同的「虛無」，是來自《易經》，故不須去另求於佛老。他說：

> 先師有言：「老氏説到虛，聖人豈能于虛上加得一毫實。佛氏説到無，聖人豈能于無上加得一毫有。老氏從養生上來，佛氏從出離生死上來，卻在本體上加了些子意思，便不是他虛無的本色」。吾人今日，未用屑屑在二氏身分上辨別同異，先須理會吾儒本宗明白，二氏毫釐，始可得而辨耳。聖人微言，見于大《易》，學者多從陰陽造化上抹過，未之深究。夫〈乾〉，其靜也專，其動也直，是以大生焉。夫〈坤〉，其靜也翕，其動也闢，是以廣生焉，便是吾儒説虛的精髓。無思也，無爲也，寂然不動，感而遂通天下之故，便是吾儒説無的精髓。……天地四時日月，有所不能違焉，不求養生，而所養在其中，是之謂至德。盡萬卷丹經，有能出此者乎？無思無爲，非是不思不爲，念慮酬酢，變化云爲，如鑑之照物，我無容心焉，是故終日思而未嘗有所思，終日爲而未嘗有爲也。無思無爲，故其心常寂，常寂故常感，無動無靜，無前無後，而常自然，不求脱離而自無生死可出。是之謂大《易》盡三教之宗，即性即命，即寂即感，至虛而實，至無而有，千聖至此騁不得一些精采，活佛活老子至此弄不得一些伎倆，同此即是同德，異此即是異端。〔註253〕

陽明之見，道家所說的虛，佛家說的無，二家所言虛無已到究極，儒家亦不能增加一絲新意。然而二家的虛無說格調不高，因爲仍有一絲一念的生死念頭障礙著，這從道家提到養生，佛家提到離生死苦海可知。所謂生死念頭，它是最細微的欲望，若不能擺脫，就會令本體產生阻礙，〔註254〕這是對本體

〔註253〕《全集・東遊會語》，卷四，頁292～294。

〔註254〕《王陽明傳習錄詳註集評》，卷下，第278條，頁334載：問天壽不貳。先生曰：「學問功夫，於一切聲利嗜好，俱能脱落殆盡，尚有一種生死念頭毫髮掛帶，便於全體有未融釋處。人於生死念頭，本從生身命根上帶來，故不易去。若於此處見得破，透得過，此心全體方是流行無礙，方是盡性知命之學。」。此處雖沒有明言是針對佛老，但佛道二家的出離生死苦海、養生，實亦是「一種生死念頭毫髮掛帶」而有，故可用以批判佛老。關於對佛家的批判，可參

「加了些子意思」，不是眞正的虛無本色。只有良知才是眞正的虛無，因爲它不會有任何一念的留滯，所謂「良知之虛，便是天之太虛；良知之無，便是太虛之無形。日月風雷、山川民物，凡有貌象形色，皆在太虛無形中發用流行，末嘗作得天的障礙」，〔註255〕生死之事雖存在，但人有良知去判別何所當生、何所當死，則生死一念就不會留滯繫著於心，故能安然處之，不刻意求避，如此本體上就流行無礙了。

龍溪秉承陽明之意，亦以虛、無來說明道、佛的特色。他以爲儒釋道三家皆有虛無的特色。而虛的精髓來自於〈乾〉、〈坤〉二卦，即〈繫辭上〉說的「夫〈乾〉，其靜也專，其動也直，是以大生焉。夫〈坤〉，其靜也翕，其動也闢，是以廣生焉」，而〈咸〉卦盛談虛之道理，故綜合三者觀之；至於無的精髓，則來自於〈繫辭上〉說的「易，无思也，无爲也，寂然不動，感而遂通天下之故」，〈咸〉卦亦有論及，亦綜論之。以下先論「虛」，再論「無」。

龍溪說：「聖人微言，見于大《易》，學者多從陰陽造化上抹過，未之深究。」可見《易經》的道理，主要就是說明天地創生化育萬物之事，而一般人對於陰陽生化之事，未以留心，輕易抹過，究其因是忽略了〈乾〉、〈坤〉之作用。蓋〈乾〉主創生，生物之德爲最大，故是大生。〈坤〉主終成，承〈乾〉道所生之萬物而涵養之，故是廣生。而〈乾〉、〈坤〉之生養萬物，是因其虛才能生實，即由玄妙虛寂的陰陽二氣之相交相感，而有實際萬物之產生，故雖名曰虛，實而不虛，因在虛中可見到實也。在〈咸〉卦中，龍溪更大談虛之道理。他在解〈咸〉卦的成象時提到：「山澤通氣，以山之虛，配以澤之潤，惟虛故通，實則不通矣。……君子觀山澤通氣之象，虛其中以受人。虛者，道之源也。目惟虛故能受天下之色；耳惟虛故能受天下之聲；心惟虛故能受天下之善。……君子之學，致虛所以立本也。」〔註256〕〈咸〉卦之象是山上有澤，澤之所以能在山上成形，是因山上有空虛之處可容納水，水潤濕土，二物之氣就相感通。若山上皆充實而無凹陷，澤即不存。君子觀此山澤通氣之象，故虛中無我以廣納眾人。虛能生實，故是道之根源。虛之用多，目虛方可容受各種顏色；耳虛方能接受各種聲音；心虛方可接受各種好的意見，

考陳榮捷〈王陽明與禪〉，收錄在《王陽明與禪》（臺北：臺灣學生書局，1984年11月初版），頁78～80。

〔註255〕同上，卷下，第269條，頁328。

〔註256〕《龍溪王先生全集·大象義述》，卷二十一，〈咸·大象〉：「山上有澤，咸，君子以虛受人。」句下注，頁1714～1715。

例如舜雖居深山之中，以其心本虛，故聞一善言，見一善行，就能領受踐行，沛然莫之能禦。故龍溪以為君子要以致虛為立本之要，此即是要致良知也。

至於無，〈繫辭上〉曰「易，无思也，无為也」，關於此，龍溪在〈咸〉卦論述到的何思何慮，可資以參酌。他說：「〈咸〉者，無心之感。……。無心之感，所謂何思何慮也。……何思何慮，非無思無慮也，直心以動，出於自然，終日思慮，而未嘗有所思慮。觀之造化：日月往來，相推而明生焉；寒暑往來，相推而歲成焉，出於自然，未嘗有所思慮也」，〔註257〕說明了〈咸‧象〉所載「天地感而萬物化生」、「聖人感人心而天下太平」無中生有的情形，乃是自然無心之感所致。無心之感是指何思何慮。何思何慮，不是完全沒有思慮，而是所思所慮，出於天理、自然，它是心直接生出的，不曾加上一絲私意於其間。這道理從日月的相互往來而光明產生，寒暑的往來而年歲形成，皆是出於自然而然，無有私心夾雜可知。而无思无為，其道理同於何思何慮，它亦不是完全不思不為，而是所思不關心慮、所為不用營造，皆出於自然，故一切念慮酬酢，變化云為都一一如如呈現於心中，這思、為是自然而然的，故雖思而不曾思（思無思相），雖為而不曾為（為無為相）。而「寂然不動，感而遂通」的即寂即感，亦同於何思何慮、无思无為之出於自然，這些亦是致良知到了化境時的發用流行。當人能體悟到良知的虛無性時，對道家的養生，佛教的脫離生死海，就能「不求脫離而自無生死可出」。

總之，《易經》上所談到的本體的虛無，是「即性即命，即寂即感，至虛而實，至無而有」的，這是三教共同所宗，任何一教皆不能外此而別立他法，否則就是應受批判之異端。

以上是龍溪從虛無的來源——《易經》去總體合會佛老。他對儒道、儒佛有時亦採取分說的解釋路向。

> 或問老氏三寶之說。先生曰：「此原是大《易》之旨，但名不同耳。慈者，仁也，與物同體。儉者，嗇也，凝聚保合也。不敢為天下先者，謙沖禮卑也。慈是元之亨，儉是利貞之性情，無為之先，是用九之無首，故曰：『老子得易之體』。」〔註258〕

《老子》六十七章云：「我有三寶，持而保之：一曰慈，二曰儉，三曰不敢為天下先。」老子的三寶即指「慈」、「儉」、「不敢為天下先」。龍溪以為這三者

〔註257〕同上，頁1715～1716。
〔註258〕《全集‧南遊會紀》，卷七，頁469～470。

《易經》中早有記載，只是名稱不同而已。老子說的「慈」，即指仁而言，所謂仁者與天地萬物爲一體，這和〈乾‧文言〉說的「元者，善之長也」，「〈乾〉元者，始而亨者也」其意近同。〈乾〉卦是創生萬物的源頭，當它創生時，天道就落入萬物之中，由此萬物之性命得以亨通，並且能生生不已的發展下去，這種生物之大德就是天道仁德的表現，它是「善之長」。老子的「儉」，是指儉省心志，遠離災難說，這和〈乾‧象〉說的「保合大和，乃利貞」，所行常存又合乎天道，是以無不利且貞之意近同。老子的「不敢爲天下先」，和〈謙〉卦所呈顯的謙沖精神相通，亦和〈乾‧用九〉說的「見群龍无首」，群龍不自以爲首領之謙讓美德類同。這樣的謙讓，其實也是順應時機，「和而不倡（先）」，不爲物先之表現。〔註259〕總之，老子的「慈」、「儉」、「無爲」之主張，在大《易》中都有根源可尋。

至於佛家，龍溪說：

> 謂天地之道，貞觀者也，「盥而不薦，有孚顒若」，乃形容觀法氣象，故曰觀天之神道。聖人以神道設教，即是以此觀出教化也。西方奢摩陀三觀，乃觀中頓法，二十五輪，乃觀中漸法。若無觀行，智慧終不廣大，只成弄精魂。然蓮池所舉察念之說，亦不可忽，不察則觀無從入，皆良工苦心也。以吾儒之學例之，察即誠意，觀即正心，所謂正者，只在意根上體當，無有一毫固必之私，非有二也。〔註260〕

〈繫辭下〉曰：「天地之道，貞觀者也」，意指天地之道因守於正，故爲人觀仰。〈觀〉卦卦辭曰：「盥而不薦，有孚顒若」，意指以誠敬肅穆之心，觀禮於最初之以酒洒地迎神之儀式，雖未及觀其薦獻之禮，其敬穆之誠已足以悅神矣，此爲儒門善觀神道人心處，其要乃在於吾心之誠正也，誠正則通神明矣，聖人觀神道可以發人之誠正，故可借神道以設教化民。至於西方佛教也是以觀來修行，例如它的觀空、觀假、觀中，就是觀中的頓法；而二十五種觀心修行之法，就是觀中的漸法。因此觀是很重要的，若無觀就無行可修了。而所說的觀，特別指觀察細微念頭的生滅，而不起心動念而言，由此就能作爲修行的起點向前進。就龍溪來說，此觀就是正心，察即是誠意。所謂「正心

〔註259〕龍溪曰：「用九是和而不倡之義，若曰陽剛不可爲物先，則乾非全德矣。吾人之學，切忌起爐作灶，惟知和而不倡，故能時乘御天，應機而動，故曰：『乃見天則』。吾人有凶，有咎，只是倡了。」《全集‧三山麗澤錄》，卷一，頁119。

〔註260〕《全集‧興浦庵會語》，卷七，頁515～516。

在誠意」，即是察識己心所發之意是否循理而動，善則行之，惡則改之，無一絲意必固我之執時，心就正了，別人就得以觀仰之了。

第七節　龍溪之經典詮釋──《六經》註我，我註《六經》的歷史脈絡與見解

龍溪對經典的態度是「《六經》皆我註腳」，「我註《六經》」，龍溪如此的詮解經典不單是承傳自陸象山、王陽明，實可遠溯至張載，其中有一脈絡可尋。

一、《六經》註我，我註《六經》的歷史脈絡

「《六經》註我，我註《六經》」雖是象山首先提出，但其來源頗早，可追溯自張載。張載說：「讀書少則無由考校得義精，蓋書以維持此心，一時放下則一時德性有懈，讀書則此心常在，不讀書則終看義理不見。……所以觀書者，釋己之疑，明己之未達，每見每知所益，則學進矣，於不疑處有疑，方是進矣。」〔註261〕讀書有維持此心，使德性不懈，並釋己疑之功用，然人總有迷惑於經典之情形發生，為其內容所影響，〔註262〕因此讀書應求大體，不可泥於文義。〔註263〕要明大體，則須有識大體之心量，故讀書應先求心體之大明，心體大明則經義自明，所謂「博大之心未明，觀書見一言大，一言小，不從博大中求，皆未識盡。既聞中道，不易處且休，會歸諸經義，己未能盡天下之理，如何盡天下之言！聞一句語則起一重心，所以處得心煩，此是心小則百物皆病也。今聞師言此理是不易，雖掩卷守吾此心可矣。凡經義不過取證明而已，故雖有不識字者，何害為善！」〔註264〕「心解則求義自明，不必字字相校。譬之目明者，萬物紛錯於前，不足為害。若目昏者，雖枯木

〔註261〕《張載集・經學理窟・義理》，頁1275。

〔註262〕張載曰：「人之迷經者，蓋己所守未明，故常為語言可以移動。己守既定，雖孔孟之言有紛錯，亦須不思而改之，復鋤去其繁，使詞簡而意備。」同上，頁276。

〔註263〕張載曰：「觀書且不宜急迫了，意思則都不見，須是大體上求之。言則指也，指則所視者遠矣。若只泥文而不求大體則失之，是小兒視指之類也。常引小兒以手指物示之，而不能求物以視焉，只視於手，及無物則加怒耳。」同上注。

〔註264〕同注261，頁277。

朽株皆足為梗。」〔註265〕心體之明是首要的，經義不外是用以證明吾心之內容，為吾心所用而已，故心明則經義明，經義明則得經典全義。

程明道說：「學者識得仁體，實有諸己，只要義理栽培。如求經義，皆栽培之義。」〔註266〕學者須先識仁體，仁體即心體，而仁體之呈現是須返求諸己，《六經》古訓中的義理不外只是用以栽培、存養吾心之仁體而已。二程之再傳弟子張九成，〔註267〕則以為《六經》所揭示的道理是人心中之理，而非一堆死文字，所謂：「或問《六經》與人心所得如何？曰：『《六經》之書，焚燒無餘，而出於人心者常在。則經非紙上語，乃人心中理耳』。」〔註268〕

陸象山則正式明確提出「《六經》註我，我註《六經》」、「學苟知本，《六經》皆我註腳」之說。〔註269〕為學之要須先「知本」，「先立其大」，「欲明夫理者，不可以無其本。」〔註270〕這「本」、「大」就是指本心、心體。影響所及，象山就以心來註《六經》，此《六經》意涵在象山有所擴大，泛指各種儒家的經典，以下分別就《易》、《書》、《論》、《孟》、《大學》、《中庸》來論述之。

象山說：「〈乾〉〈坤〉，同一理也，孔子於〈乾〉曰：『大哉！〈乾〉元。』於〈坤〉則曰：『至哉！〈坤〉元。』」〔註271〕〈乾〉、〈坤〉是研究《周易》的重要門徑，二者同一理，以象山主張「心同理同」，「心即理」來看，〈乾〉、〈坤〉皆為同一心體之化身。語錄載：「《書》云：『人心惟危，道心惟微。』解者（指朱子）多指人心為人欲，道心為天理。此說非是。心，一也，人安有二心？自人而言，則曰惟危；自道而言，則曰惟微。『罔念作狂，克念作聖』，非危乎？『無聲無臭，無形無體』，非微乎？」〔註272〕象山以為人心、道心不

〔註265〕同上注。

〔註266〕此條原載於《二程集》卷二上，頁15，屬二先生語，朱子於《朱子語類》卷九十五，頁2447，論程子之書時，判別此條為程明道之語，今從。

〔註267〕張九成（公元1092年～1159年），字橫浦，《宋元學案・橫浦學案》表謂：「張九成——龜山門人，二程再傳，安定、濂溪三傳，陸學之先。」頁84～85。全祖望案語曰：「龜山弟子以風節先顯者，無如橫浦，而駁學亦以橫浦為最，晦翁斥其書，比之洪水猛獸之災，其可畏哉？然橫浦之羽翼聖門者，正未可泯也。」卷四十，頁86。

〔註268〕同上注。

〔註269〕《陸九淵集・語錄上》，卷三十四，頁395。

〔註270〕《陸九淵集・則以學文》，卷三十二，頁378。

〔註271〕《陸九淵集・與趙詠道第四書》，卷十二，頁161。

〔註272〕《陸九淵集・語錄上》，卷三十四，頁395～396。

能二分為天理、人欲，人之本心只有一個，就其易沉淪曰「惟危」，就其「無聲無臭，無形無體」曰「惟微」，人只要能不從「罔念」，實踐「克念」之功夫，則成聖矣。又說：「『仁，人心也。』『從心所欲，不踰矩。』此聖人之盡仁。……常人固未可望之以仁，然亦豈皆頑然而不仁？聖人之所為，常人固不能盡為，然亦有為之者。聖人之所不為，常人固不能皆不為，然亦有不為者。於其為聖人之所為，與不為聖人之所不為者觀之，則皆受天地之中，根一心之靈，而不能泯滅者也。使能於其所不能泯滅者而充之，則仁豈遠乎哉？」〔註273〕此處注解《論語》的仁，它以「仁，人心也。」「從心所欲，不踰矩。」來說明聖人之盡仁。聖人之能盡仁，是來自「受天地之中，根一心之靈，而不能泯滅」的心體。常人亦有心體，只是不如聖人能當下呈現出來，但常人和聖人同樣有所為和不為之處，若人能擴充己心，即是盡仁，即為聖人。語錄載：「孟子云：『盡其心者，知其性；知其性，則知天矣。』心只是一箇心。某之心，吾友之心，上而千百載聖賢之心，下而千百載復有一聖賢，其心亦只如此。心之體甚大。若能盡我之心，便與天同。」〔註274〕孟子盡的「心」、知的「性」、知的「天」，象山以為說的實只是一個心體，這是以心來貫通心、性、天三者。此心因具有普遍性，故古今之聖賢皆同。又云：「為政在人，取人以身，修身以道，修道以仁。仁，人心也。人者，政之本也。身者，人之本也。心者，身之本也。不造其本，而從事其末，末不可得而治矣！」〔註275〕此處結合了仁政和《大學》言治國平天下以「修身為本」的思想。從政之本推論到最後為人之心，故統治者只要發輝心之靈明，就可行仁政了。又云：「此心之體甚大。若能盡我之心，便與天同。為學只是理會。此誠者自成也，而道自道也。」〔註276〕原本《中庸》曰：「誠者，天之道；誠之者，人之道。」是以誠來通貫本體功夫，猶有天人上下之別，象山則使人之本心上昇到誠者道體的層次，故自成自道的誠、道就是本心，再無上下天人之別。

由象山之論述中可知，聖賢言語雖載於《六經》中，然這些言語不外是指點人心之語，為學之本實根於內心，故在心上作功夫是最首要的。

陸象山之弟子楊簡亦以為經典不能脫離人心，經典之論述不外是闡述心體

〔註273〕《陸九淵集·雜著、論語説》，卷二十一，頁264。
〔註274〕《陸九淵集·語錄下》，卷三十五，頁444。
〔註275〕《陸九淵集·荊國王文公祠堂記》，卷十九，頁233。
〔註276〕同注248。

之內容。他說:「變化云為,興觀群怨,孰非是心,孰非是正?人心本正,起而為意而後昏,不起不昏,宜而達之,則〈關睢〉求淑女以事君子,本心也;〈鵲巢〉昏禮天地之大義,本心也;〈柏舟〉憂鬱而不失其正,本心也;廓〈柏舟〉之矢言靡它,本心也。由是心而品節焉,《禮》也;其和樂,《樂》也;得失吉凶,《易》也;是非,《春秋》也;達之於政事,《書》也。」〔註277〕又說:「善學《易》者,求諸己,不求諸書。古聖作《易》,凡以開吾心之明而已,不求諸己而求諸書,其不明古聖之指也甚矣。」〔註278〕《詩》中諸篇皆是本心之不同形式的「變化云為,興觀群怨」,《六經》皆是本心之紀錄,而《易》之道理則是為開吾心之明,為達此目的先得反求諸己,如此讀者方可和《易》相互取證。

明初宋濂〔註279〕以為「《六經》皆心學」、「《六經》所以筆吾心之理」,具體提出了《六經》如何去呈現人心中不同的理。他說:「《六經》者皆心學也。心中之理無不具,故《六經》之言無不該,《六經》所以筆吾心之理者也。是故說天莫辨乎《易》,由吾心即太極也;說事莫辨乎《書》,由吾心政之府也;說志莫辨乎《詩》,由吾心統性情也;說理莫辨乎《春秋》,由吾心分善惡也;說體莫辨乎《禮》,由吾心有天敘也;導民莫過乎《樂》,由吾心備人和也。人無二心,《六經》無二理。因心有是理,故經有是言。心譬則形,而經譬則影也。無是形則無是影,無是心則無是理,其道不亦較然矣乎?……秦、漢以來,心學不傳,往往馳騖於外,不知《六經》實本於吾之一心。……不知心之為經,經之為心也。」〔註280〕心如形,《六經》如影,無形則無影。《六經》是紀錄吾心之理,故無心之理則無《六經》。進一步說,心因與天地參,故廣大富有萬象,無論是天地位、萬物育,皆由此心,若人能立此心則《六經》亦不必作矣。

陽明弟子鄒東廓於廣德州建尊經閣,湛甘泉〔註281〕為之作〈廣德州儒學新建尊經閣記〉曰:「夫經也者,徑也,所由以入聖人之徑也。或曰警也,以

〔註277〕《慈湖先生遺書·詩解序》,卷一,頁54。

〔註278〕《慈湖先生遺書·家記一·己易》,卷七,頁302～303。

〔註279〕宋濂(公元1310年～1381年),字景濂,浦江(今屬浙江)人。本隱居山林,後為朱元璋重用。其學宗理學,亦主心學,著作經後人編為《宋文憲公全集》。

〔註280〕《文憲集·六經論》(《四庫全書·集部六·別集類五》,第1224冊),卷二十八,頁440。

〔註281〕湛若水(公元1466年～1560年),字元明,人稱甘泉先生,增城(今屬廣東)人。以陳獻章為師,因而悟出「隨處體認天理」的為學宗旨。著作頗多,有《春秋正傳》、《甘泉文集》等。

警覺乎我也。傅說曰：『學於古訓。』夫學，覺也，警覺之謂也。是故《六經》皆註我心者也，故能以覺吾心。《易》以註吾心之時也，《書》以註吾心之中也，《詩》以註吾心之性情也，《春秋》以註我心之是非也，《禮》、《樂》以註吾心之和序也。曰：『然則何以尊之？』曰：『其心乎！』故學於《易》而心之時以覺，是能尊《易》矣。學於《書》而心之中以覺，是能尊《書》矣。學於《詩》而心之性情以覺，是能尊《詩》矣。學於《春秋》、《禮》、而心之是非和序以覺，是能尊《春秋》、《禮》、《樂》矣，覺斯存之矣。是故能開聰明、擴良知，非《六經》能外益之聰明。良知也，我自有之，彼但能開之擴之而已也。如夢者、醉者，呼而覺之；非呼者外與之覺也。知覺，彼固有之也，呼者但能覺之而已也，故曰：《六經》，覺我者也。」〔註282〕此說明了《六經》因皆注我心，故有覺吾心之功用，這覺即是「開聰明，擴良知」也。

　　王陽明對於《六經》抱持下列觀點：他承認《六經》有「拂塵」〔註283〕、廓清迷惑之基本作用；《六經》之實在人心中，其內容分別紀錄人內心中之常道；《六經》之用為致良知，《四書》、《五經》不過說這心體，故須先在良知心體上用功。若能把握住「致良知」這舵柄，就可用以權衡貫串所有經典，而不須一字一句的去分析經典。〔註284〕他說：「《六經》者，吾心之記籍也，而《六經》之實，則具於吾心。」〔註285〕「《六經》者非他，吾心之常道也。故《易》也者，志吾心之陰陽消息者也；《書》也者，志吾心之紀綱政事者也；《詩》也者，志吾心之歌詠性情者也；《禮》也者，志吾心之條理節文者也；《樂》也者，志吾心之欣喜和平者也；《春秋》也者，志吾心之誠偽邪正者也。」〔註286〕「凡看經書，要在致吾之良知，取其有益於學而已，則千經萬典，顛倒縱橫，皆為我之所用。」〔註287〕「此只是在文義上穿求，故不明……須於心體上用功。凡明不得，行不去，須反在自心上體當，即可通。蓋《四書》《五

〔註282〕《湛甘泉先生文集・廣德州儒學新建尊經閣記》（《四庫全書存目叢書・集部・別集類》，1997年6月初版，第57冊），卷十八，頁5。

〔註283〕陽明曰：「千聖本無心外訣，《六經》須拂鏡中塵。」見《陽明全書・夜坐詩》，卷二十，頁三十四。

〔註284〕〈五經臆說序〉載：洪（緒山）嘗乘間以請，師笑曰：「付秦火久矣。」洪請問，師曰：「只致良知，雖千萬經典，異端曲學，如執權衡天下，輕重莫逃焉；更不必支分句析，以知解接人也。」見《陽明全書》，卷二十六，頁七。

〔註285〕《陽明全書・稽山書院尊經閣記》，卷七，頁二十。

〔註286〕同上。

〔註287〕《陽明全書・答季德明》，卷六，頁九。

經》不過說這心體。」〔註288〕當人已致其良知，再以經典印證其心，此時千經萬典皆爲我所用。人既聞大道，則不須再藉用經典之助，因而經典就有如糟粕，不須再死執，是爲「得魚忘筌」。〔註289〕總之，學貴得於心，故無論是遭遇到聖賢如孔顏或庸常如漁樵，都不可輕易許其是或非，在在皆要以己心良知〔註290〕爲判準去加以判別，所謂「學貴得之心。求之於心而非也，雖其言之出於孔子，不敢以爲是也。而況其未及孔子者乎？求之於心而是也，雖其言之出於庸常，不敢以爲非也。而況其出於孔子者乎？」〔註291〕此突顯出了陽明「打破權威，回歸自證」的精神。

二、龍溪詮釋經典的見解 —— 良知是貫串《六經》之樞紐

　　龍溪詮釋經典的見解深受陸王之影響，此即「《六經》註我，我註《六經》」。他曾引象山之語闡明其主張。《象山語錄》上云：

> 或問：「先生何不著書？」對曰：「『《六經》註我，我註《六經》。』
> 韓退之倒做了，蓋欲因文而學道。歐公極似韓，其聰明皆過人，然
> 不合初頭俗了，二程方不俗，然聰明卻有所不及。」〔註292〕

龍溪亦曾云：

> 道在人心，《六經》吾心註腳，雖經祖龍之火，吾心之全經未嘗忘也。
> 韓歐欲因文而學道，是倒做了，要初頭免得俗，須是知學，不然聰
> 明如韓歐，亦不免於俗，聰明固不足恃也。〔註293〕

前引爲象山之話，後則爲龍溪之語。象山說明其不著書之意，是因凡經典之言，既是大道之記載，又是人心內容的反映，而大道就是人心，故大道不須

〔註288〕《王陽明傳習錄詳註集評》，卷上，第31條，頁69。

〔註289〕〈五經臆說序〉曰：「得魚而忘筌，醪盡而糟粕棄之，魚醪之未得，而曰是筌與糟粕也，魚與醪終不可得矣。《五經》，聖人之學具焉。然自其已聞者而言之，其於道也，亦筌與糟粕耳。竊嘗怪夫世之儒者，求魚於筌，而謂糟粕之爲醪也。夫謂糟粕之爲醪，猶近也。糟粕之中而醪存，求魚於筌，則筌與魚遠矣。」《陽明全書》，卷二十二，頁七。

〔註290〕《陽明全書·詠良知四首示諸生》（一）（二）曰：「箇箇人心有仲尼，自將聞見苦遮迷。而今指與眞頭面，只是良知更莫疑。」「問君何事日憧憧，煩惱場中錯用功。莫道聖門無口訣，良知兩字是參同。」卷二十，頁二十六。詩中顯示了在陽明心中，良知才是最高的準則，故一切事物要以良知爲準。

〔註291〕《王陽明傳習錄詳註集評》，卷中，第173條，頁248。

〔註292〕《陸九淵集·語錄上》，卷三十四，頁399。

〔註293〕《全集·撫州擬峴臺會語》，卷一，頁135。

遠求，直接求於人心即可，不須再多增加閱讀經典這步。換句話說，《六經》
之道雖大，其源是在吾心，故只要先明吾心吾理即可，就不用再費事讀經註
經。《六經》本用來註解吾心，而以吾心去註解《六經》，才是最可靠的註解
法。這用本心去註經，其實也是心學家一種特殊的解經觀念。而龍溪尙提出
「雖經祖龍之火，吾心之全經未嘗忘也」，點明了經籍有歷時變遷被破壞的可
能，但人心之理不會遺忘，此即此心此理並不會受經籍存毀之影響。進一步
言，即使沒有《六經》之存在，心之理亦能流露出來。復次，對照於韓愈、
歐陽脩之欲因文而明道，而不知由道以明文，這是「初頭俗了」、不知學，人
既不能善始，又焉能善終？而且，韓愈之由文以明道，這種求道法是不直接
的，根本之道應先返回自己的本性上，再落實在實際事情上，篤實以求。而
這世間之所以紛擾不息，也正是「由虛文勝而實行衰也。」〔註 294〕須至於二
程「方不俗」，雖「聰明有所不及」，龍溪之意似以爲並無大礙，因爲學不是
全靠聰明。如果恃聰明，而不知學，亦不足恃。他又說：

> 良知是貫串《六經》之樞紐，故曰：「《六經》皆我註腳。」〔註 295〕

> 夫良知者，經之樞，道之則。經既明則無藉於傳，道既明則無待於
> 經，昔人謂《六經》皆我註腳，非空言也。〔註 296〕

由此可知龍溪所謂「《六經》吾心註腳」、「《六經》註我，我註《六經》」中的
「我」是指良知心體，因此「《六經》皆我註腳」，「我註《六經》」是說「《六
經》皆爲我良知心體之注腳」，「以我之良知心體去注《六經》」，良知心體就
成了「貫串《六經》之樞紐」。龍溪如此的闡釋良知和《六經》的關係，其用
意是將良知的地位無限上提，使之成爲最高的依循準則。而良知之所以能成
爲「貫串《六經》之樞紐」，是要人的良知呈顯時方爲可能的，一旦這種情況
產生，則人之一切行事，無不自然合宜中節，此時自然不須再依恃《六經》
的指引，這正是「經既明則無藉於傳，道既明則無待於經」。

　　關於「良知是貫串《六經》之樞紐」、「夫良知者，經之樞，道之則」、「《六
經》皆我註腳」，龍溪曾以楚侗子之弟楚倥子爲例來說明之，《全集》中載道：
楚侗子曰：「僕于陽明之學，初聞不惟不信，反加訾議，所以興起信心，全在
楚倥舍弟。舍弟資性拙鈍，即不能讀書，又不會理家，苦苦在山中靜坐，求

〔註 294〕詳參《王陽明傳習錄詳註集評》，卷上，第 11 條，頁 44～47。
〔註 295〕《全集‧水西精舍會語》，卷三，頁 233。
〔註 296〕《全集‧自訟長語示兒輩》，卷十五，頁 1069。

箚出頭，致成血疾。一旦忽然開悟，胸中了然無滯礙，凡《四書》、《六經》，未嘗經目之言，與之語，當下曉了，多世儒所不道語。……益信舍弟之言，不我誣也。先生曰：『楚倥子此悟不由文義意識而得，乃是心悟，非依通解悟也。』〔註297〕楚倥子資質拙鈍，不能讀書又不會理家，只在山中苦修，靜坐以求體驗心體。當心體一明，凡《四書》、《六經》之道理，無不了然，且「多世儒所不道語」，這就是心體貫串《四書》、《六經》的成果，其步驟是先以良知去印證《四書》、《六經》，再由它們來反證心體，故楚倥子雖不善讀書，亦不妨礙他對經典的了解，這其實也是陽明說的「蓋《四書》、《五經》不過說這心體。」的一大佐證。

由上所述，經典似乎只是作爲印證內心的工具，如此說來，它們是否就毫無丁點價值可言了呢？自龍溪而言則不然，他仍肯定經典有重大的作用。

> 或謂先師嘗教人廢書否，不然也。讀書爲入道筌蹄，束書不觀，游談無經，何可廢也？〔註298〕

> 予聞之師曰：經者，徑也，所由以入道之徑路也。聖人既已得道於心，慮後人之或至於遺忘也，筆之於書，以詔後世，故《六經》者，吾人之紀籍也。〔註299〕

此處龍溪引其師陽明之說以說明其立場，陽明在〈五經臆說序〉雖主張「得魚而忘筌，醪盡而糟粕棄之」，但那是對聞道之人言，若是「魚醪之未得，而曰是筌與糟粕也，魚與醪終不可得矣。」因此經典仍有其作用在，它是「入道之徑路」、「入道之筌蹄」，指引著迷惑的大眾去體證大道。關於讀經的作用，龍溪主張「讀書有觸發之義，有栽培之義，有印正之義」，〔註300〕此「三義」他在重刻《陽明文錄》時暢論曰：

> 言者所由以入於道之詮，凡待言而傳者，皆下學也。學者之於言也，猶之暗者之於燭，跛者之於杖也，有觸發之義焉，有栽培之義焉，有印正之義焉，而其機則存乎心悟。不得于心而泥於言，非善於學者也，……吾黨之從事於師說，其未得之也，果能有所觸發否乎？其得之也，果能有所栽培否乎？其得而玩之也，果能有所印正否乎？

〔註297〕《全集‧東遊會語》，卷四，頁291～292。
〔註298〕《全集‧答吳悟齋》，卷十，頁683。
〔註299〕《全集‧明儒經翼題辭》，卷十五，頁1055。
〔註300〕《全集‧天心題壁》，卷八，頁572。

得也者，非得之於言，得之於心也。契之於心，忘乎言者也，猶之燭之資乎明，杖之輔乎行，其機則存乎目與足，非外物所得而與也。〔註301〕

讀書固然有「三義」，但人要從讀書有所得，則須依靠人心之自悟，要「契於心而忘乎言」也。同樣的，治經亦有「觸發吾心、栽培吾心、印證吾心」之三益。龍溪說：

> 予嘗謂治經有三益：其未得之也，循其說以入道，有觸發之義焉；其得之也，優游潛玩，有栽培之義焉；其玩而忘之也，俛仰千古聖人，先得我心之同然，有印正之義焉。而其機存乎一念之微，所謂學古訓而有獲，非耶？善學者隨其根器之大小，學力之淺深，求以自得，而不流於虛與支之失。〔註302〕

人去治經，未領悟時，循經典以入道，藉以觸發其心；略有領悟時，則優游潛玩其中，藉以栽培涵養其心；一旦大悟，藉所有的經義以印證其心。善學者能求自得，則可避免流於「虛」與「支」之弊。「虛」與「支」是針對漢儒和佛家來批評，所謂「漢之儒者，泥於訓詁，徒誦其言，而不得其意，甚至屑屑於名物度數之求，其失也流而為支。及佛氏入中國，以有言為謗，不立文字，惟直指人心以見道，至視言為葛藤，欲從而掃除之，其失也流而為虛。支與虛，其去道也遠矣。」〔註303〕漢儒解經重訓詁，常泥於半字一句之解釋，或有以三萬字解〈堯典〉二字者，〔註304〕這是不明大意、「墮在瑣碎窠臼裡」，〔註305〕反而得不到經典之真義，是為支曼之弊。佛家禪宗則講求不立文字，直指人心，視言語文字為障道之葛藤，輕易的就捨棄了言語文字之助，故其流弊為空虛。

　　由上可知，龍溪乃視經典為「徑路」、「筌蹄」，不是欲達致的最終目標之所在，故當它們完成階段性的任務後，即可拋棄。龍溪說：

〔註301〕《全集・重刻陽明先生文錄後序》，卷十，頁870～871。

〔註302〕同注299，頁1056。

〔註303〕同上，頁1055～1056。

〔註304〕二程子曰：「漢儒之談經也，以三萬餘言明〈堯典〉二字，可謂知要乎？」《二程集・河南程氏粹言・論書篇》，卷一，頁1202。

〔註305〕龍溪曰：「吾人讀書為學，須先明大意。大意既得，然後細微可從而理。若著意精微，墮在瑣碎窠臼裡，與義相仇，大處反失，非善於學者也。孔明讀書，惟觀大旨；曾點之見大意，在於浴沂風雩之間，古人之學可見矣。」《全集・法華大意題詞》，卷十五，頁1057～1058。

> 唐虞之朝，所讀何書？魚兔苟獲，筌蹄可忘，於此參得透，放得下，得其不可傳之秘，《六經》亦糟粕耳。〔註306〕

> 吾人時時能對越上帝，無閒漫之時，然後可以無藉於書。書雖是糟粕，然千古聖賢心事，賴之以傳，何病於觀？但泥於書，而不得於心，是爲《法華》所轉。〔註307〕

魚兔既獲，筌蹄可忘；大道已聞，良知心體呈顯了，即能以之時時對越上帝，此時《六經》亦如同糟粕，可以無藉。否則，固滯於書中文句，爲其所牽纏，就會心迷不通，爲《法華》所轉，是爲玩物喪志。而爲了避免爲《法華》所轉，龍溪就提出了「時時愛養精神，時時廓清心地」的工夫，他說：「若曉得講學做工夫，時時愛養精神，時時廓清心地，不爲諸般外誘所侵奪，天機時時活潑，時時明定，終日不對卷，便是看書一般；終日不執筆，便是作文一般。觸機而動，自無凝滯。以我觀書，不爲《法華》所轉，如風行水上，不期文而文生焉。」〔註308〕

　　雖然龍溪提到「《六經》亦糟粕」，但不是要完全否定掉《六經》的價值，實蘊含另一層意思。

> 古人往矣，誦詩讀書，而論其世，將以尚友也，故曰：「學於古訓，乃有獲。」「學於古訓」，所謂讀書也。魚兔由筌蹄而得，滯筌蹄而忘魚兔，是爲玩物喪志，則有所不可耳。……兄謂守此進修，可以寡尤，此固然矣，然必有志，而後能守。……躬行君子，必本於慎獨，道修性復，始可謂之躬行。若依倣古人之跡，務爲操勵，以自崇飾，而生機不顯，到底只成義襲作用，非孔門之所謂君子也。〔註309〕

人依循孔孟嘉言、《六經》古訓，固然可進德修業，但人先須立志，進德修業時方能正確的朝向良善之方向前進，這才能篤守正道。一個躬行的君子，獨處時小心從事，修道復性，無時不求對越上天而無愧，他之所以能如此做，是因其良知的指引所致。換言之，人先要有良知之豁顯，所立之志方是眞志，進德修業也才能無所偏，前人之言論方可爲我所用而不誤。若人只是一味模仿經書上紀載的古人之行跡，不先求良知之呈顯，這是徒有其形，欠缺其實，

〔註306〕《全集・自訟問答》，卷十五，頁1074～1075。
〔註307〕《全集・撫州擬峴臺會語》，卷一，頁138。
〔註308〕《全集・天心題壁》，卷八，頁569～570。
〔註309〕《全集・答吳悟齋》，卷十，頁683～684。

此謂之義襲。義襲之人沒有內在的動力驅動，進行道德實踐時生機不顯，總一曝十寒。因此龍溪之欲人拋棄經典，其用意也是要人能先反躬自省，知道自立自強之後，才去求助於經典之輔助，萬勿在心體不明之下，就先依於前人言論而行，滯筌蹄而忘魚兔，終日困守，徒費力氣而已。總之，龍溪此點是從立本上來考量的。

綜上所論，《六經》不外是用以證我心體，助我悟道之用，道聞而《六經》皆我心之註腳，《六經》即我，我即《六經》矣。

三、對龍溪經典詮釋的反省 ——《六經》註我，我註《六經》的意義

中國經典淵遠流長，由於其蘊義深奧，每個時代總有不少賢哲費盡無窮心力去加以詮釋：或辨明器物，或探討字義，或分析章句，或深掘義理，種種方式，不一而足，於是就形成了經典詮釋的傳統，〔註 310〕而每一個時代的優異詮釋，就成爲經典詮釋的典範，例如鄭玄合今古文的觀點遍注的諸經，朱子除了訓詁字義外，尚以「理氣、體用、天理、人欲」的角度註解《四書》，〔註 311〕皆屬其中的佼佼者。

〔註 310〕 袁信愛從建構與解構的角度，分析經典詮釋傳統的形成曰：「讀者在閱讀經典時，無可避免的會依據其認知的先在結構來解讀文本中的詮釋。然而，由於作者之認知的先在結構並不同於讀者的先在結構，所以使得讀者即須先將作者所作的原始詮釋重構爲讀者所能理解的形式，再以讀者自己視爲最合理的方式對作者所作的原始詮解作再詮釋。讀者所形構的再詮釋雖是依據作者的原始詮釋而來，卻又是對作者之原始詮釋的解構而產生的新詮釋。因此，不同讀者所形構的再詮釋，即構成對作者之詮釋的不同詮釋版本。在這些不同的詮釋版本中，或是賦予作者之詮釋以合於讀者認知的新義，或是終結作者之詮釋以開展讀者所認定的新義。正是由於不同詮釋版本的出現，遂使得作者的詮釋即經由經典的中介而與讀者的詮釋相連，形成以經典爲核心的詮釋傳統。在此詮釋傳統中，不僅保留了作者的原始詮釋，也涵攝了所有對此經典的同時性與歷時性之不同詮釋版本，從而也使得內含在作者之原始詮釋中的意義更形多樣化與複雜化。不可諱言的，詮釋版本越多的經典，就意謂著這部經典越有生命力。參見《輔仁大學哲學論集（三十二）經典與詮釋》，1999年 6 月，頁 170～171（總頁 163～180），輔仁大學出版社。

〔註 311〕 安井小太郎說：「追根究底地說，以『理氣、體用、天理、人欲』架構《四書》的義理系統是朱子經學的究極，因此，朱注中幾乎沒有一處不與此四者有關。至於訓詁方面，朱子引述最多的是《說文》和《爾雅》。」頁 256。詳參安井小太郎等著，連清吉、林慶彰合譯《經學史》（臺北：萬卷樓，1996 年 10 月初版），附錄一〈朱子的經學〉，頁 241～262。

　　在中國經典詮釋的傳統，漢儒註經，動則萬言，其弊則令人泥於零碎煩瑣的章句訓詁中，不知大義所在，於是經典逐漸失去其本來面貌，反困死於瑣碎的註釋中。魏晉人之注疏，每有精采，但骨子裏是道家精神，令人不能真確的去了解儒家經典的意蘊。至於宋明理學家的注疏，他們總在注疏時滲入自己之思想，故欲了解經典，必須先通過他們的思想，這就可能為經典蒙上了一層面紗，不能直透真相。相較於前者，由陸王一系下來的解經路子，所有經典的內蘊只是一心一理，所以亦須以此心此理去解經。這除了避免掉煩瑣，使人從語言、文字、概念、注疏等中解放出來，兼且直接豁顯，令人易於把握，龍溪的單以良知解說《六經》，亦是遵守這麼一條「以心解經」之路，而其背後的義理根據，則是來自孟子、周、張、象山、陽明等人的「心即理」、「致良知」的心學傳統。

　　龍溪以良知貫串《六經》，依據的標準是人心之良知心體，心是一心，理是一理，這是總合來說；散開而言，它的內容無限，富有萬物，其理亦是無窮，這正可和經典無窮之分殊之理相對應。而通過對心體的不斷修養，經典深藏的蘊義又不斷的被開展、深化，形成了一個不斷的循環過程。龍溪如此的經典詮釋學，證明了經典的無窮可詮釋性，增加了經典的可讀性外，可以免除人們死執文字，捨本逐末，買櫝還珠之憾。今既反客為主，設法將《六經》收縮入一心一理中，則以本執末，不為文字所拘矣。

　　然而，一再的以良知解《六經》，在入手時是否會犯了陳義過高之弊？換句話說，是否會造成人在讀《六經》時，就把訓詁注疏等參考都棄之不理，直接就先施行「以心解經」？這其實是有可能的，龍溪之意雖然以良知解《六經》為最終的目標，但筆者以為在施行步驟上，應視人資質高下而分之，資質佳美者，自然能直接馬上體驗心體，「以心解經」。對於未聞大道、未體證良知之人，《六經》文本是入道之筌蹄，萬不可棄，故須一步步循《六經》之義理去逐步開顯心體，每一步的開顯，心體之明就多一分，再以經之義理來印證吾心，這樣不斷的來回往復，到了最後吾心之全體大用無不明，吾心即道，道即吾心，《六經》方可拋棄。以上無論是那一種方式，皆使《六經》從一般靜態的文字理解中，呈現出人的主動性、人主體之自由來，這樣的一種特殊方式，筆者自名為「實踐而互動的經典詮釋」。這也是心學家對於經典詮釋的通義。

　　再者，以良知解說《六經》是以主體為本的詮釋，這樣的詮釋雖具有很強

的主觀意識，但是它又是最客觀的，這其中有一弔詭存在。此因心雖是個人所
獨有，但天下間人同此本心、心同此天理，而人之心理又等同於經典之內容，
故經典全是人心反映，所說全是客觀之理。而當這種「同化」作用發生，則「《六
經》的地位一方面是提升了，它成了『道』、『良知』、『此心此理』的代名詞；
但另一方面，六經的內容也可以說因透明化而被轉化掉了。」〔註312〕此時它們
原本具有的內容都轉化為心，經典所餘留下的每一字句皆成良知的展現。復次，
雖說《六經》是載道之文，大道須藉助它們顯現，但因它們受到時空等的局限，
無法如亙古如一之「本心」般，可充分完整展現大道之內容，故一旦人之良知
心體呈現時，「千經萬典，無不縱橫為我所用」，除證我心體外，《六經》亦如同
糟粕，故楊儒賓在探討《六經》和人心之關係時曰：「當學者以體究『本心』為
終極的價值以後，經書的地位就自然而然地只是『影本』的意義。因為『本心』
是亙古如一的，在堯舜不加，在凡夫不減，一念千古，一證超凡，相形之下，
經書乃是聖人應世之『跡』而已。『跡』如果完整的話，它即是本心的外顯。但
『跡』既然是時間中的存在，它不可能是完整的，所以六經必然變為『陳編』。
如果再往下推演，我們不得不推論道：經典的不完整性還不只是它是歷史的產
物，更根本的，經典依附的語言必然與心體的體驗有種『質的裂痕』，無法跨越。
如此說來，六經就是『糟粕』了。」〔註313〕

　　總之，龍溪詮釋經典的方法是直接簡易的，但太過強調立本之重要，不
善會者，恐會造成經典作用的轉化、弱化之弊，若深知其義，則經典導我以
入道。既見道已，反視經典，亦必與我「莫逆而笑」，況且既以心解經，則經
典只有相攜增上之益，已無拘攣滯礙之患，亦不必急急以糟粕棄之也。

〔註312〕參見楊儒賓：〈水月與紀籍 — 理學家如何詮釋經典〉，頁 118，收錄於《中央
　　　　大學人文學報》第 20、21 期合刊，1999 年 12 月～2000 年 6 月。
〔註313〕同上，頁 126。

第六章　結　論

　　龍溪論學乃是秉承陽明「致良知」教而來，而陽明之學是反省朱子「格物窮理」之失而得致。陽明早年實踐朱子「格物窮理」之說，然朱子在「窮理」時，所窮之理是外在事物之理，而不知回過頭來窮盡本在人心中的道德之理，故用力雖多，卻無成效。有鑑於此，陽明遂由《大學》「格物、致知、誠意、正心」提出自己的「致良知」教。陽明說「正心在誠意」，此指心是本體（「無善無惡心之體」），本體難以入手去正，故要在心發動處即意念上去著手，正「心所發的意念」，使它能「凡其發一念而善也，好之眞如好好色；發一念而惡也，惡之眞如惡惡臭」。所謂「誠意在致知」者，此指經驗界的意念有善有惡（「有善有惡意之動」），須以超越界的良知照臨其上。然良知易受蒙蔽，故須「致良知」，擴充推致，令其善者眞好之，惡者眞惡之（「知善知惡是良知」），如此意就誠了。而「致知在格物」者，格者，正也，物者，事也，此即在實事上去致良知，意在於爲善，便就之爲善；意在於去惡，便依良知來正，使不正歸正（爲善去惡是格物）。格、致、誠、正又可歸結在「致良知」，換言之，良知一致則正、意誠、心正。

　　順著陽明之學，龍溪提出了「一念之微」、「一念萬年」、「四無」說的理論。

　　「一念之微」，即是「見在良知」，此指良知可在一念中可以不何影響，隨時呈露出來。無論是誰，只要在一念之發動下，時時察識之，判斷此念是否會乎善惡，在一念自反下，當可回歸本心。此說引聶雙江、羅念菴、劉師泉、歐陽南野之質疑。聶、羅二人不信己發之良知爲眞良知，故主「歸寂」，回歸到未發之寂體上去映證。劉師泉則提出「悟性修命」之論，主張須經功

夫修證去得致良知。然如果當下呈現、無三念之雜之良知不足爲據的話，又去返回寂體，又求功夫修證，則所得之良知又如何知悉它是眞良知呢？而「一念萬年」，更突顯了良知的永恒義。蓋人若能就當下一念呈現之良知，去好善惡惡，雖人身有限，但由之見天德之流行、天道之無窮，當下即永恒，有限即無限。

至於「四無」說，更顯示了龍溪對陽明之教有獨特的體悟。相對於「四無」，錢緒山則提出「四有」。本來陽明的「四句教」簡易無病，但王錢二人資質不同，遂有不同的體會。龍溪以爲這是不可執定的權法，緒山則以爲這是不可更改的定本。此中問題的關鍵是在對於意的體認上有不同，龍溪是取意之超越義，緒山則取經驗義，在陽明則二義兼有。依龍溪之「四無」說，就本體言，心是無善無惡的，意、知、物皆是無善無惡。在工夫上，主張直接悟入本體之工夫，這是見體之工夫，乃「悟本體即工夫」之「悟」的工夫，即本體之自悟而已。此本體自悟是徹悟（信得及，信之當下即致良知）。而人在作工夫時，不免有執，故要作「忘工夫之工夫」，以去其執著作工夫之這一念，如此良知方能自然呈露。緒山則主張爲善去惡的工夫。王錢這兩種觀點，並非對立，只是龍溪「即本體便是功夫」：頓悟本體之工夫，適合上根之人；緒山「用工夫以復本體」：致良知的工夫，適合中下根之人。二人之論相持不下，求解於陽明。陽明於是合會二人之說，以「四無」之說雖簡易直截，但上根之人不易得，恐易引起躐等之弊；而緒山雖尊師教，但易分本體、工夫爲二，而且緒山也要體認尚有一路自本體開之工夫。總之，二者皆有執著，須相資爲用，回歸到「四句」教上。

龍溪的心學《易》理乃是源自儒家的心學傳統。所謂心學，必以「心即理」爲依歸。而「心即理」即是本心即理，理是指道德理則。理是在人心中，故道德實踐之根據是來自於人自己。並且人之本心不是一設準，只要人能在當下一念警策，就能眞實的呈現出來。如此說的道德，方是自律道德。而在儒家的心學傳統中，以北宋的周敦頤、張載、程明道；南宋的陸象山、楊簡、王宗傳；明代的王陽明爲龍溪心學《易》理的淵源。

周敦頤以誠體合釋〈乾〉元，誠體是天道，〈乾〉元是創生原則，〈乾〉道變化即是誠體流行。誠是本體又是工夫，本體工夫通而爲一，故人可由誠之的工夫以體現天道誠體，且誠是成聖之本，故周子進一步主張以仁去體驗天道。周子並強調通過知幾、無欲之工夫以恢復誠體，而「君子乾乾不息於

誠，然必懲忿窒欲、遷善改過而後至」所顯示的無欲工夫，也是龍溪在論述學《易》的目的時，頗爲強調的。張載說：「《易》即天道，獨入于爻位繫之以辭者，此則歸于人事。」「天人不須強分。《易》言天道，則與人事一滾論之」，可見《周易》之道理是闡明性體與天道的意義。張載論天道，是以太和和太虛來說明天道，太和是道與氣綜合圓融的說，太虛是在概念分解下、相對氣說。由於天道即性，彰顯性體即明天道，而性體之彰顯，則通過盡一己之道德心以成性，心盡，性則顯，天道就明，於是《周易》之道理就可藉由此徑去明白。龍溪則以良知貫串《六經》，並時時點明要致良知。程明道以易體說天道，所謂「其體則謂之易」，此即天道是无方无體、生生不息、无思无爲的，此近似於龍溪之以良知論太極：良知是時時知是知非，又時時無是無非，太極則有中含無、無中含有。明道又主張識仁，識得仁體後以誠敬工夫存養，明道欲由仁以證悟天道，龍溪則言致良知。

　　南宋陸象山以一心一理來詮釋整部《周易》，故無論是對於八卦的起源、卦爻辭的解釋等，皆從這個觀點切入。因此人若要了解《周易》的道理，先明本心是首要的。又由於《周易》之理同於人心，故可以蓍卦之德、六爻之義來洗滌人心。楊簡的以心解《易》較象山更直顯，他以人心即《易》之道，《易》道即指人心，故「善學《易》者，求諸己心」。由於天人一本，《周易》所談雖是天地之道，但實爲我之天地。王宗傳以爲整部《周易》是發明人心之妙用，《易》雖言人事，但人事不離天道，天人是一本。總而言之，此三家主要是以人心來詮釋《周易》，而龍溪則是以良知來詮釋《周易》。

　　王陽明則先以體用解說《周易》，後來直以良知來詮解《周易》，龍溪受陽明的影響最深，他的《周易》詮釋幾乎可說是「致良知」教內涵的展現。

　　龍溪在《易》學的討論上是不偏廢象數和義理。龍溪並不排斥象數，而他的象數學主要是針對宋人的圖書學作討論，這見於一「河圖」與「洛書」、二「先天八卦方位圖」（伏羲八卦方位圖）與「後天八卦方位圖」（文王八卦方位圖）、三「天根」與「月窟」的論述上，而漢《易》的影子只見於他對「卦氣說」的引用。

　　《周易・繫辭上》曰：「河出圖，洛出書，聖人則之」，《周易》中的「圖、書」本無特指，後來此句爲漢代孔安國藉用來說明八卦和九疇的來源。漢以後學者不只從黑點白子上去發揮，且進一步提出相關圖式，主要有兩派之說，宋人劉牧主「九『圖』十『書』」，以「河圖」爲四十五點，「洛書」爲五十五

點；朱子則主「十『圖』九『書』」，以「河圖」爲五十五點，「洛書」爲四十五點。龍溪對「河圖」之論，不從點數上著手，認爲「某點爲奇，畫爲某卦；某點爲偶，畫爲某卦」，某數畫爲某卦，這樣一一的對比是「幾於泥」。此反駁朱子之說。由於龍溪強調「良知即易」，《周易》的所有創作皆是爲了闡發良知，故八卦的形成雖是來自陰陽二氣之變化，陰陽之變化從五行由氣成質的過程中可見，實際上是來自良知。良知是易，更是「畫前之易」，易之體是寂然不動，易之用是感而遂通，這其實就是以良知說易道，因良知不只是寂然不動之體，更具感而遂通之用。此外，他尙以陰陽二氣的多寡來論八卦之性質。至於「洛書」，孔安國主張九疇出自龜背，劉牧反對此說，朱子則同意孔說，並使「洛書」和九疇基於四十五數之基礎上加以聯結起來。龍溪以爲大禹敍疇，洛出神龜，是恰巧發生，故九疇不來自龜背，非點畫「分合湊補」，而是自聖人心中之全經流出。龍溪言九疇是「帝王治天下之大經大法」，這是回歸到《尙書》而言，這其實也是較合乎九疇的原義的。並且，九疇之序數和其內容無關，這不只對孔安國之說表示懷疑外，又反駁朱子將「洛書」之數和九疇序數的比附，因爲二者實沒有一必然的聯結關係。因此，龍溪在「河圖」「洛書」的討論，表現出反對朱子的態度。而「河圖」「洛書」的相爲經緯，龍溪亦同意，此即「圖」「書」可畫卦、亦可敍疇，且進一步提出以「後天圖」配「洛書」之看法，此是引用漢代《易》學家孟喜的「卦氣說」來討論「洛書」。

對於「伏羲八卦方位圖」（先天八卦方位圖）、「文王八卦方位圖」（後天八卦方位圖），龍溪以爲「先天圖」是「存體之位」，其八卦成列之方位是表示寂然不動之體，此圖正說明了良知的先天性，而良知也是寂然不動之體。「後天圖」是「入用之位」，其中的八卦摩盪，顯感而遂通之用，此用正是良知之發用。此二圖合在一起說，是「先後一揆，體用一原」，先天圖雖爲體，但涵後天圖之用；後天圖雖爲用，但涵先天之體。總之，這又是龍溪藉用先後天圖來說明良知即體即用、體既涵用、用以顯體、體用一原之論。而從「伏羲八卦方位圖」到「文王八卦方位圖」的卦位演變，龍溪提出「四正相交，交者變其卦體」和「四隅不相交，不交者易其方位」之原則。

「天根」、「月窟」是由邵雍提出，〈坤〉〈震〉之間爲「天根」，表一陽之生，〈乾〉〈巽〉之間爲「月窟」，表一陰之生。朱子則以〈復〉爲「天根」，〈姤〉爲「月窟」。龍溪結合邵、朱之說，以「天根」爲〈復〉，這是指良知「一念

初萌，洪濛始判，粹然至善」；「月窟」爲〈姤〉，這是指對良知「當念攝持，翕聚保合，不動於妄」。「天根」又是寂然不動之體，「月窟」又是感而遂通之用。此又藉「天根」、「月窟」說明良知的特性。「天根」、「月窟」本是對宇宙陰陽二氣之盛衰變化的說明，龍溪則轉到人事上，以人人皆具〈復〉〈姤〉，人可「〈復〉」也可「〈姤〉」，只要如顏回「有不善，未嘗不知，未嘗復行」、「擇乎中庸而守，拳拳服膺而弗失」即可。

龍溪的象數學是義理學的象數學，表面上似乎是論象數，其實是藉此大談他良知教的內涵。

龍溪的義理《易》學，是從天道和人事兩方面論述的。自天道面言：一、龍溪解太極時，是以良知爲太極，所謂「太極者，心之極也」。此是攝太極於「致良知」教中。蓋良知是時時知是知非，時時無是無非，太極正如良知，時時有中含無，無中含有。由太極所開展的宇宙論中，它展示了由太極（無極）→陰陽→五行→萬物這樣由隱微到明顯的歷程，這是「自無而向於有」，而萬物回歸太極，萬物→五行→陰陽→太極（無極），這是「自有而歸於無」。龍溪甚至點明了良知就是「造化之精靈」，並藉太極之「有」和「無」批判漢儒之泥於典要、佛教之盡棄典章法度。二、龍溪以〈乾〉知爲良知，而不以〈乾〉知爲〈乾〉主之意，此解固然易引起他人誤解，但如此詮解，實著眼於二者皆具有創生之功能而相提並論的。三、龍溪在〈易與天地準一章大旨〉中，以良知爲天地之道、易之道，故良知是「範圍天地之化而不過·曲成萬物而不遺」，良知通乎幽明、生死、鬼神，擴而言之，天地萬物皆爲其所通貫。就此而言，《周易》就不單純是一本書，而是「心易」，其各種內容不外是良知的展現而已。故人要理解《周易》的道理，只要時致良知，即可由此簡易直截之下手處，見到《周易》的眞相、天道之內容。

自人事上言：一、龍溪在論及學《易》之目的時，揭示了《周易》有遷善改過、懲忿窒慾之效，而特強調「從心上用功」，從本源上來做工夫，這是「四無」精神的表現。龍溪並且藉各卦來闡述心學的內涵，例如：以〈乾〉卦卦、爻辭論無欲之心體，以〈蒙〉卦論「入聖之基」和「養蒙之道」，以〈謙〉卦論知止（止於心體），以〈隨〉卦論「止息、生息、休息、氣息」（止息乃止於仁，止於仁而後能生，故是即止息即生息），以〈大畜〉卦論「尊德性而道問學」（人之多聞多識乃爲尊德性），以〈咸〉卦論「致虛」（良知是「虛體」，故言致虛）和「何思何慮」，以〈鼎〉卦論「畜聚、凝翕」（凝聚精神，收拾

此心)，以〈艮〉卦論「艮止功夫」（強調心要能知其所止，自做主宰）。二、龍溪完整的《易》學著作只有〈大象義述〉一篇，其中對卦象、義理的說明和程伊川多有近似之處（可參見附錄二人的比較），但實無損於龍溪心學《易》理之本色，蓋因龍溪是以良知來貫串《六經》的。龍溪在〈大象義述〉中所呈現之治國、修身思想如下：治國在政治上要寬以待民、嚴君臣上下之分、實行封建制；在經濟上秉持「取有餘，以益不足」的精神，推行定經界、制田賦之措施；在刑法上要先施以教化，而後刑罰，刑罰也要以寬大為本；在軍事上則推崇兵農合一的井田制，主張實行「鄉兵之法」。至於修身則要注意「慎言語」、「言有物，而行有恒」，而對君子與小人之分辨，亦頗為注重。三、在以《周易》來融通三教上，他先從三教融通的基礎——良知的虛寂性上來論，並分辨儒道、儒釋之異，接著又從《周易》中找到三教融通的基礎，以虛來融通三教。最後，則是對龍溪的經典詮釋——《六經》註我，我註《六經》的方法和內容作分析與反省，蓋龍溪如此詮釋經典的方法，乃是承前人而來，龍溪以「良知是貫串《六經》之樞紐」出發，他不廢經典，但又要人不拘泥於經典的文字，最終歸結為《六經》為我所用，證我心體而已。龍溪之立論是著眼於立本上，然不善觀者或會誤解龍溪之意，以為只要呈露我的良知即可，《六經》實為糟粕，如此則犯了人病，而非法病。

總結龍溪心學《易》之特色：

一、龍溪之《易》學是屬於義理學的一支。然而龍溪之解《易》，它既不屬於一般傳統的注疏家的系統：無論是對《周易》經傳文字作說明的義理代表者，或是對象數作說明的象數學家；他又不是漢《易》的訓詁之學，亦非一般宋《易》的高談義理，而是以良知貫串整部《周易》，在他的《易》學中盛言其「致良知」教。故龍溪之《易》學是一實踐型態的《周易》詮釋學，一種通過道德實踐而來的特殊的解經法。

二、龍溪之《易》學，是通過生命來驗證《周易》的道理的，這是一種儒家實踐哲學下所產生出來的《周易》詮釋學。在《論語》中紀錄兩則孔子論《易》之話：

> 子曰：加我以數年，五十以學《易》，可以無大過矣。(《論語‧述而》)
>
> 子曰：「南人有言曰：人而無恒，不可以作巫醫。善夫！不恒其德，或承之羞」。子曰：「不占而已矣。」(《論語‧子路》)

首則點明了《周易》有寡過之用，次則說明了「不占」之意義。「不恒其德，

或承之羞」是〈恒‧九三〉之爻辭，而言「不占」，是以人若能堅守其德性，則不承羞，即不須占卜，這是「以德代占」，強調了道德實踐之重要。因此，《周易》不只是一部占卜之書，而是更須注重書中許多如何修身處世之道德法則。此二者實已揭示儒門《易》學之路原只是一生活上之道德實踐，亦以此義爲首出，而此一道德實踐之進路亦是儒家其他經典之通義。《荀子‧大略》曰：「善爲《易》者不占」又云：「以賢易不肖，不待卜而後知吉。」更是重德輕占之精神反映。

　　然後世重於學理之說：如漢儒之以訓詁章句、象數解《易》、魏晉之以玄理說《易》、宋儒之以義理、圖書注《易》，清儒之以訓詁考證析《易》，以上諸家雖對《易》學之闡揚有很大之功績，但知識越明，反引人將精力偏向於學理上的探求，忽略了最切身的修身功夫，從而離開實踐之路越來越遠。而明儒王陽明之以良知踐履《易》道，簡易直截，陽明弟子王龍溪、錢德洪、羅近溪、王艮等承之，前此之周敦頤、張載、程顥、陸九淵、楊簡、王宗傳皆是心學此一實踐進路之踐履者。以上諸人之詮解，使得經上的文字，不再是一個對象或一堆客觀的文字，而是能納入主體的生命中，並由主體生命去作進一步的開展。只要人的生命不斷的前住昇進中，經的涵義就會不斷的深化豐富，其義理也不會有窮盡的一天。

　　三、龍溪解《易》主要是從宋人之「河圖」、「洛書」、「先、後天圖」、「天根、月窟」，〈繫辭〉、〈文言〉、〈說卦〉、〈大象〉上著手，而不是對《周易》全文作一有系統的全面性的詮釋。龍溪之解《易》是隨引經典以證己意，故對他的了解，要以他心學的義理去規定《周易》的文字意思。既參考前人之說，又能隨時抽離。由於龍溪資質聰穎，心中的義理已是很精熟，故對於《六經》的掌握很靈活，因此他在闡揚師門的「致良知」教時，是隨引隨用，不落俗套，隨說隨掃，不斤斤於片言隻語的訓詁解釋上（他對於詁訓之興趣亦不濃厚）。他以心學的義理去籠罩全經，秉持「良知」是貫串《六經》之原則，藉象數和義理，寄寓了良知學的內涵。

　　四、龍溪之「我註《六經》」論，強調的是「立本」之重要。而龍溪如此說時，本身是有一深厚的「致良知」的修養功夫作背景的，其法本無病。然而一般人若沒有見到這層，對它沒有一札實的理解，就會造成誤解、流弊。《總目》批評晚明的經學曰：「明自萬歷以後，經學彌荒……高明者，騖於元虛，

流為恣肆」〔註1〕「蓋時方趨向良知，以為聖人祕鑰，儒者日就元虛，……然馬鄭孔賈之學，至明殆絕。研思古義者，二百七十年內，稀若晨星。迨其中葉，狂禪瀾倒，異說飆騰，乃併宋儒義理之學，亦失其本旨」〔註2〕「自明正德嘉靖以後，其學各抒心得，及其弊也肆。（注：如王守仁之末派皆以狂禪解經之類）空談臆斷，考證必疏」，〔註3〕此是人不善觀法而致，是人病而非法病。

最後談論本論文的限制、貢獻和展望。本論文由於題目、篇幅的限制，故無法對龍溪在其他經典的詮解作一全面性的探討，若能探討則能使本論文在開展上更加深刻，此有俟來日。本論文的貢獻則是使設法建立龍溪的心學《易》體系，探討此一實踐型態下的《周易》詮釋。本論文希望未來時，能將明代其他有關從心學的角度出發去詮釋《周易》之理學家或經學家，就其著作作一全面性的探討，以補《易》學史上「以心解《易》」的不足。

〔註1〕 《四庫全書總目・經部五・易類五・易學古象通提要》，卷五，頁32。
〔註2〕 《四庫全書總目・經部三十三・五經總義類・簡端錄提要》，卷三十三，頁274。
〔註3〕 《四庫全書總目・經部總敘》，卷一，頁1。

附錄一：查刻本所錄而後本未載之佚文

（摘自彭高翔〈明刊《龍溪會語》及王龍溪文集佚文 —— 王龍溪文集明刊本略考〉，《鵝湖》286 期頁 32～38，287 期頁 33～40，288 期頁 27～35）

卷之一、水西會約題辭

1. （嘉靖己酉夏，予既赴水西之會，浹旬將告歸，復量諸友地理遠近，月訂小會，圖有終也。）先是戊申春仲，余因江右諸君子期之青原，道經於涇，諸友聞余至，相與扳聚，信宿而別，颼颼若有所興起。諸君懼其久而成變，復相與圖會於水西。歲以春秋為期，蘄余與緒山錢子迭至，以求相觀之益。余時心許之。今年春，六邑之士，如期議會，先期遣使戒途，勸為之駕。余既心許之，不克違孟夏之望，發自錢塘，由齊雲歷紫陽，以達於水西，則多士彬彬，候余已逾旬月，其志可謂專矣。諸友不以余為不肖，謬欲以北面之體相加。夫千里求益，固欲本心，而登壇說法，實非所敢當。若曰將以表諸友之信心，則是諸友之事，非余之咎也。是會合宛及旁郡聞風而至者凡二百三十人有奇。少長以次，晨夕會於法堂，究訂舊學，共證新功，颼颼益有所興起。邑大夫岑君，余同志也，以時來督教。邑之鄉先生及窮谷之耆舊，樂其事之希有，咸翩翩然辱臨而觀之，可謂一時之盛矣。諸友懼茲會之不能久也。（乞予一言，以識心期。夫道有本原，學有要領，而功有次第。……）

2. （篇末）己酉夏五月下浣書於水西風光軒中。

卷之一、沖元會紀

1. （篇首）慨惟先師設教，時時提倡良知為宗，而因人根器，隨方開示，

令其悟入，惟不失其宗而已。一時及門之人各以質之所近，領受承接，人人自以爲有得。乃者儀刑既遠，微言日湮，吾黨又復離群而索居，未免各執其方從悟證學，不能圓融洞徹，歸於大同。譬之鼎彝鐘鼐，器非不美，非得大冶陶熔，積以歲月，終滯於器，不能相通，間復有躍冶而出者矣。不肖深愧弗類，圖惟合并，竊念浙爲首善之地，江右爲過化之區，講學之風於斯爲盛。戊申之夏，既赴沖玄之會，秋仲，念庵諸君送余南還，相與涉鵝湖之境，陟象山之墟。慨流光之易邁，嘆嘉會之難數。乘間入龍虎山，得沖玄精廬，乃定爲每歲江浙大會之約，書壁示期。今茲仲秋，復階緒山錢子，攜兩浙徽宣諸友，如期來赴。東廓丈及卓峰、瑤湖、明水、覺山、少初、咸齋諸兄，先後繼至，合凡七十餘人。辰酉群聚於上清東館，相與紬繹舊聞，商訂新得，顯證密語，合並爲同。聞者欣欣，咸有所發。顧余不肖，亦與有聞，自慶此會不偶也。粵自朱陸之後，僅有此風，聚散不常，復成離索，竊有憂焉。爰述相與紬訂之旨與諸友答問之詞，約爲數條，以識贈處，並俟他日相證之義云。

2. 先師提綴良知一字，乃是千聖秘密藏。虞廷所謂道心之微，一念靈明，無內外之寂感。吾人只是不昧此一念靈明，便是致知；隨時隨物不昧此一念靈明，便是格物。良知是虛，格物是實，虛實相生，天則乃見。或以良知未盡妙義，於良知上攙入無知意見，便是佛氏之學。或以良知不足以盡天下之變，必加見聞知識補益而助發之，便是世儒之學。

3. 吾人今日致知功夫不得力，第一意見爲害最重。意見是良知之賊，卜度成悟，明體宛然，便認以爲實際，不知本來靈覺，生機封閉愈密，不得出頭。若信得良知及時，意即是良知之流行，見即是良知之照察，徹內徹外，原無壅滯，原無幫補，所謂冊府一粒，點鐵成金。若認意見爲良知，便是認賊作子。此是學術毫釐之辯，不可以不察也。

4. （……世之議者，或以致良知爲落空，其亦未思之耳。）吾人講學，切忌幫補湊合。大抵聖賢立教，言人人殊，而其宗旨所在，一言便了。但得一路而進，皆可以入道。只如大學格致等說，本自完足無欠，必待補個敬字以爲格致之本，便是贅說。必待提個志字以致其知，便是意見。不知說個誠意，已是主一，已是敬了。格致是做誠意的工夫，非二事也。古人說個欲明明德於天下，便是最初大志願。一切格致誠正工夫，不過了得此志願而已，何等簡徑直截！才落補湊，便成葛藤，無有了期。

5. 大抵悟入與敦行工夫，須有所辨。敦行者未必皆悟，未有悟而不敦於行者也。今人自以敦行爲足而不求證悟，固未免於未聞道；若曰吾已得悟而不必務於敦行，則又幾於無忌憚矣，不可不戒也。

6. （篇末）不肖蓋嘗折肱於是者，幸相與儆戒，用終遠業，不以身傍師門，庶幾無自負於今日之會，亦千古一快也。己酉仲秋日書於上清東館。

卷之一、斗山留別諸同志漫語

1. （……得與新安諸同志諸君，爲數日之會，其意固不在於山水間也。）諸君不以余爲不肖，相與辨析疑義，究訂舊聞，相觀相摩，情眞而意懇，颯颯乎有不容已之機。參諸孟氏尚志之說，曾子格物之說，子思戒懼愼獨之說，復證顏氏好學之說，宏綱大旨，節解絲紛，若合若離，疊疊繹繹，其說可謂詳矣。至於求端用力之方，生身立命之原，則群居廣坐之中，固有所未暇及也。比因久兩移館城隅，諸君復移榻相就，連床晤語者，更兩日夜。探本要末，廣引密證，其說又加詳焉。（諸君各以用力之疏密，受病之淺深，次第質言，以求歸於一是之地。……）

2. （……若舍身心性情，而以勝心虛見覓求之，甚至以技能嗜好累之，未見其善學也。）商量至此，豈惟說之加詳，將並其意思一時泄漏，諸君珍重珍重。雖然此非悟後語，殆嘗折肱於是者。自聞父師之教，妄志古人之學，於今幾三十年，而業不加修，動抵於悔，岌岌乎仆而復興，夫亦虛見嗜欲之爲累耳。動忍以來，稍有所悟，自反自艾，切切求助，以收桑榆之功，其本心也。（昔者秦越人，醫之神者也。……）

3. （篇末）明發戒行，留此爲別，流光易邁，其志難立。習俗易染，至道難聞。所望此志，時時相應，共進此道，直以千古豪傑自待而無愧於紫陽之鄉人。斯固千里耿耿之心期也。

卷之一、道山亭會語

1. （……乃圖爲月會之約，而屬予言，以導其所志。）夫學之不講，孔子以爲憂，然後之講學，有以口耳者，有以身心者。先哲蓋嘗言之矣。君子之學，以親師取友爲急，而其要以辨志爲先。（夫古今之言志者，大略有三，……）

2. （……此端本澄源之功，君子之辨志，辨諸此而已矣。）吾人有生以來，漸於習染，雖淺深不同，未有脫然而盡無者。所賴先哲之微言未泯，而吾

心之炯然者未嘗昧。一念尚友之志不容自已，而不忍以功名富貴薄待其身。故每遇同志，亦復不量其力，呶呶焉妄為之言，以成相觀之助。雖屢遭疑謗詆侮，有所不暇恤也。吾人今日之學，誠莫有先於辨志者矣。（此志苟立，自能相應，自樂於親師取友，……）

3. （篇末）不肖因同心之屬，嘆茲會之不偶也。聊發狂言，用終就正之願，以廣諸君子未究之業，試以質諸方大丈，將亦在所與也乎？嘉靖丁亥冬十一月朔書於南濠別墅。

卷之一、書滁陽會語兼示水西宛陵諸同志

1. （篇末）而余以也何足以知之？昔人嘗有貧兒說金之喻，今者則何以異此？惟諸君終始保任，不復以易心乘之，不因其從乞食而並疑其說金之非，庶幾不負先師四十年前臨滁開講之苦心，亦不枉不肖千里取道之本願，微意不致終泯而聖學之明有日矣。

2. （篇後附）余既別滁陽，赴水西，因憶巾石諸兄相屬，今日之會，不可以無紀，追述會中相與之意作會言，將以遺之讜聞虛見，無能仰窺先師之蘊，恐輕於玩泄，反增狂妄，臨發復止，不得已而。後安國諸友見而請曰：滁陽為陽明夫子臨講之地，先生發其所悟所得之旨，而四十年前之精爽儼然如在，可謂一時之盛矣。夫子之神，無所不在也。蓋留宛陵水西，使諸生晨夕觀省，即其所學而庶幾焉。以展其對越之誠，固滁陽諸君子之同心也。並書以示，癸丑夏四月朔書。

卷之二、三山麗澤錄

1. （篇首）予與遵巖子相別且十餘年矣。每書相招，期為武夷之會。時予羈於跡，辭未有以赴也。嘉靖丁巳夏杪，始得相會於三山石雲館第。先是丙辰冬唐子荊川以乃翁狀事入閩，予送之蘭江之上，意予沿途朋類追從，欲密其跡，遂獨赴武夷會遵巖，遵巖訝之。乃復申訂前約，以今年四月會於九曲天游之間。比予將赴水西之會，恐不逮事，更以五月為期。至則遵巖以病未能即來，仲弟東台方解詛僑居芝城，因趨與東台會，且詢來耗。適右轄萬子楓潭赴任過芝城，邀為予曰：函峰公龍巖，末山遠齋諸君在三山，福守祁子又為親交，諸士友亦有同此志者。予既入閩，情不容於不會。已而龍巖子復遣使來勸駕，遂順流抵三山，以遲遵巖之至。既會，彼此慰勞已，顧視形骸，相對黯然以欷，輒復釋然以喜，故人久闊驟聚之情固如

是也。出則聯輿，入則並席。日則間與函峰及諸君子相聚處，更問互答以盡切劇之益。夜則相與宴息深坐，究闡舊學，並證新功。或遵岩子倡而予酬之；或予啓而遵岩子承之；偕答問疑義相與尋繹以歸於一。蓋苟有九日而別。臨別，龍岩諸君相謂曰：「昔者朱陸鵝湖之會，才數日耳，數百年傳爲勝事，在當時尚不免有異同之見，動色求勝之嫌。今二君之會，跡合心駢，顯證默悟，意象超豁，了無形跡之滯。吾輩日籍相觀，亦有所發，不減於東萊之在鵝湖也。而顧無一言以記其盛，不幾於欠事乎？況閩爲楊羅李朱四子所自出，素稱道學之鄉，而承傳既遠，遺韻將堙，懷世道之慮者，方惕然病之。二君不遠千里相聚於此，諸所發明，簡易邃博，將溯四子而上之。譬之黃鐘大呂，宜暢於絕響之餘，有耳者所共聞，道將賴以發明，學將賴以復振也，而可少乎哉？」予與遵岩歉然避席曰：「倡道與學，則吾人豈敢當。若曰各紀所聞以俟將來，庶乎其可耳。」爰述證悟答問之語，釐爲數條，予啓其端，遵岩發其趣，用致贈處以就正於大方，且徵他日再會之期，當不以爲僭妄也。

2. （……至於佛氏之家，遺棄物理，究心虛寂，始失於誕。然今日之病，卻不在此，惟在俗耳。）先師有云：「世人苟有究心虛寂，學道德性命而不流於俗者，雖其陷於老氏之偏，猶將以爲賢，蓋其心求將以自得也。」（世之儒者，不此之病，顧切切焉，惟彼之憂，亦見其過計也已。……）

3. 遵岩曰：「老子原是聖學。」龍溪曰：「然。老子羲皇無爲之學也，病周末文勝，故立言不免於矯，亦孔子從先進之意。」友人問觀妙觀徼之旨，龍溪曰：「觀妙是性宗，無中之有也；觀徼是命宗，有中之無也。有無交入，老氏之玄旨也。吾儒即寂感之義。」

4. 友人問：「谷神玄牝，明是養生之術。」龍溪曰：「吾儒未嘗不養生，只是致知盡之，不如彼家名象多端龐雜。谷神即良知。谷神不死，即良知常活。良知是爲鴻濛初判之寂，故曰『玄牝之門』。良知是生天生地萬化之基，故曰『天地根』。以神馭氣，神氣自相配合，是集義所生者。集義即是致知。『用之不勤，綿綿若存』，即是勿忘勿助，集義養氣之節度也。彼家亦以孟子養氣爲幾於道，但聖學不明，反自以爲異耳。」

5. 遵岩論釋氏學曰：「蕭梁以來，溯祖承宗，其說漫盛，學爲士而溺於禪，遂各有之。心通性達，廓然外遺乎有物之累，而炯然內觀於未形之本，則孔門之廣大高明，其旨亦何以異？其凝慮融釋，靈機照燭，雨施雲行，則

草木畢逐。天虛淵定，而飛潛自形。自謂妙得乎姬易在雅之微傳，足以闢夫執器滯言之陋，以爲擬議矜綴，似而非眞。誦說訓解多而迷始也。然以其擺脫形跡以爲無方體；舍棄大義以爲黜聰明，蕩然無復可守之矩度。而游移芒昧，徒有不可測之言，反爲浮誕惰縱者之所托。故儒者尤患之。」龍溪曰：「若是，則吾儒與禪學無可辨矣。器本不可執，言本不容滯，議擬矜綴，執之病也；誦說訓解，滯之訛也。有可守即爲執，有可測即爲滯。若曰爲浮誕惰縱者之所托，此則學禪者之病，非禪病也。後儒以其執器滯言之見，而欲窺其廓然之際，以爲形跡可略，品節將由以不存；大義少疏，條理或因之無辨，是謂不揣其本而齊其末。一切拘迫讁泥之態，將爲禪者之嗤，烏在其爲闢禪也哉？夫吾儒與禪不同，其本只在毫釐。昔人以吾儒之學主於經世，佛氏之學主於出世，亦大略言之耳。佛氏普渡眾生，盡未來際，未嘗不以經世爲念，但其心設法一切，視爲幻相，看得世界全無交涉處。視吾儒親民一體，肫肫之心終有不同，此在密體而默識之，非器數言詮之所能辨也。」

6. 龍溪謂遵岩曰：「子之氣魄大，精神力量足擔當世界，與世之踽踽誴誴者不同。譬之大樹，則鸑鳳易於雜棲；大海，則龍蛇易於混處。世人以其踽踽誴誴之見，欲指摘訾議，撼而測之，足見其自小也已。若吾人自處，則不可以不愼。有混有雜，終非完行。鳳翔則鸑自滅，龍起則蛇自藏。此身獨往獨來，隨處取益，以挽回世界爲己任，而不以世界累其身，方爲善用其大耳。」

7. 有人問楊羅李朱之學。龍溪曰：「龜山親得明道先生道南之傳，豫章、延平皆令學者觀未發以見氣象，此學脈也。延平自謂默坐澄心，體認天理，此其終身用力之地。其傳之考亭，亦諄諄以喜怒哀樂未發之旨啓之。考亭乃謂當時貪著訓詁，不復記憶，至以爲辜負此翁。則考亭又何學耶？考亭以窮理之要在讀書，是專以窮理爲知。明道云『只窮理便盡性以至於命』，若如考亭之言，不惟與大易窮理之旨未盡明透，其於所傳，於楊羅諸賢之旨亦若有所未契，不可以不深究也。」

8. 友人問：「西河有云：『佛，西方聖人也，中國則泥』。夫佛，具圓明無礙之智，不入斷滅，使其主持中土，亦能隨時立教，何至於泥？」龍溪曰：「佛雖不入斷滅，畢竟以寂滅爲宗。只如盧行者在忍祖會下，一言見性，謂『自性本來清淨，具足自性，能生萬法，』何故不循中國禮樂衣冠之教，

復從寶林祝法弘教度生。蓋既以寂滅爲宗，到底不肯背其宗乘，雖度盡未來際，眾生同歸寂滅，亦只是了得他教門中事，分明是出世之學。故曰要之不可以治天下國家。吾儒卻是與物同體，乃天地生生之機。先師嘗曰：『自從悟得親民宗旨，始勘破佛氏終有自私自利意在』。此卻從骨髓上理會出來，所差只在毫釐，非言語比並、知識較量所得而窺其際也。」

9. 龍溪謂遵巖曰：「今人都說靜坐，其實靜坐行持甚難，念有所著，即落方所；若無所著，即成懸空。此中須有機竅，不執不放，從無中生出有來，方是天然消息。」遵巖曰：「予時常也要靜坐，正爲此二病作祟。不知荊川與此有得否？昔人謂不敢問至道，願聞衛生之經。子素究養生之術，爲我略言之。」龍溪曰：「荊川自有荊川作用。予於此雖有所聞，終是虛見，言之反成泄漏。子欲靜坐，且從調息起手。息調則神自返，神往則息自定。神息相孕，水火自交。然非是致知之外，另有此一段工夫。只於其中指出機竅，令可行持。古云得其機，則立躋聖地。非止衛生之經，至道亦不外此。明秋不負台蕩之約，當共坐究竟，此一事非草草所能悉也。」

10. 函峰過石雲館而論學曰：「諸君嘗言寂感一體，其義何如？」龍溪曰：「寂是心之本體，非以時言。有思有爲，便不是寂感；有不通，即非寂體。」「然則雙江歸寂之說何如？」龍溪曰：「雙江先生云感處無功夫，不爲無見。然寂本無歸，即感是寂，是爲眞寂。若有所歸，寂感有時，終成二見。」遵巖曰：「雙江慮學者不知寂體，只從感上牽補過去，故提得寂字較重，非謂寂而後生感也。」函峰云：「雙江寂感，終分先後，自從虛靜胎養出來。若只感上求寂，即爲義襲之學。」龍溪曰：「千古聖賢，只在幾上用功。周子云寂然者，誠也。感通者，神也。動而未形，有無之間者，幾也。動者，感也，未形則寂而已。有無之間，是人心眞體用，當下具足，更無先後，幾前求寂，便是沉空；幾後求感，便是逐物。聖人則知幾，賢人則庶幾，學者則審幾。是謂無寂無感，是謂常寂常感，是謂寂感一體。」

11. 函峰謂龍溪曰：「昨來所論寂感之義，驗之日用應酬，心體不動而觸處皆通，覺有入處。得此生生之幾，似不容已，乃知師友相親之益，不可無也。」龍溪曰：「如此方是經世之學。天機所動，其容已乎？然此卻是自能取益。所謂瓦礫黃金，若非虛心樂受，縱便黃金，亦成頑鐵用耳。」

12. 未山過館論學曰：「函峰先生謂以心喻鏡，鏡有塵垢即用刮磨，心有塵垢，作怎生磨？」龍溪曰：「古人取譬，只是得其大，概以無形之心而喻，以

有形之物一一相比，如何同得磨鏡工夫？只在照上磨，不是磨了後方去照。吾人心鏡，被世情嗜欲塵垢昏蔽，亦只在應感上刮磨，務令光明透露，非是離了應感世情，游諸虛空做得。人心未嘗無感時，縱令槁心靜坐，亦有靜境相感。譬鏡在匣，亦不廢照，寂感一體也。」

13. 龍溪嘗宿於蒙泉私署，見蒙泉日間百務紛紜，晚間對坐，意象超然，若無事者。嘗曰：「且管現在性命，過去未來，憂之何益？徒自苦耳。」予曰：「只此便是無將迎，只此是學。若日間隨分酬應，不論閑忙好醜，不以一毫榮辱利害將迎意必介於其間，便是無入而不自得。古人無入而不自得，以其無入而非學也。」

14. 遵岩謂龍溪曰：「予之作文，比荊川早悟一兩年。予未有荊川識見，但荊川文字，終有凌振之氣。予發之稍和厚，亦系於所稟耳。」又曰：「韓子謂師其意，不師其詞，此是作文要法。歐蘇不用史漢一字，脫胎換骨，乃是眞史漢。」龍溪謂遵岩曰：「古人作文，全在用虛。古今好文字足以有傳，未有不從圓明一竅中發者。行乎所當行，止乎所不得不止。一毫意見不得而增減焉。只此是作文之法，只此是學。」

15. 龍溪曰：「吾人居家，以習心對習事，未免牽纏墮落，須將此身撤得出來，時常求友於四方，換易境界，方有得力處。只如不肖，長年出游，豈是家中無些子勾當？豈是更無妻孥在念？亦豈是招惹朋類，專欲以教人爲事？蓋此學之於朋友，如魚之於水，相濡相吻，不若相忘於江湖。終日與朋友相觀相磨，一時不敢放逸，與居家悠悠，意味自大不同。朋友因此或亦有所感發開悟，亦是朋友自能取益，非我使之能益。固有士夫相接，一句開口不得，時眞成對面千里，豈能一毫有所意必也？」

16. 嘗讀遵岩《孔孟圖考序》。仲尼獨爲萬世仁義禮樂之主，何也？既開室設科以來，四方之士復偕之。周流四方，隨地講習，非獨其門人子弟而後爲此學也。舉一世之人，莫不欲使之共學。故上則見其邦君，中則交其公卿大夫，下則進其凡民。如耦耕荷篠之丈人，拿舟之漁父，闕黨互鄉之童子，皆有意焉。固非必人人之必能此道也。遇其邦君卿大夫而得一二人焉，而學明於上矣；遇其凡民之父子兄弟而得一二人焉，而學明於下矣。啓發掖引之機，問聘之所及，光輝之所見，在鄉滿鄉，在國滿國，所接莫非人，則亦莫非學矣。當其時，未嘗一日不與人接，因以此爲易天下之道也。史遷之知，不足以及此。謂去來列國，皆以求仕，至於七十二君而不遇，可

慨也已。遵岩子因謂予曰：「子之出游，亦竊似之。」（予曰：「鳥獸不可與同群，非斯人而誰與？……」）

卷之二、答吳悟齋掌科書

1. 不肖年馳志邁，多過之身，修行無力，動憎眾口，豈敢謂毀譽忘情，自擬於賢者？而一念改過，頗能自信；兩者路頭，頗知抉擇。以為從違不忍自負其初心。嘗謂君子為善有所顧忌，則不能成大善；小人為惡有所顧忌，則不能成大惡。善惡大小之分，決諸一念而已。人之相知，貴於知心。既食五穀之味，則雜物自無所容，亦賴知我者有以諒其心而卒成之，固難與世人言也。

2. （……夫道有本而學有機，）不得其本，不握其機，則工夫杆格不能入微，雖使偉業格天，文章蓋世，聲名喧宇宙，過眼等為浮雲。譬之無根之木，無源之水，徒有采摘汲引之勞，盈涸榮枯可立而待也。

3. 先師云：「致知存乎心悟，致知焉盡矣。」昔有人會法義墮，以賭頭為約者，寧可有智人前舍頭，不可無智人前取勝。此言可以喻大，非兄相受無以發予之狂言。

卷之三、東游問答

1. 楚侗曰：「陽明先生天泉橋印證無善無惡宗旨，乃是最上一乘法門，自謂頗信得及。若只在有善有惡上用功，恐落對治，非究竟，何如？」龍溪曰：「人之根器不同，原有此兩種。上根之人，悟得無善無惡心體，使從無處立根基，意與知物皆從無生。無意之意是為誠意，無知之知是為致知，無物之物是為格物。即本體便是功夫，只從無處一了百當，易簡直截，更無剩餘，頓悟之學也。下根之人，未曾悟得心體，未免在有善有惡上立根基。心與知物皆從有生，一切是有，未免隨處對治。須有為善去惡的功夫，使之漸漸入悟，從有以歸於無，以求復其本體，及其成功一也。上根之人絕少，此等悟處，顏子明道所不敢言，先師亦未嘗輕以語人。楚侗子既已悟見心體，工夫自是省力。只緣吾人凡心未了，不妨時時用漸修工夫，不如此不足以超凡入聖，所謂上乘兼修中下也。其接引人，亦須量人根器，有此二法。不使從心體上悟入，則上根無從而接；不使從意念上修省，則下根無從而接。成己成物，原非兩事，此聖門教法也。」

2. 楚侗曰：「吳中士夫習俗，稱為難處。作一切以法裁之，分毫不與假借，

寧任怨求盡吾職而已。」龍溪曰：「此是霹靂手，一切不與假借，士習一變，有補於風教不小。大凡應感之際，有從有違，未免有撿擇炎涼之態，所以生怨。若一切裁之以法，我容心焉，怨從何生？但聞往來交際，大煞嚴峻，不能以盎然出之，致使人有所不堪，或亦矯往之過也。」

卷之三、憤樂說

1. （……吾人欲尋仲尼顏子之樂，惟在求吾心之樂，惟在去其意必之私，蕩邪消滓，復還和暢之體，便是尋樂真血脈路。）夫仲尼、顏子，至聖大賢，猶不忘發憤之心，吾人以不美之質，不肖之身，乃欲悠悠度日，妄希聖賢，是猶夢入清都，自身卻未離溷廁，其不為赤之所笑者，無幾。論語一書，首發學之一字，曰學而時習之，不亦悅乎？

2. （篇末）學為覺義，即良知也。憤樂相生，以至於忘年。無知，知之至也，罔覺，覺之至也。天生斯民，使先知覺後覺。一知一覺，德可久而業可大。堯舜耄期，猶不忘兢業，此危微精一之旨，固夫子所祖述而覺焉者也。吾人可以自悟已。

卷之三、別見台曾子漫語

1. 儒者之學務於經世。古人論經綸無巧法，惟至誠為能之。至誠也者，無欲也。以無欲應世，立本知化而無所倚，此千古經綸手段，天德之良知也。若夫以任情為牽性，以測臆為覺悟，以才能計度為經綸，皆有所倚而然，非無欲也。見台可以自考矣。

2. 見台問三教同異。予謂昔儒辨之已詳，今復言之是加贅也。自儒教不明，二氏之教亦晦。三教不外於心，信得虛寂是心之本體，二氏所同者在此，其毫釐不同處，亦在此。須從根源究取，非論說知解可得而分疏也。吾儒精義，見於大易。曰周流六虛，曰寂然不動。虛以適變，寂以通感，不泥典要，不涉思為，此儒門指訣也。自此義失傳，佛氏始入中國，即其所謂精者，據之以主持世界。儒者僅僅以其典要思為之迹，與之相抗，才及虛寂，反若諱而不敢言。譬諸東晉南宋之君，甘守偏安，無復恢復中原之志，其亦可哀也已。先儒判斷以儒為經世，佛為出世，亦概言之。文中子曰：「佛，西方之聖人，中國則泥。」使中國盡行其教，倫類幾絕，誰與興理？苟悟變通宜民之義，尚何泥之為病也哉？毫釐可以默識矣。若夫老氏，則固聖門所與，就而問禮，未嘗以為非。致虛守寂，觀妙觀竅，擬於聖功，

未嘗專以異端目之也。世之所傳者，乃其後天渣滓，旁門小術，講張煩瑣，並老氏之旨而失之。使今之世而有老氏者出，盛德深藏，且將復有猶龍之嘆矣。至其絕聖知、小仁義，剖析鬥衡，以還無爲之化，立言過激，使人無可循守，率流於賢知者之過。較之吾儒中庸之道，似不免於毫釐之辨也。夫異端之說，見於孔氏之書。先正謂吾儒自有異端，非無見之言也。二氏之過，或失則泥，或失則激，則誠有之。今日所憂，卻不在此，但病於俗耳。世之高者，溺於意識，其卑者，緇於欲染。能心習見，縱恣謬幽，反爲二氏之所嗤。有能宅心虛寂，不流於俗者，雖其蹈於老釋之偏，猶將以爲賢，蓋其心求以自得也。學者不此之病，顧汲汲焉惟彼之憂，亦見其過計也已。良知者，範圍三教之靈樞，無意無欲，內止而外不蕩，聖學之宗也。予非悟後語，蓋嘗折肱而若有得焉。吾人果能確然自信其良知，承接堯舜以來相傳一脈，以立天地之心，生民之命，不爲二氏毫釐之所惑，不爲俗學支離之所纏，方爲獨往獨來擔荷世界之大丈夫爾。

3. 見台問鄉愿狂狷。予謂孔子惡鄉愿，以其學得聖人大逼眞，從軀殼起念，壞人心而蕩世教也。鄉愿忠信廉潔，不只在大眾面前矯持強飾，雖妻孥面前，亦自看他不破，才是無可非刺也。孔子以爲似者，以其不根於心而循於迹也。同流非是，干流俗之事，不與相異，同之而已；合污非是，染污世之行，不與相離，合之而已。忠信廉潔，是學聖人之修行，既足以媚君子；同流合污，是學聖人之包荒，又足以媚小人。譬之紫之奪朱，鄭聲之亂雅，比之聖人，更覺光耀動人。聖人之學，時時反求諸心，常見有不是處，鄉愿則終身精神全在軀殼上照管，無些滲漏，常常自以爲是而不知反，故不可與入堯舜之道，壞心術而喪教本，莫此爲甚。所以爲德之賊而惡之尤深。狂者其志嘐嘐然，只是要作古人，已有作聖胚胎，但功夫疏脫，行有所不掩耳。不掩處雖是狂者之過，亦是他心事光明無包藏，只此便是入道之基。若知克念，時時嚴密得來，即可以爲中行矣。狷者不屑不潔，篤信謹守，恥爲不善，尚未立必有爲聖人之志，須激發成就，進此一格，方可以入道。此良工苦心也。雖然，知聖人之學而後知鄉愿之爲似，知聖人之德而後知亂德之爲非，非易易然也。學絕教弛，世鮮中行，不狂不狷之習淪浹人之心髓，雖在豪傑有所不免。有人於此持身峻潔，而不緇處世玄同，而無礙精神回護，侈然自信自足，以爲中行。世之人亦且群然以中行稱之。究其所歸，流入於鄉黨自好而不自覺。鄉黨自好，所謂愿也。夫鄉

黨自好與賢者所爲，原是兩條路徑。賢者自信本心，是非一毫不循於俗，自信而是，雖天下非之而不顧；自信而非，雖天下是之而有所不爲。若鄉黨自好，則不能自信其本心，未免以世情向背爲是非，於是有違心之行，有混俗之迹。外修若全中之所行者，詳矣。諺云：眞貨難識、假貨易售。後世取人，大抵泥迹而遺心，與古人正相反。譬之荊璞之與燕石，一以爲瑕瑜，一以爲完砆，眞假固自有在也。見台卓然立志，尚友古人而資性純謹，恥於不善，乃類於狷。循勉以進，可冀於中行。區區媚世，斷然知有所不爲，但似是而非之習，漸漬已深，眞假毫釐，易於眩惑，或有蹈襲其中而不自覺，不可以不察也。

4. 見台問古之欲明明德於天下，說者謂既自明其德，使天下人皆有以明其德，何如？予謂：「如在效上取必，雖堯舜有所不能。大人之學，原是與萬物同體，此一點靈明，原與萬物通徹無間。痿痺不仁，以靈氣有所不貫也。欲明明德於天下者，是發大志願，欲將此一點靈明，普照萬物，著察昭朗，不令些子昏昧，是仁復天下一體之實學。不然，便落小成之法，非大學之道也。」

5. 吾黨致知之學，疏而未密，離而未純，未能光顯於世。雖是悟得良知未徹，亦是格物工夫未有歸著，未免入於支離。物者，意之用，感之倪也。知者，意之體，寂之照也。意則其有無之間，寂感所乘之機也。自一日論之，動靜閑忙，食息視聽，歌詠揖讓，無非是物。自一生論之，出處逆順，語默進退，無非是物。是從無聲無臭，凝聚感應之實事，合內外之道也。而其機惟在察諸一念之微。察之也者，良知也。格物正所以爲致也。此件原無奇特，聖人如此，愚人亦如此，是爲庸德庸言。一切應感，惟在察諸一念之微，一毫不從外面幫補湊泊，其用不得不密，其存主不得不純。可謂至博而至約也已。千鈞之鼎非烏獲不能勝。見台，吾黨之烏獲也。從心悟入，從身發明，使此學廓然光顯於世，非吾見台之望而誰望哉？隆慶己巳夏閏月上浣書。

卷之四、白雲山房答問紀略

1. （篇首）予自遭室人之變，意橫境拂，哀情慘慘不舒。諸友慮予之或有傷也。謀於白溪王子，崇酒與肴，旋集於白雲山房。繾綣酬醉，坐起行歌，賓主協競，日之歡，意陶陶也。

2. （……舉業德業，原非兩事。）士之於舉業，猶農之於農業。伊尹耕莘以

樂堯舜之道，未聞其以農業爲累也。君子之學，周乎物而不過。（意之所用爲物，物即事也。舉業之事不過讀書作文。……）

3. （……諸君皆一日千里之足，區區非敢身爲教，但欲借此爲諸君助鞭影耳。）夫學莫先於立志。先師有立志說。志猶木之根也，水之源也。木無根則枝枯，水無源則流竭，人無志則氣昏。吾人一生經營幹辦，只是奉持得此志。故志立而學半。習心習氣未能即忘，方知有過可改。忿心生，責此志則不忿；傲心生，責此志則不傲；貪心生，責此志則不貪；怠心生，責此志則不怠。無時而非責志之功，無處而非立志之地。此志既定，自不能不求於先覺，自不能不考於古訓。二者便是輔成此志之節度。譬之有欲往京師之志。便須問路起腳，便疑必須尋問過來人，以決其疑。今人未有疑問，只是坐謀所適，未嘗行也。既問於人，又須查路程本子，以稽其日履，然後路頭不致疑忘。問過來人便是質諸先覺，查路程本子便是考諸古訓，無非所以助成必往京師之志。若志不在燕而吾強告以適燕之路，雖言之而不聽，雖聽之而不審，亦徒然也。今日諸君既相信愛，敢謂無志做人？但恐未立得做聖人之志耳。先師祠中舊有初八、二十三之會，屢起屢廢，固是區區時常出外，精神未孚，修行無力，而過日增，無以取信於人，亦因來會諸友，未發其眞志，徒以意興而來，亦以意興而止，故不能有恒耳。（夫會所以講學明道，非徒崇黨以立門戶而已也。天之所以與我人之所以異於禽獸，惟此一念靈明，不容自昧，古今聖凡之所同也。哲人雖逝，遺教尚存。海內同志，信而向者，無慮千百，翕然風動。而吾鄉首善之地，反若山郁而未暢，寂寥而無聞。）（案：括號內一段文字亦見後本卷二「約會同志疏」）師門道脈僅存一線，此區區日夜疢心不容已於懷者也。今日諸君來會，不過二三十人。越中豪傑如林，聞有指而非之者，有忌而阻之者，又聞有欲來而未果，觀望以爲從違者矣。其非忌者，以爲某某平時縱恣，傲氣凌物，常若有所恃。某某雖稍矜飾，亦是小廉曲謹。某某文辭雖可觀，行實未嘗著。皆未嘗在身心上理會。今欲爲學，不知所學何事，此言雖若過情，善學者聞此，有則改之，無則勉之，莫非動忍增益之助。

4. （篇末）所云爲學只在理會性情，然須得其要機，方成德業。顏子不遷怒，有未發之中始能，吾人欲求未發之中，須從戒愼恐懼養來。然戒愼恐懼之功，亦有深淺。每與東廓公相會，東廓相發此義。自聞先師良知教旨，即知從事此學。初間從事上戒懼，每事攝持，不敢流入惡道，中年從意上戒

懼，一切善惡，只從意上抉擇，近來始知從心上戒懼用力，更覺簡易。蓋心者，意之體；意者，心之用。事即意之應迹也。在事上攝持，不過強制於外。在意上抉擇，動而後覺，亦未免於滅東生西。不觀不聞，心之本體，在心上體究，方是禁於未發，方是端本澄源之學，師門指訣也。諸君既知在情性上理會，去傲安分，不為舊習所汩，妄想所營，只須各隨根器大小，量其深淺，以漸安入，水到渠成，真機自顯。但辦肯心，必不相賺。此學進退，只在一念轉移之間，得之可幾於聖賢，失之將入於禽獸，可不懼乎？古人進德修業，貴於及時，亦望諸君，趨此日力，各相懋勉，以終大業。無若區區過時而後悔也。同心之言，不嫌直致，諸君諒之。隆慶辛未歲六月念日書。

卷之五、南游會記

1. 南都滁陽會竟，虯峰學院，屐庵司成，漸庵五台二冏卿屬言於予曰：「昔者鵝湖之會，僅僅數語，簡易支離，不無異同，尚傳以為勝事。今日之會，諸老道合，群彥志應。隨機啓牖，風規翕然，無復異同之嫌，尤不可以無傳。非惟徵學，亦以弘教也。」因追述會中答問諸語，錄以就正，以見一時相與之義。若曰比美前聞，則非所敢當也。（案：此為正文前識語，蓋述作文之緣起。）

2. （……佛氏明心見性，自以為明明德，自證自悟，離卻倫物感應，與民不相親，以身世為幻妄，終歸寂滅，要之不可以治天下國家，此其大凡也。）且天地間生人不齊，不問中國外夷，自有一種清淨無為之人。唐虞在上，下有巢由。中國巢由之輩，即西方之佛徒出。儒學明有聖人主持世教，爰養此輩，口喬松貞璞，偃仰縱姿，使各得以遂其生，無所妨奪，大人一體曲成之仁也。聖學衰，此輩始來作主稱雄，號為儒者，僅僅自守，不復敢與之抗，甚至甘心降服，以為不可及，勢使然也。若堯舜姬孔諸聖人之學明，自當保任廓清，光復舊物。雖有活佛出世，如唐虞之有巢由，相生相養，共證無為，無復大小偏全之可言。緣此靈性在天地間各各具足，無古今無內外，渾然一體。在上則為君為相，都俞吁咈，以主持世教；在下則為師為友，講習論辨以維持世教。師友之功與君相並。統體源流，各有端緒，未嘗一日亡也。不此之務，而徒紛紛同異之迹，與之較量，抑末也已。

3. 問者曰：「佛氏上報父母之恩，下樂妻孥之養，未嘗遺棄倫理，是世出世法。只緣眾生父子恩重，夫婦情深，佛氏恐其牽纏相續不斷，為下根眾生

說法，立此戒門，所謂權也。若上根人，無欲應世，一切平等，即淫怒痴爲戒定慧，所謂實也。」予曰：「佛氏雖上報四恩，終是看得與眾生平等，只如舜遇瞽瞍，號泣怨慕，引咎自責，至不可以爲人，佛氏卻便以爲留情著相。天地絪縕，萬物化生，此是常道。佛氏雖樂有妻子，終以斷淫欲爲教門。若盡如佛教，種類已絕，何人傳法度生？所謂賢知者之過也。」

4. 五台問：「先師格物之說與後儒即物窮理不同，己信得及，但格物意義尙未明了。」予曰：「格物之物是應感之實事，從無聲無臭凝聚出來，合內外之道也。致知不在格物，便會落空。良知是寂然之體，物是所感之用，意是寂感所乘之機。機之所動，萬變不齊，莫非良知之妙應，用功只在格物上。使舜不遇瞽瞍，則孝之物有未格；周公不遇管蔡，則弟之物有未格；湯武不遇桀紂，則忠之物有未格。格物所以致其良知也。」

5. 成山王子問曰：「顏子不遷怒，不貳過。晦庵訓解或非本意。」予曰：「顏子不遷不貳，有未發之中始能。顏子心常止，故能不遷；心常一，故能不貳。常止常一，所謂未發之中也。顏子發聖人之蘊，此是絕學，故曰今也則亡，未聞好學者也。若如所解，原憲諸賢皆能之，何以謂之絕學？」

6. 時有山人談佛學，誦金剛經，未明三心之義，請問。時方與山人對食，予謂：即此可以證明。念是心之用，未用無念之心。從前求食之念已往，便是過去心不可得。從後欲食這念未生，便是未來心不可得。只今對食之念本空，便是現在心不可得。此是無所住眞心，不著四相。若有所得，即有所信有所著矣。

山人又問有爲法中六如之義。予謂人在世間，四大假合而成，如夢境、如幻相、如水中泡、如日中影、如草頭露、如空中電，倏忽無常，終歸變滅。惟本覺無爲眞性、萬劫常存，無有變滅。大修行人作如是觀，即有爲而證無爲世出世法，若外有爲別求無爲，是二乘見解，非究竟法也。

7. 友人問象山晦庵無極太極之辨。予謂：「象山晦翁往復辨難，其詳於論無極數書。某嘗以質於先師。」師曰：「無極而太極，是周子洞見道體，力扶世教，斬截漢儒與佛氏二學斷案，所謂發千聖不傳之絕學。朱陸皆未之悉也。」夫無極而太極而陰陽五行，萬物自無而達於有，造化之生機也。生機爲順，殺機爲逆。一順一逆，造化之妙用。故曰易逆數也。象山以無極之言出於老氏，不知孔子已言之矣。其曰：「易有太極，易無體。」無體即無極也。漢儒不明孔氏之旨，將仁義忠孝倫物度數形而下者，著爲典

要，索於刑名器數之末，一切皆有定理，以爲此太極也，而不知太極本無極，不可得而泥也。佛氏之徒，見聖人之學拘泥執滯，不能適變，遂遺棄倫物器數，一歸於空，以爲此無極也。而不知無極即太極，不可得而外也。一以爲有物，一以爲無始；一則求明於心而遺物理，一則求明物理而外於心。所趨所殊，其爲害道而傷教均也。周子洞見其弊，故特揭此一言以昭來學，眞良工苦心也。象山謂通書未嘗言無極，不知聖學篇，『一者無欲也。』一即太極。無欲即無極，周子已發之矣。晦翁恐太極淪爲一物，力爭無極以爲綱維，而不知無極果爲何物。聖人定之以中正仁義而主靜、立人極焉。中正仁義所謂太極，靜者心之本體，無欲故靜，無欲即無極。主靜所謂無極也。朱子乃以主靜屬之動靜之靜，分仁義爲動靜。眾人失之於動，聖人本之於靜。自陷於支離而不自覺矣。故曰：言有無，諸子之陋。

8. 予謂五台曰：佛氏以生死爲大，吾儒亦未嘗不以爲大。「原始反終，故知生死之說。」「未知生焉知死」，乃眞實不誑語。孔氏以後，任生死者不爲無人，說到超生死處，實不易得。任則敦行者皆可，能超非大徹悟不能也。佛原是上古無爲聖人。後世聖學不明，故佛學亦晦。吾人爲此一大事出世一番，原是爲天地立心，爲生民立命，既幸有聞，豈容自諉。今日良知之學，原是範圍三教宗盟，一點靈明，充塞宇宙。羲皇堯舜文王孔子，諸聖人皆不能外此別有建立。靈性在宇宙間萬古一日，本無生死，亦無大小。聖學衰，佛氏始入中國，主持世教。時有盛衰，所見亦因以異，非道有大小也。謂孔子之道大於佛，固不識佛；謂佛之道大於孔子，尤不識孔子。吾世契崇信孔氏，復深於佛學，一言輕重，世法視以爲向背。自今以後，望專發明孔氏以上諸聖大宗，立心立命以繼絕學而開太平，弗多舉揚佛法，分別大小，以駭世聽。非有所避忌，隨時立教，法如是故也。聖學明則佛學不待闢而自明矣。若夫同異毫釐之辨，存乎自悟，非可以口舌爭也。

9. 心之體不可言，聖人未嘗言，獨於易言「寂然不動、感而遂通天下之故。」心之體用不過一感一應，古今言心者盡於此矣。六十四卦惟《履》與《咸》取象於人身。艮，止也，不動也。咸，感也，感通也。止之體不可容言，而思之用則人生日用之所以不窮，皆心主之。思者，心之職也。日用寒暑尺蠖龍蛇之屈信，啓蟄極而至於窮神知化，皆不出乎此。寂非證滅也，感非起緣也。即寂而感行焉，寂非內也；即感而寂存焉，感非外也。是謂常寂常感，是謂無寂無感，心豈肉團之謂哉？聖人之意微矣。

10. 履庵邀予曾宿觀光館中，予扣近來新功，履庵若謙讓未遑。履庵一生沖淡謙抑，無一毫競進之心，見之使人躁心自消。然未肯出頭擔荷世界，亦在於此。荊川每每激發，欲其開啓任事。既爲入室宗盟，此等處未可輕輕抹過。大丈夫出世一番，自有見在合幹的事。身爲國師以教人爲職，教學相長，學不厭，教不倦，原非兩事，其機只在默識。內以成己，外以成物，合內外之道也。昔者泉翁及東廓、南野諸公爲大司成，與諸生輪日分班，講學歌詩習禮，示以身心之益，弦誦之聲達於四境，翕然風動，豈必人人皆能發真心修實行。樹之風聲以爲之兆，其職固所以自盡。若徒循資格，了升散，絕饋遺，謹約束，使人無破綻可舉，作自了漢，非所望於有道也。

11. 侍御湛台胡子，出差方回，候於承恩寓所，自晨抵暮。聞予宿履庵館中，即趣宿雞鳴方丈，次早造館求見。十年相別，敍寒煖外，汲汲以問學求印證，復期過私第請教，其志可謂切矣。湛台謂：「與師相別多年，所聞良知之教，時時不敢忘。一切應用，逆順好醜，起倒不常。才欲矜持，似覺拘迫；才欲舒展，又覺散緩，未得個恰好處。勘來勘去，只是致良知工夫無病痛。故近來一意只是致良知，虛靈應感自存天則。制而不迫，肆而不蕩，日覺有用力處，日覺有得力處。以此就正，更望有以進之。」噫！謂湛台可謂善學矣。良知無盡藏，致知工夫亦無盡藏。古云百尺竿頭更進一步。四面虛空，從何處著腳？聞以有翼飛者矣，未聞以無翼飛者也。於此得個悟入，方爲究竟法、待子更用工夫、火力具足，當儲天泉勺水與子沃之未晚也。

卷之六、天山答問

1. 甲戌間立春前一日，陽和子相期會宿天柱山房，尋歲寒之盟，仕沛裘子充與焉。陽相子質性本剛毅，邇來留心問學，漸覺沖粹，一切應感，嚴而能容，和而能有制。常見自己有過可改，不忍自欺其本心。學莫先於變化氣質，若陽和可謂善變矣。

2. 陽和子謂周繼實深信禪學，崇齋素，重因果，信自本心，不敢自肆。以爲此是西方聖人之教，中國之學不是過也。相留寢處數日，因喪中亦與同齋，意頗無逆。親交中，以予溺心虛寂，將外倫物而習於異教，亟來勸阻。予嘆曰：「世以齋素爲異，恣情紛華，窮口腹之欲者，始得爲常乎？以果報爲惑，世之縱欲敗度，肆然無所忌憚者，始爲信心乎？先師有云：『世之人苟有淪於虛寂，究心性命而不流於世情者，雖其陷於異端之偏，猶將以

為賢，蓋其心求以自得也。』求以自得而後可與語聖人之學。良知者，心之本體，性命之靈樞也。致知之學，原來虛寂，未嘗離於倫物之應感。內者不誘而外者有節，則固中國之宗傳也。世人不此之慮，顧切切焉惟彼之憂，亦見其過計也已。」

3. 子充問操心之法。予謂：「操是操習之操，非把持也。心之良知，原是活潑之物。人能操習此心，時時還他活潑之體，不為世情嗜欲所滯礙，便是操心之法，即謂之存。才有滯礙，便著世情，即謂之亡。譬之操舟，良知即是舵柄，舟行中流，自在東西，無礙深淺，順逆無滯，全靠舵柄在手，隨波上下，始能有濟。良知之變動周流，即舵柄之游移，前卻無定在也。若硬把捉死，手執定舵柄，無有變通，舟便不活。此心通達萬變而昭昭靈靈，原未嘗發，何出之有？既無所出，何入之有？既無出入？何方所之有？此是指出本心真頭面與人看，以示為學之的，非以入為存，出為亡也。」陽和子曰：「知此始為心之得其所養也。」（案：後本卷七「華陽明倫堂會語」及卷十五「冊付養真收受後語」中有意同此處論操心之法文字。）

4. （篇末）雲石沈子，期而未至，絳朝始會於舟中。雲石有志於學，與陽和為同心，更圖後會未晚也。萬曆二年至日書於洗心亭中。

卷之六，書同心冊卷後語

1. 內典有空假中三輪觀法。靜即空觀，動即假觀，動靜交即中觀。吾儒亦有取焉。夫根有利鈍，習有淺深，學者各安分量，隨時煉養，或修空觀，或修假觀，或兼修中觀。

2. 夫學必講而後明，務為空言而實不繼，則亦徒講而已。仁者訒於言，懼其為之難也。古者言之不出，恥其躬之不逮也。此孔門家法也。故曰講學有二：有以口耳者，有以身心者。入耳出口，游談無根，所謂口說也。行著習察，求以自得，所謂躬行也。君子可以觀教矣。此件事無巧法，惟在得悟。心悟者，無所因而入。一切倚傍聞見，分梳理道，辨析文義，探索精微，自以為妙契，正落知解窠臼裡，非心悟也。良知本明，無待於悟，只從一念入微識取。悟與迷對，不迷所以為悟也。百姓日用而不知，迷也。賢人日用而知，悟也。聖人亦日用而不知，忘也。學至於忘，悟其幾矣。北海之珠，得於罔象，悟之一字，主靜之玄竅，求仁之祕樞也。先師信手拈出良知二字，不離日用而造先天，乃千聖之絕學，已是大泄漏。世人聽得耳慣，說得口滑，漫曰：「良知、良知。」是將真金作頑鐵用，陷於支

離而不自覺，可哀也已。

3. 太史陽和張子歸省，親庭侍膳之餘，時往雲門避靜，究明心性之旨，方圖請乞爲久處計，其志可謂遠矣。甲戌仲夏二十日，相期往會山中，商訂舊學，並扣新功。張子以爲此學固須動靜交參，不專於靜。但吾人久汩世紛，走失不少，靜中存息，若可有受用處。泰宇定而天光發，人不鑒於流水而鑒於止水，各安分限，求以自益，庶不爲虛度耳。予謂張子發此眞志，又肯安分不爲凌躐之圖，尤爲人所難能。張子取大魁建大儀，後輩方企羨以爲不可及，今復銳志於學，爲後輩作此榜樣，其爲企羨，又當何如？張子所見，已漸超脫，猶虛心求益，請益不已，以爲心性本來是一，孟氏存其心，養其性，似若二之，何也？予謂此是古人立教權法。性是心之生理，既曰心，又曰性，見心是天然主宰，非凡心也。心之說始於舜，性之說始於湯。《大學》言心不言性，心即性也；《中庸》言性不言心，性即心也。心無動靜，故性無動靜。定者，心之本體，動靜，所遇之時也。悟得時，謂心是常動亦可，謂心是常靜亦可。譬之日用之明，恆用不息，而恆體不易。以用之不息而言謂之動，以體之不易而言謂之靜。善觀者隨其所指，得其立言之意，而不以文害辭，則思過半矣。三宿山中，往復辨證，頗徵贈處之義。臨別復書靜中所見，請質於予，因次第其語，披答如右，幸爲終其遠業，固交修之望也。

卷之四、自訟貼題辭

嘗謂災祥者適然之數耳。天道微渺而欲一□，證之事應，則瞽史之見，君子不道也。然而君子反身修愆，恒必由之。故身之所遇，雖順逆異境，將無適而非修德進業之地，是未可一諉之數而漫不之省也。語曰：災祥在德，是推天以驗之人者也。又曰吉凶不僭，是修人以合於天者也。非通於天人之故其孰與？於斯歲庚午冬，龍溪家毀於火，予往候之，見王子有懼心而無感容，惟自引咎曰：吾欲寡過而未能，天其以是警戒我耶？且以爲自信未篤，致憒多□，凡所自訟，皆由衷之言，方與兒輩相勸戒，以庶幾乎震無咎之義。其它外物成毀，何常豈能置忻戚於其間哉？因出其所自訟長語及所問答數條示予，得諦觀之，皆超然卓越之見，融合精粹之學。中所稱有孟之自反而後可以語顏之不校，則深於道者也。推此心以事天，則爲不怨，推此心以待人，則爲不尤，不怨不尤，此夫子之所以上達而樂天知命，其極則也。龍溪子，殆通於天人之故者歟？龍溪昔從陽明夫子游，得講於良知之學而潛心者數十

年矣。嘗斥之以僞學而不懼，或目之爲禪學而不疑。混迹塵俗而玩心高明，其仡仡乎任道之重，孜孜乎與人爲善之心，蓋有老而彌篤者。予幼不知學，晚未聞道，惟有眞樸一念守而弗渝，而辱與龍溪子交最久，時聞警策之言，若有所悟而步趨不前，耳觀自訟貼而有感焉，因綴數語以志不忘。隆慶辛未春二月上浣會下生明洲商廷試撰。

卷之四、龍溪先生自訟貼後序

聖人之學，知微而已矣。知微則能無過，而聖人兢兢業業之心，蓋不敢自以爲是也。天地之大猶有所憾，而況於人乎？形生神發以後，一念之所動，寧能盡保其無過？過斯覺，覺斯復，復則天地之心見矣。此聖人之所以爲聖而亦賢人希聖之學也。雖然，微之難言久矣，過之難知也亦久矣。惟知微而後能知過，惟知過而後能知微，要非矯飾於一言一行者所可幾也。書曰：「人心惟危，道心惟微。」微爲聖學之宗，非微之動，謂之曰危。危者，過之所由生也。幾者動之微，吉之先見。非微之動，謂之曰凶。凶者，過之所由成也。貞吉貞凶，安危之機，介於一念之動，非知幾之君子，其孰能與此。余小子侍教龍溪先生三十餘年於茲矣。先生，小子女兄之所歸也。聞先生之言甚熟而察先生之行甚詳。自其起居動息之小，以至於出處辭受之大；自其夫婦兄弟之好，以至於君臣朋友之交；自其一鄉一邑之近，以至於四海五岳之遠，凡夫順逆常變、是非好醜與夫人情難易之迹，其所感無朕而所應無窮。先生篤於自信，直心以動，自中天則紛沓往來，處之若一，未嘗見有履錯之咎。其交於海內，誠愛相與，不激不阿。善於知人之病，隨機開誘，使人之意自消。教學相長，日入於微，易簡直截，一洗世儒支離之習。不惟千聖學脈有所證明，而二氏毫釐亦賴以爲折衷。海內同志，翕然信而歸之，推爲三教宗盟，而先生孜孜不自滿之心，惟以過情爲恥，以不知過爲憂。自視歉如也。是豈矯飾於一言一行，以眾人耳目爲趨舍者可得比而同也哉！微言微行，日精日察，無所怨於天而求合於天，無所尤於人而求信於人。何者爲順逆好醜，何者爲難易，神感神應，聲息俱泯。動斯覺，覺斯化，惟先生自知之，世人不得而盡知也。邇者火災之變，亦數之適然耳。先生不諉於數，惕然深警以爲己過，作自訟長語以訓戒於家，因成人疑質，復述爲問答，以衍其義。遇災而懼，知過而改，古人兢業之心也。是雖意在反省，而天泉秘義時露端倪。標指可以得月，觀瀾可以窺源，信乎？師門嫡外也。善學者默體而悟得於言詮之外，聖學斯過半矣。因書以詔同志，固先生一體同善之意也。隆慶

辛未春正月元日門人張元益撰。

卷之四、（白雲山房）答問紀略跋

　　龍溪先生答問紀略，蓋過余草堂與諸弟子論難語。陳子維府，敬梓以播同志者也。先生遭家不祿，余與子錫等亦君子之舉，正以寬先生之憂耳。先生宴笑終日，意陶陶也。則理會性情之方，固已示之不言間矣，而復不容已於言者，其對症之藥方也。雖然求方於言，不若調自己性情，此療病之要訣也。一點靈明，隨緣隨發，凡一切順逆得喪，毫無增損，此體之心而可自得者。先生之動心意或在未發之前，獨有所照察矣乎？然則求先生之教者，求之方乎？抑求之性情乎？余不學，敢與同志者同商之。白雲溪隱人王鍇謹識。

　　案：每條首尾括號內文字爲後本中者，標出以識所佚之文之原位置。

查刻本序與跋

龍溪先生會語序

　　予年暮矣，衰病侵尋，懷求友四方之志，力不逮矣。齋居默省，壯年志學，垂老無聞，謂何？笥中蓄龍溪老師會語，盈十餘帙，時捧一二，焚香斂衽，閱一過則助發多多。近得查子警甫同心商究學脈，所尊信此帙意同，但嫌散漫無紀，因共謀裒錄，編爲成書。謹按先生之學，刊繁揭要，探本逢源，窺天人統宗之奧，握陰陽闔闢之機。種種不離倫物，而倫物一切生於虛明之中。故予嘗信先生之學，眞入聖梯航也。點掇心源，窮極微妙，拈來機竅，直湊天根，有發《易》、《庸》所未發者。宋儒以來，未之成逮矣。不冥會之，孰從而臆及之乎？至於辨二氏之似是，揆百家之委流，入其精髓，析之毫釐，則有功聖門多矣。先生志意凌厲，識度宏深，有尚友千古之氣、不屑屑世人稱譏，一洗鄉愿陋習。迹其用，常有獨往獨來，不求人知而求天知者。平生所在，憎多□，既功從師證德，由悟入，亦獨信所謂恢恢如也。夫氣質未融，不妨其有未融也；渣滓未淨，不妨其有未淨也。顧其學可以考往聖而俟百世焉。夫子曰：「知及之，仁能守之。不莊以涖之，則民不敬。」動之不以禮，未善也。夫知及之，知止也，仁守之，緝熙其止也，特德未盛耳。更深造之益，醒釀之則，充實光輝，動容周旋而中禮矣。先生於此必有不自滿假之心，非予小子能測其微也。先生晚年，氣愈斂，神愈藏，混於塵世，不見於愚夫

愚婦有異。熙熙穆穆，如抱赤子之心。夫人能自信其心，始信先生之心也。與昔《大雅》之稱文王，無歆羨，無畔援，泯識知穆。然緝熙敬止，與帝則周旋，故後人頌之曰：「維天之命，於穆不已，於乎不顯，文王之德之純。」蓋聖人之心，語其微，天之命也；指其顯，帝之則也。吾人之學，盡性至命其的矣。文王我師也，先生豈欺予哉？今年季夏，子警甫將赴官河東，念離索無助，將扶是編以行。夫子警甫，嘗有志於道。夫苟志於道，其於是編也，必有心領神會而師承之矣。千里同堂，是編其謦欬矣乎？萬曆三年歲在乙亥季夏初吉門人貢安國頓首書於宛陵精舍。

龍溪先生會語後序

余洼聞先生之教，每以不得久處門墻爲憾。自河東歸，即圖率業因循，牽制者忽忽，又二三季。乙亥春始得與俞允升、程平甫、蕭以寧三兄由武林弔緒山先生，因謁門下，爲久處計。先生復先期有雲門之行，無由得一而證。未幾而河東之命下矣，後會難期，歸途悵悵。抵宛陵，遂謀諸吾師貢先生，得語錄數帖以行，庶儀刑雖遠，謦欬猶存，亦可爲師資之助也。沿途細玩，見其於先天混混之妙，乾坤闔闢之機，千聖心傳之要，二氏似是之非，莫不漏泄其蘊奧，剖析其幾微，眞有發前賢之所未發者。至於周流四方，日以求友爲事，所至發揮性靈，則透入心髓，指點病痛，則直中膏肓。凡上而公卿大夫，下而鄉耆士庶，承其顏色，聽其議論，莫不各有所興起。其與人爲善之心，雖老而不倦。餘竊以爲先生之學，聖學也。自昔文成公倡道東南，聰明睿智，直達天德，學者雲從風附，多詣道妙。然其爲教，亦隨緣設法，因人而施耳。至其上達之妙，不落言詮，亦有可悟而不可傳者。乃先生以上乘之資，獨得不傳之妙。故其學以萬物爲體，以混沌爲根，不離一切倫物之間，而一切倫物率不能爲此心之礙。文成公致知格物之蘊，已深造而自得之矣。迨其晚年，其養愈純，其精愈藏，蓋已能所俱泯，順逆兩忘，熙熙穆穆，超乎生死之外者矣。乃世之學者，或以形迹之間疑之，不知賢者所爲與鄉黨自愛者，原自殊科，先生固以言之矣。間以此錄示諸同事，諸公讀之，莫不躍然，且有津津知所興起。以是知良知在人，眞有不謀而合者，聞喜王君尤愛而傳之，因托梓之俾與同事者共焉。先生之會語甚多，此其十之二三耳。夫先生之精神，非言語所能傳也。然不得見先生，待見餘言而有所興起，則是錄也，未必非同志之一助也。因僭言於簡末。萬曆四年歲在丙子仲夏初吉門

人查鐸書於汾州公署。

跋

　　吾越爲文成公倡道之鄉，而龍溪先生又親受衣鉢之傳者。先生之學，洞澈圓融，無所凝滯。汲汲乎欲人同進於善，故其於人也，無可否，皆和光以與之；孜孜乎求以利濟乎物，故其於事也，無好醜，皆泯迹以應之。蓋先生唯自信其心，而吾鄉之人每不能無疑於其迹。忭於先生固不敢疑鄉人之所疑，而猶未能信先生之所信。蓋嘗以吾之不可，學先生之可，而期先生不以爲謬也。是歲仲夏，杜棹雲門，相從累日，或默而坐，或步而游，一時諸友選爲唱和，欣欣爲舞雩風詠之樂，不是過也。忭不自量，乃出所疑數條以請正於先生，而先生條答之，疊疊數千言，所以啓師門之關鑰，指後學之迷津者，至詳懇矣。抑忭聞之，非言之艱，行之唯艱。今日之問答，皆言耳。吾黨苟不能以身體之，入乎耳，出乎口，聞教之後與未聞教之先，猶若人也，則一時之辨論皆空言，而先生之嘉惠爲虛辱矣。茲忭之所大懼，亦諸友之所同體者也，敢以是交助焉。萬曆甲戌夏正月之吉張元忭謹跋。

附錄二：明嘉靖甲子刊本《雙江聶先生文集》所錄之佚文

以下文獻只見於明嘉靖甲子刊本《雙江聶先生文集》卷十一中

1. 龍溪云：「仁是生理，即其化生之元，理與氣未嘗離也。人之息與天理之息，原是一體，相資而生。《陰符》有『三盜』之說，非故冒認爲己物而息之也。馭氣攝靈與定息之義，不可謂養生家之言而遂非之，方外私之以襲其毋。吾儒公之以資化元，但取用不同耳。公謂仁者與物同體，亦惟體仁者，而後能與物同之，卻是名言，不敢不深省也。」

（聶雙江曰）天人之息，相資而生，原是一體，祗之反覆便離本相。故夫子曰：「與人相近」，又曰：「違禽獸不遠，早間是一人，午間又是一人。」是故，知幾之學，養心要矣！不得其養，而曰：「我之息即天地之息」，謂之冒認，非過也。

2. 龍溪云：「昔人有問：莊生之學於道有見否？先師曰：『難道無所見，只是張皇些子。譬如盲人驟然開眼，見了天地、日月、雲霧、山川、草木，種種華藏法界，便口喃喃說不已，不知明眼人見之，只家常飯耳！』息爲範圍三教之說，不肖偶有所見而妄言之，明眼人以爲張皇之過，誠然！誠然！前所謂入聖之微幾，舍此更無別法。《易》象：『雷藏澤中』，其義頗微，何時與明眼人共究斯義，亦同心一快也。」

（聶雙江曰）「嚮晦宴息」與「飲食宴樂」，只是明〈需〉與〈隨〉之時義當如此。《易》者，時而已。澤中之雷，深藏靜養以蓄其地奮之聲，藏而後發形，而斯存知幾之學也。《易》有以一象合數義，一爻該數事，故體此卦之象，當以隨時靜養爲要。前云其義本淺者，因尊兄以爲範圍三

教之宗，疑其求之太深也。

3. 龍溪云：「先師曰：『為學須有本原，聖人到、位天地、育萬物也，只從喜怒哀樂未發之中上養來。蓋因世人在知識上求長進，故設此法。譬如種樹，只在根上栽培灌溉，不作枝葉花實想。』愚謂：『良知即是未發之中，如樹之根。學者隨在致此良知，不從知識上攙入些子，正是栽培灌溉之功。昔有學者，舉象山人情事變上做工夫之說。』先師曰：『除了人情事變，則無事矣！』事變只亦在人心中，其要只在致中和，致中和只在慎獨，即是致良知，而實下手處在格物。公以為：物上求正不免有功利心，隨在培灌亦只培灌得枝葉花實。致虛守寂以養乎未發之中，方是一心在根上培灌。此意前已有辯，非面承口悉，恐亦不能了當於楮墨間也。」

　　（聶雙江曰）未發之中，是堯舜相傳以來學問一個大原頭。《中庸》三十三章篇，只得一中字，分曉萬世，收賴「聖人到、位天地、育萬物」也。只從喜怒哀樂未發之中上養來，乃是先師究極精微之語，今謂是因世人在知識上求長進，故設此法，是以參苓上藥為發表時症之劑，恐不當如是舛也。來謂：良知是未發之中，如樹之根。以未發為根，卻從發上培養，又不明言枝葉花實是何物，未聞善種樹者，分了根本不培灌，卻從枝葉花實上培養也。謂致此良知，不從知識上攙入些子，除是孩提之愛敬方可言不攙入些子知識，今之所謂致此良知者，牽合補湊，渾是知識，曾有些子不學不慮，動以天之神乎！舜之明倫察物，亦是從人情事變上做工夫，卻是由仁義行。由仁義行，方是不攙入些子知識，方是培根。觀其居深山，聞一善言，見一善行，沛然若決江河，莫之能禦，不知此時亦須致吾良知之天則於聞見之間，而後能沛然否也。五伯義襲之學，何曾外卻人情事變，此中最好包藏禍心，打發機械，一由仁義，一行仁義，便是舜跖之分。同一良知也，一以充養虛靈本體之量為致，一以推行於事事物物之間，不攙入些子知識為致，其充養虛靈本體之量，發無不中，便是由仁義行，推行於事物不攙入些子知識便是行仁義，兩端是非，其幾甚明，譬之富人收錢，平日無區別精擇之功，將金銀鐵錫混作一器，臨用時方纔揀擇，不知黃金已化為鐵矣，故內省無惡方是知幾。慎獨之獨字，即是不睹不聞，不睹不聞即是隱微，微之顯，隱之見，誠之不可掩。隱微是根，顯見是枝葉花實，幾在隱微，故培養之功當知所自。

4. 龍溪云：「洛兄脩道之功，似不專於虛寂，致中和，合寂感以為功，立言

本有未瑩。宜乎？公之有辯也。蓋聖學以寂爲宗，若脩道之功不專於歸寂，則寂之外將復有功可用乎！寂是感之體，感有未通，正是寂有未至，終涉思爲。在感上察識寂體，正是用那寂的工夫，若曰：『合寂感以爲功』，則爲有二用矣！公以歸寂爲致知，感通爲格物，於師門宗旨本末有悖。寂是未發之中，即良知也。程子曰：「此是日用本領工夫，卻於已發處觀之。」蓋所以察識其端倪，以致夫擴充之功。夫以未發爲本領工夫者，致知也；發處察識其端倪，以致夫擴充之功者，格物也。若遽謂感上無工夫，則又如前所謂矯枉之過耳！」

（聶雙江曰）蓋自聖學以寂爲宗，至終涉思爲云云，已得領要。本領端倪之論，前於〈致知議略〉辯之詳矣！擴充亦只是擴充得這個中，一有不中，則心之爲道，或幾乎息矣！此程子之言也。歸寂便是通感的工夫，不止不說，不慮不受，「艮其胂，無悔」，《易》之美詞也，而以志末爲佛學冤矣！○朱子晚年悔語曰：「向來講究思索，直以心爲已發，而以察識端倪爲致知格物實下手處，以故闕卻平日涵養一段工夫，常覺胸中擾擾，而無深潛純一之味，至於發言處事，飛揚浮躁，殊非聖賢雍容深厚氣象。」所見之差，其病亦至於此，不可以不審也。

5. 龍溪云：「未發不可與已發相對，玩本文自見。云已發者，後儒之贅。未發之中不可謂常人俱有，須用戒愼不睹，恐懼不聞工夫，始有未發之中，自有發而中節之和，體用一原也。未發之中，性之體也。虞廷謂之道心之微，周文謂之不顯之德，孔門謂之默，《易》謂之密，謂之虛，謂之寂，千古聖學惟此一路，信得及時，謂無時可也，謂有時亦可也，謂致中即所以致和可也，謂致和正所以致中亦可也。不然，說愈詳，學愈支，而道愈晦，祇益紛紛聚訟耳！公謂日夜所息是未發氣象，是也。時時是此氣翕聚，發散不爲旦晝梏亡，正是養之之法。更不須說夜氣養到熟時，便是通乎晝夜之道而知。

（聶雙江曰）千古聖學惟此一路，是指未發之中而言。中者，天下之大本。《易》曰：「正其本，萬事理」，立天下之大本，到淵淵浩浩處，方可言熟，方可言不倚，不梏亡於旦晝之所爲，固是養之之法，然必翕聚得這個虛明之體，無時無處無不是這箇充塞，更不須假人力安排，方可言熟。乃曰：更不須說夜氣養到熟時，緣兄處處說見成，一涉工夫便覺礙眼，未發本是性，故曰：大本者，天命之性，天下之理皆由此出，而曰性之體，

用則中節之和，不知又是何物也。中是性，和是情，中立而和出焉，體用一原也。故氏曰：「性立天下之有，情效天下之動」，不於立有處開基，而從申於效動，今之格物是也。

6. 龍溪云：「止而悅，感之道也。止即是寂，不寂而感，妄也。六爻以人身取象，朱子謂：『雖主於感，皆宜靜而不宜動』，是也。四爲心，感之主也。因其不正，故以貞爲戒。程子曰：『虛中無我之謂貞，不貞則入於憧憧，眾欲牽引而至』。故曰：『朋從爾思』。五爲脢，不能感物，以其無所私係，故得無悔。此便是後世佛氏之學，以其不能同於天地萬物之情，故曰『志末』，言所志者，小也。六爲輔煩舌處，悅之終，感之極，便是後世講解之學。故曰：『滕，口說也』。所發天地萬物虛寂之義，甚是！所謂無復之感也。」

（聶雙江曰）虛寂是〈咸〉卦全體大義，程子謂：「感應盡天下之理」，蓋本諸此。「〈咸〉脢」便是「〈艮〉其背」，便是「悅而止」，自有天地以來，未有一個無私係之心，而反不能感物者。除是一塊死肉，便行有不慊於心，不慊於心便是悔，如何又曰無悔？先儒以末字訓無字，無所私係便是志末，亦屬扭合。本文以不能感物爲志末，而遂斷其爲佛學，〈咸〉六五不暴之冤也。

7. 龍溪云：「《大傳》『天下何思何慮』，曰『殊途』，曰『百慮』，未嘗無感，未嘗無思慮也。然卻同歸一致，正是感上歸寂之功。何思何慮，猶曰思慮而未嘗有所思慮也。何思何慮，正是工夫，非以效言也。〈艮〉之象曰：『君子以思不出其位』，心之官以思爲職，何思何慮正是不出位之思，正是止其所而寂。出其位，即爲廢職，入於憧憧矣！『谷神不死』是黃老密語，是爲天地根，以其虛而善應也。洛村以此爲影事，宜乎公之有辯也。」

（聶雙江曰）以何思何慮爲工夫，則精義入神是何物？天下何思何慮，正言感應之機瞬息萬變，如何著得分毫思慮？故曰〈咸〉，速也，迅霆不及掩耳，而猶暇於思慮乎？而不免有所思慮者，要在歸於致處，曰『歸』，曰『致』，便是精義，便是寂體，便是蠖屈龍蟄，日月寒暑之往來，何嘗有些子思慮！故曰：未之或知也。其曰思慮而未嘗有所思慮，似非本旨。思不出位，便是度。不越履如兼山然，靜而止也。周子曰：「〈艮〉其背，背非見也。靜則止，止非爲也。爲不止矣！」蓋言：有所作爲，便是出位。致吾良知之天則於事事物物之間也，已是引之而去，其去出位一間耳！

8. 龍溪云：「告子先孟子不動心，不可全謂不知所養，卻是二乘禪定之學。不得於言，勿求於心，是外境使不入；不得於心，勿求於氣，是內境使不出。不出、不入，則心自定，故能不動。告子以是求心於內的學，洛村以此爲義襲，恐不足以服告子之心。但告子分了內外，我心性是個無善惡的，外邊一切輕重、長短，自有一定之義，隨物付之而已，猶彼白、彼長，而我長之、白之，從其白於外，非有長於我也。孟子卻是以我長之、白之爲義，義由中出，如輕重、長短由我權度而知，合內外之學也。公以五伯爲義襲，與今時所論格物之學相類，若在物上求正，謂之襲義可也。若曰格其心之不正以歸於正，則固由中之學也，安可概而例之也哉！」

（聶雙江曰）格其心之不正，以全其本體之正，謂是爲由中之學是也。但尊兄之意，猶自看得「歸於正」三字在物上，如曰致吾良知之天則於事事物物之間，而事事物物各得其理，雖不言內外、出入，實則有內外、出入也，與何思何慮向隔幾重公案。權度既陳，則輕重、長短自見，而非求權度於輕重、長短也。告子是個求心的學，卻認得心體是個死殺的，故以義爲外。從頭便要做個不動的工夫，與充養積盛，致然不動者，別是一個機軸。故謂告子爲全不知所養，不可；謂得其所養，亦不可。

9. 龍溪云：「洛兄謂：分得本體之寂，與得其本體之感，立言本未瑩。不睹不聞即是寂，戒愼恐懼即是守寂之功，寂雖隱微，然卻莫見莫顯，體乎物而不遺，寂而感也，言寂之不能離乎物也。故曰：微之顯，誠之不可掩，誠則一矣！若寂與感相對，便是二法，非所謂致一也。」

（聶雙江曰）寂雖隱微，然卻莫見莫顯，體乎物而不遺，寂而感也，言寂之不能離乎感也。何幸而得聞此語，早聞此語，安得有許多煩聒，致左右費詞也。寂爲躁君，靜爲動根，若與感作對，便是無君，便是撥其根，大亂之道也。

10. 龍溪云：「物是感應之跡，寂是感應之體，寂感本是一體，感處正是做卻歸寂工夫。若謂感上無工夫，纔說格物以致其知，縱使矜持到十分恰好處，縱是義襲，則有所未解也。格物是良知正感正應，一循天則之自然，正所謂順應，非矜持也。物得其則之謂格，非物上求正也。故曰：『格其心之物也，格其意之物也，格其知之物也』，此可以窺師門之旨矣！」

（聶雙江曰）物上求正，明是義襲，而曰有所未解，先入主之也。若能復卻良知本體，則其感應自是循天則。今人喪失良知本體何啻十七！而

以一反便得爲眞體，便是感應之正？先師作〈尊經閣記〉，有富家子孫不務守視，享用其產業至爲竇人丐夫，而猶囂囂然，指其記籍曰：「斯吾產業庫藏之積也」，何以異於是？物來順應，不有太公之體爲之主，而曰：順應皆襲取也。格其心之物數語，信是先師之言，豈無別說可證，而乃矻矻執此爲蓍龜。說法謗佛，願兄少降。前曰：不睹不聞即是寂，戒愼恐懼即是守寂之功，莫見莫顯，言寂不離乎感也。鄙蓋嘆服，今又曰：寂感一體，感處正是做卻寂的工夫，卻又倒提了葫蘆。若云：歸寂正是做那通感的工夫，始與前論相符。

11. 龍溪云：「《大學》全功只在止至善一語，止至善之則，只在致知二字，而格物者，致知之功也。先師教人嘗曰：『至善無惡是心之體，有善有惡是意之動，知善知惡是良知，爲善去惡是格物。』蓋緣學者根器不同，故用功有難易，有從心體上立基者，有從意根上立基者。從心體上立基，心便是個至善無惡的心，意便是至善無惡的意，便是致了至善無惡的知，格了至善無惡的物。從意根上立基，意便是個有善有惡的意，知便是有善有惡的知，物便是有善有惡的物，而心亦不能無不善之雜矣，故須格其心之不正以歸於正。雖其用功有難易之殊，而要之復其至善之體，則一而已。公以知止爲致知，以慮爲格物，定靜之慮即是何思何慮，所謂『一致而百慮』也。但謂纔屬感，便以爲電光波影與物輪迴，無端拱清穆之時，未免將寂與感作對法。端拱清穆將淪入於寂滅，與經綸無所倚之學，未免有毫釐之辯，不可不察也。」

（聶雙江曰）《大學》全功只在止至善，至善者，心之本體也。格其心之不正，以全吾本體之正，錄中所載與公等格物之說不同。寂者，感之主也，寂然不動，感而遂通天下之故，語意輕重本自明白。今乃謂寂無工夫，而求寂於感，謂是爲電光波影與物輪迴，非過也。知止而定靜安慮，已是提出知止爲學問大頭腦，安得與感作對，端拱清穆卻是超乎萬感之外，而主乎感者也，感特寂之應跡耳！《中庸》言無所倚，蓋言至誠功業渾是一個天德流行，其淵其天，肫肫其仁，一毫人力不與，故曰：「苟不固聰明聖智達天德者，其孰能知之？」。寂者，天之德，未發之中，先天之學也。達天德便是王道，謂離感而不能體物，無乃冤之過乎！

12. 龍溪云：「精義入神本是致知工夫，致用正是格物，尺蠖之屈，龍蛇之蟄，只是發明屈信相感自然之機，正所謂『何思何慮』也。然謂物字本輕，又

把高曾祖父家眾取譬，卻恐未然。物與身、心、意、知爲一，先師嘗有是言，恐不可易。物是物有本末之物，不誠則無物。故曰：『精氣爲物』，是從虛無靈覺凝聚出來的，豈容輕得。大學之要只在誠意，良知是誠意訣竅，格物正是致知實下手處，自始學至於聖人，只有此一件事。吾儒所以異於佛學正在於此，前已論之詳矣！此先師苦心也。」

（聶雙江曰）物是物有本末之物是也，然物字本輕，重在本末字。若曰：「物是從虛明靈覺凝聚出來的」，又是未經前人道語，既是虛明靈覺凝聚出來，便是天精天粹流行之用，發而爲中節之和，緣何又有不正？而格之又謂是先師苦心處，恐不可以曾子反求爲悖也。師不云乎！至善是心之本體，未嘗離卻事物。若於事事物物上求至善，卻是義外。不知物上求正，與事物上求至善，又何所間？先師又曰：『致知焉盡之矣！乃若致知，則存乎心悟』，謂非苦心苦口不可也。來云：精義本是致知工夫，致用正是格物，則功在致知又明矣！身、心、意、物混而爲一，若不善悟，七聖皆迷。高曾祖考取譬，特明爲一氣相傳而亦自有差等也。鄙以致虛守寂，充滿乎虛靈之體爲致知，感而遂通天下之故爲格物。感而遂通天下之故，正與明明德於天下相照應，煩以《大學》通篇參玩，亦自可見，附去臆說一冊以資覆瓿。

附錄三：龍溪的《大象》義理和程伊川《大象》義理之比較

龍溪之《易》學本色是心學《易》，然其論述《大象》傳時其義理主要參考程《傳》而來，故特作二人之比較，以觀二人之同異。朱子之《周易本義》雖然簡要，然有發明《程》傳之處，故並列之。

	王龍溪	《程》傳	朱子《本義》
1〈乾·大象〉曰：「天行，健；君子以自彊不息。」	賢人以下，不能以無欲，非強以矯之，則不能勝，故曰：「自勝者強。」所欲不必沉溺，意有所向，便是欲。寡之又寡，以至於無，人以天定，君子之強，以法天也。	君子以自彊不息，法天行之健也。	君子法之，不以人欲害其天德之剛，則自彊而不息矣。
2〈坤·大象〉曰：「地勢，坤；君子以厚德載物。」	天下之物，至厚者莫如地。……厚，〈坤〉德也，其勢順，則見其高下相因之無窮，故君子法之，以厚德載物。	地厚而其勢順傾，故取其順厚之象，而云：「地勢〈坤〉」也。君子觀〈坤〉厚之象，以深厚之德，容載庶物。	地，〈坤〉之象，亦一而已，故不言重，而言其勢之順，則見其高下相因之无窮，至順極厚而无所不載也。
3〈屯·大象〉曰：「雲雷，屯；君子以經綸。」	氣始交未暢曰：「屯」，物勾萌未舒曰：「屯」，世多難未泰曰：「屯」。君子觀〈屯〉之象，經綸天下之事，以濟其難……雲在雷上，陰陽始交而未成雨，故為〈屯〉。……經綸，治絲之事。經者，總其緒而分之，象雷之自歛而分；綸者，理其緒而合之，象雲之自散而合。所謂經綸，天下之大經也。	〈坎〉，不云：「雨」而云：「雲」者，雲，為雨而未成者也，未能成雨，所以為〈屯〉。君子觀〈屯〉之象，經綸天下之事，以濟於屯難。經、緯、綸、緝，謂營為也。	經綸，治絲之事。經引之，綸理之也。屯難之世，君子有為之時也。

4〈蒙・大象〉曰：「山下出泉，蒙；君子以果行育德。」	君子法〈蒙〉之象，果行以育其德。水行而不息故曰：「果」，山止而不撓故曰：「育」。	君子觀〈蒙〉之象，以果行育德：觀其出而未能通行，則以果決其所行；觀其始出而未有所向，則以養育其明德也。	泉，水之始出者，必行而有漸也。
5〈需・大象〉曰：「雲上於天，需；君子以飲食燕樂。」	雲上於天，而未成雨，故爲須待之義，猶君子藏器未施於用，而須待之時也。〈屯〉散〈蒙〉亨，無所復爲，飲食燕樂，君子處需而得其道也。	雲方上於天，未成雨也，故爲須待之義。陰陽之氣，交感而未成雨澤，猶君子畜其才德，而未施於用也。君子觀雲上於天，需而爲雨之象，懷其道德，安以待時，飲食以養其氣體，宴樂以和其心志，所謂居易以俟命也。	雲上於天，无所復爲，待其陰陽之和而自雨耳。事之當需者，亦不容更有所爲，但飲食宴樂，俟其自至而已。一有所爲，則非需也。
6〈訟・大象〉曰：「天與水違行，訟；君子以作事謀始。」	天左旋而水東注，違行也。……君子法之，作事謀始。凡事有始、有中、有終，〈訟〉中吉終凶，能謀始以絕訟端，中與終不必言矣，此即皋繇期無刑，孔子使無訟之意。謀始之道，非但愼交結、明契券，陳禮以教之，象刑以示之，辨上下、定經界，使各安分而無爭，知恥而能讓，皆此義也。	天上水下，相違而行，二體違戾，訟之由也。若上下相順，訟何由興？君子觀象，知人情有爭訟之道，故凡所作事，必謀其始，絕訟端於事之始，則訟无由生矣。謀始之義廣矣，若愼交結、明契券之類是也。	天上水下，其行相違。作事謀始，訟端絕矣。
7〈師・大象〉曰：「地中有水，師；君子以容民畜眾。」	水聚於地中，爲眾聚之象。古者寓兵於農，兵農合一，……此井田法也。	地中有水，水聚於地中，爲眾聚之象，故爲〈師〉也。君子觀地中有水之象，以容保其民，畜聚其眾也。	水不外於地，兵不外於民，故能養民，則可以得眾矣。
8〈比・大象〉曰：「地上有水，比；先王以建萬國，親諸侯。」	地水相麗而無間，〈比〉之象也。天下可以一人統，不可以一人治，故建萬國，親諸侯，以比民也，此封建法也。	夫物相親比而无間者，莫如水在地上，所以爲〈比〉也。先王觀〈比〉之象，以建萬國，親諸侯。建立萬國，所以比民也，親撫諸侯，所以比天下也。	地上有水，水比於地，不容有間。建國親侯，亦先王所以比於天下而无間者也。
9〈小畜・大象〉曰：「風行天上，小畜；君子以懿文德。」	以柔順畜剛健，能畜而不能久。	〈乾〉之剛健而爲〈巽〉所畜，夫剛健之性，唯柔順爲能畜止之，雖可以畜止之，然非能固制其剛健也，但柔順以擾係之耳，故爲〈小畜〉也。	風有氣而无質，能畜而不能久，故爲〈小畜〉之象。
10〈履・大象〉曰：「上天下澤，履；君子以辯上下，定民志。」	上天下澤，天地自然之分，君子因其自然，制爲典禮，使各安其分，以定民之志。上下之分明，然後民志有定。民志定然後可以言治；民志不定，則上下相逐於崇高侈肆，天下不可得而治也。	天在上，澤居下，上（一作天）下之正理也……君子觀〈履〉之象，以辨別上下之分，以定其民志。夫上下之分明，而後民志有定。民志定，然後可以言治；民志不定，天下不可得而治也。	《程傳》備矣。

11〈泰·大象〉曰：「天地交，泰；后以財成天地之道，輔相天地之宜，以左右民。」	天地交通，所以爲〈泰〉也。天地始交，可修法度。天地之道不能自成，須聖人財成輔相，以成其能，所謂贊天地之化育也。	天地交而陰陽和，則萬物茂遂，所以〈泰〉也。人君當體天地通泰之象，而以財成之道，輔相天地之宜，以左右生民也。	財成以制其過，輔相以補其不及。
12〈否·大象〉曰：「天地不交，否；君子以儉德避難，不可榮以祿。」	天地否塞，君子道消，小人得志之時，故宜收歛其德，以避小人之難。	天地不相交通，故爲〈否〉。否塞之時，君子道消，當觀否塞之象，而以儉損之德，避免禍難，不可榮居祿位也。	收歛其德，不形於外，以避小人之難，人不得以祿位榮之。
13〈同人·大象〉曰：「天與火，同人；君子以類族辨物。」	天與火，其俱上，故爲〈同人〉。……於物而辨析其所異，使無間雜，同中之異也，此大同之道也。	……天在上，火性炎上，火與天同，故爲同人之義。君子觀〈同人〉之象，而以類族辨物，各以其類族，辨之同異也。	天在上而火炎上，其性同也。類族辨物，所以審異而致同也。
14〈大有·大象〉曰：「火在天上，大有；君子以遏惡揚善，順天休命。」	火在天上，所照者廣，〈大有〉之象。以日之明，行天之健，上臨下照，物無遁形，賞善罰惡，天所以命人君也。遏之揚之，順天休命，吾何容心焉？五刑之用，以討有罪，謂之天討；五服之章，以命有德，謂之天命，帝王治天下之大法也。人性本善而無惡，人之性，天之命也。止惡明善，以順天命，君子修道之功，出治之本也。	火高在天上，照見萬物之眾多，故爲〈大有〉。大有，繁庶之義，君子觀〈大有〉之象，以遏絕眾惡，揚明善類，以奉順天休美之命。萬物眾多，則有善惡之殊，君子享大有之盛，當代天工，治養庶類，治眾之道，在遏惡揚善而已。惡懲善勸，所以順天命而安群生也。	火在天上，所照者廣，爲〈大有〉之象。所有既大，无以治之，則釁蘗萌於其間矣。天命有善而无惡，故遏惡揚善，所以順天。反之於身，亦若是而已矣。
15〈謙·大象〉曰：「地中有山，謙；君子以裒多益寡，稱物平施。」	以卑蘊高，〈謙〉之象也。山高則損之，地卑則益之，損高益卑，以趨於平，〈謙〉之意也。裒，取也。物之不齊，物之情也。平者，施之則也。君子取有餘，以益不足。	地體卑下，山之高大而在地中，外卑下而內蘊高大之象，故爲〈謙〉也。不云：「山在地中」，而曰：「地中有山」，言卑下之中，蘊其崇高。……君子觀〈謙〉之象，山而在地下，是高者下之，卑者上之，見抑高舉下，損過益不及之義，以施於事，則裒取多者，增益寡者，稱物之多寡，以均其施與，使得其平也。	以卑蘊高，〈謙〉之象也。裒多益寡，所以稱物之宜而平其施。損高益卑以趨於平，亦謙之意也。
16〈豫·大象〉曰：「雷出地奮，豫；先王以作樂崇德，殷薦之上帝，以配祖考。」	雷奮於地，萬物暢嫗，〈豫〉之象也。昔者先王因天地之和，宣八風之氣，制樂以和神人，本之心而發之以聲，動之以容，協之以律，正之以音，從之以器，是故樂者德之華，作樂所	雷者，陽氣奮發，陰陽相薄而成聲也。陽始潛閉地中，及其動，則出地奮震也。始閉鬱，及奮發，則通暢和豫，故爲〈豫〉也。……先王觀雷出地而奮，和暢發於聲之象，作聲樂以褒崇功德，其殷盛至於薦	雷出地奮，和之至也。先王作樂，既象其聲，又取其義。殷，盛也。

	以崇德也,故樂成德尊。薦之郊廟,祀天於圜丘,而以祖配之,尊尊也。祀帝於明堂而以考配之,親親也。	之上帝,推配之以祖考。殷,盛也。禮有殷奠,謂盛也。薦上帝,配祖考,盛之至也。	
17〈隨‧大象〉曰:「澤中有雷,隨;君子以嚮晦入燕息。」	君子觀象而得息之義,人之息與天地同運,孟子曰:「日夜所息。」息者,生生之機也。	君子以嚮晦入宴息,君子晝則自強不息,及嚮昏晦,則入居於內,宴息以安其身,起居隨時,適其宜也。	雷藏澤中,隨時休息。
18〈蠱‧大象〉曰:「山下有風,蠱;君子以振民育德。」	山下有風,〈蠱〉,風旋而物撓亂,物壞而有事之象,故曰:「〈蠱〉。」……君子治蠱有道,民心之蠱,以玩愒頹廢,未知所振作耳。振者,鼓舞興起之意,故曰:「作新民。」育德者,從民心之善根,提撕而昫養之,以啓其自新之機,	山下有風,風遇山而回,則物皆散亂,故爲有事之象。君子觀有事之象,以振濟於民,養育其德也。	山下有風,物壞而有事矣。而事莫大於二者,乃治己治人之道。
19〈臨‧大象〉曰:「澤上有地,臨;君子以教思无窮,容保民无疆。」	物之相臨,無若地之臨水,故澤上有地爲〈臨〉也。	物之相臨與含容,无若水之在地,故澤上有地爲臨也。	地臨於澤,上臨下也,二者皆臨下之事。
20〈觀‧大象〉曰:「風行地上,觀;先王以省方、觀民、設教。」	風行地上,遍觸萬類,周〈觀〉之象。先王思有以風天下,於是制爲巡狩之典,虞周之法備矣,或一歲分巡,或五載蒞會。協時月正日,同律度量衡,命大師陳詩,以觀民風;命市納價,以觀民之好惡。省察其俗,有不同者,設教以訓之,……奢如曹,示之以儉;儉如魏,示之以禮,所以一道德而同風俗也。	風行地上,周及庶物,爲由歷周覽之象,故先王體之,爲省方之禮,以觀民俗而設政教也。天子巡省四方,觀視民俗,設爲政教,如奢則約之以儉,儉則示之以禮是也。	省方以觀民,設教以爲觀。
21〈噬嗑‧大象〉曰:「雷電,噬嗑;先王以明罰敕法。」	雷電威明並用曰:「〈噬嗑〉。」專威不明,則虐而不察;專明不威,則察而不斷。至明如電以明罰,則不冤而天下無隱情;至威如雷以敕法,則不玩而天下有畏志。明罰,效電之明;敕法,效雷之動。	象無倒置者,疑此文互也。雷電相須,並見之物,亦有嗑象,電明而雷威,先王觀電雷之象,法其明與威,以明其刑罰,飭其法令。	雷電,當作「電雷」。

22〈賁・大象〉曰：「山下有火，賁；君子以明庶政，无敢折獄。」	山下有火，明照萬物，草木交輝，〈賁〉之象也。君子觀明照之象，以修明庶政，而無敢於折獄也。修政所以成文明之治，獄至幽隱，有剛明之才，則可〈賁〉之象，其明不遠，故聖人戒之。折獄者，貴用情實，實有文飾則沒其情矣，故無敢用文以折獄，亦一義也。	山者，草木百物之所聚生也，火在其下而上照，庶類皆被其光明，爲賁飾之象也。君子觀山下有火，明照之象，以脩明其庶政，成文明之治，而无果敢於折獄也。折獄者，人君之所致愼也，豈可恃其明而輕自用乎？乃聖人之用心也，爲戒深矣！象之所取，唯以山下有火，明照庶物，以用明爲戒，而〈賁〉亦自有无敢折獄之義。折獄者專用情實，有文飾則沒其情矣，故无敢用文以折獄也。	山下有火，明不及遠。明庶政，事之大者；折獄，事之大者。
23〈剝・大象〉曰：「山附於地，剝；上以厚下安宅。」	山高而反附於地，圮剝之象也。觀〈剝〉之象，以厚其下而安其居也。民猶地也，君猶山也。地惟厚，故載華嶽而不重；民惟厚，故奠邦國而無危。	山高起於地而反附著於地，圮剝之象也。上謂人君與居人上者，觀〈剝〉之象而厚固其下，以安其居也。下者上之本，未有基本固而能剝者。故上之剝必自下，下剝則上危矣。爲人上者，知理之如是，則安養人民以厚其本，乃所以安其居也。《書》曰：「民惟邦本，本固邦寧。」	無注。
24〈復・大象〉曰：「雷在地中，復；先王以至日閉關，商旅不行，后不省方。」	陽始於下，動而未發，〈復〉之象也。先王觀〈復〉之象，安靜以養之，順天道也。	當陽之微，未能發也，雷在地中，陽始復之時也。陽始生於下而甚微，安靜而後能長。先王順天道，當至日陽之始生，安靜以養之，故閉關，使商旅不得行，人君不省視四方，觀〈復〉之象而順天道也。在一人之身亦然，當安靜以養其陽也。	安靜以養微陽也。
25〈无妄・大象〉曰：「天下雷行，物與无妄；先王以茂對時、育萬物。」	雷行天下，相薄而能成聲。天之化育萬物，生生不窮，雷所以代天用事，驚蟄振萌，使各正其性命，物物相與以應雷行。雷宜收而行，則物稽於藏；雷宜行而收，則物滯於長，皆非所謂物與也。……先王育萬物，亦體雷行及時之義，所謂：「後天而奉天時」也。	雷行於天下，陰陽交和，相薄而成聲，於是驚蟄藏，振萌芽，發生萬物。其所賦與，洪纖高下，各正其性命，无有差妄，物與无妄也。先王觀天下雷行發生賦與之象，而以茂對天時，養育萬物，使各得其宜，如天與之无妄也。	天下雷行，震動發生，萬物各正其性命，是物物而與之以无妄也。先王法此以對時育物，因其所性而不爲私焉。
26〈大畜・大象〉曰：「天在山中，大畜；君子	山之體小而能韞天道，人之心小而能聚天德。	天爲至大而在山之中，所畜至大之象。君子觀象以大其蘊畜，人之蘊畜，由學而大，在	天在山中，不必實有是事，但以其象言之耳。

以多識前言往行，以畜其德。」		多聞前古聖賢之言與行，考跡以觀其用，察言以求其心，識而得之，以畜成其德，乃〈大畜〉之義也。	
27〈頤・大象〉曰：「山下有雷，頤；君子以慎言語、節飲食。」	以卦義言之，上止下動，〈頤〉頷之象；以卦形言之，外實中虛，〈頤〉口之象。頤所以為養也，言出於口，能文於身，亦以啓羞；食入於口，能腴於身，亦以致疾。慎言語所以養德也，節飲食所以養體也。在身為言語，於天下則凡禮樂政教科條之詳，號令之申，出於身者，皆是慎之，則安定而無擾；在人為飲食，於天下則凡貨資財用、九品之貢、九式之頒，養於人者皆是，節之則省約而無傷，推養之道，養德，養體，養天下，莫不皆然也。	以上下之義言之，〈艮〉止而〈震〉動，上止下動，〈頤〉頷之象；以卦形言之，上下二陽，中含四陰，外實中虛，〈頤〉口之象。口，所以養身也，故君子觀其象以養其身，慎言語以養其德，節飲食以養其體，不唯就口取養義。事之至近而所繫至大者，莫過於言語飲食也。在身為言語，於天下則凡命令政教，出於身者皆是，慎之則必當而无失；在身為飲食，於天下則凡貨資財用，養於人者皆是，節之則適宜而无傷，推養身之道，養德養天下，莫不然也。	二者養德、養身之切務。
28〈大過・大象〉曰：「澤滅木，大過；君子以獨立不懼，遯世无悶。」	澤者，滋養於木，木反為澤所滅，〈大過〉之象。〈大過〉者，陽過也，故為大者過、過之大與大事過也。君子處大過之時，必有大過之行，道德功業顯於天下，法於後世。	澤，潤養於木者也，乃至滅沒於木，則過甚矣，故為〈大過〉。君子觀〈大過〉之象，以立其大過人之行。君子所以大過人者，以其能獨立不懼，遯世无悶也。天下非之而不顧，獨立不懼；舉世不見知而不悔，遯世无悶也。如此然後能自守，所以為大過人也。	澤滅於木，大過之象也；不懼无悶，大過之行也。
29〈坎・大象〉曰：「水洊至，習坎；君子以常德行，習教事。」	〈坎〉為水，水流仍洊而至，兩〈坎〉為習，自源泉以至於海，洊習而不驟者也。君子法其順下之性，信而有常，則常久其德行；法其重〈坎〉之形，洊而相受，則習熟其教事。蓋治己治人，皆必重習，然後熟而安之，學之而不厭，誨之而不倦，仲尼之有取於水也。	〈坎〉為水，水流仍洊而至，兩〈坎〉相習，水流仍洊之象也。水自涓滴，至於尋丈，至於江海，洊習而不驟（一作讓）者也。其因勢就下，信而有常，故君子觀〈坎〉水之象，取其有常，則常久其德行。人之德行不常，則偽也，故當如水之有常，取其洊習相受，則以習熟其教令之事。夫發政行教，必使民熟於聞聽，然後能從，故三令五申之，若驟告未喻，遽責其從，雖嚴刑以驅之（一无「之」字），不能也，故當如水之洊習。	治己治人，皆必重習，然後熟而習之。

30〈離・大象〉曰：「明兩作，離；大人以繼明照四方。」	明兩作，〈離〉爲日，今日生於東，明日又生於東，重明也。……大人，以德言則聖人，以位言則王者。舉其大者，故以世襲繼照言之。	明而重兩，謂相繼也，作〈離〉，明兩而爲〈離〉，繼明之義也。……大人，以德言則聖人，以位言則王者。大人觀〈離〉明相繼之象，以世繼其明德，照臨于四方。	作，起也。
31〈咸・大象〉曰：「山上有澤，咸；君子以虛受人。」	山澤通氣，以山之虛，配以澤之潤，惟虛故通，實則不通矣，故曰竅於山川。君子觀山澤通氣之象，虛其中以受人。	澤性潤下，土性受潤，澤在山上，而其漸潤通徹，是二物之氣相咸通也。君子觀山澤通氣之象，而虛其中以受人。夫人中虛則能受，實則不能入矣。	山上有澤，以虛而通也。
32〈恆・大象〉曰：「雷風，恆；君子以立不易方。」	君子觀風雷之象，以立不易方。仁爲君方，敬爲臣方，慈爲父方，孝爲子方。止仁，止慈，止敬，止孝，是謂能立。惟立而有常，始能處變。……雖然恆非一定之謂，一定則非恆矣，隨時變易，乃常道也。	君子觀雷風相與成〈恆〉之象，以常久之德，自立於大中常久之道，不變易其所也。《程傳》〈恆・彖〉：「利有攸往，終則有始也」下注曰：「天下之理，未有不動而能恆者也。動則終而復始，所以恆而不窮。凡天地所生之物，雖山嶽之堅厚，未有能不變者也，故恆非一定之謂也，一定則不能恆矣。唯隨時變易，乃常道也。」	無注。
33〈遯・大象〉曰：「天下有山，遯；君子以遠小人，不惡而嚴。」	天上進而山下止曰：「〈遯〉。」……君子觀象以遠小人，遠之有道，小人無忌，由君子激之過也。不惡而嚴，無惡聲屬色以啓其息忿，言遯而行正，貌和而中剛，欲詆無隙，欲玷無瑕，使知敬畏，凜然如天之不可得而犯。	天下有山，山下起而乃止，天上進而相違，是〈遯〉避之象也。君子觀其象，以避遠乎小人。遠小人之道，若以惡聲屬色，適足以致其怨忿，唯在乎矜莊威嚴，使知敬畏，則自然遠矣。	天體无窮，山高有限，〈遯〉之象也。嚴者，君子自守之常，而小人自不能近。
34〈大壯・大象〉曰：「雷在天上，大壯；君子以非禮弗履。」	雷震於天，大而壯也。非禮勿履者，有勝私求復之事也。大壯則其動以天，私自無所容，無待於勿，故曰：「非禮弗履」。	雷震於天上，大而壯也，君子觀〈大壯〉之象以行其壯。君子之大壯者，莫若克己復禮。……至於克己復禮，則非君子之大壯不可能也，故云：「君子以非禮弗履」。	自勝者強。
35〈晉・大象〉曰：「明出地上，晉；君子以自昭明德。」	君子觀明出地上之象，悟性體之本明，故自昭其明德。君子之學，欺曰自欺，……明曰自明，皆非有待於外也，良知即所謂明德。	君子觀明出地上而益明盛之象，而以自昭其明德，去蔽致知，昭明德於己也；明明德於天下，昭明德於外也。明明德在己，故云：「自昭」。	「昭」，明之也。

36〈明夷·大象〉曰：「明入地中，明夷；君子以莅眾，用晦而明。」	君子觀明入地之象，於莅眾也，不極其明察……蓋用明之過，則傷於太察而無含容之度，人情反睽疑而不安。	明所以照，君子无所不照，然用明之過，則傷於察，太察則盡事而无含弘之度，故君子觀明入地中之象，於莅眾也，不極其明察而用晦，然後能容物和眾，眾親而安，是用晦乃所以爲明也。若自任其明，无所不察，則己不勝其忿疾，而无寬厚含容之德，人情睽疑而不安，失莅眾之道，適所以爲不明也。	無注。
37〈家人·大象〉曰：「風自火出，家人；君子以言有物，而行有恆。」	君子觀風自火出之象，則知風化之本，自家而出；而家之本，又自身而出也；身之所出，惟言與行。言行，君子修身之則也，言必有物，言而無物則欺；行必有恆，行而無恆則僞。言行相顧，不欺不僞，則其身修。身修則齊、治、平之道，自此而出，此知風之自也。	正家之本，在正其身。正身之道，一言一動，不可易也。君子觀風自火出之象，知事之由內而出，故所言必有物，所行必有恆也。物，謂事實。恆，謂常度法則也。德業之著於外，由言行之謹於內也，言慎行脩，則身正而家治矣。	身脩則家治矣。
38〈睽·大象〉曰：「上火下澤，睽；君子以同而異。」	〈離〉火〈兌〉澤，二陰相體而炎上潤下，所性異趨，〈睽〉之象也。	上火下澤，二物之性違異，所以爲睽離之象。	二卦合體而性不同。
39〈蹇·大象〉曰：「山上有水，蹇；君子以反身脩德。」	前有險陷，後有峻阻，〈蹇〉之象也。君子觀〈蹇〉之象，而以反身修德，孟子曰：「行有不得，反求諸己。」	山之峻阻，上復有水，〈坎〉水爲險陷之象，上下險阻，故爲〈蹇〉也。君子觀〈蹇〉難之象，而以反身脩德，君子之遇艱阻，必反求諸己而益自脩。孟子曰：「行有不得者，皆反求諸己。」故遇艱蹇，必自省於身有失而致之乎？是反身也。有所未善則改之，无歉於心則加勉，乃自脩其德也，君子脩德以俟時而已。	無注。
40〈解·大象〉曰：「雷雨作，解；君子以赦過宥罪。」	天地發散而成雨，雨故雷作而〈解〉也（案：疑應作「故雷雨作而爲〈解〉也」）。无心之謂過，有心之謂惡。過失則赦之可也，罪惡而赦之，非義也，特宥之而已。雷者，天之威；雨者，天之澤，威中有刑獄，澤中有赦宥，所以廣天地之仁心也。	天地解散而成雷雨，故雷雨作而爲〈解〉也，……過失則赦之可也，罪惡而赦之則非義也，故寬之而已。君子觀雷雨作〈解〉之象，體其發育，則施恩仁；體其解散，則行寬釋也。	無注。

41〈損·大象〉曰：「山下有澤，損；君子以懲忿窒欲。」	山下之澤，氣通於上，與取於下，以增上之高，皆損下之象。君子觀〈損〉之象，以損於己。修己之道，所當損者，惟忿與欲。懲忿如摧山，窒欲如塞竇。	山下有澤，氣通上潤，與深下以增高，皆損下之象。君子觀〈損〉之象，以損於己，在修己之道所當損者，惟忿與欲，故以懲戒其忿怒，窒塞其意欲也。	君子脩身，所當損者，莫切於此。
42〈益·大象〉曰：「風雷，益；君子以見善則遷，有過則改。」	風烈則雷迅，雷激則風怒，二物相益者也。君子觀象，而求益於己。為益之道，莫若見善則遷，有過則改也。	風烈則雷迅，雷激則風怒，二物相益者也。君子觀風雷相益之象，而求益於己。為益之道，无若見善則遷，有過則改。見善能遷，則可以盡天下之善；有過能改，則无過矣，益於人者，无大於是。	風雷之勢，交相助益。遷善改過，益之大者，而其相益亦猶是也。
43〈夬·大象〉曰：「澤上於天，夬；君子以施祿及下，居德則忌。」	澤，水之聚也，而上於天，〈夬〉潰之義。君子觀〈夬〉上而注下之象，則施布其祿澤以及於下也。	澤，水之聚也，而上於天，至高之處，故為〈夬〉象。君子觀澤決於上而注漑於下之象，則以施祿及下，謂施其祿澤以及於下也。	澤上於天，決潰之勢也。施祿及下，潰決之意也。居德則忌，未詳。
44〈姤·大象〉曰：「天下有風，姤；后以施命誥四方。」	風行天下，吹號萬籟，無物不遇，〈姤〉之象也。后思以風天下，於是施其命令，周誥四方。	風行天下，无所不周，為君后者觀其周遍之象，以施其命令，周誥四方也。	無注。
45〈萃·大象〉曰：「澤上於地，萃；君子以除戎器，戒不虞。」	澤上於地，水之聚也。君子觀〈萃〉聚之象，以除戎器，用戒備於不虞。水聚而不防則潰，眾聚而不戢則亂。除者，修治以去弊惡也。	澤上於地，為〈萃〉聚之象。君子觀〈萃〉象，以除治戎器，用戒備於不虞。凡物之萃，則有不虞度之事，故眾聚則有爭，物聚則有奪，大率既聚則多故矣，故觀〈萃〉象而戒也。除，謂簡治也，去弊惡也。除而聚之，所以戒不虞也。	除者，脩而聚之之謂。
46〈升·大象〉曰：「地中生木，升；君子以順德，積小以高大。」	地中生木，長而上升，〈升〉之象也。因其生理之自然，而無容私焉之謂順。木之生，自毫末以至於尋丈，人莫見其升之跡，以順積而致之耳，此行遠自邇，登高自卑之意。順德，〈坤〉地之象；積小以高大，〈巽〉木之象。	木生地中，長而上升，為〈升〉之象。君子觀〈升〉之象，以順修其德，積累微小以至高大也，……萬物之進長，皆以順道也。善不積，不足以成名，學業之充實，道德之崇高，皆由積累而至，積小所以成高大，〈升〉之義也。	無注。
47〈困·大象〉曰：「澤水，困；君子以致命遂志。」	水下漏則澤上枯，困乏之象。〈兌〉以陰在上，〈坎〉以陽在下，上六在二陽之上，九二陷二陰之中，皆陰柔揜於陽剛，君子為小人所掩蔽，窮困之時也。得之不得，自有定命，既	澤无水，困乏之象也。君子當困窮之時，既盡其防慮之道而不得免，則命也。當推致其命以遂其志，知命之當然也，則窮塞禍患，不以動其心，行吾義而已。	水下漏，則澤上枯，故曰：「澤无水」。致命，猶言授命，言持以與人而不之有也。能如是，則雖困而亨矣。

	盡其防慮之道而不得免，其命也。致命，猶委命於人，不復爲我所有。遂志，是遂其爲善之志，不以禍患動其心，行乎義而已。		
48〈井・大象〉曰：「木上有水，井；君子以勞民勸相。」	〈坎〉水〈巽〉木，以木入水。君子觀〈井〉之德，法〈井〉之用，以勞來其民，所謂先之勞之也；勸勉輔相以相生之道，使之自相養也。此即同井相助相友之義，……伊川謂木器入於水中而上之，汲井之象。	木承水而上之，乃器汲水而出井之象。君子觀〈井〉之象，法〈井〉之德，以勞徠其民，而勸勉以相助之道也。勞徠其民，法〈井〉之用也；勸民使相助，法〈井〉之施也。	木上有水，津潤上行，〈井〉之象也。勞民者，以君養民。勸相者，使民相養，皆取井養之義。
49〈革・大象〉曰：「澤中有火，革；君子以治曆明時。」	水火相息爲〈革〉。革者，變也。四時之變，革之大者。帝王之治天下，莫先於授時。君子觀變革之象，以治曆數，明四時之序。	水火相息爲革。革，變也。君子觀變革之象，推日月星辰之遷易，以治曆數，明四時之序也。夫變易之道，事之至大，理之至明，跡之至著，莫如四時，觀四時而順變革，則與天地合其序矣。	四時之變，革之大者。
50〈鼎・大象〉曰：「木上有火，鼎；君子以正位凝命。」	以木入火，爲燃之象。火之用，惟燔與烹，燔不假器，取烹象而爲〈鼎〉，制器者尚其象也。天下重器，聖人之所寶，鼎，器之重也，故取象於鼎，所以主天下之器。〈離〉明南方之卦，聖人南面而聽天下，正其所居之位，所以凝聚天命也。	鼎者，法象之器，其形端正，其體安重，取其端正之象，則以正其位，謂正其所居之位，君子所處必正，其小至於席不正不坐，毋跛毋倚，取其安重之象，則以凝其命令，安重其命令也。凝，聚止之意，謂安重也。	鼎，重器也，故有正位凝命之意。
51〈震・大象〉曰：「洊雷，震；君子以恐懼脩省。」	雷震相襲，故曰：「洊雷」。方其仍洊而至，聞之者，莫不恐懼而必以修省繼之，所以盡畏天之實也，孔子迅雷風烈必變，亦此意也。	洊，重襲也，上下皆震，故爲洊雷。雷重仍則威益盛，君子觀洊雷威震之象，以恐懼自修飭循省也。君子畏天之威，則修正其身，思省其過咎而改之。	無注
52〈艮・大象〉曰：「兼山，艮；君子以思不出其位。」	上下皆山，故有兼〈艮〉之象。……心之官則思，以思爲職位，所居之位，不出其位，猶云止其所也。不出位之思，謂之正思。	上下皆山，故爲兼山。……君子觀〈艮〉止之象，而思安所止，不出其位也。位者，所處之分也，萬事各有其所，得其所，則止而安。	無注
53〈漸・大象〉曰：「山上有木，漸；君子以居賢德善俗。」	山上有木，其高有因，木之高而因山，〈漸〉之象也。其高有因，則其進有序，所以爲〈漸〉也。	山上有木，其高有因，〈漸〉之義也。君子觀〈漸〉之象，以居賢善之德，化美於風俗。人之進於賢德，必有其漸習而後能安，非可陵節而遽至也。	二者皆當以漸而進。

54〈歸妹‧大象〉曰：「澤上有雷，歸妹；君子以永終知敝。」	雷動而澤隨，男動而女說，以少女從長男，故曰〈歸妹〉。……以情而合者，〈歸妹〉也。歸妹，人之終始也，故以永終知敝言之。君子視其始合之不正，知其終之有敝也。	雷震於上，澤隨而動，陽動於上，陰說而從，女從男之象也，故爲〈歸妹〉。……少女之說，情之感動，動則失正，非夫婦正而可常之道，久必敝壞，知其必敝，則當思永其終也。	雷動澤隨，〈歸妹〉之象。君子觀其合之不正，知其終之有敝也。推之事物，莫不皆然。
55〈豐‧大象〉曰：「雷電皆至，豐；君子以折獄致刑。」	雷電皆至，威照並行，曰〈豐〉。〈離〉，明也，照察之象。〈震〉，動也，威斷之象。……折獄如電，發奸摘伏無有隱情；致刑如雷，禁慝止暴，無有縱法。	雷電皆至，明震並行也。二體相合，故云皆至。明動相資，成〈豐〉之象。〈離〉，明也，照察之象。〈震〉，動也，威斷之象。折獄者必照其情實，惟明克允；致刑者以威於奸惡，唯斷乃成，故君子觀雷電明動之象，以折獄致刑也。	取其威照並行之象。
56〈旅‧大象〉曰：「山上有火，旅；君子以明慎用刑，而不留獄。」	火之在山，明無不照，明而止，慎之象也。火行而不處，不留之象也。……獄者不得已設，豈可留滯久淹也。	火之在高，明无不照，君子觀明照之象，則以明慎用刑。明不可恃，故戒於慎，明而止，亦慎象。觀火行不處之象，則不留獄。獄者不得已而設，民有罪而入，豈可留滯淹久也。	慎刑如山，不留如火。
57〈巽‧大象〉曰：「隨風，巽；君子以申命行事。」	〈巽〉爲風，上下皆〈巽〉，故曰：「隨風」，言風相隨而動也。	兩風相重，隨風也。隨，相繼之義，……	隨，相繼之義。
58〈兌‧大象〉曰：「麗澤，兌；君子以朋友講習。」	兩澤相麗，互有滋益之象。君子以爲人心之悅，莫若理義；理義之益，莫若朋友；朋友之樂，莫若講習。	麗澤，二澤相附麗也。兩澤相麗，交相浸潤，互有滋益之象，故君子觀其象，而以朋友講習。朋友講習，互相益也，先儒謂天下之說，莫若朋友講習，朋友講習，固可說之大者，然當明相益之象。	兩澤相麗，互相滋益。朋友講習，其象如此。
59〈渙‧大象〉曰：「風行水上，渙；先王以享帝立廟。」	風行水上，播蕩離披之象，先王欲合天下之渙，莫先於享帝立廟。夫萬物本乎天，人本乎祖，知天則人思尊尊，不敢以下而犯上；知祖則人思親親，不忍倍死而忘生，聖人神道設教之大端，治渙之道也。……惟禮可以一天下之心，心一而後天下之事，可從而理也。	風行水上，有渙散之象。先王觀是象，救天下之渙散，至於享帝立廟也。收合人心，无如宗廟，祭祀之報，出於其心，故享帝立廟，人心之所歸也。係人心，合離散之道，无大於此。	皆所以合其散。

60〈節·大象〉曰：「澤上有水，節；君子以制數度，議德行。」	澤之容水有限，盈則溢，中則平，〈節〉之象也。君子節天下有道，曰：「制數度，議德行」。	澤之容水有限，過則盈溢，是有節，故爲〈節〉也。君子觀〈節〉之象，以制立數度，凡物之大小、輕重、高下、文質，皆有數度，所以爲節也。數，多寡；度，法制。議德行者，存諸中爲德，發於外爲行，人之德行，當義則中節，議，謂商度，求中節也。	無注
61〈中孚·大象〉曰：「澤上有風，中孚；君子以議獄緩死。」	風感水受，〈中孚〉之象。君子體天地好生之德，而議獄緩死，〈中孚〉之意也。獄之將成則議之，其將決則緩之，然後盡於人心。獄而曰議，求其入中之出；死而曰緩，求其死中之生。	「澤上有風」，感于澤中，水體虛，故風能入之；人心虛，故物能感之。風之動乎澤，猶物之感于中，故爲〈中孚〉之象。君子觀其象以議獄與緩死，君子之於議獄，盡其忠而已；於決死，極於惻而已，故誠意常求於緩。緩，寬也。於天下之事，无所不盡其忠，而議獄緩死，最其大者也。	風感水受，中孚之象。議獄緩死，中孚之意。
62〈小過·大象〉曰：「山上有雷，小過；君子以行過乎恭，喪過乎哀，用過乎儉。」	山上有雷，過常之象曰：「〈小過〉」。雷，陽聲也，……今在山則已離於地，未升於天，其聲小過而已。君子之道，貴於時中，時當小過而過爲，所以趨於中也。時有踰禮而亡乎恭，治喪而忘乎哀，用奢而忘乎儉者，皆時之過也。君子矯世之過，其行禮也過於恭，其居喪也過於哀，其致用也過於儉，非有取於過也。因恭以救其僭，則得行禮之中矣；因哀以救其薄，則得居喪之中矣；因儉以救其奢，則得用度之中矣。	雷震於山上，其聲過常，故爲〈小過〉。天下之事，有時當過，而不可過甚，故爲小過。君子觀〈小過〉之象，事之宜過者則勉之，行過乎恭，喪過乎哀，用過乎儉，是也。當過而過，乃其宜也，不當過而過，則過矣。	山上有雷，其聲小過。三者之過，皆小者之過。可過於小，而不可過於大；可以小過，而不可甚過，〈象〉所謂可小事而宜下者也。
63〈既濟·大象〉曰：「水在火上，既濟；君子以思患而豫防之。」	水火既交，各得其分曰：「〈既濟〉」。……君子之處既濟之時，若曰治已成矣，心無所慮則治將復亂，故居安則思其危，存則思其亡，思患於後，固以防患於未萌也。	水火既交，各得其用，爲〈既濟〉。時當既濟，唯慮患害之生，故思患豫防，使不至於患也。自古天下既濟而致禍亂者，蓋不能思患而豫防也。	無注

64〈未濟・大象〉曰：「火在水上，未濟；君子以愼辨物居方。」	水火不交，不相濟爲用曰：「〈未濟〉」。……火在水上，非其處也。君子觀其處不當分之象，愼而處之，辨其當各居其方，使不相犯，所以待其濟也。	水火不交，不相濟爲用，故爲〈未濟〉。「火在水上」，非其處也，君子觀其處不當之象，以愼處於事物，辨其所當，各居其方，謂止於其所也。	水火異物，各居其所，故君子觀象而審辨之。

參考書目

一、古籍部分（依作者、時代先後排列）

（一）經　部

1. 《十三經注疏》，影印清嘉慶南昌府學重刊注疏本，臺北：藝文印書館，1993 年 9 月初版。

2. （漢）韓嬰：《韓詩外傳》，（清）王謨輯，增訂漢魏叢書（一），臺北：大化書局，1983 年 12 月初版。

3. （漢）鄭玄：《易緯‧乾鑿度》，據清乾隆四十一年「武英殿聚珍叢書」本影印，嚴靈峰編，《無求備齋易經集成》第 157 冊，臺北：成文出版社，1976 年初版。

4. （漢）鄭玄：《增補鄭氏周易》，景印文淵閣《四庫全書》，第 7 冊，臺北：臺灣商務印書館，1983 年初版。

5. （唐）李鼎祚輯：《周易集解》，臺北：臺灣商務印書館，1968 年 12 月初版。

6. （宋）劉牧：《易數鈎隱圖》，據清康熙十九年通志堂原刊本影印，嚴靈峰編，《無求備齋易經集成》第 143 冊，臺北：成文出版社，1976 年初版。

7. （宋）邵伯溫，《易學辯惑》，景印文淵閣《四庫全書》，第 9 冊，臺北：臺灣商務印書館，1983 年初版。

8. （宋）程頤：《易程傳》，臺北：文津出版社，1987 年 6 月初版。

9. （宋）朱震：《漢上易傳》，景印文淵閣《四庫全書》，第 11 冊，臺北：臺灣商務印書館，1983 年初版。

10. （宋）鄭樵：《六經奧論》，景印文淵閣《四庫全書》，第 184 冊，臺北：

臺灣商務印書館，1983 年初版。

11. （宋）朱熹：《易學啓蒙》，臺北：廣學社，1975 年 9 月初版。

12. （宋）朱熹：《周易本義》，據清光緒九年景宋咸淳刊本影印，嚴靈峰編，《無求備齋易經集成》第 28 冊，臺北：成文出版社，1976 年初版。

13. （宋）朱熹：《四書集注》，臺北：漢京文化，1983 年 11 月初版。

14. （宋）呂祖謙：《古周易》，景印文淵閣《四庫全書》，第 15 冊，臺北：臺灣商務印書館，1983 年初版。

15. （宋）楊簡：《楊氏易傳》，景印文淵閣《四庫全書》，第 14 冊，臺北：臺灣商務印書館，1983 年初版。

16. （宋）王宗傳：《童溪易傳》，清：徐乾學輯，納蘭成德校訂，《通志堂經解》索引本二，臺北：漢京文化事業，1985 年初版。

17. （宋）項安世：《周易玩辭》，景印文淵閣《四庫全書》，第 14 冊，臺北：臺灣商務印書館，1983 年初版。

18. （宋）黃鎮成：《尚書通考》，臺北：大通書局，《通志堂經解（十五）》，1969 年初版。

19. （宋）雷思齊：《易圖通變》，據清同治十二年粵東書局刊本影印，嚴靈峰編，《無求備齋易經集成》第 143 冊，臺北：成文出版社，1976 年初版。

20. （元）陳櫟：《書集傳纂疏·洪範》，臺北：大通書局，《通志堂經解（十五）》，1969 年初版。

21. （明）蔡清：《易經蒙引》，景印文淵閣《四庫全書》，第 28 冊，臺北：臺灣商務印書館，1983 年初版。

22. （明）何楷：《古周易訂詁》，據清乾隆十七年文林堂刊本影印，嚴靈峰編，《無求備齋易經集成》第 70 冊，臺北：成文出版社，1976 年初版。

23. （明）黃宗羲：《易學象數論》，據清光緒十九年廣雅書局刊本影印，嚴靈峰編，《無求備齋易經集成》第 115 冊，臺北：成文出版社，1976 年初版。

24. （清）胡渭：《易圖明辨》，據清道光二十四年「守山閣叢書」本影印，嚴靈峰編，《無求備齋易經集成》第 145 冊，臺北：成文出版社，1976 年初版。

25. （清）胡渭：《洪範正論》，景印文淵閣《四庫全書》，第 68 冊，臺北：臺灣商務印書館，1983 年初版。

26. （清）閻若璩：《尚書古文疏證》，景印文淵閣《四庫全書》，第 66 冊，臺北：臺灣商務印書館，1983 年初版。

27. （清）李光地：《周易折中》，四川：巴蜀書社，1998 年 4 月第 1 版。

28. （清）王聘珍：《大戴禮記解詁》，北京：中華書局，1983 年 3 月第 1 版。

29. （清）孫馮翼輯、臧庸述：《子夏易傳》，據清嘉慶十二年刊「問經堂叢書」本影印，嚴靈峰編，《無求備齋易經集成》第 173 冊，臺北：成文出版社，1976 年初版。

30. （清）丁壽昌：《讀易會通》，臺北：河洛圖書，1965 年 5 月初版。

31. （清）李道平：《周易集解纂疏》，北京：中華書局，1994 年 3 月第 1 版。

32. 《中國歷代經籍典五百卷》，臺北：中華書局編訂，1970 年 10 月初版。

（二）史　部

1. （漢）司馬遷：《史記》，臺北：鼎文書局新校本，1977 年 2 月 3 版。

2. （漢）班固：《漢書》，臺北：鼎文書局新校本，1976 年 10 月 6 版。

3. （宋）歐陽修、宋祁：《新唐書》，臺北：鼎文書局新校本，1989 年 12 月 5 版。

4. （元）脫脫：《宋史》，臺北：鼎文書局新校本，1983 年 11 月 3 版。

5. （明）黃宗羲：《明儒學案》，臺北：里仁書局，1987 年 4 月初版。

6. （明）黃宗羲：《明儒學案》上、下，臺北：河洛圖書，1974 年 12 月初版。

7. （明）黃宗羲撰、清全祖望續修、清王梓材校補：《宋元學案》，臺北：河洛圖書，1975 年 3 月初版。

8. （清）張廷玉：《明史》，臺北：鼎文書局新校本，1975 年 6 月初版。

9. （清）紀昀、永瑢等：《四庫全書總目提要》，北京：中華書局，1965 年 6 月第 1 版。

（三）子　部

1. （先秦）《管子》，景印文淵閣《四庫全書》，第 729 冊，臺北：臺灣商務印書館，1983 年初版。

2. （先秦）《墨子》，景印文淵閣《四庫全書》，第 848 冊，臺北：臺灣商務印書館，1983 年初版。

3. （漢）劉安撰、高誘註：《淮南鴻烈解》，景印文淵閣《四庫全書》，第 848 冊，臺北：臺灣商務印書館，1983 年初版。

4. （宋）邵雍：《皇極經世書》，臺北：中華書局，1965 年，四部備要本。

5. （宋）胡宏：《知言》，景印文淵閣《四庫全書》，第 703 冊，臺北：臺灣商務印書館，1983 年初版。

6. （宋）朱子著、黎德靖編：《朱子語類》，臺北：文津出版社，1986 年 12 月初版。

7. （宋）陳淳：《北溪字義》，景印文淵閣《四庫全書》，第 709 冊，臺北：

臺灣商務印書館，1983 年初版。

8. （清）郭慶藩輯：《莊子集釋》，臺北：河洛圖書，1974 年 3 月初版。

（四）集　部

1. （唐）柳宗元：《柳河東全集》上，臺北：世界書局，1961 年 1 月初版。

2. （宋）周敦頤：《周子通書》，臺北：中華書局，四部備要本，1965 年初版。

3. （宋）周敦頤：《周敦頤全書》，江西：江西教育出版社，1993 年 9 月第 1 版。

4. （宋）張載：《張載集》，臺北：漢京文化，1983 年 9 月初版。

5. （宋）程顥、程頤：《二程集》，臺北：漢京文化，1983 年 9 月初版。

6. （宋）邵雍：《伊川擊壤集》，臺北：臺灣商務印書館，四部叢刊本，1965 年。

7. （宋）朱子：《朱文公文集》，臺北：臺灣商務印書館，四部叢刊正編，1979 年 11 月 1 版。

8. （宋）陸九淵：《陸九淵集》，臺北：里仁書局，1981 年 1 月初版。

9. （宋）楊簡：《慈湖先生遺書》，山東：孔子文化大全編輯部編輯，山東友誼出版社，1991 年 12 月第 1 版。

10. （宋）魏了翁：《鶴山集》，景印文淵閣《四庫全書》，第 1172 冊，臺北：臺灣商務印書館，1983 年初版。

11. （元）吳澄：《吳文正集》，景印文淵閣《四庫全書》，第 1197 冊，臺北：臺灣商務印書館，1983 年初版。

12. （明）湛甘泉：《湛甘泉先生文集》，《四庫全書存目叢書》，第 57 冊，臺南：莊嚴文化，1997 年 6 月初版。

13. （明）王守仁：《陽明全書》，臺北：中華書局，四部備要本，1966 年 3 月初版。

14. （明）王龍溪：《王龍溪全集》，據清道光二年壬午（公元 1820 年）會稽刻本影印出版，臺北：華文書局，1970 年初版。

15. （明）王龍溪：《龍溪王先生全集》，近世漢籍叢刊思想續編 11～12 冊，岡田武彥、荒木見悟合編，據日本江戶年間和刻本影印，臺北：廣文書局，1975 年初版。

16. （明）聶雙江：《雙江聶先生文集》，據明嘉靖甲子（四十三年）永豐知縣吳鳳瑞刊隆慶六年增補序文本，臺北：國家圖書館善本書室微卷影印。

17. （明）何心隱：《何心隱集》，北京：中華書局，1960 年 9 月第 1 版。

18. （明）袁宗道：《白蘇齋類集》，臺北：偉文書局，1976 年 9 月初版。

19. （明）王禕：《王忠文集》，景印文淵閣《四庫全書》，第 1226 冊，臺北：臺灣商務印書館，1983 年初版。

20. （清）胡泉輯：《王陽明先生經說弟子記》，臺北：廣文書局，1975 年 4 月初版。

二、今人專著（依姓名筆畫排列）

（一）一般專著

1. 丁為祥：《虛氣相即 —— 張載哲學體系及其定位》，北京：人民出版社，2000 年 12 月第 1 版。

2. 王邦雄等編著：《中國哲學史》，臺北：空中大學，1995 年 8 月初版。

3. 王開府：《儒家倫理學析論》，臺北：臺灣學生書局，1986 年 3 月初版。

4. 王新華：《周易繫辭傳研究》，臺北：文津出版社，1998 年 4 月初版。

5. 方祖猷：《王畿評傳》，江蘇：南京大學出版社，2001 年 5 月第 1 版。

6. 古清美：《明代理學論文集》，臺北：大安出版社，1990 年 5 月初版。

7. 安井小太郎等著，連清吉、林慶彰合譯《經學史》，臺北：萬卷樓，1996 年 10 月初版。

8. 朱伯崑：《易學哲學史》第一卷、第二卷、第三卷、第四卷，臺北：藍燈文化，1991 年 9 月修訂版。

9. 朱維煥：《周易經傳象義闡釋》，臺北：臺灣學生書局，1980 年 1 月初版。

10. 牟宗三：《中國哲學的特質》，臺北：臺灣學生書局，1963 年 6 月初版。

11. 牟宗三：《心體與性體》（一）、（二）、（三），臺北：正中書局，1968 年 5 月初版。

12. 牟宗三：《現象與物自身》，臺北：臺灣學生書局，1975 年 8 月初版。

13. 牟宗三：《從陸象山到劉蕺山》，臺北：臺灣學生書局，1979 年 8 月初版。

14. 牟宗三：《王陽明致良知教》，臺北：中央文物供應社，1980 年 4 月初版。

15. 牟宗三譯注：《康德的道德哲學》，臺北：臺灣學生書局，1982 年 9 月初版。

16. 牟宗三：《中國哲學十九講》，臺北：臺灣學生書局，1983 年 10 月初版。

17. 牟宗三：《圓善論》，臺北：臺灣學生書局，1985 年 7 月初版。

18. 牟宗三：《才性與玄理》，臺北：臺灣學生書局，1989 年 10 月修訂八版。

19. 屈萬里：《先秦漢魏易例述評》，臺北：臺灣學生書局，1969 年 4 月初版。

20. 屈萬里：《讀易三種》，臺北：聯經出版，1983 年 6 月初版。

21. 呂紹綱：《周易闡微》，臺北：韜略出版，1996 年 5 月初版。

22. 吳汝鈞:《儒家哲學》,臺北:臺灣商務印書館,1995 年 12 月初版。

23. 吳光、錢明、董平、姚延福編校:《王陽明全集》,上海:上海古籍出版社,1992 年 12 月第 1 版。

24. 吳怡:《易經繫辭傳解義》,臺北:三民書局,1991 年 4 月初版。

25. 岑溢成:《大學義理疏解》,臺北:鵝湖出版社,1985 年 7 月修訂再版。

26. 余英時:《歷史與思想》,臺北:聯經出版,1976 年 9 月初版。

27. 汪傳發:《陸九淵王陽明與中國文化》,貴州:人民出版社,2000 年 10 月第 1 版。

28. 林慶彰:《清初的群經辨偽學》,臺北:文津出版社,1990 年 3 月初版。

29. 林繼平:《陸象山研究》,臺北:臺灣商務印書館,1983 年 5 月初版。

30. 周志文:《晚明學術與知識分子論叢》,臺北:大安出版社,1999 年 3 月第一版。

31. 范良光:《易傳道德的形上學》,臺北:臺灣商務印書館,1982 年 5 月初版。

32. 姜允明:《心學的現代詮釋》,臺北:東大圖書,1988 年 12 月初版。

33. 姜國柱:《中國歷代思想史（四）》宋元卷,臺北:文津出版社,1993 年 12 月初版。

34. 侯外廬、邱漢生、張豈之:《宋明理學史》上、下,北京:人民出版社,1984 年 4 月第 1 版、1987 年 6 月第 1 版。

35. 秦家懿:《王陽明》,臺北:東大圖書,1987 年 7 月初版。

36. 高明等:《憂患意識的體認》,臺北:文津出版社,1987 年 4 月初版。

37. 高懷民:《邵子先天易哲學》,臺北:高懷民出版,1997 年 3 月初版。

38. 唐君毅:《中國哲學原論‧原性篇》,臺北:臺灣學生書局,1984 年 2 月全集校訂版。

39. 唐君毅:《哲學概論》上、下,臺北:臺灣學生書局,1985 年 10 月初版。

40. 唐君毅:《中國哲學原論‧導論篇》,臺北:臺灣學生書局,1986 年 9 月全集校訂版。

41. 唐君毅:《哲學論集》,臺北:臺灣學生書局,1990 年 2 月初版。

42. 唐君毅:《中國哲學原論‧原教篇》,臺北:臺灣學生書局,1990 年 9 月全集校訂版。

43. 容肇祖:《中國歷代思想史（五）》明代卷,臺北:文津出版社,1993 年 12 月初版。

44. 徐志銳:《周易陰陽八卦說解》,臺北:里仁書局,1994 年 11 月初版。

45. 徐志銳:《周易大傳新注》,臺北:里仁書局,1995 年 10 月初版。

46. 徐芹庭：《易圖源流（下）》，臺北：國立編譯館，1993 年 4 月。

47. 徐復觀：《中國人性論史‧先秦篇》，臺北：臺灣學生書局，1969 年 1 月初版。

48. 章權才：《宋明經學史》，廣東：人民出版社，1999 年 9 月第 1 版。

49. 黃沛榮：《易學論著選集》，臺北：長安出版社，1985 年 10 月初版。

50. 黃壽祺、張善文：《周易譯注》，上海：上海古籍出版社，1989 年 5 月第 1 版。

51. 黃慶萱：《周易讀本》，臺北：三民書局，1992 年 5 月初版。

52. 黃慶萱：《周易縱橫談》，臺北：三民書局，1995 年 3 月初版。

53. 麥仲貴：《王門諸子致良知學之發展》，香港：中文大學，1973 年 12 月初版。

54. 麥仲貴：《明清儒學著述生卒年表》上、下，臺北：臺灣學生書局，1977 年 9 月初版。

55. 張立文：《宋明理學研究》，北京：中國人民大學出版社，1985 年 7 月第 1 版。

56. 張立文：《周易帛書今注今譯》，臺北：臺灣學生書局，1991 年 9 月初版。

57. 張永儁：《二程學管見》，臺北：三民書局，1988 年 1 月初版。

58. 張君勱著、江日新譯：《王陽明》，臺北：東大圖書，1991 年 4 月初版。

59. 張其成主編《易經應用大百科》，江蘇：東南大學出版社，1994 年 4 月第 1 版。

60. 張善文：《象數與義理》，遼寧：遼寧教育出版社，1993 年 5 月第 1 版。

61. 張善文：《歷代易學與易學要籍》，福建：人民出版社，1998 年 4 月第 1 版。

62. 張德麟：《程明道思想研究》，臺北：臺灣學生書局，1986 年 3 月初版。

63. 張學智：《明代哲學史》，北京：北京大學出版社，2000 年 11 月第 1 版。

64. 陳少峰：《宋明理學與道家哲學》，上海：上海文化出版社，2001 年 1 月第 1 版。

65. 陳來：《有無之境——王陽明哲學的精神》，北京：人民出版社，1991 年 3 月第 1 版。

66. 陳來：《宋明理學》，臺北：洪葉文化，1994 年 9 月初版。

67. 陳郁夫：《邵康節學記》，臺北：天華出版，1979 年 9 月初版。

68. 陳郁夫：《江門學記——陳白沙及湛甘泉研究》，臺北：臺灣學生書局，1984 年 3 月初版。

69. 陳俊民：《張載哲學思想及關學學派》，臺北：臺灣學生書局，1990 年 11

月初版。

70. 陳榮捷：《王陽明與禪》，臺北：臺灣學生書局，1984 年 11 月初版。

71. 陳榮捷：《王陽明傳習錄詳註集評》，臺北：臺灣學生書局，1992 年 10 月修訂版。

72. 曾春海：《朱熹易學研究》，臺北：輔仁大學出版社，1983 年 5 月初版。

73. 曾陽晴：《無善無惡的理想道德主義》，臺北：臺灣大學，1992 年 12 月初版。

74. 勞思光：《中國哲學史》一、二、三卷，臺北：三民書局，1984 年 1 月增訂初版。

75. 馮友蘭：《中國哲學史新編（五）》，臺北：藍燈文化，1991 年 12 月初版。

76. 嵇文甫：《晚明思想史論》，北京：東方出版社，1996 年 3 月第 1 版。

77. 程石泉：《易學新探》，臺北：黎明文化，1989 年 1 月初版。

78. 傅偉勳：《從西方哲學到禪佛教》，北京：三聯書店，1989 年 4 月初版。

79. 傅隸樸：《周易理解》，臺北：臺灣商務印書館，1981 年 9 月初版。

80. 葛榮晉：《中國哲學範疇導論》，臺北：萬卷樓，1993 年 4 月初版。

81. 蔡仁厚：《宋明理學》北宋篇，臺北：臺灣學生書局，1977 年 10 月初版。

82. 蔡仁厚：《新儒家的精神方向》，臺北：臺灣學生書局，1982 年 3 月初版。

83. 蔡仁厚：《宋明理學》南宋篇，臺北：臺灣學生書局，1983 年 3 月增訂版。

84. 蔡仁厚：《孔孟荀哲學》，臺北：臺灣學生書局，1984 年 12 月初版。

85. 蔡仁厚：《儒家心性之學論要》，臺北：文津出版社，1990 年 7 月初版。

86. 蔡仁厚：《王陽明哲學》，臺北：三民書局，1992 年 8 月修訂三版。

87. 蔡仁厚：《孔子的生命境界》，臺北：臺灣學生書局，1998 年 4 月初版。

88. 楊祖漢：《中庸義理疏解》，臺北：鵝湖出版社，1984 年 5 月修訂再版。

89. 楊祖漢：《儒家與康德的道德哲學》，臺北：文津出版社，1987 年 3 月初版。

90. 楊祖漢：《儒家的心學傳統》，臺北：文津出版社，1992 年 6 月初版。

91. 楊國榮：《心學之思 —— 王陽明哲學的闡釋》，北京：三聯書局，1997 年 6 月第 1 版。

92. 蒙培元：《理學範疇系統》，北京：人民出版社，1989 年 7 月第 1 版。

93. 蒙培元：《理學的演變》，臺北：文津出版社，1990 年 1 月初版。

94. 蔣秋華：《宋人洪範學》，臺北：臺灣大學，1986 年 6 月初版。

95. 劉玉建：《兩漢象數易學研究》上、下，廣西：教育出版社，1996 年 9 月第 1 版。

96. 劉宗賢：《陸王心學研究》，山東：人民出版社，1997 年 7 月第 1 版。

97. 劉瀚平：《宋象數易學研究》，臺北：五南圖書，1994 年 2 月初版。

98. 盧雪崑：《儒家的心性學與道德形上學》，臺北：文津出版社，1991 年 8 月初版。

99. 錢穆：《陽明學述要》，臺北：正中書局，1955 年 3 月初版。

100. 錢穆：《宋明理學概述》，臺北：臺灣學生書局，1977 年 4 月初版。

101. 錢穆：《中國思想史論叢（七）》，臺北：東大圖書，1979 年 7 月初版。

102. 戴璉璋：《易傳之形成及其思想》，臺北：文津出版社，1989 年 6 月初版。

103. 鍾彩鈞：《王陽明思想之進展》，臺北：文史哲出版社，1993 年 3 月初版。

（二）學位論文

1. 王財貴：《王龍溪良知四無說析論》，臺北：臺灣師範大學國文研究所，碩士論文，1990 年。

2. 王財貴：《從天台圓教論儒家心學建立圓教之可能性》，臺北：中國文化大學哲學研究所，博士論文，1996 年。

3. 林文彬：《船山易學研究》，臺北：臺灣師範大學國文研究所，博士論文，1994。

4. 林月惠：《陽明「內聖之學」研究》，臺北：臺灣師範大學國文研究所，碩士論文，1988 年。

5. 林啟聰：《王龍溪哲學思想之研究》，臺北：中國文化大學哲學研究所，碩士論文，1995 年。

6. 周古陽：《王龍溪的心學與易學》，臺中：中興大學中文研究所，碩士論文，2000 年。

7. 南基守：《易經卦象初探》，臺北：臺灣師範大學國文研究所，碩士論文，1996 年。

8. 高瑋謙：《王門天泉證道研究──從實踐的觀點衡定「四無」、「四有」與「四句教」》，桃園：中央大學哲學研究所，碩士論文，1993 年。

9. 唐經欽：《陽明的入聖工夫論》，臺北：中國文化大學哲學研究所，碩士論文，1996 年。

10. 涂雲清：《吳澄易學研究》，臺北：臺灣大學中文研究所，碩士論文，1998 年。

11. 康雲山：《南宋心學《易》研究》，高雄：高雄師範大學國文研究所，博士論文，1994 年。

12. 彭仰琪：《良知學的兩個路向──王龍溪聶雙江致知議辯研究》，嘉義：中正大學中文研究所，碩士論文 1998 年。

13. 喬清舉：《湛若水哲學思想研究》（大陸地區博士論文叢刊），臺北：文津出版社，1993 年 3 月初版。

14. 楊陽光：《易經憂患意識研究》，臺北：臺灣師範大學國文研究所，碩士論文，1985 年。

15. 蔡家和：《王龍溪思想的衡定》，桃園：中央大學哲學研究所，碩士論文，2000 年。

16. 鄭燦山：《王陽明思想中之存有與道德》，臺北：臺灣師範大學國文研究所，碩士論文，1991 年。

17. 劉秀蘭：《化經學爲心學——論慈湖之經學思想與理學之開新》，臺北：臺灣大學中文研究所，碩士論文，1999 年。

18. 劉桂光：《王龍溪與聶雙江、羅念菴論辯之研究——以陽明學爲判準》，臺北：中國文化大學哲學研究所，碩士論文，1995 年。

（三）論文集

1. 吳光主編：《陽明學研究》，上海：上海古籍出版社，2000 年 10 月第 1 版。

2. 林尹等著：《易經研究論集》，臺北：黎明文化，1981 年 1 月初版。

3. 林慶彰：《明代經學研究論集》，臺北：文史哲出版社，1994 年 5 月初版。

4. 秦家倫等編：《王學之思——紀念王陽明貴陽「龍場悟道」490 週年論文集》，貴州：貴州民族出版社，1999 年 8 月初版。

5. 高明等著：《孔子思想研究論集》，臺北：黎明文化，1983 年初版。

6. 周鳳五等：《張以仁先生七秩壽慶論文集》，臺北：臺灣學生書局，1999 年 9 月初版。

7. 黃壽祺、張善文編：《周易研究論文集》（一、二、三、四輯），北京：北京師範大學出版社，1987 年 9 月—1990 年 5 月第一版。

8. 陳鼓應主編：《道家文化研究》第十一輯，北京：三聯書店，1997 年 10 月第 1 版。

9. 蔡耀明等：《第四次儒佛會通學術研討會論文集》，臺北：華梵大學，2000 年 5 月。

（四）期刊論文

1. 王汎森：〈「心即理」說的動搖與明末清初學風之轉變〉，《中央研究院歷史語言研究所集刊》，第 65 本第 2 分，1994 年 6 月，頁 333～373。

2. 王財貴：〈王龍溪良知四無說析論〉，《鵝湖學誌》，第六期，1991 年 6 月，頁 63～95。

3. 王財貴：〈儒學判教之基型——有關王龍溪四無圓教義之探討〉，《鵝湖

學誌》，第十三期，1994 年 12 月，頁 107～120。

4. 王開府：〈思想研究方法綜論——以中國哲學為例〉，《國文學報》，第二十七期，1998 年 6 月，頁 147～187。

5. （日）水野實、永富青地、三澤三知夫校注，張文朝翻譯：〈「稽山承語」〉，《中國文哲研究通訊》，第 31 期，1998 年 9 月，頁 53～68。

6. 林志欽：〈王龍溪四無說釋義〉，《鵝湖月刊》，第 231 期，1994 年 10 月，頁 29～39。

7. 林惠勝：〈試論王龍谿「三教合一」說——以「調息說」為例〉，《中國學術年刊》，第 14 期，1993 年 3 月，頁 161～179。

8. 林惠勝：〈試論王陽明的萬物一體〉，《中國學術年刊》，第 16 期，1995 年 3 月，頁 53～77。

9. 袁本秀：〈唐柳宗元〈封建論〉略論〉，《臺中商專學報》，1993 年 6 月，頁 193～221。

10. 袁信愛：〈經典與詮釋〉，《輔仁大學哲學論集（三十二）經典與詮釋》，1999 年 6 月，頁 170～171（總頁 163～180）。

11. 唐大潮：〈論明清之際「三教合一」思想的社會潮流〉，《宗教學研究》，第 2 期，1996 年，頁 29～37、95。

12. 唐代劍：〈論王重陽三教圓融思想的理論價值與社會意義〉，《鵝湖月刊》，第 302 期，2000 年 8 月，頁 14～25。

13. 陳郁夫：〈龍溪學述評〉，《國文學報》，第 13 期，1984 年 6 月，頁 95～121。

14. 陶國璋：〈宋代儒學由形上性體義轉化至心即理之義理發展〉，《鵝湖月刊》，第 157 期，1988 年 7 月，頁 15～23。

15. 彭高翔：〈王龍溪先生年譜〉，《中國文哲研究通訊》第七卷、第四期，臺北：中央研究院中國文哲研究所，1997 年 12 月，頁 99～127。

16. 彭高翔：〈明刊《龍溪會語》及王龍溪文集佚文——王龍溪文集明刊本略考〉，《中國哲學》，十九輯，1998 年，頁 330～376。

17. 彭國（高）翔：〈王龍溪的先天學與其定位〉，《鵝湖學誌》，第二十一期，1998 年 12 月，頁 69～161。

18. 彭高翔：〈明刊《龍溪會語》及王龍溪文集佚文（上）（中）（下）——王龍溪文集明刊本略考〉，《鵝湖月刊》，第 286 期、287 期、288 期，1999 年 4 月、5 月、6 月，頁 32～38、33～40、27～35。

19. 楊祖漢：〈陸象山「心學」的義理與王陽明對象山之學的了解〉，《鵝湖學誌》，第八期，1992 年 6 月，頁 79～131。

20. 楊祖漢：〈王龍溪對王陽明良知說的繼承與發展〉，《鵝湖學誌》，第十一期，1993 年，頁 39～49。

21. 楊祖漢：〈王龍溪哲學與道德教育〉,《鵝湖月刊》,第 231 期,1994 年 9 月,頁 28～33。

22. 楊晉龍：〈從《四庫全書總目》對明代經學的評價析論其評價內涵的意義〉,《中國文哲研究集刊》,第十六期,2000 年 3 月,頁 523～585。

23. 楊儒賓：〈水月與紀籍 ── 理學家如何詮釋經典〉,《中央大學人文學報》第 20、21 期合刊,1999 年 12 月～2000 年 6 月,頁 99～131。

24. 蔡家和：〈明儒王龍溪的易學〉,《中華易學》,第 231 期,1999 年 7 月,頁 113～126。

25. 戴璉璋：〈王陽明與周易〉,原發表於 1999 年 5 月《周易》、《左傳》國際學術研討會（中國經學研究會第一屆學術研討會）上。又見《中國文哲研究集刊》,第十七期,2000 年 9 月,頁 389～403。